AF457933

CODE GÉNÉRAL
DES
DROITS D'AUTEUR
SUR LES
ŒUVRES LITTÉRAIRES & ARTISTIQUES

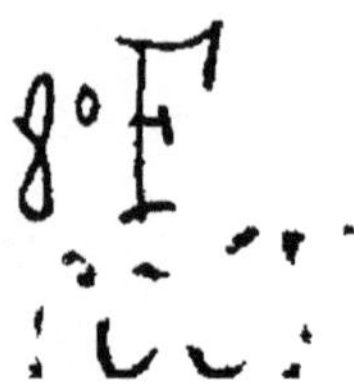

CODE GÉNÉRAL

DES

DROITS D'AUTEUR

SUR LES

ŒUVRES LITTÉRAIRES & ARTISTIQUES

CONTENANT

LE TEXTE AVEC NOTES ET COMMENTAIRES

DE LA

CONVENTION INTERNATIONALE DU 9 SEPTEMBRE 1886

ainsi que la traduction française des

LOIS INTERNES DES DIVERS ÉTATS D'EUROPE

ET DIVERSES

CONVENTIONS PARTICULIÈRES INTERVENUES ENTRE EUX

PAR

Charles CONSTANT

AVOCAT A LA COUR D'APPEL DE PARIS
MEMBRE DU CONSEIL JUDICIAIRE DE LA SOCIÉTÉ DES ARTISTES FRANÇAIS
ET DE L'UNION CENTRALE DES ARTS DÉCORATIFS,
MEMBRE DE L'ASSOCIATION INTERNATIONALE LITTÉRAIRE ET ARTISTIQUE,
OFFICIER D'ACADÉMIE.

PARIS
G. PEDONE-LAURIEL, EDITEUR
13, RUE SOUFFLOT, 13.

1888

INTRODUCTION

L'Union internationale pour la protection des œuvres littéraires et artistiques, signée à Berne, entre dix Etats, le 9 septembre 1886, et dont la mise à exécution porte la date du 7 décembre 1887, réalise peut-être un des progrès les plus importants que les nations modernes aient pu accomplir dans le domaine du droit international. « C'est une affirmation éclatante de la conscience universelle en faveur du droit d'auteur, a dit M. Numa Droz ; c'est une œuvre de rapprochement fraternel entre les peuples (1). »

Ce n'est point à un Gouvernement désireux d'aplanir des difficultés internationales qu'est due l'initiative des conférences à la suite desquelles la convention de Berne du 9 septembre 1886 a été signée (2), mais bien aux

(1) Discours de clôture des travaux de la seconde conférence internationale pour la protection des œuvres littéraires et artistiques, tenue à Berne le 7 septembre 1885, dans la salle du Conseil des Etats Suisses, sous la présidence de M. Numa Droz, président de la conférence, chef du département fédéral du commerce et de l'agriculture.

(2) C'est à la suite d'une conférence privée, convoquée à Berne, sur l'initiative de *l'Association littéraire et artistique internationale*, que le Conseil fédéral Suisse crut devoir soumettre, au mois de décembre 1883, à l'examen des diverses puissances, un projet d'arrangement devant servir de base aux délégués pour la conclusion d'une convention d'union en cette ma-

écrivains et aux artistes eux-mêmes qui, de tous pays et de toutes langues, se sont associés pour la sauvegarde et la défense de leurs droits. C'est, en effet, l'*Association internationale littéraire et artistique* (1) qui, en 1883, réunie à Berne, a formulé les vœux des écrivains et des artistes à l'adresse des Gouvernements de tous les pays civilisés. Voici à peu près en quels termes ils les ont présentés au Conseil fédéral de la Suisse (2) :

---

tière. Douze Etats acceptèrent l'invitation fédérale et prirent part à une première conférence officielle, qui se réunit à Berne, du 8 au 19 septembre 1884. Un avant-projet fut élaboré dans cette première réunion, et l'année suivante, du 7 au 18 septembre 1885, une seconde conférence officielle, dans laquelle seize gouvernements étaient représentés, arrêtait définitivement les termes de la convention telle qu'elle a été signée le 9 septembre 1886, par les représentants de l'Allemagne, de la Belgique, de l'Espagne, de la France, de la Grande-Bretagne, de Haïti, de l'Italie, de Liberia et de la Tunisie.

A la date du 20 juin 1888, le Grand-Duché de Luxembourg a adhéré à la convention de Berne.

Les procès-verbaux officiels des trois conférences de Berne ont été publiés par les soins du Gouvernement Suisse et reproduits *in extenso*, notamment dans : Martens, *Nouveau recueil général des traités et autres actes relatifs aux rapports de droit international*, 2e série, t. XII, p. 1 à 192.

(1) Cette association a été fondée le 28 juin 1878, à la suite des congrès internationaux artistique et littéraire tenus à Paris, à l'occasion de l'exposition universelle. L'association a pour objet la défense de la propriété littéraire et artistique ; elle est ouverte aux sociétés artistiques et littéraires de tous les pays ; elle publie un bulletin trimestriel contenant le résumé de ses travaux, et organise chaque année des congrès fort intéressants et très suivis. Son siège est actuellement à Paris, rue du faubourg Montmartre, n° 17.

(2) Discours de M. le Conseiller fédéral Numa Droz, à la première séance de la Conférence réunie à Berne le 8 septembre 1881.

« Nous sommes les travailleurs de la pensée : notre œuvre est certainement profitable à l'humanité qu'elle tend à instruire, à éclairer, à élever, à civiliser toujours davantage ; nous estimons avoir droit, comme les autres hommes, au fruit de nos labeurs. Nous sommes reconnaissants des efforts que la plupart des Gouvernements ont faits pour assurer la protection de nos droits soit par la législation intérieure, soit par des conventions internationales. Mais, nous nous permettons de le dire, il règne dans ces diverses lois nationales et internationales si peu de concordance que notre droit en devient tout à fait incertain. Nous vous prions donc de prendre en mains nos intérêts et de représenter aux autres Etats combien il serait désirable, dans ce domaine des arts et des lettres qui, dans la règle, ne peut être limité par les frontières politiques, d'arriver à créer un régime véritablement protecteur des droits, et, à cet effet, de jeter les bases d'une Union universelle, qui aura pour but d'établir, sinon de prime-saut, du moins successivement, l'uniformité de principes et d'application des principes que peut comporter l'organisation des différents Etats. »

Il n'y a guère de matière du droit qui ait d'ailleurs un caractère aussi cosmopolite et qui se prête mieux à une codification internationale que celle qui a pour objet la protection des œuvres littéraires et artistiques. Déjà, en 1831, le vicomte Siméon prévoyait, devant la Chambre des Pairs (1), « une loi internationale dont la possibilité sourit aux amis des lettres. » En 1858, le congrès de Bruxelles souhaitait que « tous les pays adoptassent pour la propriété des ouvrages de littérature et d'art une législation reposant sur des bases uniformes (2). » En 1861, le congrès d'Anvers demandait qu'un accord intervînt entre

(1) Rapport sur le projet de loi relatif à la propriété littéraire, *Moniteur* du 21 mai 1839.

(2) Congrès de la propriété littéraire et artistique tenu à Bruxelles du 27 au 30 septembre 1858 ; compte rendu par Romberg ; Bruxelles 1859, t. I, p. 175.

les gouvernements « en vue de généraliser la protection de la propriété artistique (1). » Enfin, à Paris, en 1878, le congrès artistique prenait une résolution ainsi conçue : « Il est à désirer qu'il se constitue, entre les divers Etats de l'Europe et d'Outre-mer une union générale qui adopte une législation uniforme en matière de propriété artistique. » La convention de Berne du 9 septembre 1886 a réalisé complètement ce dernier vœu (2).

La convention de Berne du 9 septembre 1886 remplace pour certains pays (3) les traités actuellement en cours et sur lesquels elle constitue un véritable progrès. Pour d'autres pays (4), elle règle leurs rapports en l'absence de traités spéciaux. Par cette convention, les ressortissants des Etats adhérents seront protégés contre une usurpation ou une contrefaçon de leurs œuvres, non seulement dans les pays signataires de la convention, mais indi-

---

(1) Congrès artistique d'Anvers ; compte rendu par M. Gressin-Dumoulin, 1862, p. 249.

(2) Qu'il nous soit permis de noter ici l'hommage rendu à la France par M. le conseiller Reichardt, délégué de l'Allemagne à la Conférence de Berne, lorsqu'il s'est agi de nommer le vice-président de cette Conférence (séance du 9 septembre 1884) : — « Je vous propose, Messieurs, a dit M. Reichardt, de prier S. E. M. l'Ambassadeur de France, de vouloir bien se charger de cette seule et unique vice-présidence, et d'agréer de cette manière *l'hommage rendu* non seulement à l'homme éminent et ami de notre œuvre, mais encore *à la France, qui*, nous le savons tous, *a toujours été des premières à prêter son puissant appui dès qu'il s'est agi de proclamer, de faire connaître ou de perfectionner la protection du droit d'auteur.* »

(3) C'est ce qui a eu lieu notamment pour la France et l'Angleterre ; voir plus loin p. 18, note 1.

(4) C'est ce qui a lieu pour l'Allemagne et l'Espagne notamment.

rectement dans les pays qui ne reconnaissent pas de droits aux auteurs et artistes étrangers, si les éléments matériels de cette usurpation ou contrefaçon sont exécutés dans les pays unionistes.

Un principe supérieur, et pour ainsi dire de droit naturel, domine la convention du 9 septembre 1886 : l'auteur d'une œuvre littéraire ou artistique, quels que soient sa nationalité et le lieu de sa production, sera désormais protégé dans les Etats signataires de la convention, à l'égal des ressortissants de chaque nation. — « Les auteurs ressortissants à l'un des pays de l'Union ou leurs ayants cause, dit l'article 2 de la convention du 9 septembre 1886, jouissent dans les autres pays, pour leurs œuvres, soit publiées dans un de ces pays, soit non publiées, des droits que les lois respectives accordent actuellement ou accorderont par la suite aux nationaux. » — Ajoutons que la jouissance de ces droits est uniquement subordonnée à l'accomplissement des conditions et formalités prescrites par la législation du pays d'origine de l'œuvre.

Au lieu de conclure une convention basée sur le principe du traitement national, il eût certes été préférable d'édicter une loi internationale, applicable en tous pays, réglant d'une manière uniforme la totalité des dispositions relatives à la protection des droits d'auteur (1) ; mais on doit reconnaître que la confection d'une telle loi présente encore de grandes difficultés, que le temps

---

(1) Au Congrès de Berne (séance du 8 septembre 1884), la délégation allemande proposa la confection d'une loi internationale.

et les progrès incessants du droit international aplaniront certainement (1).

L'Union de Berne n'est donc qu'une transaction entre les différents systèmes admis, en matière de propriété littéraire et artistique, par les législations internes des divers Etats signataires de la convention du 9 septembre 1886. Sur quelques points seulement, on est parvenu à une sorte d'unification ; mais l'extension du traitement national aux œuvres littéraires ou artistiques des étrangers est le principe sur lequel repose l'Union.

La convention du 9 septembre 1886, ayant laissé subsister, au regard des étrangers, et ce dans leur presque intégralité, les législations internes des Etats signataires, il est dès lors indispensable de faire connaître aujourd'hui non seulement les dispositions du traité de Berne, mais encore celles que renferment les diverses lois spéciales à chaque pays. La convention n'accorde aux citoyens ressortissants des Etats signataires de l'Union qu'un minimum de protection; elle a laissé la liberté absolue aux législations internes et aux conventions particulières entre Etats, de conférer aux auteurs ou à leurs ayants cause des droits plus étendus que ceux qu'elle leur accorde.

Accompagner le texte de la convention de Berne de celui des lois internes et de diverses conventions internationales relatives à la propriété littéraire et artistique, tel a été le but de notre publication (2). Quelques notes

---

(1) La convention internationale des transports, signée à Berne, le 21 juillet 1886, est un précédent de bon augure.

(2) Tous les textes de lois ou conventions ci-après publiés sont en Français. Nous avons eu recours, pour les traductions,

de concordance et quelques observations de détail faites à propos de diverses dispositions législatives pour en compléter le sens et en préciser la portée, nous ont paru indispensables, en attendant que nous puissions offrir, aux auteurs et éditeurs d'œuvres littéraires ou artistiques, un résumé alphabétique de toutes les questions que résolvent les lois ou les conventions et que soulève leur application.

Ce résumé alphabétique sera l'objet d'un second volume dans lequel nous publierons les lois et les conventions des pays d'Amérique, d'Asie ou d'Afrique, ayant cru devoir ne comprendre dans ce premier volume que la législation des divers Etats de l'Europe en matière de propriété littéraire ou artistique.

31 Juillet 1888. Ch. C.

---

au Ministère des affaires étrangères, à l'*Annuaire de la législation étrangère*, publié chaque année par la Société de législation comparée ; à la chronique hebdomadaire du *Journal de librairie ;* au *Nouveau Recueil général des traités* de Martens, aux *Traités de la France* de de Clercq et à l'obligeance toute particulière de MM. *A. Morillot*, avocat à la Cour de cassation de France; *Ad. Selim*, solicitor près la Cour suprême d'Angleterre; *F. Montano*, avocat près la Cour d'appel de Gênes ; *Georges Louis*, chef de division au Ministère des affaires étrangères, à Paris ; *G. Viollat*, publiciste, auxquels nous adressons ici nos bien vifs remerciements.

CONVENTION DU 9 SEPTEMBRE 1886

CRÉATION D'UNE UNION INTERNATIONALE

POUR LA PROTECTION DES

ŒUVRES LITTÉRAIRES ET ARTISTIQUES

CONVENTION DU 9 SEPTEMBRE 1886

CRÉATION D'UNE UNION INTERNATIONALE

POUR LA PROTECTION DES

ŒUVRES LITTÉRAIRES ET ARTISTIQUES

Sa Majesté l'empereur d'Allemagne, roi de Prusse ; Sa Majesté le roi des Belges, Sa Majesté catholique le roi d'Espagne, en son nom Sa Majesté la reine régente du royaume ; Le Président de la République française ; Sa Majesté la reine du Royaume-Uni de la Grande-Bretagne et d'Irlande, impératrice des Indes ; le président de la République d'Haïti ; Sa Majesté le roi d'Italie ; le président de la République de Libéria ; le conseil fédéral de la Confédération suisse ; Son Altesse le bey de Tunis ;

Egalement animés du désir de protéger d'une manière efficace et aussi uniforme que possible les droits des auteurs sur leurs œuvres littéraires et artistiques,

Ont résolu de conclure une convention à cet effet et ont nommé pour leurs plénipotentiaires, savoir :

Sa Majesté l'empereur d'Allemagne, roi de Prusse :

Le sieur Otto von Bulow, conseiller intime actuel de légation et chambellan de Sa Majesté son envoyé extraordinaire et ministre plénipotentiaire près la Confédération suisse.

Sa Majesté le roi des Belges :

Le sieur Maurice Delfosse, son envoyé extraordinaire et ministre plénipotentiaire près la Confédération suisse.

Sa Majesté Catholique le roi d'Espagne, en son nom Sa Majesté la reine régente du royaume :

Le sieur comte de la Almina, sénateur, envoyé extraordinaire et ministre plénipotentiaire près la Confédération suisse ;

Le sieur don José Villa-Amil y Castro, chef de section de la propriété intellectuelle au ministère de l'instruction publique, docteur en droit civil et canonique, membre du corps facultatif des archivistes, bibliothécaires et archéologues ainsi que des académies de l'histoire, des beaux-arts de Saint-Ferdinand et de celle des sciences de Lisbonne.

Le Président de la République française :

Le sieur François-Victor-Emmanuel Arago, sénateur, ambassadeur de la République française près la Confédération suisse.

Sa Majesté la reine du Royaume-Uni de la Grande-Bretagne et d'Irlande, impératrice des Indes :

Sir Francis Ottiwel Adams, chevalier commandeur de l'ordre très distingué de Saint-Michel et Saint-George, compagnon du très honorable ordre du Bain, son envoyé extraordinaire et ministre plénipotentiaire à Berne ; — et le sieur John Henry Gibbs Bergne, compagnon de l'ordre très distingué de Saint-Michel et Saint-George, directeur du département des affaires étrangères à Londres.

Le président de la République d'Haïti :

Le sieur Louis-Joseph Janvier, docteur en médecine de la faculté de Paris, lauréat de la faculté de médecine de Paris, diplômé de l'école des sciences politiques de Paris (section administrative), diplômé de l'école des sciences politiques de Paris (section diplomatique), médaille décorative d'Haïti de 3e classe.

Sa Majesté le roi d'Italie ;

Le sieur Charles-Emmanuel Beccaria des marquis d'Incisa, chevalier des ordres des SS. Maurice et Lazare et de la Couronne d'Italie, son chargé d'affaires près la Confédération suisse.

Le président de la République de Libéria :

Le sieur Guillaume Kœntzer, conseiller impérial, consul général, membre de la chambre de commerce de Vienne.

Le conseil fédéral de la Confédération suisse :

Le sieur Numa Droz, vice-président du conseil fédéral, chef du département du commerce et de l'agriculture ;

Le sieur Louis Ruchonnet, conseiller fédéral, chef du département de justice et police ;

Le sieur A. d'Orelli, professeur de droit à l'université de Zurich.

Son altesse le bey de Tunis :

Le sieur Louis Renault, professeur à la faculté de droit de Paris et à l'École libre des sciences politiques, chevalier de l'ordre de la Légion d'honneur, chevalier de l'ordre de la Couronne d'Italie.

Lesquels, après s'être communiqué leurs pleins pouvoirs respectifs, trouvés en bonne et due forme, sont convenus des articles suivants :

Art. 1er. — Les pays contractants sont constitués à l'état d'union pour la protection des droits des auteurs sur leurs œuvres littéraires et artistiques [1].

Art. 2. — Les auteurs ressortissant à l'un des pays de l'union ou leurs ayants cause, jouissent, dans les autres pays, pour leurs œuvres, soit publiées dans un de ces pays, soit non publiées, des droits que les lois respectives accordent actuellement ou accorderont par la suite aux nationaux [2].

---

1. Certaines personnes auraient voulu que le mot de *propriété* littéraire et artistique, ou de *propriété intellectuelle* figurât dans le titre de la convention ou dans son article 1er. Il ne nous paraît pas que cela fût necessaire, puisque les expressions employées : *droits des auteurs sur leurs œuvres*, consacrent réellement le droit de propriété que possède tout auteur sur son œuvre et qu'il a été expressément convenu, à la seconde conférence de Berne, que l'expression : *protection des œuvres littéraires et artistiques* était l'équivalent de celle-ci : *protection de la propriété littéraire et artistique.*

La délégation allemande avait proposé la rédaction suivante : «... pour la protection *du droit d'auteur*, » au lieu de : «... pour la protection *des droits des auteurs*, » qui a été adoptée. Il est certain que la convention n'a nullement pour objet de regler *tous* les droits des auteurs sur leurs œuvres, par exemple vis-à-vis des éditeurs, mais bien de protéger un droit tout à fait spécial, qui, dans certains pays, est envisagé comme un véritable droit de propriété, tandis qu'ailleurs on n'y voit qu'un droit personnel d'une nature particulière il est vrai Mais l'expression *droit d'auteur*, étant restreinte par le langage habituel à la perception de la taxe due à l'auteur, il a paru préférable de se servir d'un terme qui ne prêtât pas à l'équivoque, en employant les mots : *les droits des auteurs*, on a pensé éviter tout malentendu au sujet du but de l'union.

L'expression *Pays contractants* a paru préférable à celle de : *Etats contractants*, vu la diversité qui règne dans la constitution intérieure des parties contractantes et la terminologie adoptée à cet égard par des conventions analogues.

2. Le terme de *ressortissants* indique clairement que la convention entend protéger tous les auteurs qui ont l'indigénat dans l'un des pays de l'union.

Par *œuvres non publiées*, il faut entendre les œuvres manuscrites ou inédites.

La jouissance de ces droits est subordonnée à l'accomplissement des conditions et formalités prescrites par la législation du pays d'origine de l'œuvre ; elle ne peut excéder, dans les autres pays, la durée de la protection accordée dans ledit pays d'origine[1].

Est considéré comme pays d'origine de l'œuvre, celui de la première publication, ou, si cette publication a lieu simultanément dans plusieurs pays de l'union, celui d'entre eux dont la législation accorde la durée de protection la plus courte[2].

---

1. Les mots · *formalites* et *conditions*, comprennent l'ensemble de ce qui doit être observé pour que es droits de l'auteur par rapport à son œuvre puissent prendre naissance (en allemand Voranssetsemgen), tandis que les effets et les conséquences de la protection (en allemand *Wirkungen*), notamment en ce qui concerne l'étendue de la protection doivent rester subordonnés au principe du traitement à l'égard des nationaux.» — Observation de M. le Dr Mayer, sur l'art. 2 ; séance du 17 septembre 1881.

Les *conditions* et *formalites* dont parle le § 2 de l'article 2 doivent s'entendre des *certificats* dont parle le § 3 de l'article 11 de la convention. Dans plusieurs des Etats signataires de la convention, il n'y a pas d'autorité organisée pour la délivrance de semblables certificats ; des règlements spéciaux doivent donc intervenir sur ce point.

Dans le projet du Conseil fédéral suisse il était expressément stipulé que les auteurs ressortissants à l'un des pays de l'union auraient « la même protection que les nationaux et le même recours légal contre toute atteinte portée à leurs droits. » Cette stipulation, qui se retrouve dans presque toutes les conventions actuellement en vigueur, a été supprimée de la rédaction de l'article 2, parce qu'elle était implicitement comprise dans le principe général consacré par cet article lui-meme ; mais il a bien été entendu que ce changement de forme n'impliquait aucune modification quant au fond. — Observation de M. le consul général Lavollée, sur l'article 2 ; séance du 11 septembre 1881.

2. La protection accordée réciproquement aux auteurs des pays contractants ne leur sera assurée que pendant l'existence de leurs droits dans leur pays d'origine. La convention n'admet donc pas le traitement national pur et simple, mais sanctionne le double principe du traitement national et du traitement du pays d'origine.

Les rédacteurs de la convention n'ont pas hésité à reconnaître que la fixation d'une durée de protection uniforme pour toute l'étendue de l'union eût été un progres considérable ; aussi ont-ils émis le vœu que les divers Etats fissent tous leurs efforts dans ce sens, et que, pour le moins, ils se missent d'ac-

Pour les œuvres non publiées, le pays auquel appartient l'auteur est considéré comme pays d'origine de l'œuvre[1].

Art. 3. — Les stipulations de la présente convention s'appliquent également aux éditeurs d'œuvres littéraires ou artistiques publiées dans un des pays de l'union et dont l'auteur appartient à un pays qui n'en fait pas partie[2].

Art. 4. — L'expression *œuvres littéraires et artistiques* comprend les livres, brochures ou tous autres

---

cord pour protéger l'œuvre pendant toute la vie de l'auteur et pendant un certain laps de temps après sa mort. — « Nous vous remercions, de ce vœu, a dit M. Ulbach, au nom de la délégation française ; mais nous regrettons que le trouvant nécessaire vous ne l'ayez pas rendu superflu. » — Séance du 17 septembre 1884, lors de la discussion de l'article 2.

1. Par *ayants cause*, il faut entendre les cessionnaires et héritiers des auteurs, leurs successeurs à titre universel ou à titre particulier.

2. L'article 3 du projet du Conseil fédéral suisse était ainsi conçu : « Sont assimilés aux sujets ou citoyens des Etats contractants, les sujets ou citoyens des Etats ne faisant pas partie de l'Union, qui sont domiciliés ou ont fait éditer leur œuvre sur le territoire de l'un des Etats de l'union. »

La délégation allemande avait tout d'abord proposé la suppression pure et simple de cet article, par le motif que de trop grandes facilités accordées aux étrangers diminueraient l'intérêt que les Etats non contractants doivent avoir à adhérer à l'Union Mais, reconnaissant par la suite que ce danger n'existe pas en ce qui concerne des œuvres dont les éditeurs appartiennent à un pays de l'union, la délégation allemande a admis que l'on pouvait accorder à ces éditeurs un droit direct pour des œuvres dont l'auteur ne ressortirait pas à un pays contractant.

Les délégués français auraient désiré que le bénéfice de l'article 3 fût étendu aux œuvres des auteurs domiciliés sur le territoire de l'Union, alors même que leur œuvre aurait été éditée en dehors de ce territoire, faisant d'abord observer que, dans leur pensée, l'expression *domiciliés* aurait impliqué non pas une simple résidence, passagère ou secondaire, mais un établissement principal et permanent.

Le mot : *éditeur*, employé dans l'article 3 tel qu'il a été adopté, doit être pris dans le sens le plus large, de manière à pouvoir s'appliquer, par exemple, à l'entrepreneur de représentations dramatiques. — Observation de M. le coécrits; les œuvres dramatiques ou dramatico-musicales, les compositions musicales avec ou sans paroles; les œuvres de dessin, de peinture, de sculpture, de gravure; les lithographies, les illustrations, les cartes géographiques; les plans, croquis et ouvrages plastiques relatifs à la géographie, à la topographie, à l'architecture ou aux sciences en général; enfin toute production quelconque du domaine littéraire, scientifique ou artistique, qui pourrait être publiée par n'importe quel mode d'impression ou de reproduction [1].

Art. 5. — Les auteurs ressortissant à l'un des pays de l'union, ou leurs ayants cause, jouissent, dans les autres pays, du droit exclusif de faire ou d'autoriser la

---

sul général Lavollée, lors de la discussion de l'article 3; séance du 17 septembre 1884.

1. La convention n'entend pas protéger des productions appartenant au domaine scientifique et non susceptibles d'être reproduites. C'est là le sens de la dernière phrase de l'article 4 qui accorde protection pour toute production « qui pourrait être publiée par n'importe quel mode d'impression ou de reproduction. »

« Il est bien entendu, a dit M. Ulbach, que les mots : *par n'importe quel mode d'impression et de reproduction*, n'excluent pas la photographie, quand celle-ci se met au service de l'art, de la science ; quand elle est l'illustration d'un ouvrage sérieux de voyage, d'ethnographie, d'histoire naturelle, d'archéologie. Il est bien entendu que si vous ne voulez pas protéger dès maintenant la photographie banale, commerciale, vous considérez la *photographie artistique* qui reproduit un chef-d'œuvre, comme un reflet de ce chef-d'œuvre, respectable sinon au même titre, du moins par une sorte de parenté lointaine. » — Séance du 17 septembre 1884, lors de la discussion de l'article 4.

Ainsi, bien que l'énumération de l'article 4 ne mentionne pas les *photographies*, celles-ci jouissent néanmoins de la protection quand elles sont la reproduction autorisée d'une œuvre qui est protégée elle-même. Se reporter, plus loin p. 18, à l'article 1er du protocole de clôture qui contient des dispositions spéciales pour les œuvres photographiques.

Pour les *œuvres chorégraphiques*, qui ne figurent pas dans l'énumération de l'article 4, au nombre des œuvres littéraires et artistiques, il faut se reporter également aux articles 1 et 2 du protocole de clôture, qui contiennent des dispositions spéciales en ces matières.

Les *arrangements de musique* ne figurent pas davantage dans l'énumération de l'article 4 ; mais ils font l'objet de dispositions spéciales à l'article 10.

traduction de leurs ouvrages jusqu'à l'expiration de dix années à partir de la publication de l'œuvre originale dans l'un des pays de l'union [1].

Pour les ouvrages publiés par livraisons, le délai de dix années ne compte qu'à dater de la publication de la dernière livraison de l'œuvre originale [2].

---

1. Le droit de *traduction* devait-il être ou non assimilé au droit exclusif de reproduction relativement à sa durée ? — L'assimilation, qui existe dans la législation française et qui vient d'être adoptée dans les législations espagnole, suisse et belge, a été demandée avec insistance par les délégués français ; « Le droit de traduction, a dit M. le consul général Lavollée (séance du 17 septembre 1884), ne peut et ne doit être considéré que comme un démembrement du droit de reproduction ou comme une forme spéciale du droit de reproduction proprement dit ; bien plus, dans les rapports internationaux, c'est presque toujours la traduction qui est le mode normal de reproduction. » Sans cette assimilation la protection du droit d'auteur parait, en effet, illusoire ; et c'est un préjugé que de croire que le pays qui ne protége pas les étrangers contre la traduction rende par là service à ses nationaux. Il est, en effet, contraire à la nature des choses qu'un auteur refuse d'autoriser une traduction de son œuvre ; mais il a un intérêt incontestable à ce que la traduction soit bonne, et c'est ce qui ne peut être obtenu que par la protection.

Reconnaissant la valeur de ces arguments, la commission de la première conférence de Berne n'a pas hésité à formuler un vœu en faveur de l'assimilation du droit de traduction, quant à sa durée, au droit exclusif de reproduction. Mais, vu la grande diversité qui existe encore à cet égard entre les législations particulières des divers pays, la Conférence a constaté qu'il n'était guère possible d'inscrire dès maintenant le principe de l'assimilation pure et simple dans une convention générale. Elle a ainsi limité la protection à dix années à partir de la publication de l'œuvre originale dans l'un des pays de l'Union, ne fixant ainsi d'ailleurs qu'un minimum, les avantages plus étendus que la législation intérieure des pays de l'union ou les conventions particulières stipulent ou stipuleront par la suite à cet égard devant continuer à profiter réciproquement aux auteurs appartenant aux pays contractants. — Voir notamment les conventions particulières intervenues entre la France et l'Espagne, le 16 juin 1880, art. 3 ; entre la France et la Belgique, le 4 janvier 1882 ; entre la France et le Salvador, le 9 juin 1880, art. 5, qui admettent l'assimilation complète du droit de traduction au droit d'auteur.

Le droit exclusif de traduction ne doit s'étendre qu'à la langue ou aux langues dans lesquelles la traduction autorisée a paru.

2. Dans la pensée des rédacteurs de la convention, le terme : *livraison* dé-

Pour les œuvres composées de plusieurs volumes publiés par intervalles, ainsi que pour les bulletins ou cahiers publiés par des sociétés littéraires ou savantes ou par des particuliers, chaque volume, bulletin ou cahier, est, en ce qui concerne le délai de dix années, considéré comme ouvrage séparé.

Dans les cas prévus au présent article, est admis comme date de publication, pour le calcul des délais de protection, le 31 décembre de l'année dans laquelle l'ouvrage a été publié.

Art. 6. — Les traductions licites sont protégées comme des ouvrages originaux. Elles jouissent, en conséquence, de la protection stipulée aux articles 2 et 3 en ce qui concerne leur reproduction non autorisée dans les pays de l'union.

Il est entendu que, s'il s'agit d'une œuvre pour laquelle le droit de traduction est dans le domaine public, le traducteur ne peut pas s'opposer à ce que la même œuvre soit traduite par d'autres écrivains.

Art. 7. — Les articles de journaux ou de recueils périodiques publiés dans l'un des pays de l'union peuvent être reproduits, en original ou en traduction, dans les autres pays de l'union, à moins que les auteurs ou édi-

---

signe une partie d'un ouvrage paraissant par fascicules successifs, qui ne forme pas en elle-même une publication séparée, mais est si indissolublement liée au reste de l'ouvrage, soit par la pagination, soit par son ensemble typographique, que le défaut d'une seule livraison rendrait l'ensemble de l'ouvrage incomplet et défectueux. Les difficultés qui pourraient être soulevées à propos de cette terminologie seront d'ailleurs souverainement appréciées par les tribunaux.

Le paragraghe 2 de l'article 5 ci-dessus est applicable aux *romans-feuilletons*. Ceux-ci constituent moins un article de journal qu'une œuvre littéraire publiée sous une forme spéciale, il paraît donc certain qu'au point de vue de leur reproduction soit en original, soit en traduction, ils devront être régis non par l'article 7 ci-après, mais par les articles 2, 5, 10, et 11 de la convention.

teurs ne l'aient expressément interdit. Pour les recueils, il peut suffire que l'interdiction soit faite d'une manière générale en tête de chaque numéro du recueil.

En aucun cas, cette interdiction ne peut s'appliquer aux articles de discussion politique ou à la reproduction des nouvelles du jour et des *faits divers* [1].

Art. 8. — En ce qui concerne la faculté de faire licitement des emprunts à des œuvres littéraires ou artistiques pour des publications destinées à l'enseignement ou ayant un caractère scientifique, ou pour des chrestomathies, est réservé l'effet de la législation des pays de l'union et des arrangements particuliers existants ou à conclure entre eux [2].

Art. 9. — Les stipulations de l'article 2 s'appliquent à la représentation publique des œuvres dramatiques ou

---

1. On ne saurait aller, à notre avis, jusqu'à comprendre dans les *nouvelles du jour* et les *faits divers* des articles assez étendus publiés par des revues ou journaux sur des matières spéciales.

Il a été entendu, lors de la discussion de l'article 7 ci-dessus, que le terme : *articles de discussion politique* ne s'applique qu'aux écrits concernant la politique du jour et non aux essais ou études ayant trait à des questions de politique ou d'économie sociale.

Il a été aussi admis qu'il ne serait pas licite de reproduire, sous forme de recueil par exemple, une série d'articles ayant paru dans le même journal.

Enfin, il a été constaté que, les pays de l'union pourront toujours exiger que les journaux paraissant sur leur territoire soient astreints à indiquer les sources où ils puisent leurs nouvelles, étant entendu toutefois que les pays qui n'exigent pas cette indication ne sont soumis à aucune réciprocité à cet égard.

2. Cette disposition, qui laisse la question des emprunts licites dans le ressort de la législation intérieure et des arrangements particuliers entre pays de l'Union, ne porte aucune atteinte au droit de *citation* nécessaire pour les études critiques, les commentaires, etc., droit qui a toujours été reconnu par la jurisprudence ou la législation des divers pays.

Le mot : *enseignement* s'applique aussi bien à l'enseignement élémentaire qu'à l'enseignement supérieur ; et les ouvrages destinés aux études autodidactiques sont prévus par les mots : *ayant un caractère scientifique*.

dramatico-musicales, que ces œuvres soient publiées ou non.

Les auteurs d'œuvres dramatiques ou dramatico-musicales, ou leurs ayants cause, sont, pendant la durée de leur droit exclusif de traduction, réciproquement protégés contre la représentation publique non autorisée de la traduction de leurs ouvrages.

Les stipulations de l'article 2 s'appliquent également à l'exécution publique des œuvres musicales non publiées ou de celles qui ont été publiées, mais dont l'auteur a expressément déclaré sur le titre ou en tête de l'ouvrage qu'il en interdit l'exécution publique [1].

Art. 10. — Sont spécialement comprises parmi les reproductions illicites auxquelles s'applique la présente convention, les appropriations indirectes non autorisées d'un ouvrage littéraire ou artistique, désignées sous des noms divers, tels que : adaptations, arrangements de musique , etc., lorsqu'elles ne sont que la reproduction d'un tel ouvrage, dans la même forme ou sous une autre forme, avec des changements, additions ou retranchements non essentiels, sans présenter d'ailleurs le caractère d'une nouvelle œuvre originale.

Il est entendu que, dans l'application du présent article, les tribunaux des divers pays de l'union tiendront

---

1. Le droit de publication des œuvres dramatiques et dramatico-musicales, soit dans la langue originale, soit en traduction, et le droit de représentation de ces mêmes œuvres, soit dans la langue originale, soit en traduction, sont absolument distincts l'un de l'autre ; en conséquence, la publication d'une telle œuvre n'autorise personne à la représenter sans le consentement de son auteur, pas plus que la représentation n'autorise à la publier.

Ajouter aux dispositions de l'article 9 ci-dessus, l'article 3 du protocole de clôture qui tranche la question connue sous le nom de *reproduction sonore*, c'est-à-dire celle relative à la fabrication et à la vente des boites et meubles de musique et des orgues dits de barbarie.

compte, s'il y a lieu, des réserves de leurs lois respectives[1].

Art. 11. — Pour que les auteurs des ouvrages protégés par la présente convention soient, jusqu'à preuve contraire, considérés comme tels et admis, en conséquence, devant les tribunaux des divers pays de l'union à exercer des poursuites contre les contrefaçons, il suffit que leur nom soit indiqué sur l'ouvrage en la manière usitée.

Pour les œuvres anonymes ou pseudonymes, l'éditeur dont le nom est indiqué sur l'ouvrage est fondé à sauvegarder les droits appartenant à l'auteur. Il est, sans autres preuves, réputé ayant cause de l'auteur anonyme ou pseudonyme.

Il est entendu, toutefois, que les tribunaux peuvent exiger, le cas échéant, la production d'un certificat délivré par l'autorité compétente, constatant que les formalités prescrites, dans le sens de l'article 2, par la législation du pays d'origine, ont été remplies[2].

---

1. Il était nécessaire de déclarer illicites certaines reproductions qui, pour être déguisées, n'en sont que plus déloyales. La difficulté était de désigner ces reproductions et de les définir. Il était impossible de donner en des termes rigoureux, définitifs, la définition de tous les cas spéciaux qui peuvent se produire ; c'est à l'autorité judiciaire qu'il appartiendra toujours de prononcer, suivant l'espèce, dans chacun des litiges dont elle sera saisie. L'article 10 a donc surtout pour objet de fournir au juge des indications qui lui permettront d'accomplir sa tâche.

Sur une question posée par les délégués anglais, lors de la discussion de l'article 10 ci-dessus, il a été admis que le genre d'appropriation indirecte connue sous le nom de *dramatisation* peut, suivant les cas, être considérée comme constituant une reproduction indirecte illicite.

2. L'article 11 ne vise qu'une question de procédure, bien distincte des conditions et formalités matérielles dont l'accomplissement est exigé par l'article 2, qui subordonne la jouissance des droits accordés aux auteurs par la convention à l'accomplissement des conditions et formalités prescrites par la législation du pays d'origine de l'œuvre.

La présomption établie en faveur de l'auteur, par l'article ci-dessus, sera aussi applicable à l'*éditeur* dans le cas de l'article 3 de la convention.

Art. 12. — Toute œuvre contrefaite peut être saisie à l'importation dans ceux des pays de l'union où l'œuvre originale a droit à la protection légale.

La saisie a lieu conformément à la législation intérieure de chaque pays [1].

Art. 13. — Il est entendu que les dispositions de la présente convention ne peuvent porter préjudice, en quoi que ce soit, au droit qui appartient au gouvernement de chacun des pays de l'union de permettre, de surveiller, d'interdire, par des mesures de législation ou de police intérieure, la circulation, la représentation, l'exposition de tout ouvrage ou production à l'égard desquels l'autorité compétente aurait à exercer ce droit.

Art. 14. — La présente convention, sous les réserves et conditions à déterminer d'un commun accord, s'applique à toutes les œuvres qui, au moment de son entrée en vigueur, ne sont pas encore tombées dans le domaine public dans leur pays d'origine [2].

---

1. Cette disposition a paru nécessaire, attendu que, eu égard aux délais différents de la protection, il pourra se faire que la publication d'une œuvre soit licite dans un pays et illicite dans un autre.

L'article 12 comporte la saisie en douane. — Pour ce qui concerne la législation intérieure de chaque pays ressortissant de l'union on consultera les textes que nous publions plus loin p. 31 et suivantes.

2. L'exécution de cet article est abandonnée à chaque pays de l'union, qui déterminera les conditions de la rétroactivité selon ses lois ou ses conventions particulières. Mais cette réserve faite, il est demeuré bien entendu que la question doit etre réglée dans chaque pays dans le sens de l'article 15.

La portée du terme : *pays d'origine* ayant été fixée à l'article 2, tant pour les œuvres publiées que pour celles qui ne le sont pas, il a paru inutile de mentionner ici les œuvres manuscrites ou inédites

Le jour où la convention du 9 septembre 1886 est entrée en vigueur (5 décembre 1887) elle s'est appliquée nécessairement, en vertu de l'article 14 ci-dessus, à toutes les œuvres non tombées dans le domaine public dans leur pays d'origine, mais sous réserve des conditions précisées dans l'article 4 du procès-verbal de clôture, c'est-à-dire sous réserve des conditions stipulées dans les conventions spéciales déjà existantes ou, à défaut, à déterminer d'un commun accord.

ART. 15. — Il est entendu que les gouvernements des pays de l'union se réservent respectivement le droit de prendre séparément, entre eux, des arrangements particuliers, en tant que ces arrangements conféreraient aux auteurs ou à leurs ayants cause des droits plus étendus que ceux accordés par l'union, ou qu'ils renfermeraient d'autres stipulations non contraires à la présente convention [1].

ART. 16. — Un office international est institué sous le nom de *Bureau de l'union internationale pour la protection des œuvres littéraires et artistiques.*

Ce bureau, dont les frais sont supportés par les administrations de tous les pays de l'union, est placé sous la haute autorité de l'administration supérieure de la Confédération suisse, et fonctionne sous sa surveillance. Les attributions en sont déterminées d'un commun accord entre les pays de l'union [2].

ART. 17. — La présente convention peut être soumise à des révisions en vue d'y introduire les améliorations de nature à perfectionner le système de l'union.

Les questions de cette nature, ainsi que celles qui intéressent à d'autres points de vue le développement de l'union, seront traitées dans des conférences qui auront

---

1. La convention du 9 septembre 1886 doit donc être considérée comme n'accordant aux ressortissants de chaque pays contractant qu'un *minimum de protection*, les Etats se réservant, par des traités particuliers, le droit de se consentir réciproquement des conditions plus favorables. Le protocole de clôture en offre déjà un exemple frappant, dans son article 1er, puisque certains Etats reconnaissent, en dehors de l'union, le caractère d'œuvres artistiques protégées à la photographie et à la chorégraphie.

L'article 15 ci-dessus réserve également effet à toutes les conventions antérieures, dont on trouvera le texte complet plus loin.

2. Les fonctions du Bureau de l'union sont précisées, plus loin p. 21 dans l'article 5 du protocole de clôture.

lieu successivement dans les pays de l'union entre les délégués desdits pays.

Il est entendu qu'aucun changement à la présente convention ne sera valable pour l'union que moyennant l'assentiment unanime des pays qui la composent[1].

Art. 18. — Les pays qui n'ont point pris part à la présente convention et qui assurent chez eux la protection légale des droits faisant l'objet de cette convention, seront admis à y accéder sur leur demande.

Cette accession sera notifiée par écrit au gouvernement de la Confédération suisse, et par celui-ci à tous les autres.

Elle emportera, de plein droit, adhésion à toutes les clauses et admission à tous les avantages stipulés dans la présente convention.

Art. 19. — Les pays accédant à la présente convention ont aussi le droit d'y accéder en tout temps pour leurs colonies ou possessions étrangères.

Ils peuvent, à cet effet, soit faire une déclaration générale par laquelle toutes leurs colonies ou possessions sont comprises dans l'accession, soit nommer expressément celles qui y sont comprises, soit se borner à indiquer celles qui en sont exclues[2].

Art. 20. — La présente convention sera mise à exé-

---

1. La convention du 9 septembre 1886 forme, en quelque sorte, la charte de l'Union ; et elle ne peut être modifiée que du consentement de tous les pays contractants. Les pays qui s'entendraient sur des perfectionnements à introduire dans la convention, sans réussir toutefois à obtenir l'adhésion des autres pays de l'union, seraient libres de conclure, dans les limites de la convention générale, des arrangements particuliers dans le sens prévu par l'article 15.

L'article 17 de la convention doit être complété par l'article 6 du protocole de clôture ci-après.

2. Voir les déclarations faites à ce sujet par les divers Etats signataires de la convention, lors du procès-verbal de signature, (plus loin, p. 25.)

cution trois mois après l'échange des ratifications, et demeurera en vigueur pendant un temps indéterminé, jusqu'à l'expiration d'une année à partir du jour où la dénonciation en aura été faite[1].

Cette dénonciation sera adressée au gouvernement chargé de recevoir les accessions. Elle ne produira son effet qu'à l'égard du pays qui l'aura faite, la convention restant exécutoire pour les autres pays de l'union.

Art. 21. — La présente convention sera ratifiée, et les ratifications en seront échangées à Berne, dans le délai d'un an au plus tard.

En foi de quoi, les plénipotentiaires respectifs l'ont signée et y ont apposé le cachet de leurs armes.

Fait à Berne, le neuvième jour du mois de septembre de l'an mil huit cent quatre-vingt-six.

Pour l'Allemagne : (L. S.) Otto von Bulow.
Pour la Belgique : (L. S.) Maurice Delfosse.
Pour l'Espagne : (L. S.) Comte de La Almina, José Villa-Amil y Castro.
Pour la France : (L. S.) Emm. Arago.
Pour la Grande-Bretagne : (L. S.) F.-O. Adams, J.-H.-G. Berons.
Pour Haïti : (L. S.) Louis-Joseph Janvier.
Pour l'Italie : (L. S.) E. di Beccaria.
Pour Libéria : (L. S.) Kœntzer.
Pour la Suisse : (L. S.) Droz, L. Ruchonnet, A. d'Orelli.
Pour la Tunisie : (L. S.) L. Renault.

1. L'échange des ratifications a eu lieu à Berne le 5 septembre 1887 ; la mise à exécution de la convention du 9 septembre 1886 date donc du 5 décembre 1887.

Article additionnel.

Les plénipotentiaires réunis pour signer la convention concernant la création d'une union internationale pour la protection des œuvres littéraires et artistiques, sont convenus de l'article additionnel suivant, qui sera ratifié en même temps que l'acte auquel il se rapporte.

La convention conclue à la date de ce jour n'affecte en rien le maintien des conventions actuellement existantes entre les pays contractants, en tant que ces conventions, confèrent aux auteurs ou à leurs ayants cause des droits plus étendus que ceux accordés par l'union, ou qu'elles renferment d'autres stipulations qui ne sont pas contraires à cette convention[1].

En foi de quoi, les plénipotentiaires respectifs ont signé le présent article additionnel.

Fait à Berne, le neuvième jour du mois de septembre de l'an mil huit cent quatre-vingt-six.

(Suivent les mêmes signatures que ci-dessus).

---

1. On lit dans le *Journal officiel* de la République française du 17 juillet 1887 « En vertu d'une entente récemment établie entre la France et la Grande-Bretagne, la convention littéraire du 3 novembre 1851 et l'acte additionnel du 11 août 1875 cesseront d'avoir leur effet au moment de la mise à exécution, en France et en Angleterre, de la convention internationale du 9 septembre 1886. »

Une ordonnance royale du 28 novembre 1887 (*The London Gazette* du 2 décembre) a donné en Angleterre force de loi à la convention de Berne du 9 septembre 1886. Aux termes de cette ordonnance, à partir du 6 décembre 1887, date de son entrée en vigueur, sont abrogées les diverses ordonnances relatives à l'approbation des conventions conclues antérieurement entre la Grande-Bretagne et les divers États signataires de la convention de Berne.

Protocole de clôture.

Au moment de procéder à la signature de la convention conclue à la date de ce jour, les plénipotentiaires soussignés ont déclaré et stipulé ce qui suit :

1. — Au sujet de l'article 4, il est convenu que ceux des pays de l'union où le caractère d'œuvres artistiques n'est pas refusé aux œuvres photographiques s'engagent à les admettre, à partir de la mise en vigueur de la convention conclue en date de ce jour, au bénéfice de ses dispositions. Ils ne sont, d'ailleurs, tenus de protéger les auteurs desdites œuvres, sauf les arrangements internationaux existants ou à conclure, que dans la mesure où leur législation permet de le faire.

Il est entendu que la photographie autorisée d'une œuvre d'art protégée jouit, dans tous les pays de l'union, de la protection légale, au sens de ladite convention, aussi longtemps que dure le droit principal de reproduction de cette œuvre même, et dans les limites des conventions privées entre les ayants droit[1].

2. — Au sujet de l'article 9, il est convenu que ceux des pays de l'union dont la législation comprend implicitement, parmi les œuvres dramatico-musicales, les œuvres chorégraphiques, admettent expressément lesdi-

1. Se reporter à la note qui accompagne l'article 4 de la convention ci-dessus p. 8.

Le texte ci-dessus établit clairement que les œuvres photographiques sont admises au bénéfice de la convention, dans toute l'étendue de l'union quand elles sont la reproduction licite d'une œuvre protégée.

tes œuvres au bénéfice des dispositions de la convention conclue en date de ce jour[1].

Il est d'ailleurs entendu que les contestations qui s'élèveraient sur l'application de cette clause demeurent réservées à l'appréciation des tribunaux respectifs[2].

3. — Il est entendu que la fabrication et la vente des instruments servant à reproduire mécaniquement des airs de musique empruntés au domaine privé ne sont pas considérés comme constituant le fait de contrefaçon musicale[3].

4. — L'accord commun prévu à l'article 14 de la convention est déterminé ainsi qu'il suit :

L'application de la convention aux œuvres non tombées dans le domaine public au moment de sa mise en

---

1. Il convenait de protéger les œuvres chorégraphiques à l'égal des œuvres dramatico-musicales. La protection ne s'étend pas seulement au libretto, qui n'est qu'un canevas, ou à la musique, qui n'est qu'un accessoire, mais aussi à l'action chorégraphique qui est une véritable création de l'auteur. « Le chorégraphe digne de ce nom est poète et artiste, a dit M. Rosmini; il crée le sujet; il ordonne les scènes, les décors, les costumes, les tableaux, les couleurs : la suite, l'intrigue, le développement des pantomimes et des danses, qui expriment le drame fantastique, mythologique ou historique. Tout cela constitue une véritable œuvre d'art, et l'ensemble une œuvre dramatico-musicale. A ce double titre, il y avait donc lieu de protéger l'action chorégraphique. » (Seconde conférence de Berne, séance du 7 septembre 1885).

Toutefois il faut remarquer que l'article ci-dessus n'a entendu protéger que les œuvres chorégraphiques qui méritent d'être rangées parmi les œuvres d'art, et que protection ne saurait être accordée à cette pseudo-chorégraphie ou pantomime en usage dans les cirques ou les baraques de saltimbanques. Ce sera d'ailleurs une question d'appréciation pour les tribunaux.

2. Se reporter à la note qui accompagne l'article 9 de la convention, ci-dessus p. 12.

3. En présence de la difficulté que présente encore, à l'heure actuelle la question de la reproduction sonore, les délégués de la conférence de Berne ont préféré ne pas se prononcer sur la question de savoir si l'exécution publique d'une œuvre musicale, au moyen des instruments mentionnés ci-dessus est ou non licite.

vigueur aura lieu suivant les stipulations y relatives contenues dans les conventions spéciales existantes ou à conclure à cet effet.

A défaut de semblables stipulations entre pays de l'union, les pays respectifs régleront, chacun pour ce qui le concerne, par la législation intérieure, les modalités relatives à l'application du principe contenu à l'article 14 [1].

5. — L'organisation du bureau international prévu à l'article 16 de la convention sera fixée par un règlement que le gouvernement de la Confédération suisse est chargé d'élaborer [2].

---

1. On trouvera plus loin, dans la partie du volume consacrée aux législations intérieures de chaque pays, les mesures particulières prises par ceux-ci pour assurer l'application de l'article 14 de la convention.

2. Le journal *Le Droit d'auteur*, organe officiel du Bureau international de l'union pour la protection de la propriété littéraire artistique (Numéro de janvier 1888) a publié l'avis suivant :

« A l'occasion de l'entrée en vigueur de la convention internationale du 9 septembre 1886 pour la protection des œuvres littéraires et artistiques, le Conseil fédéral suisse a décidé de placer sous une même direction le Bureau international de la propriété industrielle existant actuellement à Berne et le nouveau Bureau international qu'il est chargé d'organiser à teneur de la susdite convention. Par cette mesure, qui laisse entièrement distincte la sphère d'activité respective des deux bureaux, le Conseil fédéral a voulu satisfaire aux vœux de plusieurs pays faisant partie des deux Unions internationales. Elle permettra sans inconvénient, vu la grande analogie existant entre la propriété industrielle et la propriété littéraire et artistique, de réaliser dans l'administration des économies importantes, et de réduire à un minimum la part contributive incombant à chacun des États contractants. Le Conseil fédéral a estimé que, dans la phase actuelle, la nomination d'un directeur, placé sur le même pied que ceux des bureaux internationaux des postes et des télégraphes, n'était pas indispensable ; il vient d'appeler M. Henri Morel, conseiller national et ancien président de l'assemblée fédérale, aux fonctions de secrétaire général de deux bureaux, jusqu'au moment où il sera procédé à leur organisation définitive par la nomination d'un directeur. En attendant, M. Droz, chef du département des affaires étrangères, a été chargé d'exercer la haute surveillance sur leur administration. »

La langue officielle du bureau international sera la langue française.

Le bureau international centralisera les renseignements de toute nature relatifs à la protection des droits des auteurs sur leurs œuvres littéraires et artistiques. Il les coordonnera et les publiera. Il procédera aux études d'utilité commune intéressant l'union et rédigera, à l'aide des documents qui seront mis à sa disposition par les diverses administrations, une feuille périodique, en langue française, sur les questions concernant l'objet de l'union [1]. Les gouvernements des pays de l'union se réservant d'autoriser, d'un commun accord, le bureau à publier une édition dans une ou plusieurs autres langues, pour le cas où l'expérience en aurait démontré le besoin.

Le bureau international devra se tenir en tout temps à la disposition des membres de l'union pour leur fournir, sur les questions relatives à la protection des œuvres littéraires et artistiques, les renseignements spéciaux dont ils pourraient avoir besoin.

L'administration du pays où doit siéger une conférence préparera, avec le concours du bureau international, les travaux de cette conférence.

Le directeur du bureau international assistera aux séances des conférences et prendra part aux discussions sans voix délibérative. Il fera sur sa gestion un rapport annuel qui sera communiqué à tous les membres de l'union.

Les dépenses du bureau de l'union internationale seront supportées en commun par les pays contractants. Jusqu'à nouvelles décisions, elles ne pourront pas dépasser la somme de soixante mille francs par année. Cette

---

1. Le Bureau international a rempli la première partie de ce mandat en publiant, à partir de janvier 1888, un journal mensuel, *Le Droit d'auteur*, dont le prix d'abonnement est de 5 fr. 60 pour tous les pays faisant partie de l'union postale.

somme pourra être augmentée au besoin par simple décision d'une des conférences prévues par l'article 17.

Pour déterminer la part contributive de chacun des pays dans cette somme totale des frais, les pays contractants et ceux qui adhéreraient ultérieurement à l'union seront divisés en six classes contribuant chacune dans la proportion d'un certain nombre d'unités, savoir :

1re classe	....	25 unités
2e —	....	20 —
3e —	....	15 —
4e —	....	10 —
5e —	....	5 —
6e —	....	3 —

Ces coefficients seront multipliés par le nombre des pays de chaque classe, et la somme des produits ainsi obtenue fournira le nombre d'unités par lequel la dépense totale doit être divisée. Le quotient donnera le montant de l'unité de dépenses.

Chaque pays déclarera, au moment de son accession, dans laquelle des susdites classes il demande à être rangé.

L'administration suisse préparera le budget du bureau et en surveillera les dépenses, fera les avances nécessaires et établira le compte annuel, qui sera communiqué à toutes les autres administrations.

6. — La prochaine conférence aura lieu à Paris, dans le délai de quatre à six ans à partir de l'entrée en vigueur de la convention.

Le gouvernement français en fixera la date dans ces limites, après avoir pris l'avis du bureau international[1].

---

1. La prochaine conférence aura donc lieu entre le 5 décembre 1891 et le 5 décembre 1893, la date de l'entrée en vigueur de la convention étant le 5 décembre 1887. Les modifications que des conférences pourraient apporter ultérieurement à

7. — Il est convenu que, pour l'échange des ratifications prévu à l'article 21, chaque partie contractante remettra un seul instrument, qui sera déposé, avec ceux des autres pays, aux archives du gouvernement de la Confédération suisse. Chaque partie recevra en retour un exemplaire du procès-verbal d'échange des ratifications, signé par les plénipotentiaires qui y auront pris part.

Le présent protocole de clôture, qui sera ratifié en même temps que la convention conclue à la date de ce jour, sera considéré comme faisant partie intégrante de cette convention et aura même force, valeur et durée.

En foi de quoi, les plénipotentiaires respectifs l'ont revêtu de leur signature.

Fait à Berne, le neuvième jour du mois de septembre de l'an mil huit cent quatre-vingt six.

Pour l'Allemagne : Otto van Bulow.
Pour la Belgique : Maurice Delfosse.
Pour l'Espagne : Almina, Villa-Amil.
Pour la France : Emm. Arago.
Pour la Grande-Bretagne : F.-O. Adams, J.-H.-G. Berne.
Pour Haïti : Louis-Joseph Janvier.
Pour l'Italie : E. di Beccaria.
Pour Libéria : Kœntzer.
Pour la Suisse : Droz, L. Ruchonnet, A. d'Orelli.
Pour la Tunisie : L. Renault.

---

la convention devront nécessairement, pour être obligatoires dans les pays de l'union, faire l'objet de conventions conclues dans les mêmes formes diplomatiques que celle du 9 septembre 1886, et soumises aux mêmes ratifications que cette dernière.

Procès-verbal de signature.

Les plénipotentiaires soussignés, réunis ce jour à l'effet de procéder à la signature de la convention concernant la création d'une union internationale pour la protection des œuvres littéraires et artistiques, ont échangé les déclarations suivantes :

1° En ce qui concerne l'accession des colonies ou possessions étrangères prévue à l'article 19 de la convention :

Les plénipotentiaires de Sa Majesté catholique le roi d'Espagne réservent pour leur gouvernement la faculté de faire connaître sa détermination au moment de l'échange des ratifications[1].

Le plénipotentiaire de la République française déclare que l'accession de son pays emporte celle de toutes les colonies de la France.

Les plénipotentiaires de Sa Majesté britannique déclarent que l'accession de la Grande-Bretagne à la convention pour la protection des œuvres littéraires et artistiques comprend le Royaume-Uni de la Grande-Bretagne et d'Irlande et toutes les colonies et possessions étrangères de Sa Majesté britannique.

Ils réservent toutefois au gouvernement de sa Majesté

1. Voir plus loin p. 28 le protocole du 5 septembre 1887, lors de l'échange des ratifications.

britannique la faculté d'en annoncer en tout temps la dénonciation séparément pour une ou plusieurs des colonies ou possessions suivantes, en la manière prévue par l'article 20 de la convention, savoir : les Indes, le Dominion du Canada, Terre-Neuve, le Cap, Natal, la Nouvelle-Galles du Sud, Victoria, Queensland, la Tasmanie, l'Australie méridionale, l'Australie occidentale et la Nouvelle-Zélande.

2° En ce qui concerne la classification des pays de l'Union au point de vue de leur part contributive aux frais du bureau international (chiffre 5 du protocole de clôture) ;

Les plénipotentiaires déclarent que leurs pays respectifs doivent être rangés dans les classes suivantes, savoir :

Allemagne	dans la	1re	classe.
Belgique	—	3e	—
Espagne	—	2e	—
France	—	1re	—
Grande-Bretagne . . .	—	1re	—
Haïti	—	5e	—
Italie	—	1re	—
Suisse	—	3e	—
Tunisie.	—	6e	—

Le plénipotentiaire de la République de Libéria déclare que les pouvoirs qu'il a de son gouvernement l'autorisent à signer la convention, mais qu'il n'a pas reçu d'instructions quant à la classe où ce pays entend se ranger au point de vue de sa part contributive aux frais du bureau international. En conséquence, il réserve sur cette question la détermination de son gouvernement, qui la fera connaître lors de l'échange des ratifications.

En foi de quoi, les plénipotentiaires respectifs ont signé le présent procès-verbal.

Fait à Berne, le neuvième jour du mois de septembre de l'an mil huit cent quatre-vingt-six.

Pour l'Allemagne : Otto von BULOW.
Pour la Belgique : Maurice DELFOSSE.
Pour l'Espagne : ALMINA, VILLA-AMIL.
Pour la France : Emmanuel ARAGO.
Pour la Grande-Bretagne : F.-O. ADAMS, J.-H.-G. BERGNE.
Pour Haïti : Louis-Joseph JANVIER.
Pour l'Italie : E. di BECCARIA.
Pour Libéria : KŒNTZER.
Pour la Suisse : DROZ, L. RUCHONNET, A. d'ORELLI.
Pour la Tunisie : L. RENAULT.

ÉCHANGE DES RATIFICATIONS

Protocole

Au moment de procéder à la signature du procès-verbal constatant le dépôt des actes de ratification délivrés par les Hautes Parties signataires de la Convention en date du 9 septembre 1886 concernant la création d'une union internationale pour la protection des œuvres littéraires et artistiques,

S. E. Monsieur le Ministre d'Espagne a renouvelé, au nom de Son Gouvernement, la déclaration consignée dans le procès-verbal de la Conférence du 9 septembre 1886 et suivant laquelle l'accession de l'Espagne à la convention emporte celle de tous les territoires dépendant de la couronne espagnole.

Les soussignés ont pris acte de cette déclaration.

En foi de quoi ils ont signé le présent protocole, fait à Berne, en neuf expéditions, le 5 septembre 1887.

Pour l'Allemagne : Alfred von Bulow.
Pour la Belgique : Henri Loumyer.
Pour l'Espagne : Comte de la Almina.
Pour la France : Emm. Arago.
Pour la Grande-Bretagne : F.-O. Adams.
Pour Haïti : Louis-Joseph Janvier.
Pour l'Italie : Fè.
Pour la Suisse : Droz.
Pour la Tunisie : H. Marchand.

Procès-verbal de dépôt.

Conformément aux dispositions de l'article 21, 1er alinéa, de la convention concernant la création d'une union internationale pour la protection des œuvres littéraires et artistiques, conclue à Berne, le 9 septembre 1886, et ensuite de l'invitation adressée à cet effet par le Conseil fédéral suisse aux gouvernements des Hautes Parties contractantes, les soussignés se sont réunis, aujourd'hui, au Palais fédéral, à Berne, pour procéder à l'examen et au dépôt des ratifications :

de Sa Majesté l'Empereur d'Allemagne, Roi de Prusse ;
de Sa Majesté le Roi des Belges ;
de Sa Majesté Catholique le Roi d'Espagne, en Son nom Sa Majesté la Reine Régente du Royaume ;
du Président de la République Française ;
de Sa Majesté la Reine du Royaume-Uni de la Grande-Bretagne et d'Irlande, Impératrice des Indes ;
du Président de la République d'Haïti ;
de Sa Majesté le Roi d'Italie ;
du Conseil fédéral de la Confédération Suisse ;
de Son Altesse le Bey de Tunis,

sur ladite convention internationale, suivie d'un article additionnel et d'un protocole de clôture.

Les instruments de ces actes de ratification ont été produits, et, ayant été reconnus en bonne et due forme, ils ont été remis entre les mains du Président de la Confédération suisse pour être déposés aux archives du gouvernement de ce pays, conformément au chiffre 7 du protocole de clôture de la convention internationale.

En foi de quoi les soussignés ont dressé le présent procès-verbal qu'ils ont revêtu de leurs signatures et du cachet de leurs armes.

Fait à Berne, le 7 septembre 1887, en neuf expéditions, dont une restera déposée dans les archives de la Confédération suisse pour accompagner les instruments des actes de ratification.

Pour l'Allemagne : (L. S.) Alfred de BULOW.
Pour la Belgique : (L. S.) Henry LOUMYER.
Pour l'Espagne : (L. S.) Comte DE LA ALMINA.
Pour la France : (L. S.) Emmanuel ARAGO.
Pour la Grande-Bretagne : (L. S.) F. O. ADAMS.
Pour Haïti (L. S.) Louis-Joseph JANVIER.
Pour l'Italie : (L. S.) FÈ.
Pour la Suisse : (L. S.) DROZ.
Pour la Tunisie : (L. S.) H. MARCHAND.

LÉGISLATIONS INTERNES

DES DIVERS ÉTATS

EN MATIÈRE DE

PROPRIÉTÉ LITTÉRAIRE ET ARTISTIQUE

EN VIGUEUR AU 1er JANVIER 1888

ALLEMAGNE

Loi du 11 juin 1870, concernant le droit d'auteur sur les écrits, dessins, compositions musicales et œuvres dramatiques.

Loi du 9 janvier 1876, concernant le droit d'auteur sur les œuvres des arts figuratifs.

Loi du 10 janvier 1876, concernant la protection accordée aux photographies contre la contrefaçon.

Loi du 11 janvier 1876, concernant le droit d'auteur sur les dessins et les modèles industriels.

Instruction de la Chancellerie impériale du 19 février 1876, relative à la tenue du registre des dessins.

Loi du 11 Juin 1870

CONCERNANT LES DROITS D'AUTEUR

SUR LES

Ecrits, Dessins, Compositions musicales, OEuvres dramatiques [1].

I. — ÉCRITS.

a). Du droit exclusif de l'auteur.

ART. 1er. — Le droit de reproduire [2] un écrit par des procédés mécaniques appartient exclusivement à l'auteur de cet écrit.

---

1. La traduction de la loi allemande ci-dessus est due à M. Paul Gide, professeur à la Faculté de droit de Paris. Elle a été publiée pour la première fois dans l'*Annuaire de législation étrangère*, 1872 p. 205 à 223 avec la plus grande partie des notes ci-après.

2. *Verviel fæltigen*, littéralement : *multiplier*. On verra plus loin, art. 22, que ce mot ne doit pas être pris dans son sens littéral.

Art. 2. — Il faut assimiler à l'auteur, quant aux droits conférés par la présente loi, l'éditeur d'un ouvrage composé de morceaux d'auteurs divers, si ces morceaux se complètent et forment un tout[1]. Le droit d'auteur pour chaque morceau en particulier appartient à l'auteur de ce morceau.

Art. 3. — Le droit de l'auteur passe à ses héritiers. Ce droit peut être aliéné en totalité ou en partie[2] par contrat ou par disposition de dernière volonté.

b.) De la contrefaçon.

Art. 4. — Toute reproduction d'un écrit par des procédés mécaniques faite sans le consentement de l'ayant droit (art. 1, 2, 3) est qualifiée *contrefaçon* et est interdite.

Cette interdiction s'applique à la reproduction partielle comme à la reproduction intégrale.

Il faut assimiler à la reproduction par procédé mécanique la copie faite à la main, si cette copie est faite pour tenir lieu de l'impression.

Art. 5. — La contrefaçon existe encore :

a.) Dans l'impression, faite sans le consentement de l'auteur, d'un manuscrit, c'est-à-dire d'un ouvrage non encore publié.

Nul ne pourra, fût-il possesseur légitime d'un manuscrit, faire imprimer ce manuscrit sans le consentement de son auteur ;

b.) Dans l'impression, faite sans le consentement de l'auteur, de discours[3] tenus pour l'édification, l'instruction ou dans un simple entretien ;

c.) Dans l'impression faite par l'auteur ou par l'éditeur, contrairement au traité qui existe entre eux ;

d.) Dans le tirage, par l'éditeur, d'un plus grand nombre d'exemplaires que son traité ou la loi ne le lui permettent.

---

1 Tels sont les articles d'une encyclopédie d'un dictionnaire ; il en serait autrement des articles d'une revue.

2 *Berschrænkt oder Nubeschrænkt*, littéralement . *avec ou sans restriction*. Ainsi l'auteur peut céder ou la propriété de son manuscrit, ou seulement l'exercice de son droit d'auteur, et restreindre cet exercice à un nombre limité d'éditions ou d'exemplaires.

3. *Votræge*, littéralement : *expositions, rapports*. Il faut entendre par là non de simples propos isolés, mais une suite, un développement d'idées.

Art. 6. — La traduction faite sans le consentement de l'auteur de l'original constitue également une contrefaçon dans les trois cas suivants :

a.) Si un ouvrage publié en langue morte est traduit en une langue vivante ;

b.) Si un ouvrage publié simultanément en plusieurs langues est traduit en une de ces langues ;

c.) Si l'auteur s'est réservé le droit de traduction sur le titre ou en tête de son ouvrage, pourvu toutefois que la traduction ainsi réservée ait entièrement paru dans le délai d'un an. Ce délai ne commence à courir qu'à l'expiration de l'année durant laquelle a paru l'original.

Pour les ouvrages qui paraissent en plusieurs volumes ou tomes [1], chaque volume ou tome est considéré dans le sens de cet article comme un ouvrage à part, et doit contenir une réserve spéciale du droit de traduction.

Pour les œuvres dramatiques, le délai ci-dessus est réduit à six mois, qui commencent à courir du jour où a paru l'original.

Dans ces mêmes délais, le commencement et l'achèvement de la traduction devront être notifiés à l'enregistrement (art. 30 et suiv.), faute de quoi l'auteur sera déchu de son droit de traduction.

La traduction des œuvres non imprimées que la loi protège contre la contrefaçon (art. 5, lettres *a* et *b*) constitue également une contrefaçon.

Les traductions participent, comme les œuvres originales, à la protection de la présente loi contre la contrefaçon.

c.) De ce qui n'est pas contrefaçon.

Art. 7. — Il n'y a pas contrefaçon :

a.) Dans la reproduction de passages ou petites parties d'ouvrages déjà publiés, ni dans l'insertion même intégrale de petits écrits déjà publiés dans le corps d'un plus grand ouvrage, pourvu que cet ouvrage ait un caractère scientifique et qui lui

1. *Abtheilungen*, c'est-à-dire des parties de volumes, non pas des parties matérielles, telles que fascicules ou livraisons (*Leistungen*), mais des parties qui constituent en même temps des divisions méthodiques de l'ouvrage.

soit propre, ou que ce soit un recueil d'écrits de divers auteurs, composé pour l'usage du culte ou des écoles, ou dans un but littéraire spécial. L'écrit ne peut d'ailleurs être reproduit qu'avec l'indication de son auteur ou de la source d'où il est tiré.

b.) Dans la reproduction d'articles extraits de publications périodiques ou autres feuilles publiques [1].

Sont exceptés les romans, nouvelles et travaux scientifiques ; sont également exceptés tous autres écrits d'une certaine étendue, pourvu qu'ils portent une défense expresse de reproduction.

c.) Dans la reproduction de lois, codes, actes publics et documents officiels de tout genre ;

d.) Dans l'impression de discours prononcés dans les tribunaux, dans les assemblées représentatives, politiques, communales et religieuses, enfin dans les réunions politiques et autres semblables.

d.) Durée du droit d'auteur.

Art. 8. — La protection contre la contrefaçon, établie par la présente loi, a pour durée, sauf les modifications ci-dessous indiquées, la vie de l'auteur (art. 1 et 2) et un délai de trente ans après sa mort [2].

Art. 9. — Pour l'œuvre qui est due à la collaboration de plusieurs personnes, le délai de trente ans, pendant lequel dure la protection, ne court qu'à partir de la mort du dernier survivant des collaborateurs.

Pour un ouvrage formé de morceaux de divers auteurs, il y aura un délai spécial pour chaque morceau portant le nom de son auteur (art. 8 et 11).

Art. 10. — Pour les articles, dissertations, etc., insérés dans

---

1. Dans ces derniers mots le législateur semble avoir en vue les feuilles publiques paraissant à des intervalles inégaux.

2. Cette disposition capitale n'est que la consécration du droit commun antérieur de l'Allemagne. En France, le délai est de cinquante ans (loi du 14 juillet 1866), de même en Russie (art. 283 et 284 du Code général) ; il est de quatre-vingts ans en Espagne, (loi du 10 janvier 1879), en Italie, de quarante ans, et même de quatre-vingt dans certains cas (loi du 18 mai 1882).

des publications périodiques, telles que journaux, revues, almanachs, etc., l'auteur a le droit, sauf convention contraire, de les reproduire ailleurs, même sans le consentement de l'éditeur[1] du recueil où ils ont paru, pourvu qu'un délai de deux ans se soit écoulé depuis l'expiration de l'année de leur publication.

ART. 11. — Les écrits publiés ne jouissent de la protection légale avec la durée fixée par l'article 8 qu'autant qu'ils portent le vrai nom de l'auteur inscrit soit sur la page du titre, soit sous la dédicace, soit sous la préface.

Il suffit toutefois, pour les morceaux de divers auteurs, réunis en un seul ouvrage, que le nom de l'auteur soit inscrit en tête ou à la fin du morceau.

Un écrit publié sans nom d'auteur, ou sous un autre nom que le vrai nom de l'auteur, est protégé contre la contrefaçon pendant trente ans, à compter de la première édition (art. 28).

Si, dans le délai de trente ans, à compter de la première édition, le vrai nom de l'auteur a été notifié à l'enregistrement (art. 39 et suiv.) soit par l'auteur lui-même, soit par ses ayants cause[2] à ce autorisés, l'ouvrage jouira de la protection plus longue indiquée en l'article 8.

ART. 12. — Pour les ouvrages qui ne paraissent qu'après la mort de l'auteur, la protection dure trente ans à compter de la mort de l'auteur.

ART. 13. — Les académies, universités, personnes morales, établissements publics d'instruction, sociétés savantes ou autres, jouissent, pour les ouvrages publiés par eux, d'une protection de trente ans à compter de la publication. Il en est ainsi même dans le cas où l'éditeur est assimilé à l'auteur (art. 2).

ART. 14. — Pour les ouvrages publiés en plusieurs volumes ou tomes, il y a un délai spécial pour chaque volume à partir de sa publication.

---

1. *Herausgebers oder Verlegers.* — Le premier est l'éditeur, au point de vue scientifique ou littéraire, celui qui révise le texte, collationne les manuscrits, etc., le second est l'éditeur, au point de vue commercial, celui qui prend à son compte, en tout ou en partie, les frais et bénéfices de la publication

2. *Recktsnachfolgern :* par les successeurs à son droit d'auteur, soit successeurs universels (héritiers), soit successeurs particuliers (éditeurs, etc.).

Toutefois, pour les ouvrages qui traitent en plusieurs volumes d'un sujet unique, et qui doivent par conséquent être considérés comme ne formant qu'un seul tout, le délai ne court qu'à partir de la publication du dernier volume.

Si, cependant entre la publication de deux volumes, il s'est écoulé un intervalle de plus de trois ans, on traitera les volumes déjà parus comme un ouvrage terminé, et ceux qui paraîtront après les trois ans, comme un ouvrage nouveau.

Art. 15. — La défense de publier des traductions dure, au cas de l'article 6 (lettre *b*), à compter de la publication de l'original ; au cas de l'article 6 (lettre *c*), cinq ans à compter de la publication de la traduction autorisée.

Art. 16. — Dans le calcul des délais ci-dessus indiqués (art. 8 et suiv.), on ne fait pas entrer ce qui reste à courir de l'année où est mort l'auteur, ni de l'année où a été publié l'ouvrage ou la traduction.

Art. 17. — Le droit exclusif de l'auteur ou de ses ayants cause [1] ne passe point, par droit de déshérence, au fisc ou autres personnes autorisées à recueillir les successions vacantes.

e.) Des dommages-intérêts et de la peine.

Art. 18. — Quiconque commet [2] une contrefaçon soit intentionnellement, soit par négligence [3], dans le but d'en répandre le produit soit dans la Confédération de l'Allemagne du Nord, soit à l'étranger, est tenu d'indemniser l'auteur ou ses ayants cause et est en outre puni d'une amende qui peut s'élever jusqu'à 1,000 thalers [4].

Cette peine cependant n'est point encourue par celui qui a agi de bonne foi, par suite d'une erreur excusable soit de fait, soit de droit.

---

1. Voir la note précédente.

2. *Wer veranstaltet*, ce qui signifie non pas celui qui fait matériellement mais celui qui fait faire.

3. *Vorsætzlich oder aus fahrlæssigkeit*, en d'autres termes ; par dol ou par faute. — La *faute* affecte ici le caractère délictueux. En matière de contrefaçon, exiger la preuve du dol, serait le plus souvent laisser la contrefaçon impunie.

4. 3750 francs.

Si le condamné est insolvable, l'amende est convertie, conformément aux dispositions du code pénal [1], en un emprisonnement correspondant qui peut durer jusqu'à six mois.

Si la partie lésée le demande, le tribunal, en condamnant le contrefacteur à la peine ci-dessus indiquée, peut le condamner en outre à une *composition* [2], payable à la partie lésée, qui pourra s'élever jusqu'à 2,000 thalers et qui tiendra lieu de tous dommages-intérêts. Plusieurs condamnés à la même *composition* en seront tenus comme codébiteurs solidaires.

La condamnation à une *composition* exclut toute demande ultérieure en dommages-intérêts.

Si celui qui a opéré la contrefaçon est exempt de toute faute, il ne sera tenu d'indemniser l'auteur ou ses ayants cause que dans les limites de son enrichissement [3].

Art. 19. — Sur l'existence et l'étendue du dommage, de même que sur l'existence et le montant de l'enrichissement, le tribunal statuera avec une pleine liberté d'appréciation, en tenant compte de toutes les circonstances.

Art. 20. — Quiconque aura, intentionnellement ou par négligence, déterminé une autre personne à commettre une contrefaçon, encourra la peine prononcée par l'article 18, et sera tenu d'indemniser l'auteur ou ses ayants cause, conformément

1. Code pénal, art. 28, 29.

2. *Busse* ; expression dérivée de l'ancien droit germanique et que je n'ai pu traduire que par un mot emprunté aux manuscrits législatifs de la même époque (voir P. Grimm, *Rechtsalterthümer*, p. 649). La *Busse* diffère à la fois des dommages-intérêts et de l'amende ; à la différence des dommages intérêts, elle est prononcée, par les tribunaux criminels, sans estimation, contre le coupable seulement, accessoirement à la peine et dans les limites d'un maximum fixé par la loi, à la différence de l'amende, la *Busse* est acquise à la partie privée, tient lieu d'indemnité, suppose l'existence d'un dommage, ne peut se convertir en une peine corporelle, est prononcée en sus de la peine et n'est due qu'une fois, s'il y a plusieurs condamnés. — Voir le code pénal allemand, art. 188 et 231.

3. Le législateur semble avoir voulu établir, dans les divers alinéas de cet article, trois degrés différents de responsabilité : premier alinéa dol ou faute inexcusable, responsabilité civile et pénale ; deuxième alinéa, faute excusable au point de vue pénal, responsabilité exclusivement civile, troisième alinéa, absence de faute, absence de toute responsabilité.

aux articles 18 et 19. Il en sera ainsi lors même que, d'après l'article 16, celui qui a opéré la contrefaçon ne serait lui-même ni punissable ni civilement responsable.

Si celui qui a opéré la contrefaçon a, lui aussi, agi intentionnellement ou par négligence, tous les deux seront tenus solidairement vis-à-vis de la partie lésée.

L'application de la peine et de la responsabilité civile aux autres personnes qui pourraient avoir pris part à la contrefaçon se règle d'après les principes de droit commun.

Art. 21. — Les exemplaires contrefaits en provision et les instruments destinés exclusivement à la contrefaçon, tels que moules, planches, pierres lithographiques, clichés, etc., seront confisqués [1]. Une fois la confiscation régulièrement prononcée contre le propriétaire, ces objets seront ou détruits, ou dépouillés de la forme qui les rendait propres à un usage illicite, et restitués à leur propriétaire.

Si une publication ne constitue une contrefaçon que pour partie, la confiscation ne s'exercera que sur la partie déclarée contrefaite et sur les instruments afférents à cette partie.

La confiscation s'étendra à tous les susdits exemplaires et instruments qui se trouveront appartenir à l'auteur de la contrefaçon, à l'imprimeur, au libraire, à tout débitant des exemplaires contrefaits [2] · enfin à l'instigateur de la contrefaçon désigné en l'article 20.

La confiscation s'applique même dans le cas où il n'y a eu ni intention coupable ni négligence, soit chez l'auteur, soit chez l'instigateur de la contrefaçon. Elle s'applique aussi contre leurs héritiers.

Il est permis à la partie lésée de se faire céder, en remboursant les frais de fabrication, tout ou partie des exemplaires contrefaits et instruments, pourvu toutefois que les droits des tiers ne soient par là ni lésés ni menacés.

---

1. *Einziehung*, littéralement *retrait*. — Ce mot a remplacé partout dans la loi, le mot de *Konfiskation*, qui était dans le projet ; mais c'est là un simple changement de mot ; le législateur n'a pas voulu donner une dénomination odieuse à une mesure qu'il entendait dépouiller de tout caractère pénal et appliquer même à des innocents. — Voir *infra*, art. 21 alin. 4, et art. 22, alin. 2

2. Voir *infrà*, art. 2[illegible]

Art. 22. — Pour constituer le délit de contrefaçon, il suffit de la fabrication d'un seul exemplaire contrefait soit dans le territoire de la Confédération de l'Allemagne du Nord, soit à l'étranger.

La simple tentative de contrefaçon n'entraîne ni pénalité, ni responsabilité civile. Mais il y a lieu, même en ce cas, à la confiscation des instruments de contrefaçon (art. 21).

Art. 23. — Même en cas de récidive, la peine ne peut dépasser le maximum fixé par l'article 18.

Art. 24. — Si, au cas de l'article 7, lettre *a*, l'indication de la source ou du nom de l'auteur a été omise, intentionnellement ou par négligence, l'auteur et l'instigateur de la reproduction seront passibles d'une amende qui pourra s'élever jusqu'à 20 thalers.

Cette amende ne pourra se convertir en emprisonnement. Il ne sera pas alloué de dommages-intérêts.

Art. 25. — Quiconque aura, intentionnellement et dans un but de négoce, mis en vente, vendu ou répandu de toute autre manière, soit dans la Confédération de l'Allemagne du Nord, soit à l'étranger, des exemplaires fabriqués contrairement aux dispositions de la présente loi, sera tenu d'indemniser l'auteur ou ses ayants cause dans la mesure du dommage qu'il leur aura causé, et sera en outre puni d'une amende, conformément à l'article 18.

Les exemplaires contrefaits destinés à être débités seront sujets à la confiscation, conformément à l'article 21, alors même que le débitant n'aurait pas agi intentionnellement.

La responsabilité civile et la peine encourues par le fait du débit s'appliqueront aussi à l'auteur et à l'instigateur de la contrefaçon, lors même qu'ils ne seraient pas déjà, comme tels, punissables et civilement responsables [1].

f.) Procédure.

Art. 26. — La connaissance des réclamations ou dommages-intérêts, de même que l'application des peines prononcées par

1. Ainsi la *fabrication* et le *débit* d'exemplaires contrefaits constituent deux délits distincts : s'ils sont commis par la même personne, elle ne sera pas punie deux fois, mais elle pourra, bien qu'excusable pour l'un des deux faits, être punissable pour l'autre.

la présente loi et la confiscation des exemplaires contrefaits, etc., sont de la compétence des tribunaux ordinaires.

La confiscation des exemplaires contrefaits, etc. peut être poursuivie tant par la voie criminelle que par la voie civile.

ART. 27. — L'action criminelle ne peut être intentée d'office, mais seulement sur la plainte de la partie lésée. Cette plainte peut être retirée jusqu'au prononcé du jugement condamnant à une peine.

ART. 28. — La poursuite en contrefaçon appartient à quiconque est lésé ou menacé dans ses droits d'auteur ou d'éditeur par la reproduction illicite.

Pour les ouvrages déjà publiés, l'on considère comme auteur, jusqu'à preuve contraire, celui qui est indiqué comme auteur sur l'ouvrage, dans la forme prescrite en l'article 11, alinéa 1 et 2.

Pour les ouvrages anonymes et pseudonymes, l'éditeur[1] est autorisé à exercer les droits appartenant à l'auteur. L'éditeur indiqué sur l'ouvrage est considéré, sans qu'il soit besoin d'autre preuve, comme l'ayant cause de l'auteur anonyme ou pseudonyme.

ART. 29. — Dans les divers procès en contrefaçon, y compris l'action pour enrichissement résultant de la contrefaçon, le juge appréciera les faits en toute liberté, en puisant sa conviction dans l'ensemble des débats, sans être lié par aucune règle positive sur la force des divers moyens de preuve.

De même, pour décider la question de savoir si le contrefacteur ou l'instigateur de la contrefaçon (art. 18 et 20) a agi avec négligence, le juge n'est point lié par les lois locales, qui distinguent divers degrés de négligence[2].

ART. 30. — S'il s'élève des questions techniques, douteuses ou contestées, dont dépende le fait de contrefaçon ou le montant des dommages ou de l'enrichissement, le juge est autorisé à prendre l'avis d'experts.

ART. 31. — Des compagnies d'experts, composées de savants écrivains, libraires et autres gens spéciaux, devront se former dans tous les États de la Confédération de l'Allemagne du Nord.

---

1. « L'*Herausgeber* et, s'il n'y en a pas d'indiqué, le *Verleger*. » — Pour la signification de ces deux mots, voir la note 1 de la page 37 ci-dessus, sous l'article 10.

2. Voir art. 18, alin. 6.

Ces compagnies seront tenues, sur la demande du juge, de donner des avis sur les questions qui leur seront adressées. Les États particuliers où ces compagnies n'existent pas encore pourront ou s'annexer sous ce rapport à d'autres États de la Confédération, ou s'unir à ces États pour former ensemble une compagnie commune.

Les compagnies d'experts sont autorisées, sur la demande des parties, à statuer comme arbitres sur les contestations en dommages-intérêts et sur la confiscation, en se conformant aux articles 18 à 21.

Une instruction [1], émanée de la Chancellerie de la Confédération, réglera l'organisation et les fonctions de ces compagnies d'experts.

Art. 32. — La compétence de la cour suprême du commerce siégeant à Leipzig, telle qu'elle est réglée par les articles 12 et 13 de la loi du 12 juin 1869, s'étendra aux actions civiles ouvertes par la présente loi et tendant à des dommages-intérêts ou à la confiscation.

Pour les actions pénales ouvertes par la présente loi, ladite Cour suprême de Leipzig prendra la place de la cour suprême établie par la loi particulière du lieu où l'affaire était portée en première instance et jouira de la même compétence que cette loi particulière attribue à cette cour suprême locale.

Dans les actions pénales déférées par la disposition ci-dessus à ladite cour suprême de Leipzig, la procédure, même devant cette cour, se réglera d'après les lois particulières du lieu où l'action a pris naissance. Les fonctions du ministère public, près ladite cour de Leipzig, seront exercées dans cette action par le procureur d'État près la cour suprême dudit lieu. Ce procureur d'État pourra se faire représenter dans la procédure orale par un procureur d'État siégeant à Leipzig ou par un avocat exerçant à Leipzig.

Les actions pénales qui compètent à ladite cour suprême de Leipzig et celles qui compètent à une cour suprême locale ne pourront être jointes en une même procédure.

Les dispositions des articles 10, 12, alin. 2 ; 16, alin. 2 ; 17,

---

1. Cette instruction a été publiée le 12 décembre 1870. — Nous croyons inutile d'en reproduire ici le texte.

18, 21 et 22 de la loi du 12 juin 1869, s'appliquent aussi aux actions pénales rentrant dans la compétence de la cour suprême de Leipzig.

g.) De la prescription.

Art. 33. — Les actions en contrefaçon, tant l'action pénale que les actions civiles en dommages-intérêts ou pour enrichissement (art. 18), se prescrivent par trois ans.

La prescription commence à courir du jour où a commencé le débit des exemplaires contrefaits.

Art. 34. — Les actions, tant pénales que civiles, contre le débitant d'exemplaires contrefaits se prescrivent de même par trois ans.

La prescription commence à courir du jour où le débit a cessé.

Art. 35. — La contrefaçon et le débit d'exemplaires contrefaits ne sont plus punissables, si la partie autorisée à porter plainte n'a pas formé sa plainte dans les trois mois à compter du jour où elle a eu connaissance du délit et de son auteur.

Art. 36. — L'action tendant à la confiscation et à la suppression des exemplaires contrefaits et des instruments de contrefaçon (art. 21) demeure ouverte tant qu'existent des exemplaires et instruments.

Art. 37. — L'infraction consistant dans le défaut de mention de la source ou du nom de l'auteur, au cas de l'article 7, lettre *a*, se prescrit par trois mois.

La prescription commence à courir du jour où la reproduction a commencé à être débitée.

Art. 38. — Les actes interruptifs de prescription sont déterminés par le droit commun.

L'exercice de l'action pénale n'interrompt pas la prescription de l'action civile, pas plus que l'exercice de l'action civile n'interrompt la prescription de l'action pénale.

h.) De l'enregistrement.

Art. 39. — Le registre qui doit contenir les inscriptions ordonnées par les articles 6 et 11, sera tenu par la municipalité de Leipzig.

Art. 40. — La municipalité de Leipzig est tenue de faire les inscriptions requises par les parties, sans avoir à contrôler ni la qualité du requérant, ni l'exactitude des faits par lui allégués.

Art. 41. — La Chancellerie de la Confédération règle par des instructions la tenue du registre. Chacun est autorisé à prendre connaissance du registre et à s'en faire délivrer des extraits authentiques. Les inscriptions seront rendues publiques par une insertion dans le *Bœrsenblatt fur der Deutschen Buchhandel*, et, au cas où ce journal cesserait de paraître, dans le journal que désignerait la Chancellerie de la Confédération.

Art. 42. — Toutes requêtes, tous certificats, légalisations, actes de notoriété, extraits, etc., concernant l'inscription dans le registre sont exempts du timbre.

Au contraire, pour toute inscription, pour tout certificat d'inscription, comme pour tout extrait de registre, il est perçu un droit de 15 gros [1], et le requérant doit payer en outre l'insertion dans le journal (art. 41).

II. — OUVRAGES DE TOPOGRAPHIE, GÉOGRAPHIE, ETC.

Art. 43. — Les dispositions des articles 1 à 12 sont également applicables aux dessins et figures de géographie, topographie, sciences naturelles, arts techniques, architecture et autres semblables qui, dans leur but principal, ne sont pas à considérer comme des œuvres d'art [2].

Art. 44. — Il n'y a pas contrefaçon si l'on ajoute à un écrit quelques figures tirées d'un autre ouvrage, pourvu toutefois que l'écrit soit la chose principale et que les figures ne servent, par exemple, qu'à l'explication du texte. En ce cas aussi il faudra indiquer l'auteur ou la source d'où les figures sont tirées, sinon la peine portée en l'article 24 sera applicable.

III. — COMPOSITIONS MUSICALES.

Art. 45. — Les dispositions des articles 1 à 5, 8 à 42, sont également applicables au droit d'auteur sur des compositions musicales.

Art. 46. — Il faut considérer comme contrefaçon tout remaniement de composition musicale, publié sans le consentement

1. Un demi-thaler, environ 1 fr. 85.

2. Pour les œuvres d'art, voir plus loin p. 52 à 59, la loi du 9 janvier 1876.

du compositeur et qui ne constitue pas une composition nouvelle. Tels sont en particulier les extraits de compositions musicales, les arrangements pour un ou plusieurs instruments ou voix, la reproduction avec remaniement artistique de plusieurs motifs ou mélodies tirées d'une seule et même composition [1].

Art. 47. — Il ne faut pas considérer comme contrefaçon : la citation de quelques passages d'une œuvre musicale déjà publiée ;

L'insertion de petites compositions déjà publiées, soit dans un ouvrage ayant un caractère scientifique et qui lui soit propre, soit dans un recueil de morceaux de compositions différents, destiné à l'usage des écoles, à l'exclusion toutefois des écoles de musique. Il faut d'ailleurs que l'auteur ou la source d'où le morceau est tiré soient indiqués, sinon la peine portée en l'article 24 sera applicable.

Art. 48. — Il n'y a pas non plus contrefaçon si l'on se sert d'un écrit déjà publié comme d'un texte pour une composition musicale, pourvu que le texte soit imprimé avec la composition.

Il faut excepter les textes dont la seule destination naturelle est d'être mis en musique, tels que les livrets d'opéras et d'oratorios ; on ne peut publier ces textes, mis en musique, que du consentement de leur auteur.

Pour la reproduction du texte sans la musique, il faut le consentement de l'auteur ou de ses ayants cause [2].

Art. 49. — Les compagnies d'experts appelées à donner des avis, en vertu de l'article 31, sur la contrefaçon des compositions musicales, seront formées de compositeurs, musiciens [3] et marchands de musique.

---

1. Ces derniers mots s'appliquent aux fantaisies, pots-pourris et autres reproductions semblables, où l'art du reproducteur ne consiste que dans la liaison et l'enchaînement des motifs ou mélodies les uns aux autres.

2. Disposition mal rédigée : le législateur a sans doute voulu dire que pour la reproduction *sans musique* d'un texte publié primitivement *avec musique*, il faut le consentement de l'auteur du *texte*.

3. *Musikverstændigen*, ce qui comprend non-seulement les exécutants, artistes ou amateurs, mais encore tous ceux qui ont des connaissances spéciales de musique.

IV. — REPRÉSENTATIONS PUBLIQUES D'ŒUVRES DRAMATIQUES ET MUSICALES.

Art. 50. — Le droit de faire représenter en public une œuvre dramatique ou musicale, appartient exclusivement à l'auteur et à ses ayants cause (art. 3).

Pour les œuvres dramatiques ou à la fois dramatiques et musicales, peu importe que l'œuvre ait été ou non antérieurement imprimée et publiée. Au contraire, les œuvres exclusivement musicales imprimées et publiées peuvent être représentées en public sans le consentement de l'auteur, si l'auteur ne s'est pas réservé, sur le titre ou en tête de l'ouvrage, le droit de représentation publique.

Il faut assimiler à l'auteur le traducteur d'une œuvre dramatique, si la traduction a été faite conformément à la loi. Le traducteur jouit du droit exclusif de faire représenter en public la traduction.

La représentation publique d'une traduction illicite (art. 6), ou d'un remaniement illicite de l'original (art. 46), est interdite.

Art. 51. — S'il y a plusieurs auteurs, il faut, pour la représentation publique, le consentement de chaque auteur.

Pour les œuvres musicales accompagnées d'un texte, y compris les œuvres à la fois dramatiques et musicales, il suffit du consentement du compositeur seul.

Art. 52. — Quant à la durée de ce droit d'auteur, on appliquera les articles 8 à 17.

Pour les ouvrages anonymes et pseudonymes qui, lors de la première représentation publique et licite, n'étaient pas encore imprimés, la durée de la protection contre toute représentation illicite est de trente ans à compter du jour de la première représentation illicite. Pour les œuvres posthumes, ce délai de trente ans court du jour de la mort de l'auteur.

Si durant ce délai de trente ans l'auteur de l'œuvre anonyme ou pseudonyme ou son ayant cause, à ce autorisé, fait connaître le vrai nom de l'auteur par une inscription sur le registre (art. 39), ou si, durant ce même délai, l'auteur publie l'œuvre sous son vrai nom, l'on appliquera la disposition de l'article 8.

Art. 53. — Pour les œuvres dramatiques et musicales qui

n'ont pas encore été imprimées [1], mais qui ont été représentées en public, l'on considère comme auteur jusqu'à preuve contraire, celui qui a été désigné comme tel dans l'annonce de la représentation.

Art. 54. — Quiconque, intentionnellement ou par négligence, fait représenter en public, contrairement à la présente loi, une œuvre dramatique ou musicale, soit dans sa forme intégrale, soit avec des changements sans importance, est tenu d'indemniser l'auteur ou ses ayants cause, et est en outre passible d'une amende, conformément aux articles 18 et 23.

L'instigateur de la représentation illégale est soumis à l'application de l'article 20, avec cette modification, que le montant des dommages-intérêts est fixé d'après l'article 55.

Art. 55. — Les dommages-intérêts dus à la partie lésée, au cas de l'article 54, consistent dans le produit intégral de chaque représentation, sans déduction des frais de représentation

Si l'œuvre a été représentée conjointement avec d'autres, les dommages-intérêts consistent en une portion des recettes correspondant à l'importance de l'œuvre dans l'ensemble de la représentation.

Si l'on ne peut déterminer le montant des recettes ou qu'il n'y ait pas de recettes, les dommages-intérêts sont fixés par la libre appréciation du juge.

Si l'auteur de la représentation illicite est exempt de faute, il n'est tenu vis-à-vis de la partie lésée que jusqu'à concurrence de ce dont il s'est enrichi.

Art. 56. — Les dispositions des articles 26 à 42 sont également applicables à la représentation des œuvres dramatiques et musicales.

V. — DISPOSITIONS GÉNÉRALES.

Art. 57. — La présente loi sera exécutée à dater du 1er janvier 1871. Sont abrogées, à dater du même jour, toutes les dispositions légales précédemment en vigueur dans les divers États de la Confédération de l'Allemagne du Nord, et relatives aux droits d'auteurs sur leurs écrits, dessins, compositions musicales et œuvres dramatiques.

---

1. *Mechanisch vervielfœltigt*, littéralement : *mécaniquement multipliés.*

Art. 58. — La présente loi s'applique à tous les écrits, dessins, compositions musicales et œuvres dramatiques déjà parus avant sa mise à exécution, quand bien même ces écrits, etc., n'auraient joui, d'après les lois antérieures, d'aucune protection contre les contrefaçons, copies ou représentations publiques.

Les exemplaires existant lors de la mise en exécution de la présente loi et dont la fabrication était autorisée par les lois antérieures, continueront à pouvoir être débités, quand bien même leur fabrication se trouverait interdite par la présente loi.

De même les instruments, tels que moules, planches, pierres lithographiques, clichés, etc., régulièrement fabriqués depuis les lois antérieures et existant encore lors de la mise à exécution de la présente loi, continueront de pouvoir servir à la fabrication de nouveaux exemplaires.

De même les publications précédemment permises et déjà commencées lors de la mise à exécution de la précédente loi pourront être achevées.

Les gouvernements des États de la Confédération feront dresser un inventaire officiel des instruments dont l'usage est autorisé par la disposition ci-dessus, et feront marquer ces instruments d'une estampille uniforme. De même tous les exemplaires d'écrits [1], dont la propagation est autorisée par les dispositions ci-dessus, seront marqués d'une estampille.

Après l'expiration du délai fixé pour cette formalité [2], tous les exemplaires et instruments indiqués ci-dessus qui ne seront pas estampillés pourront être confisqués sur la demande de la partie lésée. Une instruction de la Chancellerie de la Confédération règlera dans les détails la confection de l'inventaire et les formes suivant lesquelles devra être apposée l'estampille [3].

Art. 59. — Quant aux lois antérieures qui établiraient d'autres formalités pour la réserve du droit de traduction et d'au-

1. Les dessins et compositions de musique ne sont pas soumis à l'estampille. (Instruction de la Chancellerie du 7 décembre 1870).

2. Ce délai, fixé à trois mois par l'instruction du 7 décembre 1870, est expiré le 31 mars 1871, comme le délai de l'article 60 ci-après.

3. Cette instruction a paru le 7 décembre 1870. Nous croyons inutile d'en donner ici le texte.

tres délais pour la publication de la première traduction que les formalités et délais établis par l'article 6, lettre *c*, ci-dessus, ces lois continueront de s'appliquer aux ouvrages qui ont déjà paru avant la mise à exécution de la présente loi.

ART. 60. — Il ne sera plus octroyé de privilége[1] concernant les droits d'auteurs. Pour les priviléges octroyés avant la mise à exécution de la présente loi, soit par l'ancienne Confédération germanique, soit par les gouvernements des divers États compris aujourd'hui dans la Confédération de l'Allemagne du Nord, le possesseur d'un tel privilége pourra, à son choix, ou faire usage de ce privilége ou réclamer la protection de la présente loi. Il ne pourra toutefois faire valoir son privilége que dans le territoire de l'État qui le lui a octroyé.

Ce privilége ne pourra être invequé qu'à la condition qu'il soit ou imprimé soit intégralement, soit dans sa partie essentielle, à la fin de l'ouvrage, ou mentionné sur la page du titre ou son revers. Si cette formalité est impossible par suite de la nature de la publication, ou qu'elle ait été omise dans une publication antérieure, le privilége devra, sous peine de déchéance, être notifié à l'enregistrement et rendu public par le conservateur[2] dans un délai de trois mois à compter du jour où la pérsente loi deviendra exécutoire.

ART. 61. — La présente loi s'applique à tous les ouvrages d'auteurs nationaux, que ces ouvrages aient paru dans les États de la Confédération ou à l'étranger, ou qu'ils n'aient point été publiés du tout.

Les ouvrages d'auteurs étrangers qui paraîtront chez un éditeur ayant son établissement de commerce dans le territoire de la Confédération de l'Allemagne du Nord jouiront aussi de la protection de la présente loi.

ART. 62. — Les ouvrages d'auteurs étrangers qui auraient paru dans un État qui faisait partie de l'ancienne Confédération germanique, et qui ne fait plus partie de la Confédération du

---

1. Ces priviléges, usités dans divers Etats d'Allemagne, consistaient dans des actes du pouvoir exécutif qui, par faveur exceptionnelle, prorogeaient pour tel ou tel ouvrage déterminé la durée légale du droit d'auteur.

2. Ce conservateur est le conseil municipal de Leipzig. — Voir art. 39.

Nord [1], jouiront de la protection de la présente loi, pourvu toutefois que les lois de cet État garantissent aux ouvrages publiés dans la Confédération du Nord la même protection qu'aux ouvrages publiés dans son propre territoire; la durée de la protection sera d'ailleurs réduite aux limites fixées par les lois dudit État. Il en sera de même des ouvrages non publiés d'auteurs appartenant à l'ancienne Confédération germanique, et qui n'appartiennent pas à la Confédération de l'Allemagne du Nord.

1. Les États qui appartenaient à l'ancienne Confédération germanique et ne faisaient pas partie de la Confédération du Nord, lors du vote de la loi du 11 juin 1870 ci-dessus, étaient non seulement le Luxembourg, le Limbourg, et le Lichtenstein, mais encore la Bavière où les lois civiles de l'Empire allemand n'ont été introduites qu'à partir du 13 mai 1871.

Une loi du 22 janvier 1873 a déclaré applicable à l'*Alsace-Lorraine* la loi du 11 juin 1870 ci-dessus.

Loi du 9 janvier 1876

CONCERNANT LE DROIT D'AUTEUR

SUR LES

ŒUVRES DES ARTS FIGURATIFS

I. — DROIT EXCLUSIF DE L'AUTEUR.

ART. 1er. — Le droit de reproduire en totalité ou en partie une œuvre des arts figuratifs appartient exclusivement à l'auteur de l'œuvre en question [1].

ART. 2. — Le droit de l'auteur passe à ses héritiers. Ce droit peut être aliéné en totalité ou en partie par contrat ou par disposition de dernière volonté.

ART. 3. — La présente loi n'est pas applicable à l'architecture [2].

ART. 4. — N'est pas réputé contrefaçon le fait de mettre librement à profit une œuvre des arts figuratifs pour produire une œuvre nouvelle [3].

ART. 5. — Est prohibée toute reproduction d'une œuvre des arts figuratifs, qui intervient sans le consentement de l'ayant droit (art. 1, 2), et qui est destinée à être débitée.

---

1. La traduction française que nous donnons ici est due à M. André Morillot, avocat au conseil d'État et à la cour de Cassation. — Elle a été publiée pour la première fois dans *l'Annuaire de législation étrangère*, année 1876, p. 88 à 107, avec la plus grande partie des notes ci-après.

2. L'expression *œuvre des arts figuratifs* (Werk der bildenden Künste) distingue nettement, dit l'exposé des motifs de la loi, les œuvres qu'il s'agit de protéger de la musique et de la poésie, et contient en même temps, dans son extension, la peinture, le dessin, la sculpture, etc.

3. Les dessins et plans des architectes sont protégés par l'article 43 de la loi du 11 juin 1870 ci-dessus p. 45, qui s'applique « aux dessins et figures de géographie, topographie,.... *architecture* et autres semblables... »

On doit encore admettre qu'il y a contrefaçon [1] :

1° Si la reproduction a été obtenue par un procédé différent de celui qui a servi à produire l'œuvre originale ;

2° Si la reproduction n'a pas eu lieu directement, d'après l'œuvre originale, mais indirectement, d'après une reproduction de cette même œuvre ;

3° Si la reproduction d'une œuvre des arts figuratifs se trouve associées à une œuvre d'architecture, d'industrie, de fabrique, d'atelier, ou de manufacture ;

4° Si l'auteur ou l'éditeur, contrairement au traité qui le lie, effectue une nouvelle reproduction de l'œuvre ;

5° Si l'éditeur fait exécuter un plus grand nombre d'exemplaires qu'il ne le doit, d'après son traité, ou d'après la loi [2].

Art. 6. — N'est pas réputée contrefaçon :

1° La copie à la main d'une œuvre des arts figuratifs, pourvu que cette copie ne soit pas destinée à être vendue [3]. Il est défendu d'indiquer de quelque manière que ce soit sur l'exemplaire ainsi obtenu le nom ou le monogramme de l'auteur de l'œuvre, à peine, en cas d'infraction, d'une amende qui peut s'élever jusqu'à 500 marks [4];

2° La reproduction, par l'art plastique, d'une œuvre des arts du dessin ou de la peinture, et réciproquement ;

3° La reproduction des œuvres des arts figuratifs qui se trou-

---

1. Si la copie servile d'une œuvre d'art est interdite, l'imitation (die freie Benutzung) est permise, mais à la condition, bien entendu, que cette imitation présentera des changements notables qui feront de l'imitation une œuvre véritablement nouvelle.

2. Les cinq cas particuliers ci-dessus énumérés et que la loi considère comme des cas de contrefaçon, ne sont pas limitatifs et ne servent que d'indication pour le juge. La règle générale est toujours la suivante : Il y a contrefaçon toutes les fois qu'il y a reproduction d'une œuvre artistique, de quelque manière et par quelque procédé qu'elle soit obtenue, que ce procédé soit mécanique ou non, sauf les exceptions de l'article 6 n° 2, que la contrefaçon soit directe ou indirecte.

3 Il s'agit ici de la loi saxonne qui, en l'absence de convention formelle entre l'auteur et l'éditeur, permet d'editer l'œuvre à mille exemplaires.

4. La copie à la main (*Einzelcopie*, copié en un seul exemplaire) est permise sans distinction si elle intervient une ou plusieurs fois, pourvu que l'exemplaire ou les exemplaires ainsi obtenus ne soient pas destinés à etre vendus.

vent à demeure dans ou sur les rues ou places publiques. Toutefois, cette reproduction ne peut avoir lieu dans la même forme artistique ;

4° La reproduction, dans le corps d'un écrit, d'œuvres détachées des arts figuratifs, pourvu que l'écrit soit le principal et que les figures ne servent qu'à l'explication du texte.

Les œuvres dont s'agit ne peuvent, d'ailleurs, être reproduites qu'avec l'indication de l'auteur de l'original, ou de la source qui a été mise à profit, à peine, en cas d'infraction, des dispositions édictées par l'article 24 de la loi du 11 juin 1870, concernant le droit d'auteur sur les écrits, etc. [1].

Art. 7. — Quiconque reproduit régulièrement, mais par le moyen d'un procédé artistique différent, une œuvre des arts figuratifs dont il n'est point l'auteur, exerce les droits d'auteur (art. 1er) sur l'œuvre qu'il a produite quand même l'original serait déjà tombé dans le domaine public [2].

Art. 8. — Si l'auteur d'une œuvre des arts figuratifs en aliène la propriété, cette aliénation n'emportera pas à l'avenir celle du droit de reproduction [3] ; si, cependant, il s'agit de portraits ou de bustes, le droit de reproduction passe à celui qui a commandé l'œuvre.

Le propriétaire de l'œuvre n'est pas obligé de la mettre à la disposition de l'auteur ou de ses ayants cause pour leur permettre d'en tirer des reproductions.

---

1. Comparez les dispositions ci-dessus avec les articles 7 *a* et 41 de la loi du 11 juin 1870 ci-dessus p. 35 et 45.

2. Cet article, qui vise spécialement la gravure, accorde un droit d'auteur indépendant au graveur, qui a reproduit un tableau avec l'assentiment du peintre. Le graveur est donc considéré, à bon droit par le législateur allemand, comme un véritable créateur.

3. Nous trouvons ici posé d'une façon très nette le principe que nous considérons comme excellent pour les artistes, à savoir que le droit de propriété exercé par l'auteur sur l'objet matériel, qui réalise son œuvre est tout à fait distinct du droit de reproduction exclusive, en sorte que l'aliénation du premier n'emporte pas celle du second, en l'absence de convention contraire.

L'article 19 de la loi belge du 22 mars 1886 et l'article 9 de la loi espagnole du 10 janvier 1879 consacrent le même principe en des termes tout aussi énergiques que ceux employés par le législateur allemand.

II. — DURÉE DU DROIT D'AUTEUR.

ART. 9. — La protection contre la contrefaçon, établie par la présente loi, dure toute la vie de l'auteur et trente ans après sa mort[1].

Les œuvres publiées ne jouissent de la protection légale avec la durée fixée par le paragraphe précédent, que si le véritable nom de l'auteur est inscrit en entier sur l'œuvre, ou y est indiqué par des signes reconnaissables[2].

Quant aux œuvres qui sont publiées sous un nom autre que celui de l'auteur, ou sans aucun nom d'auteur, elles sont protégées contre la contrefaçon pendant un délai de trente ans, qui court de la publication. Si, au cours de ce délai de trente ans, le véritable nom de l'auteur a été notifié à l'enregistrement (art. 39 de la loi du 11 juin 1870, concernant le droit d'auteur sur les écrits [3],) par l'auteur lui-même ou par ses ayants cause à ce autorisés, l'œuvre jouira de la protection plus longue dont la durée est spécifiée dans le paragraphe 1er.

ART. 10. — Pour les œuvres qui paraissent en plusieurs volumes ou en plusieurs parties, il y a pour chaque volume ou pour chaque partie un délai de protection spécial, qui se compte à partir de sa publication.

Toutefois, pour les œuvres qui traitent en un ou plusieurs volumes d'un sujet unique, et qui, par conséquent, doivent être considérées comme ne formant qu'un tout, le délai de protection ne se compte qu'à partir de la publication du dernier volume ou de la dernière partie.

---

1. Si l'on rapproche les articles 9 à 15 ci-dessus des articles 8 à 11 de la loi du 11 juillet 1870, (plus haut p. 36 et 37), on voit que les auteurs d'œuvres artistiques sont traités comme les auteurs d'œuvres littéraires au point de vue de la durée de la protection que la loi leur accorde. On remarquera toutefois que la loi du 9 janvier 1876 ci-dessus ne contient pas une disposition semblable à celle de l'article 9 de la loi du 11 juin 1870 et aux termes de laquelle « pour l'œuvre qui est due à la collaboration de plusieurs personnes, le délai de trente ans pendant lequel dure la protection, ne court qu'à partir de la mort du dernier survivant des collaborateurs. »

2. On sait que plusieurs artistes signent leurs œuvres d'un simple monogramme. Si ce monogramme n'indique pas clairement le nom de l'auteur, l'œuvre sera réputée anonyme ou pseudonyme et la protection de la loi ne s'étendra sur elle que pendant trente ans, à partir de sa publication

3. Se reporter plus haut p. 41 au texte de l'article 39 de la loi du 11 juin 1870.

Si, cependant, il s'est écoulé plus de trois ans entre la publication de deux volumes ou de deux parties, on traitera les volumes ou les parties déjà parus comme une œuvre distincte, et ceux qui paraîtront après l'expiration du délai de trois ans comme une œuvre nouvelle.

Art. 11. — Les œuvres qui ne sont publiées qu'après la mort de l'auteur sont protégées contre la contrefaçon pendant un délai de trente ans, à compter de la mort de l'auteur.

Art. 12. — Quant aux œuvres des arts figuratifs qui ont été publiées dans des recueils périodiques, tels que journaux, revues, almanachs, etc., l'auteur a le droit, sauf convention contraire, de les reproduire ailleurs, même sans le consentement de l'éditeur du recueil où elles ont paru, pourvu qu'un délai de deux ans se soit écoulé depuis l'expiration de l'année de leur publication.

Art. 13. — Pour calculer le délai de protection légale, on ne compte point ce qui reste à courir de l'année où est mort l'auteur, ni de celle où se place la première publication ou apparition de l'œuvre.

Art. 14. — Si l'auteur d'une œuvre des arts figuratifs permet qu'elle soit reproduite dans une œuvre d'industrie, de fabrique, d'atelier ou de manufacture, la protection qui lui est accordée contre la contrefaçon dont son œuvre pourrait être ultérieurement l'objet dans le domaine de l'industrie n'est pas celle de la présente loi, mais celle de la loi concernant le droit d'auteur sur les dessins et modèles de fabrique [1].

Art. 15. — Le droit exclusif de l'auteur ou de ses ayants cause ne passe point, par droit de déshérence, au fisc ou autres personnes appelées à recueillir les successions vacantes.

---

1. Cet article réglemente spécialement les rapports de l'art proprement dit avec l'industrie. Suivant le législateur allemand, dès que l'œuvre artistique a été, du consentement de l'auteur, reproduite dans l'industrie, ce n'est plus une œuvre de grand art, c'est une œuvre industrielle, et elle ne jouit plus dès lors de la protection accordée à la première, mais d'une protection plus restreinte accordée aux dessins et modèles industriels. (Consulter plus loin, p. 65, les dispositions de l'article 8 de la loi du 11 janvier 1876.)

III. — SANCTION DU DROIT D'AUTEUR.

ART. 16. — Les dispositions contenues dans les articles 18 à 42 de la loi du 11 juin 1870, concernant le droit d'auteur sur les écrits, s'appliquent également, dans tous les cas correspondants, à la contrefaçon des œuvres des arts figuratifs [1].

Les compagnies d'experts qui, d'après l'article 31 de la loi précitée, ont à donner leur avis sur les cas de contrefaçon des œuvres des arts figuratifs, seront composées d'artistes choisis dans des spécialités artistiques différentes, d'ouvriers d'art, de personnes faisant le commerce des œuvres d'art, et d'autres connaisseurs en matière artistique [2].

IV. — DISPOSITIONS GÉNÉRALES.

ART. 17. — La présente loi sera exécutoire le 1er juillet 1876.

Sont abrogées, à dater du même jour, toutes les dispositions légales antérieurement en vigueur dans les divers États de l'empire allemand, et relatives au droit d'auteur sur les œuvres des arts figuratifs.

ART. 18. — La présente loi est également applicable à toutes les œuvres des arts figuratifs déjà parues avant sa mise à exécution, quand bien même ces œuvres n'auraient été aucunement protégées contre la contrefaçon par les lois antérieures.

Les exemplaires existant lors de la mise à exécution de la présente loi, et dont la fabrication était autorisée par les lois antérieures, continueront de pouvoir être débités, quand bien même leur fabrication serait interdite par la présente loi.

De même les instruments, tels que moules, planches, pierres lithographiques, clichés, etc., régulièrement fabriqués d'après les lois antérieures et existant lors de la présente loi, continue-

1. Se reporter plus haut p. 38 à 45, aux articles 18 à 42 de la loi du 11 juin 1870.

2. Se reporter plus haut p 42 à l'article 31 de la loi du 11 juin 1870.

Le juge n'est pas obligé de prendre l'avis des compagnies d'experts, dont le fonctionnement a fait l'objet d'une instruction ministérielle du 12 décembre 1870, c'est un droit seulement dont il peut user, pour éclairer sa religion. Il lui serait même loisible, croyons-nous, de prendre l'avis, en dehors des compagnies d'experts organisées par la loi, d'un expert ou des experts qu'il jugerait bon de consulter.

ront de pouvoir servir à la fabrication de nouveaux exemplaires.

Pourront de même être achevées les reproductions qui étaient permises par les lois antérieures, et qui seront déjà commencées lors de la mise à exécution de la présente loi.

Les gouvernements des États de l'Empire allemand feront dresser un inventaire officiel des instruments dont il est permis de continuer à se servir aux termes de la disposition susénoncée, et feront marquer ces instruments d'une estampille uniforme.

Après l'expiration du délai accordé pour l'accomplissement de cette formalité, tous les instruments indiqués ci-dessus qui ne seront pas estampillés, pourront être confisqués sur la demande de la partie lésée. Une instruction de la Chancellerie de l'Empire règlera ultérieurement les détails de la confection de l'inventaire et les formes suivant lesquelles devra être apposée l'estampille.

Art. 19. — Il ne sera plus octroyé de privilége pour les droits d'auteur.

Le titulaire d'un privilége octroyé antérieurement à la mise à exécution de la présente loi par le gouvernement de l'un des États allemands, pourra, à son choix, ou faire usage de ce privilége, ou invoquer la protection de la présente loi.

Il ne pourra, toutefois, faire valoir son privilége que dans le territoire de l'État qui le lui aura octroyé.

Ce privilége ne pourra être invoqué qu'à condition d'être imprimé, soit intégralement, soit dans sa partie essentielle, à la fin de l'ouvrage, ou mentionné soit sur la page du titre, soit sur son revers. Si cette formalité est d'une exécution impossible, par suite, de la nature de la publication, ou si elle a été omise lors d'une publication antérieure, le privilége devra, sous peine de déchéance, être déclaré à l'enregistrement dans les trois mois qui suivront la mise à exécution de la présente loi. Le conservateur des registres d'enregistrement est chargé de rendre public le privilége dont il s'agit [1].

---

1. Les priviléges dont il est parlé ici et qui ne sont plus accordés aujourd'hui, consistaient, paraît-il, dans la prorogation, par faveur exceptionnelle, de la durée légale du droit d'auteur pour tel ou tel ouvrage déterminé.

ART. 20. — La présente loi s'applique à toutes les œuvres d'auteurs nationaux, sans distinguer si les œuvres en question ont paru dans le territoire de l'Empire ou à l'étranger, si elles n'ont pas encore été publiées du tout [1].

Les œuvres d'auteurs étrangers qui paraîtront chez des éditeurs allemands seront aussi couvertes par la protection de la présente loi [2].

ART. 21. — Les œuvres d'auteurs étrangers qui auraient paru dans un État qui appartenait à l'ancienne Confédération germanique [3], mais qui ne fait plus partie de l'empire allemand, jouiront de la protection de la présente loi, pourvu toutefois que la législation de cet État accorde aux œuvres publiées dans l'étendue de l'empire allemand la même protection qu'aux œuvres publiées dans son propre territoire ; la durée de la protection sera, d'ailleurs, réduite aux limites fixées par les lois dudit État. Il en sera de même des œuvres non publiées d'auteurs qui sont citoyens d'un État appartenant à l'ancienne Confédération germanique, et n'appartenant pas à l'empire allemand.

Le registre d'enregistrement des privilèges est tenu par la municipalité de Leipzig (art. 39 de la loi du 11 juin 1870, plus haut, p. 44.)

1. La loi allemande protège l'artiste allemand, sans s'occuper ni du lieu de sa résidence, ni de l'endroit où il publie ses œuvres ; mais il n'accorde pas cette protection aux artistes étrangers alors même que ceux-ci seraient établis à demeure dans l'empire d'Allemagne. La loi du 9 janvier 1876, comme celle du 11 juin 1870, est fondée sur le principe de l'indigénat et non sur celui de la territorialité. Les gouvernements étrangers qui veulent que leurs nationaux soient protégés en Allemagne doivent donc conclure avec elle des conventions particulières, ou bien adhérer à l'union internationale du 9 septembre 1886.

2. Les *éditeurs allemands* sont seuls protégés ; les éditeurs étrangers établis en Allemagne ne jouissent de cette protection qu'en vertu de conventions particulières intervenues entre leur gouvernement et l'Empire d'Allemagne, ou bien s'ils ressortissent d'un État faisant partie de l'union. (Voir la note précédente.)

3. Les États qui appartenaient à l'ancienne Confédération germanique et qui ne faisaient pas partie de l'Empire allemand, n'étaient plus, en 1876, que les suivants : l'Autriche, le Luxembourg, le Limbourg et le Liechtenstein.

Loi du 10 janvier 1876

CONCERNANT LA PROTECTION

ACCORDÉE

AUX PHOTOGRAPHIES CONTRE LA CONTREFAÇON [1].

ART. 1er. — Le droit de reproduire en totalité ou en partie, par des moyens mécaniques, une œuvre obtenue à l'aide de la photographie appartient exclusivement à celui qui a préparé l'édition photographique [2].

La présente loi est inapplicable aux photographies des œuvres qui sont encore protégées légalement contre la contrefaçon et la reproduction [3].

---

1. La traduction de la loi ci-dessus est due à M. André Morillot, avocat au conseil d'Etat et à la cour de cassation. — Elle a été publiée pour la première fois dans l'*Annuaire de législation étrangère*, 1876, p. 107 à 114 avec la plus grande partie des notes ci-après.

2. Le Reichstag avait été saisi, dès 1870, d'un projet de loi ayant pour objet de protéger les photographies contre la contrefaçon. Mais lors du vote de la loi du 11 juin 1870 concernant le droit d'auteur sur les écrits, dessins, compositions musicales et œuvres dramatiques, le projet de loi concernant les photographies fut ajourné. Le Reichstag prit alors l'engagement de s'occuper des photographies en même temps que des œuvres d'arts figuratifs, et c'est l'exécution de cet engagement qui est devenue la loi votée définitivement, après trois lectures, le 18 décembre 1875.

3 Sans rechercher si la photographie est un art proprement dit, il suffit de constater ici, avec le législateur allemand, que les produits de cette industrie présentent généralement un caractère artistique et doivent comme tels, être protégés contre la contrefaçon, sauf à déterminer la durée et les effets de cette protection dans des limites plus restreintes. — Voyez notamment l'article 6 de la loi ci-dessus.

Les photographies des œuvres artistiques encore protégées sont régies par des dispositions de la loi du 9 janvier 1876 sur les œuvres d'arts figuratifs, le photographe n'étant alors que l'ayant-cause de l'artiste, dont il a obtenu le consentement.

La loi ne prohibe la reproduction d'une œuvre obtenue par la photographie que *par des moyens mécaniques*. La reproduction d'une photographie faite à la main ne serait donc point prohibée.

Art. 2. — N'est pas réputé contrefaçon le fait de mettre librement à profit une œuvre obtenue à l'aide de la photographie pour produire une œuvre nouvelle.

Art. 3. — Est prohibée la reproduction mécanique d'une œuvre photographique, qui intervient sans le consentement de l'ayant droit (art. 1er et 7), dans l'intention de la débiter.

Art. 4. — N'est pas réputée contrefaçon la reproduction d'une œuvre photographique, quand cette reproduction se trouve associée à une œuvre d'industrie, de fabrique, d'atelier ou de manufacture.

Art. 5. — Toute reproduction autorisée de l'édition originale obtenue, soit par la photographie, soit par tout autre procédé mécanique, doit porter sur l'image même ou sur le carton :

a) Le nom, et, s'il y a lieu, la raison commerciale de l'auteur ou de l'éditeur de l'édition originaire ;

b) Le domicile de l'auteur ou de l'éditeur ;

c) L'année où a été publiée pour la première fois la reproduction dont il s'agit ;

A peine, si ces formalités ne sont pas observées, d'être déchu de toute protection contre la contrefaçon.

Art. 6. — La protection de la présente loi est acquise pour cinq ans à l'auteur de l'œuvre photographique. Ce délai se compte à partir de la fin de l'année où ont été publiées les premières reproductions de l'édition originale obtenues par la photographie ou par tout autre procédé mécanique.

Si aucune reproduction de ce genre n'a été publiée, le délai de cinq ans se compte à partir de la fin de l'année où a été obtenue l'épreuve négative de l'édition photographique.

Aux œuvres qui paraissent en plusieurs volumes ou en plusieurs parties on applique l'article 14 de la loi du 11 juin 1870, concernant le droit d'auteur sur les écrits, etc. [1].

Art. 7. — Le droit de l'auteur d'une œuvre photographique, tel qu'il est spécifié dans l'article 1er, passe à ses héritiers. Il peut également être aliéné, en tout ou en partie, par l'auteur ou par ses héritiers, par contrat ou par disposition de dernière

1. Se reporter au texte de l'article 14 de la loi du 11 juin 1870, plus haut p. 37.

volonté. Pour les portraits photographiques, ce droit passe de plein droit, même sans disposition expresse à cet égard, à celui qui les a commandés [1].

Art. 8. — Quiconque reproduit par une œuvre de la peinture, du dessin ou de l'art plastique une œuvre photographique éditée par autrui, exerce le droit d'auteur sur l'œuvre émanée de lui, conformément à l'article 7 de la loi du 9 janvier 1876, concernant le droit d'auteur sur les œuvres des arts figuratifs [2].

Art. 9. — Les dispositions contenues dans les articles 18 à 39, 14 et 61, § 1er, de la loi du 11 juin 1870, concernant le droit d'auteur sur les écrits, etc., s'appliquent également au droit exclusif de reproduction et de multiplication qui appartient à l'auteur d'œuvres photographiques [3].

Art. 10. — Les compagnies d'experts qui ont à donner leur avis sur les cas de contrefaçon d'œuvres photographiques, doivent se composer d'artistes choisis dans les diverses spécialités artistiques, d'ouvriers d'art, d'autres connaisseurs en matière artistique et de photographes.

Art. 11. — Les dispositions de la présente loi sont également applicables aux œuvres qui sont obtenues par des procédés analogues à la photographie.

Art. 12. — La présente loi sera exécutoire à partir du 1er juillet 1876. Elle ne s'applique aux œuvres photographiques

---

1. Rapprocher de l'article 7 ci-dessus, l'article 3 de la loi du 11 juin 1870, (plus haut, p. 34) et les articles 2 et 8 de la loi du 9 janvier 1876, (plus haut, p. 52 et 54.)

On remarquera que le droit absolu de disposer de sa propre image ou de celles des personnes qui lui touchent de près, se trouve ainsi très expressément réservé à celui qui a commandé les portraits photographiques.

2. Comparer l'article 8 ci-dessus avec l'article 7 de la loi du 9 janvier 1876, plus haut, p. 54

Il existe toutefois une différence entre le cas où il s'agit de reproduire une œuvre d'art, et celui ou il s'agit de reproduire une photographie. « Au premier cas, dit M. André Morillot, le graveur qui veut, par exemple, reproduire un tableau, doit obtenir à cet effet la permission du peintre, tandis qu'il a toute liberté de reproduire la photographie, pourvu qu'elle ne soit pas elle-même la reproduction d'un tableau couvert par la protection. »

3. Se reporter aux articles cités ci-dessus, plus haut, p. 38 à 45.

obtenues antérieurement à cette date, que si la première reproduction régulière de l'œuvre originale effectuée par la photographie ou par tout autre procédé mécanique a été publiée postérieurement à la mise à exécution de la présente loi.

Les œuvres photographiques qui, jusqu'à ce jour, étaient protégées contre la contrefaçon par la législation des divers États (aujourd'hui compris dans l'empire allemand), continuent à jouir de cette protection. Celle-ci ne pourra, d'ailleurs, être invoquée que pendant l'espace de temps pour lequel elle avait été octroyée par les lois desdits États [1].

---

1. Voir la note de la page 51, à propos de l'article 62 de la loi du 9 janvier 1876.

On peut inférer de cet article que la loi du 10 janvier 1876 couvre également de sa protection tous les procédés qui ont pour but et pour résultat d'obtenir une image à l'aide de la lumière, par exemple ; l'héliographie, la pyrographie, l'impression photographique sur pierre et sur métaux, l'impression à l'amlerie, l'impression sur verre, la chromolitographie, etc.

La disposition finale de l'article 12 vise l'article 28 de la loi bavaroise du 28 juin 1865 qui considère les photographies comme des œuvres d'art et les protège comme telles. Il en résulte que les photographies publiées en Bavière, antérieurement au 1er juillet 1876, ont continué à jouir de cette protection dans les limites fixées par la loi bavaroise.

Loi du 11 janvier 1876

CONCERNANT LE DROIT D'AUTEUR

SUR LES

DESSINS ET MODÈLES INDUSTRIELS [1]

ART. 1er. — Le droit de reproduire, en totalité ou en partie, un dessin ou un modèle industriel appartient exclusivement à l'auteur de ce dessin ou de ce modèle [2].

Ne sont considérés comme dessins ou modèles, dans le sens de la présente loi, que les productions nouvelles et originales.

ART. 2. — Pour les dessins et modèles qui sont exécutés par des dessinateurs, peintres, sculpteurs, etc., employés dans un établissement industriel allemand, sur l'ordre ou pour le compte du propriétaire dudit établissement, ce propriétaire est considéré, sauf conventions contraires, comme l'auteur du dessin ou du modèle [3].

ART. 3. — Le droit de l'auteur passe à ses héritiers. Ce droit

---

1. La traduction ci-dessus est due à M. André Morillot, avocat au conseil d'Etat et à la Cour de cassation. — Elle a été publiée pour la première fois dans l'*Annuaire de législation étrangère*, 1876, p. 114 à 131 avec la plus grande partie des notes ci-après.

La loi du 11 janvier 1876 concernant le droit d'auteur sur les dessins et modèles est le dernier complément de la loi du 11 juin 1870 sur le droit d'auteur en matière littéraire et artistique. Le projet de loi n'a été déposé qu'à la suite d'une enquête provoquée par le code pénal en mai 1875 ; ce projet a été converti en loi et définitivement voté, après trois lectures, le 18 décembre 1875.

2. Le législateur allemand n'a pas cru devoir définir ce qu'il faut entendre par *dessin* ou *modèle industriel*. Il a sagement agi, à notre sens ; une pareille définition est impossible, car elle a toujours l'inconvénient d'être vague ; il est préférable de s'en remettre à la jurisprudence du soin de décider, *dans les cas particuliers, ce qu'il faut entendre par dessin ou modèle industriel.*

3. Cette disposition de loi, conforme d'ailleurs à l'intention présumée des parties, est empruntée à l'art. 1er de la loi russe du 11 juillet 1864. La loi anglaise de 1850 contient une disposition analogue.

peut être aliéné, en totalité ou en partie, par contrat ou par disposition de dernière volonté.

Art. 4. — N'est pas réputé contrefaçon le fait de mettre librement à profit quelques parties d'un dessin ou d'un modèle, pour produire un dessin ou un modèle nouveau [1].

Art. 5. — Est prohibée toute reproduction d'un dessin ou d'un modèle, qui intervient sans le consentement de l'ayant droit (art. 1-3), et qui est destinée à être débitée [2].

On doit encore admettre qu'il y a contrefaçon :

1° Si la reproduction a été obtenue par un procédé différent de celui qui a servi à produire l'œuvre originale, ou si elle est destinée à une branche d'industrie autre que celle à laquelle appartient l'original [3].

2° Si la reproduction a des proportions ou des couleurs autres que celles de l'original, ou si elle ne se distingue de ce dernier que par des changements qu'il n'est pas possible de discerner qu'à l'aide d'une attention particulière ;

3° Si la reproduction n'a pas eu lieu directement, d'après l'œuvre originale, mais indirectement, d'après une reproduction de cette même œuvre.

---

1. C'est la même disposition que celle des articles 1 et 2 des lois des 9 et 10 janvier 1876 ; plus haut, p. 52 et 60.

2. Nous avons déjà trouvé cette disposition dans l'article 5 de la loi du 9 janvier 1876 ; plus haut, p. 52.

3. Lors de la discussion de ce paragraphe, quelques députés demandaient très vivement que le fabricant ne fût protégé que dans sa spécialité, contre ses concurrents appartenant à la même industrie que lui, de sorte, par exemple, que le fabricant de cotons ne pût avoir le droit de se plaindre du fabricant de soie qui reproduirait son dessin. Le législateur allemand n'a pas admis cette théorie, avec raison selon nous. Il est, en effet, de l'intérêt de l'industrie artistique que la prohibition de contrefaçon s'étende, non pas seulement à la branche spéciale d'industrie à laquelle appartient l'original, mais bien à l'industrie tout entière. Les lois françaises, anglaises, autrichiennes et russes se sont d'ailleurs prononcées en ce sens.

Voir toutefois le § 2 de l'article 6 de la loi allemande ci-dessus qui partage les industries en deux grandes catégories : l'industrie plastique et l'industrie textile et qui protège chaque industrie contre toutes celles qui sont comprises dans la même catégorie qu'elle, en permettant à deux industries de catégories différentes de s'exploiter ou de se copier librement.

Art. 6. — N'est pas réputée contrefaçon [1] :

1° La copie à la main d'un dessin ou d'un modèle, pourvu que cette copie ne soit pas destinée à un débit et à une vente industriels [2] ;

2° La reproduction dans l'industrie plastique de dessins qui sont destinés à l'industrie textile, et réciproquement [3] ;

3° La reproduction dans le corps d'un écrit de dessins ou de modèles industriels.

Art. 7. — L'auteur d'un dessin ou d'un modèle n'est protégé contre la contrefaçon qu'à la condition d'avoir déclaré son dessin ou son modèle pour le faire enregistrer sur le registre à ce destiné, et d'avoir déposé entre les mains de l'autorité chargée de tenir le registre un exemplaire ou une représentation figurative du dessin ou du modèle.

La déclaration et le dépôt doivent être faits, avant qu'aucun objet fabriqué d'après le dessin ou le modèle dont il s'agit ait été mis en circulation [4].

Art. 8. — La protection contre la contrefaçon que la présente loi accorde à l'auteur du dessin ou du modèle, peut durer, au choix de l'auteur, depuis un an jusqu'à trois ans, à compter du jour de la déclaration (art. 7).

L'auteur a le droit, en payant la taxe fixée dans l'article 12, § 3, d'obtenir une prolongation du délai de protection, de sorte que ce délai soit au plus de quinze années. La prolonga-

---

1. Rapprochez de l'article ci-dessus, les articles 44 de la loi du 11 juin 1870, (plus haut, p. 45) 6 de la loi du 9 janvier 1876 (plus haut, p. 153) et 4 de la loi du 10 janvier 1876 (plus haut, p. 61)

2. On remarquera que la copie à la main n'est défendue qu'autant qu'elle est destinée à un débit et à une vente *industriels*. Elle est donc permise si la vente n'est pas industrielle, si elle n'est pas de nature à nuire à l'industrie.

3. Voir la note 3 de la page 65 sur la distinction entre l'industrie plastique et l'industrie textile. Cette distinction nous paraît bien incertaine et bien arbitraire, elle doit, dans la pratique, donner lieu à bien des difficultés.

4. D'après la loi française, le dépôt du dessin au modèle peut être effectué valablement *postérieurement* à la mise en circulation des marchandises. Mais c'est permettre au contrefacteur de prendre les devants sur l'inventeur, en faisant avant lui le dépôt ; et l'on a si bien senti, même en France, la nécessité du dépôt avant toute circulation de la marchandise, qu'un projet de loi présenté en 1869 l'exigeait, comme l'exige l'article 7 de la loi allemande ci-dessus.

tion du délai de protection est inscrite sur le registre des dessins.

L'auteur peut exercer le droit que lui confère le paragraphe 2 du présent article, soit au moment de sa déclaration, soit à l'expiration de la troisième et de la dixième année du délai de protection [1].

Art. 9. — Le registre des dessins est tenu par les autorités qui sont chargées de tenir les registres du commerce *(Handelsregister)*.

L'auteur doit effectuer la déclaration et le dépôt du dessin ou du modèle au tribunal de son principal établissement, ou, s'il ne possède aucune raison commerciale inscrite (sur le registre de commerce), au tribunal compétent de son domicile [2].

Les auteurs qui n'ont ni établissement, ni domicile, en Allemagne doivent effectuer la déclaration et le dépôt au tribunal de commerce de Leipzig.

Les dessins ou modèles peuvent être déposés ouverts ou cachetés, isolément ou en paquets. Cependant, les paquets ne doivent ni contenir plus de cinquante dessins ou modèles, ni peser plus de dix kilogrammes. Les prescriptions de détail, relatives à

---

1. En France, l'industriel peut non seulement se faire protéger à son choix, pendant un, trois ou cinq ans, en payant un franc de taxe par an, mais même s'assurer une protection indéfinie.

En Angleterre, les dessins et modèles sont protégés pendant neuf mois, douze mois ou trois ans, selon la catégorie d'industries à laquelle ils sont destinés, et avec faculté pour le ministre du commerce d'accorder une prorogation qui ne peut dépasser trois ans.

En Amérique, le délai est de trois ans et demi, sept ans ou quatorze ans, au choix de l'intéressé, et moyennant le paiement d'une taxe de 10, 15 et 30 dollars.

En Autriche, le délai varie de un an à trois ans au choix de l'intéressé, sans pouvoir être prolongé, et moyennant le paiement d'une taxe annuelle de 50 kreutzers.

2. En Angleterre, la déclaration et le dépôt du dessin ou du modèle sont centralisés en un seul lieu. Ce système de centralisation a donné des résultats médiocres ; il ne peut d'ailleurs être efficace qu'à la condition d'être entouré d'une très grande publicité, ce qui nécessairement exclut le dépôt cacheté. Le système contraire a été adopté par le législateur allemand qui a suivi sur ce point la législation française.

la tenue du registre des dessins, émaneront de la Chancellerie impériale [1].

L'ouverture des dessins qui ont été déposés cachetés a lieu trois ans après la déclaration (art. 7), ou si le délai de protection est plus court, immédiatement à l'expiration dudit délai [2].

Les enregistrements et prolongations de délai (art. 8, § 2) sont publiés tous les mois dans le *Journal officiel* de l'empire allemand *(Deutscher Reichsanzeiger)*. Les frais de cette publicité sont à la charge du déclarant.

Art. 10. — L'enregistrement est effectué sur le registre des dessins sans examen préalable du droit du requérant, ni de l'exactitude des faits qu'il déclare à l'enregistrement [3].

Art. 11. — Toute personne a le droit de prendre communication du registre des dessins, ainsi que des dessins et modèles non cachetés, et de se faire délivrer des extraits certifiés du registre en cas de contestation sur la question de savoir si un dessin ou un modèle est ou non protégé contre la contrefaçon. L'autorité chargée de tenir le registre des dessins peut, pour trancher le litige, ouvrir même les paquets cachetés.

Art. 12. — Toutes requêtes, tous actes, certificats, légalisations, actes de notoriété, extraits, etc., relatifs à l'enregistrement sur le registre des dessins, sont exempts du timbre [4].

---

1. Voir plus loin p. 72 l'instruction de la Chancellerie impériale, en date du 29 février 1876, relative à la tenue du registre des dessins.

2. Le *dépôt cacheté* existe dans la plupart des législations étrangères et est partout reconnu comme indispensable à la sécurité du commerce et de l'industrie. Mais le dépôt cacheté constituant une exception au principe de la publicité des registres, ne doit pas être indéfini, et ne doit pas durer autant que le délai de protection lui-même. La loi russe du 11 juillet 1861 et la loi autrichienne fixent à un an la durée du dépôt cacheté. En adoptant une durée de trois ans, le législateur allemand a été entraîné par cette considération que la grande industrie artistique a souvent besoin de trois années pour exécuter une œuvre d'art, et qu'elle devait pouvoir conserver ses secrets de fabrique pendant un temps au moins égal

3. L'article ci-dessus est conforme à l'article 40 de la loi du 11 juin 1870, plus haut p. 44.

4. Disposition conforme à celle de l'article 42 de la loi du 11 juin 1870, plus haut, p. 45.

Chaque enregistrement et dépôt d'un dessin unique ou d'un paquet de dessins (art. 9) donne lieu à la perception d'une taxe annuelle de 1 mark, pourvu que l'auteur ne demande pas un délai de protection supérieur à trois ans (art. 8, § 1er).

Si, conformément à l'article 8, § 2, l'auteur prétend à une protection plus longue, il doit payer pour chaque année qui dépasse ce terme, jusqu'à la dixième année inclusivement, une taxe de deux marks, et de la onzième jusqu'à la quinzième, une taxe de 3 marks par dessin ou par modèle ; tout certificat d'enregistrement, comme tout autre extrait du registre des dessins, donne lieu à la perception d'une taxe de 1 mark.

ART. 13. — Celui qui, conformément aux dispositions de l'article 7, a déclaré à l'enregistrement et déposé un dessin ou un modèle, en est réputé propriétaire jusqu'à preuve contraire [1].

ART. 14. — Les dispositions contenues dans les articles 18, 36 et 38 de la loi du 11 juin 1870, concernant le droit d'auteur sur les écrits, etc., s'appliquent également, dans tous les cas correspondants, au droit d'auteur sur les dessins et modèles, avec cette restriction que les exemplaires contrefaits se trouvant en magasin, les instruments destinés à la contrefaçon ne seront pas détruits, mais qu'aux frais et au choix du propriétaire, ils seront, ou dépouillés de la forme qui les rendait propres à un usage illicite ou conservés par l'autorité jusqu'à l'expiration du délai de protection [2].

Les compagnies d'experts qui, d'après l'article 31 de la loi précitée, ont à donner leur avis sur les cas de contrefaçon de

1. Disposition conforme à celle de l'article 28 § 2 de la loi du 11 juin 1870 plus haut, p. 42. — On trouve une disposition semblable dans les lois autrichienne, française et anglaise.

2. Voir plus haut, p. 39 à 44, le texte des articles 18 à 36 et 38 de la loi du 11 juin 1870.

La restriction, apportée par l'article ci-dessus aux règles posées par les articles correspondants de la loi du 11 juin 1870, nous paraît fort juste. Donner au propriétaire des objets contrefaits le choix entre leur transformation ou leur mise en dépôt jusqu'à l'expiration du délai de protection, le tout à ses frais, nous paraît sauvegarder suffisamment le droit du privilégié, sans causer au contrefacteur un dommage peut-être excessif, en tout cas inutile.

dessins ou de modèles, seront composées d'artistes, d'industriels appartenant à des catégories industrielles différentes, et d'autres personnes ayant des connaissances spéciales en matière de dessins et de modèles industriels.

Art. 15. — Les procès civils auxquels donneront lieu les actions en indemnité pour enrichissement, ou en confiscation, intentées sur le fondement des dispositions de la présente loi, seront considérés comme affaires commerciales, dans le sens des lois de l'Empire et de celles des différents Etats de l'Allemagne.

Art. 16. — La présente loi s'applique à tous les dessins et modèles d'auteurs nationaux, pourvu que les objets fabriqués d'après ces dessins ou ces modèles l'aient été en Allemagne, sans distinguer s'ils se débitent en Allemagne ou à l'étranger [1].

Les auteurs étrangers qui ont leur établissement industriel dans l'étendue de l'empire allemand jouissent de la protection de la présente loi pour les objets qui ont été fabriqués en Allemagne.

Dans tous les cas, la protection que peuvent invoquer les auteurs étrangers, se règle d'après les traités internationaux existants.

Art. 17. — La présente loi sera exécutoire le 1er avril 1876. Elle s'applique à tous les dessins et modèles qui seront exécutés postérieurement à sa mise à exécution.

Les dessins et modèles qui existaient antérieurement à cette date ne jouissent de la protection de la loi qu'à condition que le premier objet fabriqué d'après ledit dessin ou modèle n'ait été débité que postérieurement à la mise à exécution de la loi.

Les dessins et modèles qui étaient protégés antérieurement par la législation de l'un des Etats allemands continuent à jouir de cette protection. Toutefois, celle-ci n'est valable que pendant

---

1. Contrairement au principe de l'indigénat posé par le législateur allemand dans l'article 61 de la loi du 11 juin 1870 (plus haut. p. 50) l'article ci-dessus protège surtout le *fabricant allemand*, bien plus que l'auteur allemand, puisqu'il ne protège ce dernier que s'il a fait exécuter son dessin ou son modèle en Allemagne.

le délai pour lequel elle lui avait été octroyée par la législation du pays en question [1].

---

1. Comparez avec les articles 57, 58 et 60 de la loi du 11 juin 1870 (plus haut, p. 48 à 50) et 17, 18 et 19 de la loi du 9 janvier 1876 (plus haut p.) 57 et 58.

On remarquera toutefois que, contrairement à l'article 18 de la loi du 9 janvier 1876, l'article ci-dessus n'accorde pas d'effet rétroactif à la loi et que celle-ci protège exclusivement les dessins ou modèles exécutifs postérieurement au 1er avril 1876.

Instruction de la Chancellerie impériale du 29 février 1876

RELATIVE A LA

TENUE DU REGISTRE DES DESSINS

ART. 1er. — Le registre des dessins est tenu par les autorités judiciaires qui sont chargées de tenir les registres du commerce (art. 9 de la loi du 11 janvier 1876, concernant le droit d'auteur sur les dessins et modèles industriels.

Sont également applicables au registre des dessins les prescriptions relatives à la tenue du registre du commerce, en tant qu'il n'y est point dérogé par les dispositions qui suivent.

ART. 2. — Le registre des dessins est tenu conformément au modèle A qui est donné ci-après. Il doit être suivi d'une table alphabétique des noms, et, s'il y a lieu, des raisons commerciales inscrites audit registre.

ART. 3. — Sont annexées au registre des dessins des pièces justificatives *(Acten)*, où sont classés par ordre chronologique toutes les requêtes, tous les actes et documents relatifs au registre.

Les requêtes et les actes qui contiennent réquisition d'inscription sur le registre des dessins, doivent porter l'indication du jour et de l'heure ou ils sont arrivés au tribunal.

ART. 4. — Les exemplaires et les représentations figuratives des dessins et des modèles, qui sont déposés au tribunal conformément à l'article 7 de la loi, doivent être conservés dans un magasin spécial, facilement accessible, et porter une étiquette indiquant la page du registre et des pièces justificatives qui les concerne.

ART. 5. — Les réquisitions d'inscription sur le registre des dessins peuvent être faites par écrit ou oralement, afin qu'il en soit dressé procès-verbal.

Dans le premier cas, la sincérité de la signature du requérant doit être certifiée officiellement par une personne ayant le droit d'apposer un sceau public, et avec apposition de ce sceau ; dans le second cas l'identité de la personne du requérant doit, quand celle-ci n'est point connue du tribunal, être attestée par un témoin connu et digne de foi.

Art. 6. — La déclaration doit spécifier si le dessin ou modèle, dont on requiert l'enregistrement, est destiné à l'industrie textile ou à l'industrie plastique (art. 6, n° 2, de la loi du 11 janvier 1876).

Si le déclarant a omis de donner cette indication, il doit être invité à la fournir ultérieurement, et averti que l'enregistrement de son dessin ou de son modèle ne peut avoir lieu avant que sa déclaration ait été ainsi complétée.

Il n'est pas permis de déclarer un même dessin ou modèle à la fois pour l'industrie textile et pour l'industrie plastique.

Art. 7. — Les dessins peuvent être déposés ouverts ou cachetés, isolément ou en paquets. Cependant les paquets ne doivent ni contenir plus de 50 dessins ou modèles, ni peser plus de 10 kilogrammes (art. 9, § 4, de la loi du 11 janvier 1876).

S'il arrive au tribunal un paquet qui pèse plus de 10 kilogrammes, ou qui, d'après la suscription, contienne plus de 50 dessins, il doit être renvoyé, et il n'y a pas lieu d'effectuer l'enregistrement sur le registre des dessins. Chaque paquet doit porter à l'extérieur l'indication du nombre de dessins ou de modèles qui y sont contenus.

En outre chaque dessin ou paquet de dessins doit porter l'indication des numéros de fabrique ou de commerce sous lesquels les dessins ont été inscrits sur les livres de commerce de l'auteur ou de son ayant cause.

Art. 8. — Toutes requêtes, tous actes, certificats, légalisations, actes de notoriété, extraits, etc..., relatifs à l'enregistrement sur le registre des dessins, sont exempts du timbre.

L'article 12 de la loi du 11 juin 1876 indique les taxes qui doivent être acquittées pour l'enregistrement et le dépôt.

Le déclarant doit en outre, aux termes de l'article 9 de la dite loi, supporter les frais de la publication qui doit être faite dans le *Journal officiel* de l'Empire allemand. Ces frais s'élèvent à 1 mark 50 pfennings pour la publication de chaque inscription. Il n'est délivré de certificats d'inscription que sur la demande expresse du déclarant. Tout certificat de ce genre, comme tout autre extrait du registre des dessins, donne lieu à la perception d'une taxe de 1 mark (art. 12 de la loi du 11 juin 1876).

Les taxes doivent être payées comptant au tribunal, ou, si le déclarant en exprime le désir, par lui acquittées en un mandat sur la poste.

ART. 9. — Si une prolongation du délai de protection est demandée, conformément à l'article 8 de la loi, du 11 juin 1876 cette prolongation doit être inscrite dans la colonne 7 du registre des dessins.

Cette prolongation du délai de protection est également publiée dans le *Journal officiel* de l'Empire allemand, et par conséquent celui qui la demande doit payer, outre les frais fixés par l'article 12 de la dite loi, les frais de cette publication, qui s'élèvent à 1 mark 50 pfennings.

ART. 10. — L'enregistrement et la prolongation du délai de protection sont publiés tous les mois dans le *Journal officiel* de l'Empire allemand (art. 9 de la loi du 11 juin 1876).

L'autorité chargée de tenir le registre des dessins doit, à la fin de chaque mois, dresser la liste des enregistrements qui ont été effectués par elle pendant le cours du mois écoulé, et expédier *franco* cette liste au « bureau du *Deutscher Reichsund Preussischer Staatsanzeiger* à Berlin », en y joignant le montant des frais qui doivent être faits pour la publication (art. 8, et 9).

Le bureau du *Deutscher Reichsanzeiger* fait parvenir *franco* au tribunal un certificat qui constate que la publication a été faite, et qui doit être joint aux pièces justificatives.

Cette publication doit être faite conformément au modèle suivant :

A. — A été enregistré sur le registre des dessins :

N° 1. Raison sociale Schmidt et Cie à Leipzig : 1 dessin pour tapis ; ouvert ; dessin destiné à l'industrie textile ; numéro de fabrique, 100 ; délai de protection, 1 an ; déclaré le 1er avril 1876, à 9 heures du matin.

N° 2. Fabricant Schulz, à Leipzig : 1 paquet contenant 20 dessins pour tapisseries ; dessins destinés à l'industrie textile ; numéros de fabrique, 10-29 ; délai de protection, 3 ans; déclaré le 2 avril 1876, 10 heures du matin.

N° 3. Verrerie de Muller, à Leipzig : 1 coupe en cristal ; cacheté ; dessin destiné à l'industrie plastique ; numéro de fabrique, 20 ; délai de protection, 10 ans ; déclaré le 3 avril 1876, 11 heures du matin.

Leipzig, le 30 avril 1876.

(Tribunal Royal de Commerce.)

B. — A été enregistré sur le registre des dessins :

N° 1. Schmidt et Cie ont demandé que le délai de protection applicable à leur dessin pour tapis déposé sous le n° 1 ci-contre fût prorogé jusqu'à trois ans.

Leipzig, le 31 décembre 1876.

(Tribunal Royal de Commerce).

Art. 11. — Les dessins ou modèles qui ont été déposés cachetés sont ouverts par l'autorité à l'expiration du délai de protection, ou, si ce délai dépasse trois ans, à l'expiration d'un délai de trois ans à compter de la déclaration, et chacun peut dès lors en prendre communication.

Pour que cette ouverture ait lieu le jour où elle doit être régulièrement faite, les dessins, déposés cachetés, doivent porter une mention spéciale indiquant le jour où l'autorité doit procéder à l'ouverture. Il est dressé de cette ouverture un procès-verbal sommaire, qui reste joint aux pièces justificatives.

Art. 12. — Les dessins et modèles qui ont été déposés, de même que leurs représentations figuratives, sont conservés pendant quatre ans après l'expiration du délai de protection. Puis l'auteur ou son ayant cause doit être invité à retirer ses dessins ou modèles, s'il ne veut en voir disposer autrement.

Si l'auteur ou son ayant cause ne retire pas lesdits dessins ou modèles, la Chancellerie, consultée en la forme ordinaire, statue sur l'emploi qui en sera ultérieurement fait.

AUTRICHE

Bien que l'Autriche se soit fait représenter officiellement aux conférences de 1884 et de 1885, elle n'a point encore accédé à la convention de Berne du 9 septembre 1886. « Nous regrettons, a dit M. Numa Droz, dans son discours d'ouverture des travaux de la troisième conférence, nous regrettons de ne pas voir parmi nous les représentants de l'empire d'Autriche qui ont pris part aux précédentes conférences ; mais l'état de sa législation ne lui a pas permis d'adhérer pour le moment. Elle ne tardera pas sans doute à se joindre à nous. »

La loi du 19 octobre 1846 est, en effet, le seul texte législatif autrichien qui protege la propriété littéraire et artistique contre la publication, la contrefaçon et la reproduction illicites.

Au mois de décembre 1882, les Chambres autrichiennes ont été saisies, par le professeur Exner, d'une série de quatre lois relatives aux droits intellectuels. Aucune de ces propositions de loi n'a été jusqu'à présent discutée et votée [1].

---

1. La Hongrie possède, en cette matière, une loi récente du 1er juillet 1884 dont on trouvera plus loin la traduction française.

Loi du 19 octobre 1846

POUR

PROTÉGER LA PROPRIÉTÉ LITTÉRAIRE ET ARTISTIQUE

CONTRE

La publication, la contrefaçon et la reproduction illicites

1re DIVISION. — *Droits des auteurs sur leurs productions littéraires et artistiques.*

ART. 1er. — Les productions littéraires et les œuvres d'art constituent la propriété de celui qui en a été l'auteur, c'est-à-dire de celui qui les a composés ou faits primitivement[1].

A moins que des conventions spéciales ne s'y opposent, l'auteur est assimilé, en ce qui regarde la protection accordée par la présente loi :

a) Aux personnes qui auront fait composer et exécuter un ouvrage à leurs frais et d'après un plan donné par elle ;

b) A l'éditeur ou entrepreneur d'un ouvrage composé d'articles de plusieurs auteurs ;

c) A l'éditeur d'un ouvrage anonyme ou pseudonyme [art. 14, *a* et *b*)].

ART. 2. — L'auteur d'un ouvrage littéraire ou artistique aura le droit exclusif, aux conditions fixées par la présente loi, d'en disposer à sa volonté, de le reproduire ou de le publier dans une forme quelconque ; il peut également transmettre ce droit à un autre.

ART. 3. — Toute reproduction d'un ouvrage faite par procédé mécanique sans la permission de l'auteur ou de son successeur

1. La traduction de cette loi, déjà publiée dans le *Journal de la Librairie* du 22 octobre 1887, est due à une obligeante communication du ministère des affaires étrangères de France.

légitime, bien que dans les conditions prescrites par la loi, et après avoir rempli les formalités légales, sera considéré comme contrefaçon illicite, soit qu'on ait employé le même ou un autre procédé que pour la création de l'ouvrage original.

Cette prohibition de reproduction par procédé mécanique s'étend également aux ouvrages d'art.

Sera considéré comme ouvrage original, non seulement toute production littéraire ou artistique primitivement faite par l'auteur, mais encore toute reproduction que ledit auteur ou son successeur légitime en aura faite conformément à ses droits d'auteur (art. 1).

Les exceptions aux dispositions ci-dessus sont spécifiées dans es articles 5 et 9.

Art. 4. — Sera également réputée contrefaçon :

a) L'impression des manuscrits de toute nature qui aura été faite sans l'autorisation de leur auteur ou de son successeur légitime ;

b) L'impression des discours qui auront été prononcés dans le but d'édifier, d'instruire ou d'amuser l'auditoire.

Dans l'un ou l'autre cas (*a* et *b*) on devra justifier d'une autorisation, lors même que l'entrepremeur serait le possesseur légitime du manuscrit original ou d'une copie.

Les dispositions ci-dessus (*a*), relatives aux manuscrits, s'appliquent également aux cartes géographiques et topographiques, aux dessins et aux figures d'histoire naturelle, d'architecture et autres destinés à rendre sensibles des objets scientifiques.

c) Les extraits d'un ouvrage d'un autre auteur, avec ou sans modifications, s'ils paraissent séparément sous le titre primitif de l'ouvrage ou sous un autre titre.

Les changements opérés dans les suppléments d'un ouvrage, notamment l'addition, la suppression ou la modification dans les remarques, figures, cartes, index, etc., n'exemptant point de la pénalité imposée à la contrefaçon. De deux ouvrages publiés sous le même titre ou sous deux titres différents et qui traitent du même sujet, dans le même ordre et la même distribution, celui qui aura paru le dernier sera considéré comme contrefaçon, si les suppléments ou autres modifications de son contenu ne sont tellement essentiels et prépondérants qu'il puisse être considéré comme un ouvrage nouveau et original.

Art. 5. — Ne seront point considérés comme contrefaçons et seront permis :

a) La citation mot à mot d'un passage tiré d'un ouvrage imprimé ;

b) La compilation de morceaux épars, d'articles, de pièces de vers, etc., empruntés à un ouvrage volumineux, à une feuille périodique ou autre, pour en faire par son contenu principal un ouvrage original, un ouvrage de critique, de littérature ou d'histoire, ou bien un recueil à l'usage de l'Église ou des écoles ; mais dans ce cas on sera tenu expressément d'indiquer la source, et l'article emprunté ne pourra dépasser *une feuille d'impression* de l'ouvrage dont il est tiré, ni paraître comme pièce séparée, et ne devra contenir plus de deux feuilles d'impression dans l'espace d'une année, si c'est un journal ou une autre feuille périodique ; les journaux politiques proprement dits ne seront tenus qu'à indiquer la source de l'article emprunté ;

c) La traduction d'un ouvrage littéraire déjà paru sans distinction de langue, sauf le cas où l'ayant droit (art. 1er) se sera expressément réservé sur le titre ou dans la préface dudit ouvrage original d'en faire faire une traduction lui-même [1]. Dans ce cas, toute traduction publiée, sans l'autorisation de l'auteur ou de son successeur légitime, dans l'intervalle d'une année à partir du jour où l'ouvrage original aura été publié, sera considérée comme contrefaçon.

Lorsque l'auteur aura fait paraître son ouvrage dans plusieurs langues à la fois, chacune de ces éditions sera considérée comme ouvrage original.

Toute traduction qui aura paru dans les conditions voulues par la loi est garantie de la contrefaçon ; et de plusieurs traductions, la dernière sera considérée comme contrefaçon, si elle ne diffère des précédentes que par des modifications insignifiantes ;

d) Le titre qui aura déjà servi à un ouvrage publié antérieurement et qu'on emploierait sans y rien changer à un ouvrage nouveau.

---

1. *L'ayant droit*, c'est-à-dire l'*éditeur*, d'après l'article 1er de la loi ci-dessous auquel le paragraphe *c*) de l'article 5 renvoit spécialement.

Mais comme le choix du même titre, dans le cas où il ne serait pas absolument indispensable pour désigner l'objet traité dans l'ouvrage, pourrait tromper le public sur l'identité de l'ouvrage, la partie lésée aura le droit de réclamer des dommages et intérêts. La justice dans ce cas décidera s'il n'y a pas eu de mauvaise foi.

ART. 6. — Quant aux compositions musicales, sera considérée comme contrefaçon toute impression qui en aura été faite sur manuscrits sans la permission du compositeur ou de son successeur légitime.

Mais ne sera pas considéré comme contrefaçons et sera permis pas conséquent :

a) L'admission de thèmes séparés de compositions musicales dans des recueils périodiques ;

b) L'application d'une composition musicale aux variations, fantaisies, études, pots-pourris, etc., qui sont considérés comme productions originales ;

c) L'arrangement d'un morceau de musique pour d'autres instruments, ou pour moins d'instruments que ceux pour lesquels il a été composé primitivement.

Mais dans le cas où le compositeur se sera expressément réservé le privilège, sur le titre de son ouvrage, de faire paraître lui-même une édition avec des arrangements en général ou pour certains instruments seulement, dans ce cas tout arrangement publié avant l'expiration d'une année à partir de l'époque de l'édition de l'ouvrage original et sans l'autorisation du compositeur ou de son successeur légitime sera considéré comme contrefaçon.

d) Dans le cas où une personne viendrait à donner à une de ses compositions musicales, sans le modifier, le titre d'un ouvrage du même genre fait par un autre et publié antérieurement, on se conformera aux dispositions prescrites par l'art. 5 (*d*), de la présente loi.

ART. 7. — Les paroles d'une pièce de musique seront considérées comme supplément de la composition ; par conséquent, il sera permis au compositeur, si aucune convention ne s'y oppose, de les faire imprimer avec la composition musicale.

Il est défendu de publier les paroles à part sans l'autorisation préalable du poète ; mais si l'œuvre musicale est destinée à être exécutée en public, le consentement du poète sera sous-entendu; en sorte que la personne qui aura été autorisée à l'exécuter peut également faire imprimer le texte pour s'en servir pendant la représentation. Mais cette destination devra être indiquée sur l'ouvrage en question.

ART. 8. — Le droit de faire représenter en public un ouvrage musical ou dramatique appartient exclusivement à son auteur, et il est défendu à tout autre de l'exercer pour le représenter soit en entier, soit en en retranchant ou modifiant quelque chose avant l'expiration du terme légal fixé par le présent décret (art. 23 et 24), à moins qu'il n'y ait été autorisé par l'auteur ou par son successeur légitime, et tant que l'ouvrage en question n'aura pas été imprimé et gravé.

Ne sera pas considérée comme publication de cette nature l'impression de quelques exemplaires seulement que l'auteur aura fait faire pour remplacer le manuscrit, en indiquant cette destination sur les exemplaires.

A moins d'une clause expresse, l'autorisation de faire exécuter une œuvre musicale implique aussi le droit de la faire représenter plusieurs fois.

Lorsqu'une œuvre dramatique aura été composée par plusieurs auteurs, chacun aura le droit, en cas de doute, d'en autoriser l'exécution.

ART. 9. — Quant aux ouvrages de dessin, de peinture, de gravure (sur cuivre, acier ou bois), ainsi qu'à ceux de l'art plastique, ne seront point considérés comme contrefaçons :

a) Les copies des objets de toutes natures qui diffèrent de l'original non seulement matériellement et sous le rapport de la forme ou de la grandeur, mais encore par des changements tellement essentiels qu'elles peuvent être regardées comme des ouvrages d'art originaux ;

b) La copie d'une œuvre d'art reproduite sur des étoffes de fabrique qui doivent servir à l'usage ordinaire ;

c) La reproduction, en forme plastique, d'une œuvre artistique de dessin, d'après une lithographie ; ou

d) Un ouvrage de plastique destiné à servir d'ornement ou à un usage réel.

ART. 10. — Pour jouir du droit exclusif de reproduction (sauf les dispositions contenues dans l'article ci-dessus) il faut que l'auteur d'un ouvrage d'art qui aura été achevé, ou son successeur légitime, se soit expressément réservé, lors de la publication, le droit de le reproduire, et qu'il en ait fait usage dans l'espace de deux ans à partir de l'époque où la première édition de cet ouvrage aura été faite ; faute de quoi toutes les contrefaçons, sans exception aucune, seront permises.

Art. 11. — Par la cession de reproduire un ouvrage d'art plastique ou de dessin, l'auteur ou son successeur légitime ne perd point le droit de propriété sur l'original ; mais s'il a aliéné la propriété de l'original, l'auteur ou son successeur cesse d'avoir le droit exclusif de le faire reproduire, droit qui passe à l'acquéreur, à moins que le contraire n'ait été stipulé avec ce dernier à l'époque de la vente.

Art. 12. — Le commerce des produits de la contrefaçon ou d'autres objets semblables, exécutés soit dans les États autrichiens, soit à l'étranger, contrairement à la présente loi, est défendu tant aux marchands d'estampes qu'aux libraires, éditeurs, imprimeurs ou autres.

2e division. — *Des délais accordés pour la protection de la propriété littéraire et artistique.*

Art. 13. — Le droit exclusif de publication et de reproduction accordé par la présente loi à l'auteur d'un ouvrage littéraire ou artistique n'existera pas seulement sa vie durant, mais il appartiendra encore pendant trente années après sa mort à celui à qui il l'aura conféré par testament ou, à défaut de dispositions particulières, à ses héritiers et à leurs successeurs légitimes. L'année du décès de l'auteur ne comptera pas, et il n'y aura point de droit de dévolution en faveur du fisc.

Art. 14. — La même garantie de trente années à partir de l'expiration de l'année où l'ouvrage aura paru est accordée :

a) Aux ouvrages anonymes ;

b) Aux ouvrages pseudonymes ;

(Dans l'un et l'autre cas, c'est l'éditeur qui sera considéré comme propriétaire) ;

c) Aux ouvrages faits par plusieurs auteurs dont les noms se trouvent indiqués ;

d) Aux ouvrages posthumes ; et enfin,

e) A la continuation d'un ouvrage qui aura été commandé par les héritiers de l'auteur.

Art. 15. — Pour les ouvrages édités par des académies, universités ou autres instituts et sociétés savantes ou artistiques placés sous le patronage de l'Etat, la garantie légale contre la reproduction et la contrefaçon durera pendant cinquante années.

Les ouvrages faits par d'autres sociétés seront soumis aux dispositions de l'article précédent.

Lorsqu'un article, après avoir été livré à un ouvrage de cette nature, aura été corrigé, augmenté et arrangé en une nouvelle édition séparée, il jouira du droit de garantie accordé par l'article 13 de la présente loi.

Art. 16. — Quant aux ouvrages de plusieurs volumes où à ceux qui paraissent par cahiers ou livraisons, si les différentes parties peuvent être considérées comme formant un ensemble, ils seront, à partir du jour de la publication du dernier volume ou de la dernière livraison, etc., soumis en entier aux dispositions contenues dans les articles 13 et 15 de la présente loi. Dans le cas où la suite d'un ouvrage n'aura été publiée qu'après un intervalle de trois années au moins, les volumes, livraisons, etc., qui auront paru avant seront considérés comme ouvrages à part et les derniers comme ouvrages nouveaux.

Les recueils d'ouvrages, de traités, etc., soit qu'ils consistent en un seul, soit en plusieurs volumes ou cahiers, etc., seront considérés comme ouvrages complets.

Art. 17. — Dans des cas qui commandent des égards particuliers en faveur de l'auteur ou de l'éditeur d'un ouvrage d'art ou de science qui exigent des avances considérables d'argent, les droits de propriété pourront être prolongés par le gouvernement comme privilège au bénéfice de l'auteur et de ses héritiers ou autres successeurs pour un temps limité.

Mais ce privilège doit être obtenu avant l'achèvement de la publication de l'ouvrage ; sa durée sera indiquée sur le titre ou publiée dans les journaux de sa province où l'ouvrage paraît, si la nature de l'objet s'oppose à ce qu'elle soit indiquée sur le titre.

ART. 18. — Les actes émanés directement de l'administration publique jouiront, après leur publication, de la protection accordée par la prohibition de la contrefaçon en tant que celle-ci ne sera pas abrogée par l'administration. La même durée de la protection au-delà du délai légal s'applique aux ouvrages dont il résulte évidemment qu'ils ont paru par ordre du gouvernement et sous réserve de cette protection continuelle.

ART. 19. — Après l'expiration des délais légaux ou prolongés, ou même plus tôt, s'il n'existait plus d'héritier ni d'ayant droit de l'auteur, les ouvrages de littérature et d'art pourront être reproduits sous toutes les formes ; mais toute publication antérieure à cet effet, avant cette époque, est interdite.

ART. 20. — La seconde édition d'un ouvrage jouit de la même protection légale contre la contrefaçon que la première, sauf le droit de contrefaçon pour la première édition, si le délai légal est expiré avant sa publication.

Il en est de même des autres éditions par rapport aux précédentes.

ART. 21 — Le permis de la censure pour l'impression ou la reproduction d'un ouvrage ne sert pas d'excuse s'il est démontré qu'il n'y a eu contrefaçon ou reproduction illicite.

ART. 22. — Le droit exclusif de représenter un ouvrage musical ou dramatique (art. 8) ne dure pas seulement pendant toute la vie de l'auteur, mais passe également à celui à qui il l'a cédé, ou, à défaut d'un tel, à ses héritiers ou leurs ayants droit, jusqu'à l'expiration de dix ans après la mort de l'auteur.

ART. 23. — La même protection pendant dix ans, à partir du jour de la première représentation publique, aura lieu :

a) Lorsque l'ouvrage dont il s'agit a plusieurs auteurs nommés ;

b) Pour les ouvrages anonymes et pseudonymes, n'importe si le véritable nom de l'auteur ou du compositeur est connu ou non, après une seule représentation publique ;

c) Pour les ouvrages posthumes, c'est-à dire ceux que les héritiers ou ayants droit de l'auteur ne font représenter pour la première fois qu'après la mort de ce dernier.

ART. 24. — La disposition de l'article 21 est également applicable au permis de la censure obtenu pour la représentation d'un ouvrage musical ou dramatique.

3e DIVISION. — *Dispositions sur les peines à appliquer et le droit d'indemnité.*

ART. 25. — L'auteur d'une contrefaçon ou reproduction illicite et celui qui y a coopéré sciemment seront punis d'une amende de 25 à 1,000 florins [1], et, en cas d'insolvabilité, d'une détention ci-après déterminée, et en cas de récidive ils seront privés de l'exercice de leur industrie. En outre, les exemplaires, épreuves et moules existants seront confisqués, les compositions seront démontées, et les planches, pierres et formes et autres objets qui ont servi exclusivement à la reproduction seront détruits.

ART. 26. — Une amende de 25 à 100 florins équivaut à une semaine à un mois de prison ; 100 à 400 florins ont pour équivalent un à trois mois de prison ; et 400 à 1,000 florins, trois à six mois de prison.

ART. 27. — Les héritiers et ayants droit d'un ouvrage, auquel il est porté préjudice par une reproduction, peuvent en outre réclamer une indemnité ; il leur sera alloué à cet effet la valeur des exemplaires dépendant de la reproduction illicite, selon le prix de vente de l'original, ce qui n'exclura pas d'autres demandes d'indemnité.

Si le nombre des exemplaires reproduits ne peut être constaté, l'administration, après avoir consulté les experts, et selon les circonstances, en déterminera le nombre de 25 à 1,000.

Il en sera de même lorsque l'édition originale légitime d'un ouvrage n'a pas encore eu lieu (art. 4, *a* et 6) et que l'arrangement à l'amiable (art. 29) n'a pu se faire.

ART. 28. — L'éditeur d'un ouvrage n'a droit à l'indemnité selon les dispositions du paragraphe précédent qu'autant que le nombre des exemplaires provenant de la reproduction illicite et vendus ne dépasse pas ceux de l'ouvrage original qui se trouvent en magasin pour être vendus.

L'indemnité à payer pour le surplus appartient à l'auteur et à ses ayants droit.

Dans tous les cas l'éditeur cédera gratis à l'auteur autant d'exemplaires originaux que ceux pour lesquels il a reçu une

---

1. Le florin autrichien vaut 2 fr. 47.

indemnité ou il s'arrangera avec lui d'une autre manière. D'ailleurs les droits réciproques de l'auteur et de l'éditeur sont déterminés par le contrat.

Art. 29. — Les exemplaires et autres objets saisis, à moins qu'ils ne soient pris par la partie lésée à compte de l'indemnitée due, mais en remboursant au contrefacteur ses dépenses, seront détruits aussitôt que le jugement aura acquis force de chose jugée. La partie lésée est libre de s'entendre pour un honoraire avec le contrefacteur si la contrefaçon d'un manuscrit ou d'un *post-scriptum* a eu lieu avant la publication de l'édition originale. Cela équivaut à la vérité à un contrat entre l'auteur et l'éditeur, et empêche la confiscation, mais ne saurait arrêter le cours de l'enquête, ni empêcher la punition légale.

Art. 30. — Quiconque fait sciemment un commerce des produits de la contrefaçon ou d'une reproduction illicite (art. 12) sera passible d'une amende de 25 à 1,000 florins et encourra la confiscation des exemplaires saisis. En cas d'insolvabilité la peine de la prison sera appliquée, et le commerçant pourra même perdre sa patente. Il est tenu de payer l'indemnité conjointement avec le contrefacteur, et les exemplaires saisis seront détruits à moins que la partie lésée ne veuille les prendre à compte de sa créance.

Art. 31. — La représentation publique d'un ouvrage dramatique ou musical, en totalité ou avec des changements peu importants, contrairement au droit exclusif de l'auteur ou de ses ayants droit, sera punie d'une amende de 10 à 200 florins, ou en cas d'insolvabilité, d'un emprisonnement proportionnel, et les manuscrits (livrets, partitions, rôles, etc.), seront saisis.

Art. 32. — Une indemnité complète est due à l'auteur lésé ou à ses ayants droit. Il lui sera alloué le montant total de la recette, sans en déduire les frais, n'importe si la pièce a été représentée seule ou avec une autre, et sauf à faire valoir une indemnité plus considérable.

4e division. — *Poursuite. — Désignation de l'autorité judiciaire qui la dirige.*

Art. 33. — Les contraventions à la présente loi, rendue pour protéger la propriété littéraire et artistique, seront considérées comme délits correctionnels graves, et jugées et punies par les autorités politiques. Les dispositions du IIe vol. du code du 3 septembre 1803 par rapport à la procédure, la prescription, etc., y seront applicables en tant qu'elles ne sont pas contraires à la présente loi. S'il est nécessaire de nommer des experts on les choisira pour les ouvrages littéraires parmi les auteurs, savants et libraires ; pour les ouvrages d'art parmi les artistes, les hommes de l'art et les marchands de musique.

Art. 34. — L'enquête ne se fait pas d'office mais sur la demande de l'auteur lésé ou de ses ayants droit.

La renonciation à la plainte après l'instruction commencée n'a un effet légal que sur les droits d'indemnité du plaignant, mais non sur l'enquête ni sur la peine encourue.

Art. 35. — La saisie des objets susceptibles d'être confisqués sera opérée aussitôt que la partie lésée aura justifié de sa qualité, et que l'époque de la publication de l'original aura été constatée au besoin.

Tous les moyens légaux peuvent être employés pour fournir cette justification ; seront accueillis, pour les ouvrages littéraires, les certificats du bureau I. R. de revision de la province dans laquelle l'ouvrage a paru ; pour les objets d'art, la publication officielle de l'achèvement d'un ouvrage d'art par les journaux de la province, ou la confirmation d'un établissement artistique placé sous la surveillance de l'Etat. Si l'on veut se servir d'une affiche imprimée pour prouver la première représentation d'un ouvrage dramatique ou musical, l'autorité locale doit certifier que cette représentation a eu lieu effectivement.

5e division. — *Époque ou cette loi entrera en vigueur.*

Art. 36. — La présente loi entrera en vigueur a partir du jour de sa publication, pour tous les ouvrages qui ont paru en remplissant les conditions prescrites, n'importe quelle est la nationalité de l'auteur.

Toutes les dispositions antérieures qui y sont contraires sont abrogées.

Art. 37. — La disposition qui précède sera également applicable à tous les ouvrages existants et légalement publiés, en ce que leur propriété littéraire et artistique sera protégée pendant dix ans à partir du jour de la publication de la loi, si déjà elle ne l'est pas pour une période plus longue.

Seulement une contrefaçon, ou reproduction, commencée licitement avant la publication, ou annoncée par souscription, n'est pas soumise aux dispositions de cette loi.

Art. 38. — La protection que cette loi accorde contre la contrefaçon et toute autre reproduction illicite par procédés mécaniques, est également concédée à tous les ouvrages littéraires et artistiques qui paraissent sur le territoire de la Confédération germanique ; on devra seulement justifier de l'accomplissement des conditions et formalités légales dans l'État fédéral où l'original a paru[1].

Art. 39. — La protection que cette loi accorde sera également étendue aux ouvrages publiés à l'étranger en dehors du territoire de la Confédération germanique, à mesure que cet État étranger garantira réciproquement les droits à l'égard des ouvrages publiés dans les États autrichiens.

---

1. Les articles 38 et 39 ci-dessus qui s'expliquaient en 1848, alors que l'Autriche faisait partie de la Confédération germanique, sont aujourd'hui sans application.

BELGIQUE

La loi des 19 juillet 1793, celle du 25 janvier 1817 et le décret du 21 octobre 1830 avaient régi jusqu'en ces derniers temps, en Belgique, les droits des écrivains et des artistes. En 1859 et en 1861, des projets de loi présentés sur cette matière n'avaient pu aboutir. Repris le 19 février 1878, ces projets amendés sont devenus la loi actuelle du 22 mars 1886, promulguée le 26 mars suivant, dont nous publions le texte avec les arrêtés et circulaire ministérielle relatifs à son exécution.

Loi du 22 mars 1886

SUR

LE DROIT D'AUTEUR

SECTION Ire. — *Du droit d'auteur en général.*

ART. 1er. — L'auteur d'une œuvre littéraire ou artistique a seul le droit de la reproduire ou d'en autoriser la reproduction, de quelque manière et sous quelque forme que ce soit.

ART. 2. — Ce droit se prolonge pendant cinquante ans après le décès de l'auteur, au profit de ses héritiers ou ayants droit [1].

1. Le législateur belge a adopté le double principe du droit viager pour l'auteur et d'une période fixe de jouissance au profit de ses héritiers, adopté par les

Art. 3. — Le droit d'auteur est mobilier, cessible et transmissible, en tout ou en partie, conformément aux règles du code civil.

Art. 4. — Les propriétaires d'un ouvrage posthume jouissent du droit d'auteur pendant cinquante ans à partir du jour où il est publié, représenté, exécuté ou exposé [1].

Un arrêté royal déterminera la manière dont sera constatée la date à partir de laquelle le terme de cinquante ans prendra cours [2].

Art. 5. — Lorsque l'œuvre est le produit d'une collabora-

---

législations de l'Allemagne, de l'Autriche, de l'Espagne, de la France, du Portugal, de la Russie, de la Suède et de la Norvège, du Danemarck, de la Suisse et des Pays-Bas (mais seulement pour les ouvrages non publiés au moyen de la presse).

Le droit viager pour l'auteur est aujourd'hui à l'abri de toute contestation sérieuse, mais il n'en est pas de même du point de départ de la période de jouissance fixe et invariable au profit des héritiers. A notre sens, une durée fixe à partir, non du décès de l'auteur, mais de la première publication (le droit de l'auteur devant en toute hypothèse durer autant que sa vie) serait plus conforme à la nature du droit d'auteur et aux intérêts du public et des artistes réunis que la loi est appelée à sauvegarder; mais dans l'état des législations actuelles, l'application de ce système se heurterait à des difficultés pratiques inextricables, et nous croyons que les législateurs belges et autres ont bien fait, quant à présent du moins, de consacrer le principe de prendre le décès de l'auteur comme point de départ fixe et invariable de la jouissance au profit des héritiers ou ayants droit.

On remarquera que le législateur belge, contrairement à la loi française, et conformément à la loi espagnole du 12 janvier 1879 art. 2, n'accorde pas au conjoint survivant un droit d'usufruit. — Cela nous paraît extrêmement juste : la loi française de 1866 n'est pas à imiter sur ce point. En accordant au conjoint survivant la jouissance du droit d'auteur, au détriment de tous les autres héritiers, même des enfants qui se trouvent réduits à leur part réservatrice, le législateur français a apporté aux lois de succession une dérogation qui a été, à bon droit, sévèrement critiquée et qui ne peut invoquer en sa faveur que des arguments de sentiment d'une vérité fort discutable.

1. Les mots *publié*, *représenté*, *exécuté*, ou *exposé* montrent que l'article 4 ci-dessus s'applique à toute espèce d'œuvres littéraires, musicales ou plastiques.

2. Voir plus loin p. 99 et 100 les arrêtés royaux des 27 mars et 3 avril 1886, rendus pour l'exécution de l'article 4 ci-dessus.

tion, le droit d'auteur existe au profit de tous les ayants droit jusque cinquante ans après la mort du survivant des collaborateurs.

ART. 6. — Lorsque le droit d'auteur est indivis, l'exercice de ce droit est réglé par les conventions. A défaut de conventions, aucun des copropriétaires ne peut l'exercer isolément, sauf aux tribunaux à prononcer en cas de désaccord.

Toutefois, chacun des propriétaires reste libre de poursuivre, en son nom et sans l'intervention des autres, l'atteinte qui serait portée au droit d'auteur et de réclamer des dommages-intérêts pour sa part.

Les tribunaux pourront toujours subordonner l'autorisation de publier l'œuvre à telles mesures qu'ils jugeront utile de prescrire; ils pourront décider, à la demande du copropriétaire opposant, que celui-ci ne participera, ni aux frais, ni aux bénéfices de la publication ou que le nom du collaborateur ne figurera pas sur l'œuvre [1].

ART. 7. — L'éditeur d'un ouvrage anonyme ou pseudonyme est réputé, à l'égard des tiers, en être l'auteur.

Dès que celui-ci se fait connaître, il reprend l'exercice de son droit.

ART. 8. — Le cessionnaire du droit d'auteur, ou de l'objet qui matérialise une œuvre de littérature, de musique ou des arts du dessin, ne peut modifier l'œuvre, pour la vendre ou l'exploiter, ni exposer publiquement l'œuvre modifiée, sans le consentement de l'auteur ou de ses ayants cause.

ART. 9. — Sont toujours insaisissables les œuvres littéraires ou musicales, tant qu'elles sont inédites, et, du vivant de l'auteur, les autres œuvres d'art, tant qu'elles ne sont pas prêtes pour la vente ou la publication [2].

---

1. Suivant les cas, les tribunaux pourront annuler les deux mesures : décider, d'une part, que le co-propriétaire opposant ne participera ni aux frais, ni aux bénéfices de l'entreprise; et décider, d'autre part, que son nom ne figurera pas sur l'œuvre.

2. Cet article fait, non sans raison, une distinction entre les œuvres littéraires et musicales et les œuvres d'art proprement dites. Il prononce l'insaisissabilité pour les œuvres littéraires et musicales, tant qu'elles ne sont pas prêtes pour la publication non seulement du vivant de l'auteur, mais encore après son

SECTION II. — *Du droit d'auteur sur les œuvres littéraires.*

ART. 10. — Le droit d'auteur s'applique non seulement aux écrits de tout genre, mais aux leçons, sermons, conférences, discours, ou à toute autre manifestation orale de la pensée.

Toutefois, les discours prononcés dans les assemblées délibérantes, dans les audiences publiques des tribunaux, ou dans les réunions politiques, peuvent être librement publiés; mais à l'auteur seul appartient le droit de les tirer à part.

ART. 11. — Les actes officiels de l'autorité ne donnent pas lieu au droit d'auteur [1].

Les autres publications faites par l'Etat ou les administrations publiques donnent lieu au droit d'auteur, soit au profit de l'Etat ou de ces administrations, pendant une durée de cinquante ans, à partir de leur date, soit au profit de l'auteur, s'il ne l'a pas aliéné en faveur de l'Etat ou de ces administrations [2].

Un arrêté royal déterminera la manière dont sera constatée la date de la publication [3].

ART. 12. — Le droit de l'auteur sur une œuvre littéraire comprend le droit exclusif d'en faire ou d'en autoriser la traduction.

ART. 13. — Le droit de l'auteur n'exclut pas le droit de

---

décès, au profit de ses héritiers. Pour les œuvres d'art proprement dites l'insaisissabilité n'est accordée que du vivant de l'auteur, tant qu'elles ne sont pas prêtes pour la vente.

1. Il s'ensuit que, aussitôt que les actes officiels ont été régulièrement livrés à la publicité par l'autorité dont ils émanent, chacun peut s'en emparer. L'acte officiel sera tombé dans le domaine public par le fait seul de la publicité et le droit d'auteur, droit privatif, ne pourra plus s'exercer sur cet acte.

2. L'auteur d'une publication officielle peut avoir cédé tout son droit à l'Etat. Dans ce cas, naturellement, l'Etat est propriétaire et agit comme cessionnaire du droit de l'auteur. Pendant cinquante ans, l'Etat seul aura le droit de reproduction. Si, au contraire, l'auteur n'a pas cédé son droit, il le conservera, conformément au droit commun ; il en jouira pendant toute sa vie, et ses héritiers en jouiront pendant une période de cinquante ans après son décès. Il en est de même en cas d'aliénation du droit de l'auteur au profit des diverses administrations publiques, des administrations communales par exemple.

3. Voir plus loin p. 99 l'arrêt royal du 27 mars 1886.

faire des citations lorsqu'elles ont lieu dans un but de critique, de polémique ou d'enseignement [1].

Art. 14. — Tout journal peut reproduire un article publié dans un autre journal, à la condition d'en indiquer la source, à moins que cet article ne porte la mention spéciale que la reproduction en est interdite [2].

Art. 15. — Le droit de représentation d'une œuvre littéraire est réglé conformément aux dispositions relatives aux œuvres musicales.

Section III. — *Du droit d'auteur sur les œuvres musicales.*

Art. 16. — Aucune œuvre musicale ne peut être publiquement exécutée ou représentée, en tout ou en partie, sans le consentement de l'auteur [3].

---

1. Le droit de citer peut ne pas se borner à la citation de quelques lignes et peut s'exercer sur des passages importants, pourvu que l'on agisse, non dans le but de contrefaire, mais d'enseigner, de critiquer, ou de contester. La loi belge permet donc sous le titre de : choix de morceaux de morale ou de leçons de littérature, ou sous tout autre titre, du même genre, de publier, dans des ouvrages spéciaux des *extraits*, non seulement de poètes ou de prosateurs des siècles passés, mais encore de poètes ou de prosateurs contemporains.

2. La défense de reproduire un article sans en indiquer la source doit de même s'appliquer aux *télégrammes* ; mais la reproduction d'un télégramme ne doit être interdite que dans le cas où le télégramme est un véritable article ; dans ce cas, il doit être protégé au même titre qu'un article. Le télégramme est, en effet, un article, ordinairement très concis par sa nature meme, mais qui n'en donne pas moins lieu au droit d'auteur.

3. C'est l'exécution *publique* qui est interdite sans le consentement de l'auteur. L'exécution d'une œuvre musicale ou la représentation d'une œuvre dramatique dans un local ou cercle *privé* ne doit pas être considérée en soi, et dans tous les cas, comme une exécution publique.

La question de savoir si une exécution ou représentation est publique ou privée constitue une question de fait qui doit être résolue d'après les circonstances, par les tribunaux. C'est en ce sens que la cour de cassation de France a pu décider, notamment que l'exécution d'une œuvre musicale et dramatique, dans un cercle privé, ne constituait pas une exécution publique, alors même que des personnes étrangères à la société avaient été admises à l'exécution ou à la représentation.

Art. 17. — Le droit d'auteur sur les compositions musicales comprend le droit exclusif de faire des arrangements sur des motifs de l'œuvre originale.

Art. 18. — Lorsqu'il s'agit d'ouvrages qui se composent de paroles ou de livrets et de musique, le compositeur et l'auteur ne pourront traiter de leur œuvre avec un collaborateur nouveau. Néanmoins, ils auront le droit de l'exploiter isolément par des publications, des traductions ou des exécutions publiques.

Section IV. — *Du droit d'auteur sur les œuvres plastiques.*

Art. 19. — La cession d'un objet d'art n'entraîne pas cession du droit de reproduction au profit de l'acquéreur [1].

Art. 20. — Ni l'auteur, ni le propriétaire d'un portrait n'a le droit de le reproduire ou de l'exposer publiquement sans l'assentiment de la personne représentée ou celui de ses ayants droit, pendant vingt ans à partir de son décès.

Moyennant le dit assentiment, le propriétaire a le droit de reproduction sans toutefois que la copie puisse porter l'indication d'un nom d'auteur.

Art. 21. — L'œuvre d'art reproduite par des procédés indus-

---

1. Voir la note 3 de la page 54 à propos de l'article 8 de la loi allemande du 9 janvier 1876.

Parmi les objets d'art dont la cession n'entraîne pas cession du droit de reproduction au profit de l'acquéreur, se rencontrent le cliché, la pierre lithographique, le cuivre, la matière ou tout autre objet quelconque qui sert à la reproduction d'une œuvre artistique. Il ne serait pas juste d'admettre en principe, comme on est tenté de le croire à propos desdits objets, que le détenteur du cliché ou de la matière est présumé titulaire du droit de reproduire l'œuvre artistique, en vertu de la maxime qu'en fait de meubles possession vaut titre. La vérité est que la possession du cliché ou de tout autre objet servant à la reproduction d'une œuvre artistique ou littéraire, n'implique pas à elle seule le droit de s'en servir pour la reproduction, n'entraîne pas la cession du droit d'auteur sur l'œuvre artistique ou littéraire elle-même. Le détenteur du cliché ou de la matière ne pourra s'en servir pour la reproduction de l'œuvre, sans être taxé de contrefacteur, qu'autant qu'il sera en mesure de justifier qu'en achetant le cliché ou la matière il a également acquis le droit de s'en servir pour la reproduction de l'œuvre.

triels ou appliquée à l'industrie reste néanmoins soumise aux dispositions de la présente loi.

SECTION V. — *De la contrefaçon et de sa répression.*

ART. 22. — Toute atteinte méchante ou frauduleuse portée au droit de l'auteur constitue le délit de contrefaçon.

Ceux qui, avec connaissance, vendent, exposent en vente, tiennent dans leurs magasins pour être vendus, ou introduisent sur le territoire belge, dans un but commercial, les objets contrefaits, sont coupables du même délit.

ART. 23. — Les délits prévus à l'article précédent seront punis d'une amende de 26 francs à 2,000 francs.

La confiscation des ouvrages ou objets contrefaits de même que celle des planches, moules, ou matrices et autres ustensiles ayant directement servi à commettre ces délits, sera prononcée contre les condamnés.

ART. 24. — En cas d'exécution ou de représentation faite en fraude des droits de l'auteur, les recettes pourront être saisies par la police judiciaire comme objets provenant du délit, et seront allouées au réclamant, à valoir sur les réparations lui revenant, mais seulement en proportion de la part que son œuvre aura eue dans la représentation ou l'exécution.

ART. 25. — L'application méchante ou frauduleuse sur un objet d'art, un ouvrage de littérature ou de musique, du nom d'un auteur, ou de tout signe distinctif adopté par lui pour désigner son œuvre, sera punie d'un emprisonnement de trois mois à deux ans et d'une amende de 100 francs à 2,000 francs ou de l'une de ces peines seulement.

La confiscation des objets contrefaits sera prononcée dans tous les cas.

Ceux qui, avec connaissance, vendent, exposent en vente, tiennent dans leurs magasins ou introduisent sur le territoire belge, pour être vendus, les objets désignés dans le paragraphe premier, seront punis des mêmes peines [1].

---

1. L'article 25 ci-dessus vise spécialement et réprime les atteintes portées au droit des auteurs et le préjudice causé aux intérêts de l'art par les reproductions frauduleuses et les copies maladroites qui ont été jetées dans le monde, depuis plusieurs années, comme autant d'originaux de grands maîtres.

Art. 26. — Les infractions à la présente loi, sauf celles prévues par l'article 25, ne peuvent être poursuivies que sur la plainte de la personne qui se prétend lésée.

Art. 27. — S'il existe des circonstances atténuantes, les peines d'emprisonnement et d'amende comminées par la présente loi pourront être réduites conformément à l'article 85 du code pénal[1].

Art. 28. — La disposition suivante est ajoutée au n° 23 de l'article 1er de la loi du 15 mars 1874 sur les extraditions : « ... Ainsi que pour le délit prévu par l'article 25 de la loi sur le droit d'auteur. »

Section VI. — *Action civile résultant du droit d'auteur.*

Art. 29. — Les titulaires du droit d'auteur pourront, avec l'autorisation du président du tribunal de première instance du lieu de la contrefaçon, obtenue sur requête, faire procéder par un ou plusieurs experts, qui désignera ce magistrat, à la description des objets prétendus contrefaits ou des faits de la contrefaçon et des ustensiles qui ont directement servi à les accomplir.

Le président pourra par la même ordonnance faire défense

Il est bon de noter que le législateur belge a entendu que la disposition ci-dessus doit être appliquée même lorsque l'œuvre est tombée dans le domaine public. Ce n'est pas seulement le délit de contrefaçon, une atteinte portée au droit de l'auteur, qu'il a voulu réprimer, c'est un délit tout spécial qui cause préjudice à l'auteur, s'il existe encore, et à l'acheteur, dans tous les cas.

Les dispositions de l'article 25 ci-dessus s'appliquent également à toutes les œuvres littéraires mentionnées à l'article 10 (plus haut p. 92 ;) elles atteignent non seulement le contrefacteur mais aussi le plagiaire, qui signe de son nom à lui l'œuvre d'un autre ; elles frappent enfin, comme en matière de faux, le simple fait d'avoir apposé la signature fausse, dans une intention frauduleuse, même indépendamment de tout usage.

1. L'art. 85 du code pénal belge est ainsi conçu :

« S'il existe des circonstances atténuantes, les peines d'emprisonnement et d'amende pourront respectivement être réduites au-dessous de huit jours et au-dessous de vingt-six francs, sans qu'elles puissent être inférieures aux peines de police. — Les juges pourront aussi appliquer séparément l'une ou l'autre peine... »

aux détenteurs des objets contrefaits de s'en dessaisir, permettre de constituer gardien ou même de mettre les objets sous scellés. Cette ordonnance sera signifiée par un huissier à ce commis.

S'il s'agit de faits qui donnent lieu à recette, le président pourra autoriser la saisie conservatoire des deniers par un huissier qu'il commettra.

Art. 30. — La requête contiendra élection de domicile dans les communes où doit avoir lieu la description.

Les experts prêteront serment entre les mains du président avant de commencer leurs opérations.

Art. 31. — Le président pourra imposer au requérant l'obligation de consigner un cautionnement. Dans ce cas, l'ordonnance ne sera délivrée que sur la preuve de la consignation faite. Le cautionnement sera toujours imposé à l'étranger.

Art. 32. — Les parties pourront être présentes à la description, si elles y sont spécialement autorisées par le président.

Art. 33. — Si les portes sont fermées ou si l'ouverture en est refusée, il est opéré conformément à l'article 587 du code de procédure civile[1].

Art. 34. — Copie du procès-verbal de description sera envoyée par les experts, sous pli recommandé, dans le plus bref délai au saisi et au saisissant.

Art. 35. — Si, dans la huitaine de la date de cet envoi, constaté par le timbre de la poste, ou de la saisie conservatoire des recettes, il n'y a pas eu assignation devant le tribunal dans le ressort duquel la description a été faite, l'ordonnance cessera de plein droit ses effets et le détenteur des objets décrits ou des deniers saisis pourra réclamer la remise de l'original du procès-

1. L'article 587 du code de procédure civile est ainsi conçu :

« Si les portes sont fermées, ou si l'ouverture en est refusée, l'huissier pourra établir gardien aux portes pour empêcher le divertissement : il se retirera sur le champ, sans assignation, devant le juge de paix, ou, à son défaut, devant le commissaire de police, et dans les communes où il n'y en a pas, devant le maire, et, à son défaut, devant l'adjoint en présence desquels l'ouverture des portes, même celle des meubles fermants, sera faite au fur et à mesure de la saisie. L'officier qui se transportera ne dressera point de procès verbal ; mais il signera celui de l'huissier, lequel ne pourra dresser du tout qu'un seul et même procès-verbal. »

verbal avec défense au requérant de faire usage de son contexte et de le rendre public, le tout sans préjudice des dommages-intérêts.

Art. 36. — La juridiction consulaire ne connaît point des actions dérivant de la présente loi.

La cause sera jugée comme affaire sommaire et urgente.

Art. 37. — Les recettes et les objets confisqués pourront être alloués à la partie civile, à compte ou à concurrence du préjudice souffert.

Section VII. — *Droits des étrangers.*

Art. 38. — Les étrangers jouissent en Belgique des droits garantis par la présente loi sans que la durée de ceux-ci puisse, en ce qui les concerne, excéder la durée fixée par la loi belge. Toutefois, s'ils viennent à expirer plus tôt dans leur pays, ils cesseront au même moment en Belgique [1].

Section VIII. — *Disposition transitoire.*

Art. 39. — Il n'est porté aucune atteinte aux contrats sur la matière légalement formés sous l'empire des lois antérieures. Les auteurs ou leurs héritiers dont les droits exclusifs, résultant de ces lois, ne seront pas épuisés au moment de la publication de la présente loi, seront pour l'avenir régis par celle-ci. Si avant cette publication ils ont cédé la totalité de leurs droits, ceux-ci resteront soumis aux lois en vigueur au moment de la cession.

Section IX. — *Abrogation de la législation existante.*

Art. 40. — Sont abrogées toutes dispositions antérieures relatives au droit d'auteur réglé par la présente loi.

---

1. La loi belge admet, on le voit, les étrangers au même titre que les nationaux et *en dehors même de toute réciprocité*, à la jouissance des prérogatives qu'elle consacre. Les auteurs étrangers jouissent donc en Belgique de tous les droits reconnus aux auteurs belges, mais la durée de ces droits, en ce qui concerne les étrangers, est égale à la durée assignée au droit d'auteur dans leur propre pays, à la condition toutefois qu'elle ne dépasse pas la durée fixée par la loi belge.

Arrêté royal du 27 mars 1886.

Exécution des articles 4 et 11 de la loi sur le droit d'auteur.

Léopold II, etc. Vu la loi du 22 mars 1886, relative au droit d'auteur des œuvres littéraires ou artistiques ;

Vu, notamment, les articles 4 et 11 de la dite loi ;

Considérant que les dispositions de l'article 4 s'appliquent aux œuvres littéraires et dramatiques, aux compositions musicales et dramatico-musicales, ainsi qu'aux œuvres des arts plastiques ;

Sur la proposition de notre ministre de l'agriculture, de l'industrie et des travaux publics,

Nous avons arrêté et arrêtons :

Art. 1er. — Il est ouvert au département de l'agriculture, de l'industrie et des travaux publics, des registres spéciaux pour l'enregistrement :

a) Des œuvres posthumes littéraires, musicales ou des arts plastiques, publiées, représentées, exécutées ou exposées à partir du 5 avril prochain et dont les propriétaires ou ayants droit voudront s'assurer le bénéfice de l'article 4 de la loi du 22 mars 1886 ;

b) Des publications faites par l'État ou les administrations publiques et dont le droit d'auteur stipulé à l'article 11 sera réservé.

Art. 2. — L'enregistrement dont il est question à l'article 1er ci-dessus devra, sous peine de déchéance, être requis dans les six mois à partir soit de la publication, de la représentation ou de l'exécution, s'il s'agit d'une œuvre littéraire, dramatique ou musicale, soit de l'exposition, s'il s'agit d'une œuvre appartenant aux arts plastiques.

Art. 3. — Les intéressés recevront un certificat de l'enregistrement qu'ils auront requis.

Art. 4. — Notre ministre de l'agriculture, de l'industrie et des travaux publics (chevalier de Moreau), chargé de l'exécution du présent arrêté, déterminera la forme des registres, des déclarations et des certificats d'enregistrement dont il est question aux articles précédents.

Arrêté ministériel du 8 avril 1886.

Exécution de l'article 4 de l'arrêté royal du 27 mars 1886.

Le ministre de l'agriculture, de l'industrie et des travaux publics (Chev. DE MOREAU),

Vu la loi du 22 mars 1886, sur le droit d'auteur des œuvres littéraires et artistiques ;

Vu l'article 4 de l'arrêté royal du 27 mars 1886, qui charge le ministre de l'agriculture, de l'industrie et des travaux publics de déterminer le modèle des déclarations d'enregistrement des œuvres tombant sous l'application des articles 4 et 11 de la loi précitée, ainsi que la formule des récépissés à délivrer aux intéressés.

Arrête :

Les demandes d'enregistrement des œuvres tombant sous l'application de l'article 4 de la loi du 22 mars 1886, ainsi que de celles dont il est question à l'article 11 de la dite loi, devront être faites d'après les formules *A* et *B* ci-annexées.

Le certificat dont il s'agit à l'article 3 de l'arrêté royal précité sera délivré dans la forme du modèle *C*, joint au présent arrêté.

MINISTÈRE
DE L'AGRICULTURE, DE L'INDUSTRIE
ET DES TRAVAUX PUBLICS.

Loi du 22 mars 1886, sur le droit d'auteur des œuvres littéraires et artistiques (modèle A).

Le soussigné (1) déclare requérir, en exécution de l'article 4 de la loi du 22 mars 1886 et de l'arrêté royal du 27 du même mois, l'enregistrement de l'œuvre posthume désignée ci-dessous :

TITRE ET GENRE DE L'ŒUVRE ET NOM DE L'AUTEUR OU DES AUTEURS — Indiquer s'il s'agit d'une œuvre littéraire, dramatique ou musicale ou d'une œuvre des arts plastiques.	FORMAT (2)	ÉDITION	DÉSIGNATION ou NOMBRE DE VOLUMES	DATE DE LA 1re PUBLICATION S'IL S'AGIT D'UN OUVRAGE IMPRIMÉ	DATE DE LA 1re REPRÉSENTATION OU EXÉCUTION S'IL S'AGIT DU DROIT DE REPRÉSENTATION OU D'EXÉCUTION	DATE DE LA 1re EXPOSITION S'IL S'AGIT D'UNE ŒUVRE DES ARTS PLASTIQUES	OBSERVATIONS

A , le 188 .
(Signature.)

(1) Nom, prénoms, qualité et domicile. — (2) Indiquer la dimension, s'il s'agit d'un tableau, d'une statue, etc.

MINISTÈRE
DE L'AGRICULTURE, DE L'INDUSTRIE
ET DES TRAVAUX PUBLICS

Loi du 22 mars 1886, sur le droit d'auteur des œuvres littéraires et artistiques (modele B).

Le soussigné (1) déclare requérir au nom de (2) l'enregistrement de l... ouvrage désigné ci-dessous, en vue de s'assurer le droit d'auteur dont il s'agit à l'article 11 de la loi du 22 mars 1886.

TITRE ET GENRE DE L'OUVRAGE	NOM ET PRÉNOMS DE L'AUTEUR	FORMAT	ÉDITION	NOMRRE de VOLUMES	DATE DE LA 1re PUBLICATION	OBSERVATIONS

A , le 188 .
(Signature.)

(1) Nom, prénoms, qualité et demeure.
(2) S'il s'agit d'une administration, la spécifier ; dans le cas contraire, biffer les mots *au nom de*.

MINISTÈRE
DE L'AGRICULTURE, DE L'INDUSTRIE
ET DES TRAVAUX PUBLICS

Modèle de certificat d'enregistrement (modele (C).

Le ministre de l'agriculture, de l'industrie et des travaux publics certifie que l'
dont la désignation suit a été enregistré en exécution de l'article de la loi du 22 mars 1886.

TITRE ET GENRE DE L'ŒUVRE	NOM ET PRÉNOMS de L'AUTEUR	FORMAT	ÉDITION	NOMBRE DE VOLUMES	NOM ET DOMICILE DE LA PERSONNE QUI A REQUIS L'ENREGISTREMENT	DATE DE LA RÉCEPTION DE LA DEMANDE D'ENREGISTREMENT	OBSERVATIONS

Bruxelles, le 188 .

Pour le ministre,
Le chef de division délégué,

Circulaire ministérielle du 30 avril 1886.

EXÉCUTION DE LA LOI SUR LE DROIT D'AUTEUR

Monsieur le gouverneur,

Le *Moniteur* du 26 mars dernier a publié la loi relative au droit d'auteur des œuvres littéraires ou artistiques. Ce droit prenait jusqu'ici sa source dans des lois et des décrets divers, souvent incomplets, et, dans certains cas, il n'était pour ainsi dire réglé que par la jurisprudence des tribunaux. Sous le régime de la législation nouvelle, les œuvres de l'intelligence jouiront d'une protection efficace.

La loi est divisée en neuf sections. La section 1re, ayant pour titre : « Du droit d'auteur en général », formule à l'article 1er le principe qui domine toute la loi. Aux termes de cet article, l'auteur a sur son œuvre un droit absolu ; seul, il peut la reproduire ou en autoriser la reproduction, de quelque manière et sous quelque forme que ce soit.

Ce principe général est développé et appliqué dans chacune des sections particulières, relatives aux œuvres littéraires, musicales ou des arts plastiques. Ainsi, aux termes de l'article 12, le droit de l'auteur sur une œuvre littéraire comprend le droit exclusif d'en faire ou d'en autoriser la traduction ; d'autre part, les articles 15 et 16 disposent qu'aucune représentation ou exécution publique d'une œuvre littéraire ou musicale ne peut avoir lieu sans le consentement de l'auteur ; de plus, l'article 17 stipule que le droit d'auteur sur les compositions musicales comprend le droit exclusif de faire des arrangements sur des motifs de l'œuvre originale ; en ce qui concerne les œuvres des arts plastiques, l'article 19 sauvegarde encore le droit d'auteur en stipulant que la cession d'une œuvre d'art n'entraîne pas cession du droit de reproduction au profit de l'acquéreur : c'est l'artiste seul qui a le droit de reproduire sa conception ; enfin, l'article 22 sanctionne ces dispositions en stipulant que toute atteinte méchante ou frauduleuse portée au droit d'auteur constitue un délit.

On le voit, il n'y a que l'auteur qui puisse disposer de son œuvre, l'exploiter, en tirer tous les effets qui lui paraissent utiles, et il n'a été fait aucune exception à ce principe.

Les dispositions antérieures protégeaient l'auteur pendant sa vie entière ; mais la durée du droit des héritiers variait selon qu'il s'agissait de publications imprimées, d'œuvres des arts plastiques ou de l'exécution d'ouvrages dramatiques.

a loi nouvelle accorde une durée égale de droits pour ces diverses manifestations de l'esprit. Aux termes de l'article 2, ceux-ci se prolongent pendant cinquante ans, après le décès de 'auteur, au profit de ses héritiers ou ayants droit.

Quant aux propriétaires des ouvrages posthumes, l'article 4 leur accorde le droit d'auteur pendant cinquante ans, à partir du jour où l'œuvre est publiée, représentée, exécutée ou exposée.

D'après l'article 11, les publications faites par l'Etat ou les administrations publiques donnent lieu au droit d'auteur, soit au profit de l'État ou de ces administrations, pendant une durée de cinquante ans, à partir de leur date, soit au profit de l'auteur, s'il ne l'a pas aliéné.

Un arrêté royal en date du 27 mars dernier, pris pour régler l'exécution des articles 4 et 11 désignés ci-dessus, prescrit que pour constater la date de la publication, de la représentation, de l'exécution ou de l'exposition des œuvres posthumes, ainsi que celle de la publication des ouvrages tombant sous l'application de l'article 11, les intéressés sont obligés de les faire enregistrer à mon département[1]. Cette formalité devra, sous peine de déchéance, être effectuée dans les six mois qui suivront la publication de l'œuvre, et, s'il s'agit du droit de représentation ou d'exécution, dans les six mois qui suivront la première représentation ou exécution.

Cet enregistrement constitue, monsieur le gouverneur, la seule formalité inscrite dans la loi pour s'assurer le droit d'auteur et elle ne s'applique, ainsi qu'il est dit plus haut, qu'aux œuvres visées par les articles 4 et 11 de la loi. Le dépôt qui était pres-

---

1. Voir plus haut p. 99 l'arrêté du 27 mars 1886 et les pièces annexes.

crit par les lois du 25 janvier 1817 et du 1er avril 1870, pour les ouvrages mis au jour par la voie de l'impression, n'a pas été maintenu.

Je vous envoie, monsieur le gouverneur, des exemplaires de la loi ainsi que de l'arrêté royal du 27 mars dernier. Vous voudrez bien les faire insérer au *Mémorial administratif* et prescrire des mesures pour que les dispositions relatives à la représentation ou à l'exécution publique des œuvres dramatiques et musicales soient connues de toutes les sociétés ou exploitations dramatiques et musicales de votre province ; il serait utile également de leur donner connaissance des articles 22, 23 et 24, esquels donnent une sanction pénale à ces dispositions, indépendamment de l'action civile qui pourrait être intentée par les intéressés. (Art. 29 et suivants.)

De leur côté, les libraires, éditeurs et imprimeurs devraient être informés que la loi nouvelle ne prescrit aucune formalité pour assurer le droit d'auteur.

Le ministre de l'agriculture, de l'industrie
et des travaux publics,

Chevalier DE MOREAU.

Arrêté royal du 30 novembre 1887.

Exécution de l'article 14 de la Convention de Berne

DU 9 SEPTEMBRE 1886.

Léopold II, etc. — Vu la loi du 30 septembre 1887, portant approbation de la convention concernant la création d'une union internationale pour la protection des œuvres littéraires et artistiques conclue à Berne le 9 septembre 1886, entre la Belgique, l'Allemagne, l'Espagne, la France, la Grande-Bretagne, Haïti, l'Italie, la Suisse et la Tunisie ;

Vu l'article 14 de la dite convention et le n° 4 du protocole de clôture y annexé ;

Sur la proposition de nos ministres des affaires étrangères et de l'agriculture, de l'industrie et des travaux publics,

Nous avons arrêté et arrêtons :

ART. 1er. — MM. les libraires-éditeurs, imprimeurs ou détaillants quelconques, faisant le commerce d'objets protégés par l'union internationale du 9 septembre 1886, sont invités à dresser l'inventaire de tous les ouvrages publiés ou en cours de publication, avant le 5 décembre 1887, d'après les ouvrages édités dans un des Etats de l'union et dont la reproduction ne serait plus permise aux termes de l'article 14 de la convention précitée [1].

ART. 2. — L'exposition et la vente de ces exemplaires sera rendue licite par l'apposition d'un timbre spécial qui sera faite par les soins du département de l'agriculture et de l'industrie.

Les ouvrages en cours de publication ne pourront être achevés et mis en vente, que si les parties parues avant le 5 décembre 1887 ont été revêtues du timbre dont il s'agit.

ART. 3. — Les possesseurs de clichés, bois et planches gravés de toute sorte, ainsi que de pierres lithographiées ou d'autres

---

1. Voir plus haut, p. 11 l'article 14 de la convention de Berne du 9 septembre 1886.

appareils d'impression d'ouvrages originairement publiés dans l'un des États de l'union et constituant des reproductions désormais interdites, sont également invités à en fournir l'inventaire.

Art. 4. — Les appareils dont il est question à l'article précédent pourront être utilisés jusqu'au 5 décembre 1889, après qu'ils auront été revêtus d'une estampille spéciale.

Les exemplaires qui auront été fabriqués avant le 5 décembre 1889, au moyen d'appareils revêtus de l'estampille, devront être timbrés pour pouvoir être mis en vente.

Ce timbre ne sera appliqué que jusqu'au 1er janvier 1890.

Art. 5. — Les inventaires, dont il est question aux articles 1er et 3, seront certifiés exacts par les intéressés ; ils devront être envoyés au ministère de l'agriculture, de l'industrie et des travaux publics avant le 5 janvier prochain.

Les ouvrages et appareils quelconques d'impression, portés à ces inventaires, pourront seuls être timbrés.

Art. 6. — Les inventaires devront être dressés d'après les modèles annexés au présent arrêté [1]. Après avoir été dûment remplis par les intéressés, ils seront remis aux agents chargés de l'estampillage, qui les renverront au ministère de l'agriculture, de l'industrie et des travaux publics, munis de leur visa et avec leurs observations, s'il y a lieu.

Art. 7. — L'application du timbre, dont il est question aux articles 3 et 4, § 1er, se fera du 5 février au 4 mars 1888.

Elle se fera gratuitement.

Art. 8. — A partir du 5 mars 1888, toute réimpression non autorisée de publications originairement mises au jour dans l'un des États de l'union internationale et non tombées dans le domaine public, qui serait mise en circulation dans un but commercial quelconque, sans être revêtue du timbre, sera considérée comme une contrefaçon.

Art. 9. — Toute reproduction frauduleuse ou falsification des timbres sera passible des peines édictées par les lois.

---

1. Nous croyons inutile de reproduire ici ces modèles qui sont d'ordre purement administratif, et mis gratuitement à la disposition des intéressés.

DANEMARCK

Loi du 29 décembre 1857 sur la contrefaçon des écrits en tous genres.

Loi du 31 mars 1864 sur la contrefaçon des œuvres d'art.

Loi du 23 février 1866, additionnelle aux lois du 29 décembre 1857 et du 31 mars 1864.

Loi du 24 mars 1864 relative à la contrefaçon des photographies.

Loi du 24 mai 1879, additionnelle à la loi du 29 décembre 1857 sur la contrefaçon.

Ordonnances royales du 29 décembre 1858 et du 5 mai 1866 rendant applicables à la France les lois sur la contrefaçon.

Loi du 29 décembre 1857

SUR LA

CONTREFAÇON DES ÉCRITS EN TOUS GENRES[1].

ART. 1er. — L'auteur d'un écrit rendu public sera exclusivement autorisé, lorsqu'il y sera désigné par son nom, à le faire imprimer en totalité ou en partie seulement, ou à le faire reproduire de toute autre manière par des procédés mécaniques.

ART. 2. — Si l'auteur d'un écrit en a confié la publication à une autre personne, il ne pourra lui-même et, pendant trente ans après sa mort, aucun tiers ne pourra en faire faire une

---

1. La traduction française de cette loi, déjà publiée dans le *Journal de la Librairie* du 3 décembre 1887, est due à une obligeante communication du ministère des affaires étrangères de France.

nouvelle édition, tant que la précédente ne sera pas épuisée.

Par contre, cet abandon des droits de l'auteur n'autorisera pas l'éditeur à entreprendre une nouvelle édition, à moins que ce droit ne lui ait été donné d'une manière expresse.

Toutefois, l'auteur ne pourra céder à personne un droit exclusif à cet égard pour une période de temps s'étendant au delà de trente années après sa mort.

ART. 3. — Si l'auteur n'a pas aliéné son droit de publier un manuscrit ou de faire faire une nouvelle édition d'un ouvrage déjà publié, son droit appartiendra pendant trente années après sa mort à celui à qui il l'aura légué par testament ; à défaut d'héritier testamentaire, à son conjoint, après la mort de ce dernier, à ses héritiers directs, et, s'il n'en existe pas, à ses ascendants et à ses frères et sœurs, conformément aux lois sur les successions [1].

ART. 4. — Lorsqu'un écrit sera l'œuvre de plusieurs auteurs, désignés nominativement, sans qu'aucun d'eux ne soit mentionné comme étant l'auteur d'une portion bien tranchée de l'écrit en question, on devra calculer le délai de trente années fixé par les articles 2 et 3, à compter de l'année du décès de celui qui aura vécu le plus longtemps.

ART. 5. — Celui qui traduira un écrit d'une langue dans une autre, sera considéré comme auteur pour ce qui concerne sa traduction [2].

ART. 6. — Les ouvrages anonymes et pseudonymes, ainsi que les écrits qui ne paraîtront qu'après la mort de l'auteur, jouiront de la protection mentionnée aux articles 1, 2 et 3, pendant trente années à compter de l'expiration de l'année durant laquelle ils ont été édités pour la première fois.

Toutefois, à l'égard des écrits anonymes et pseudonymes, la protection complète s'exercera lorsque l'auteur, avant l'expiration de ces trente années, se sera fait connaître par son nom, ou

---

1. Il faut compléter cet article par les articles 1 et 2 de la loi additionnelle de 23 février 1866 reproduite plus loin p. 120.

2. Une loi du 24 mai 1879 additionnelle à la loi du 19 décembre 1857 sur la contrefaçon, décide que la traduction d'un ouvrage en dialecte de la langue où il est écrit sera punie comme une contrefaçon et, à cet égard, le Danois, le Norwégien et le Suédois seront considérés comme des dialectes de la même langue.

qu'une autre personne, à ce autorisée, l'aura fait connaître nominativement, soit sur une nouvelle édition, soit par une déclaration publiée suivant les règles prescrites pour les proclamations [1].

Art. 7. — L'éditeur d'un écrit périodique ou d'un ouvrage qui se compose de plusieurs articles indépendants provenant de divers collaborateurs jouira, que ce soit un institut scientifique ou une société, ou bien une seule personne, des mêmes droits exclusifs que les auteurs, pendant trente ans, à compter de la fin de l'année durant laquelle l'écrit en question, ou une portion seulement, aura été publié pour la première fois.

Toutefois, à moins qu'il n'en ait été disposé autrement, les auteurs eux-mêmes des articles distincts seront autorisés à publier leurs ouvrages d'une autre manière, un an après leur première publication, et entreront ainsi dans tous les droits d'auteurs, conformément à la présente loi.

Art. 8. — Quant aux écrits qui sont publiés en plusieurs parties, mais qui, dans leur enchaînement réciproque, forment un tout, le délai de trente ans sera compté à dater de la publication de la dernière partie, à moins qu'entre la publication de deux parties de l'ouvrage, il ne se soit écoulé plus de trois ans, auquel cas le délai pour les parties éditées précédemment, sera calculé à partir de la dernière de ces parties déjà éditées.

Art. 9. — Seront traités de la même manière que les écrits imprimés, les ouvrages de géographie, de topographie, d'histoire naturelle et autres dessins et copies analogues, qui, d'après leur but essentiel, doivent être considérés comme œuvres d'art.

Art. 10. — Il en sera de même des compositions musicales qui sont reproduites par l'impression ou publiées d'une autre manière par des moyens mécaniques.

Art. 11. — Toute reproduction (contrefaçon) d'un ouvrage, exécutée en contravention des dispositions qui précèdent fera encourir une pénalité et, de plus, motivera le payement d'une indemnité d'après les règles établies ci-après [2].

---

1. Ce paragraphe doit-être complété par l'article 4 de la loi additionnelle du 23 février 1866, reproduit plus loin p. 121.

2. Voir plus loin p. 114 le texte des articles 20 et 21.

La contrefaçon est un fait accompli du moment qu'il y a eu impression illicite de l'œuvre en question.

ART. 12. — La défense de contrefaire un ouvrage cessera néanmoins lorsque, pendant cinq années consécutives, il aura été impossible de se procurer, chez l'éditeur, des exemplaires de la dernière édition de l'ouvrage en question [1].

ART. 13. — Sont, en outre, exceptés de la défense de contrefaçon :

1° La citation littérale de quelques passages d'un ouvrage imprimé ;

2° L'impression dans les feuilles quotidiennes de quelques articles ou communications extraits d'autres journaux, pourvu que chaque fois, la source où ils ont été puisés soit expressément indiquée ;

3° L'impression de morceaux de poésie servant de texte pour des compositions musicales ;

4° La reproduction de quelques passages extraits d'ouvrages imprimés, de poésies et autres morceaux analogues, dans des ouvrages de critique, de littérature et d'histoire;

5° L'insertion de quelques-uns de ces passages ou morceaux de poésie dans des livres d'enseignement pour les écoles, pour les guides et autres collections, lorsqu'il se sera écoulé au moins un an depuis la première édition de l'ouvrage original ;

6° Les reproductions semblables de compositions musicales, pourvu toutefois que dans les réimpressions et citations sous les numéros 3 et 5, le nom de l'auteur et, pour celles du numéro 6, le nom du compositeur, si d'ailleurs ces noms ont été déjà publiés, soient toujours mentionnés lorsqu'on fera usage de ces œuvres littéraires ou musicales.

ART. 14. — Par contre, le caractère de la contrefaçon n'est pas supprimé par le fait de quelques abréviations, additions ou remaniements opérés dans la reproduction d'un écrit.

ART. 15. — Personne ne devra, sans le consentement de l'auteur ou de celui qui est entré en possession de ses droits (art. 3), si ce n'est trente ans après sa mort, reproduire par l'im-

---

1. Il faut compléter cet article par l'article 6 de la loi du 23 février 1866, reproduite plus loin p. 121.

pression ou par d'autres moyens mécaniques ses ouvrages manuscrits, ou ses sermons, ses discours de circonstance, ses cours ou autres leçons orales (reproduction anticipée).

Par contre, cette disposition ne s'opposera pas à ce que l'on puisse publier les débats du *Rigsdag, Rigsraad*, chambres du royaume et de la monarchie danoise, des assemblées commerciales auxquels le public est admis, le compte rendu des séances des tribunaux, des élections et autres réunions publiques du même genre.

Art. 16. — Personne ne pourra, autrement qu'en vertu d'une loi, obtenir le droit exclusif de publier les lois, les arrêtés ministériels ou des autorités, ainsi que les jugements rendus par les tribunaux [1].

Art. 17. — Personne n'est autorisé, sans le consentement de l'auteur, à faire exécuter, devant le public, les œuvres dramatiques ou les compositions musicales destinées à la scène.

On ne devra cependant pas considérer comme une exécution de ce genre la déclamation, en public et sans arrangement scénique, d'une poésie de ce genre ou d'une partie d'une poésie, ou bien l'exécution dans les concerts et, de la même manière, d'une ouverture ou de quelques numéros d'une composition dramatique.

Art. 18. — Lorsqu'un auteur cédera à une autre personne, pour l'avenir, le droit d'exécuter un semblable ouvrage, cela ne sera point un obstacle à ce que, à moins d'une convention expressément contraire, il puisse céder le même droit à un autre, et il conservera, dans tous les cas, cette liberté, lorsque le poème ou la composition, n'auront pas été exécutés pendant cinq années consécutives par celui à qui il avait cédé le droit exclusif de le faire.

Toutefois, ce délai ne courra, pour les contrats de date ancienne, qu'à compter de la publication de la présente loi [2].

Art. 19. — Le droit qui appartient à un auteur en vertu de ce qui précède reviendra, après sa mort, à celui à qui il l'aura légué par testament, ou, à défaut d'héritier de ce genre, à sa

1. Voir l'observation faite plus loin p. 131, note 1, sous l'article 17 de la loi espagnole du 10 janvier 1879.

2. Les délais établis par l'article ci-dessus ont été réduits par l'article 9 de la loi du 23 février 1866, reproduits plus loin p. 122.

veuve, et, après la mort de cette dernière, à ses héritiers directs, ou, s'il n'en existe point, à ses ascendants, et à ses frères et sœurs, conformément aux lois de succession[1].

Trente années après la mort de l'auteur, les œuvres ou compositions dramatiques laissées par lui pourront être exécutées par toute personne autorisée d'ailleurs à donner des représentations publiques du même genre ; il en sera de même par rapport au théâtre royal, quoique, dans ses concessions pour l'exécution des œuvres dramatiques, il soit défendu de représenter aucun des ouvrages faisant partie du répertoire du théâtre royal.

Art. 20. — Lorsqu'un écrit aura été imprimé en violation de la présente loi, dans le royaume et hors du royaume, tous les exemplaires trouvés dans le royaume et qui seront destinés à être mis en vente, seront confisqués et anéantis, à moins que l'auteur ou, s'il existe, un éditeur spécial, tous les deux conjointement, n'en demandent la remise entre leurs mains.

En outre, celui qui se sera rendu coupable de la contrefaçon, après la première impression, ou qui aura importé, pour le mettre en vente, l'ouvrage d'un auteur danois imprimé hors du royaume, contrairement à la loi, ou qui sciemment vendra cet ouvrage dans le royaume, devra indemniser la partie lésée de tout le dommage qu'il lui aura ainsi porté, et on se basera, pour calculer ce préjudice, sur les prix de librairie du nombre des exemplaires de l'édition contrefaite, qu'on saura ou qu'on pourra calculer approximativement avoir été vendus.

Le coupable devra, en outre, si d'ailleurs par sa conduite il ne s'était pas attiré une peine plus forte, payer une amende de 50 à 1,000 *rigsdalers*, laquelle somme pourra être réduite à 20 *rigsdalers* pour celui qui se sera seulement occupé de la vente d'un ouvrage contrefait ou importé par un autre[2].

Art. 21. — La représentation publique et illicite d'œuvres dramatiques et musicales sera punie d'une amende de 10 à 200 *rigsdalers*, et, en outre, le coupable devra donner à la partie lésée une indemnité complète pour le dommage qu'il lui aura causé, suivant toute probabilité. Dans la fixation de l'indemnité,

---

1. L'article 19 doit être complété par les articles 1, 2 et 3 de la loi additionnelle du 23 février 1865, reproduite plus loin p. 1[illegible]0.

2. Le rigsdaler vaut 3 francs.

on devra surtout tenir compte du profit résultant d'une ou de plusieurs représentations illicites.

Art. 22. — Le recours en justice pour violation de la présente loi, ne pourra être opéré que par la partie lésée, et ne pourra être admis que lorsque le préjudice causé sera l'objet d'une citation devant les tribunaux, faite dans l'an et jour, et sur les lieux où la dernière édition légale a paru, ou après que la représentation a eu lieu.

Art. 23. — Les dispositions de la présente loi pourront, sans condition de réciprocité, être en tout ou en partie, rendues applicables, par ordonnance royale, aux œuvres publiés autre part que dans le royaume[1].

Art. 24. — L'ordonnance du 7 janvier 1741 est abrogée. Par contre, sont maintenus en vigueur les privilèges spéciaux et les prohibitions particulières, accordés en conformité de cette ancienne législation, pourvu que, par là, les auteurs ou ceux qui les représentent aient obtenu des droits plus grands que ceux que la présente loi leur concède.

---

1. Une ordonnance du 29 décembre 1858, a rendu les dispositions de la présente loi applicables aux ouvrages publiés en France. Cette ordonnance est ainsi conçue :

« Considérant qu'en conformité d'un décret rendu par le gouvernement français, sous la date du 28 mars 1852, les sujets des Etats etrangers jouissant en France de la même protection contre la contrefaçon que les nationaux, nous avons ordonné, en vertu de la loi sur la contrefaçon, du 29 décembre 1857, article 23, d'après laquelle les dispositions de cette loi peuvent, sous condition de réciprocité, être appliquées, en tout ou en partie, aux œuvres publiées autre part, que les dispositions de ladite loi sur la contrefaçon profitent aux œuvres qui sont éditées en France. »

Il est à remarquer que le législateur danois est le premier qui ait reconnu que le décret 45, rendu en France, le 28 mai 1852, devait être l'objet d'une entière réciprocité.

Loi du 31 mars 1864
SUR LA
CONTREFAÇON DES ŒUVRES D'ART.

ART. 1er. — Personne ne doit contrefaire, pour la vente, les œuvres originales d'un artiste sa vie durant, sans son consentement, si la reproduction appartient au même art que l'original.

La contrefaçon ne devient pas légale par le fait qu'elle a lieu dans des dimensions autres que celles de l'original, ni parce qu'on y emploie d'autres matériaux. Elle n'en est pas non plus moins punissable, parce qu'on y introduit des modifications sans importance, des additions ou omissions, tant que, dans sa teneur et son exposition, elle conservera le caractère de copie.

ART. 2. — L'auteur d'une œuvre originale aura le droit exclusif de la faire reproduire en entier ou en partie par la gravure sur cuivre ou sur bois, la lithographie, ou d'une manière analogue permettant de multiplier un objet par des moyens mécaniques, ou bien encore par des moyens qui ne supposent ni intervention, ni travail artistique, par exemple par la photographie ou par le moulage [1].

Il pourra céder ce droit à une ou plusieurs personnes, aux conditions et avec les restrictions qu'il voudra, non seulement pour la durée de sa vie, mais encore pendant trente ans à compter de l'expiration de l'année de son décès.

S'il n'a pas aliéné le droit mentionné dans le présent article, la personne à laquelle il l'aura cédé par testament, ou à défaut de dispositions de ce genre, l'époux survivant ; après la mort de ce dernier, ses héritiers directs et, lorsqu'il n'en existe pas, ses père et mère, ses frères et sœurs, conformément à la loi de succession, jouiront de ce même droit pendant une période de trente ans [2].

---

1. Voir plus loin p. 123 la loi du 21 mars 1864 relative à la contrefaçon des photographies.

2. L'article 2 ci-dessus doit être complété par les dispositions des articles

Art. 3. — La même protection mentionnée dans l'article 2 appartient à celui qui, par la gravure sur cuivre, bois, pierre ou autre procédé artistique, a reproduit une œuvre artistique qu'il avait le droit exclusif de multiplier ainsi ; mais cette protection ne porte que sur son travail, et il ne sera point défendu à d'autres d'imiter, de la même manière ou d'une manière analogue, l'œuvre d'art originale.

Art. 4. — Personne n'a le droit, durant la période mentionnée à l'article 2, de se servir des dessins originaux d'architecture pour aucune construction, sans le consentement de la partie intéressée. Toutefois, ce consentement sera regardé comme ayant été donné lorsque le dessin aura été publié par la partie intéressée ou avec son approbation.

Art. 5. — Les droits concédés par les dispositions précédentes ne seront point perdus par le fait que l'œuvre sera devenue la propriété d'un autre, tant que ces droits n'auront pas été, conjointement avec le travail, expressément cédés à ce dernier.

Art. 6. — Sont exceptés de cette défense :

a) La reproduction des œuvres d'art dans les musées, sur des places publiques, ainsi que des façades de bâtiments avec les ornements artistiques qui s'y trouvent placés.

b) L'emploi par les ouvriers ou fabricants des œuvres d'art comme modèles dans la préparation d'objets usuels ou pour leur décoration.

Néanmoins, l'artiste de même que l'ouvrier ou le fabricant auquel il aura cédé une œuvre d'art pour un usage semblable, pourra se réserver un droit exclusif à cet égard, pendant une période de dix ans, lorsqu'il aura fait une annonce à ce sujet dans le lieu et avec les formes que le ministre de l'intérieur aura déterminées.

Art. 7. — Celui qui portera atteinte aux droits concédés par les articles précédents payera une amende de 20 à 500 *rigsdalers*[1] et indemnisera, en outre, complètement, la personne lésée pour tout le dommage qu'il lui aura causé. Les moules,

---

1, 2 et 3 de la loi additionnelle du 22 février 1886, reproduites plus loin p. 120.

1. Le rigsdaler vaut 3 francs.

plaques et autres matériaux pouvant être employés à la reproduction illicite des œuvres d'art d'une autre personne, et tous les exemplaires de la contrefaçon trouvés dans le royaume et destinés à la vente seront confisqués et anéantis, à moins que la personne lésée n'en demande la remise, auquel cas il y aura lieu de faire une déduction sur le montant de l'indemnité qui lui reviendra.

La même pénalité et la même obligation d'indemniser seront imposées à celui qui importera dans le royaume, pour l'y mettre en vente, une imitation exécutée autre part et illicite en vertu de la présente loi.

Celui qui sera chargé de la vente de ces contrefaçons sera traité de la même manière, avec cette différence cependant que l'amende pourra, suivant les circonstances, être réduite à 10 *rigsdalers*.

ART. 8. — Le recours en justice pour violation des prescriptions de cette loi ne pourra être entrepris que par la personne lésée et ne pourra être admis qu'autant que la citation aura eu lieu dans l'an et jour.

ART. 9. — Les dispositions de la présente loi pourront, à la condition d'obtenir la réciprocité, être, par ordonnance royale, rendues en tout ou en partie applicables aux œuvres d'art exécutées ou publiées dans d'autres pays [1].

---

1. Une ordonnance du 5 mai 1866 a rendu les dispositions contenues dans les lois du 31 mars 1864 et du 23 février 1866 sur la contrefaçon des œuvres artistiques et littéraires, appliquées aux œuvres de ce genre exécutées ou publiées en France. Cette ordonnance est ainsi conçue :

« Considérant que par un décret rendu par le gouvernement français, en date du 28 mars 1852, les sujets des Etats étrangers sont placés en France sur le pied d'égalité parfaite à l'égard de la protection accordée aux sujets français contre la contrefaçon des œuvres littéraires et artistiques ;

« Considérant que par suite de ce décret, il a été arrêté, par ordonnance royale du 6 novembre 1858, que les dispositions établies par la loi du 29 décembre 1857 sur les contrefaçons, sont également applicables en faveur des œuvres publiées en France ; nous avons pris la résolution ;

« Vu l'article 9 de la loi du 31 mars 1864 sur la contrefaçon des œuvres d'art, et l'article 10 de la loi du 23 février 1866, contenant des dispositions additionnelles auxdites lois du 29 décembre 1857 et du 31 mars 1864 ;

Art. 10. — L'ordonnance du 13 décembre 1837, contenant la défense de contrefaire des objets d'art, est abolie par la présente loi.

« D'ordonner par ces présentes que les règles contenues dans les lois du 31 mars 1864 et du 23 février 1866 sur la contrefaçon des œuvres artistiques et littéraires seront également appliquées en faveur des œuvres artistiques et littéraires exécutées ou publiées en France. »

Loi du 23 février 1866

Additionnelle aux lois du 29 décembre 1857 et du 31 mars 1864

SUR LA

CONTREFAÇON DES ÉCRITS ET ŒUVRES D'ART.

Art. 1er. — Si celui à qui un auteur, aux termes de la loi du 29 décembre 1857, article 3, a légué ses droits, meurt avant trente ans, à compter de l'expiration de l'année du décès de l'auteur, et sans avoir exercé dans son intégralité les droits qui lui ont été légués, la partie restante des droits, à moins que l'auteur défunt n'ait fait des dispositions testamentaires ultérieures, échoit à l'épouse de l'auteur, et, si elle est décidée, aux héritiers naturels de l'auteur, et, à leur défaut, à ses père et mère, et à ses frères et sœurs, conformément à la loi sur les successions.

Dans le cas seul où, à sa mort, il n'y a pas d'ayant droit, d'après la loi du 29 décembre 1857, article 3, l'héritier testamentaire peut céder à un tiers le droit qui lui est légué, jusqu'à l'expiration des trente années qui suivent l'expiration de l'année du décès de l'auteur.

Art. 2. — De même que le droit dévolu à l'épouse, pour autant qu'il n'a pas été exercé pleinement à sa mort, passe aux héritiers naturels de l'auteur, de même le droit de ceux-ci, pourvu qu'il ne soit pas épuisé, passe, à leur décès, aux père et mère, aux frères et sœurs de l'auteur défunt, le tout en conformité des lois générales sur les successions.

Dans le cas où il n'y aurait pas d'ayant droit parmi les personnes désignées en cet article, à l'époque du décès du légitime détenteur du droit, celui-ci peut en disposer par testament pour le temps qui pourrait rester des trente années.

Art. 3. — Les dispositions détaillées contenues dans les articles 1 et 2, à l'égard de la règle établie dans la loi du 29 décembre 1857, article 3, sont également valables, en ce qui concerne l'application de l'article 19 de ladite loi et de la loi sur la contrefaçon des œuvres artistiques, en date du 31 mars 1864, article 2.

Art. 4. — Si, avant les trente années révolues, il paraît de nouvelles éditions d'un écrit anonyme ou pseudonyme, la protection qu'accorde la loi du 29 décembre 1857, article 6, à l'égard d'un écrit de cette nature, sera, à l'avenir, comptée de l'expiration de l'année où il a paru en dernier lieu. Toutefois, la protection ne pourra pas être étendue au delà de cinquante ans à partir de l'expiration de l'année où la première publication de l'écrit aura eu lieu.

Art. 5. — Si un ouvrage se compose de plusieurs parties et qu'une partie isolée en ait été épuisée, pendant une période de cinq années, la défense relative à la contrefaçon est nulle pour ce qui concerne cette partie isolée.

Art. 6. — Si la défense à l'égard de la contrefaçon est supprimée parce qu'il n'y a pas eu moyen, pendant cinq années, de se procurer un ouvrage (loi du 29 septembre 1857, art. 12) et qu'une nouvelle édition paraisse par les soins de l'ayant droit antérieur, avant qu'un tiers ait publié une nouvelle édition ou qu'il ait annoncé la publication d'une nouvelle édition de l'ouvrage en se conformant aux règles prescrites à ce sujet, l'ancien ayant droit rentrera dans ses droits comme s'il n'en avait pas été déchu.

Cette disposition sera également applicable, dans le cas même où une pareille annonce aura été faite, si l'édition annoncée n'a pas paru une année après la première publication de l'annonce.

Art. 7. — Indépendamment de la disposition de la loi du 29 décembre 1857, article 7, et sous la supposition de la réciprocité, quiconque publie en Suède un écrit suédois, jouira, en Danemark, de la même protection, tant à l'égard des traductions, qu'en ce qui concerne les contrefaçons, toutefois aux conditions établies dans les articles 8 et 9.

Art. 8. — L'auteur suédois qui voudrait faire valoir le droit d'interdire les traductions, doit se conformer aux règles qui suivent, à savoir.

1° Mentionner en tête de l'ouvrage son intention d'en publier une traduction ;

2° Déposer, avant trois mois à partir de la mise en vente, un exemplaire de l'écrit à la bibliothèque royale de Copenhague, contre un reçu délivré sans frais ;

3° S'attacher à faire paraître en Danemarck le commencement de la traduction avant neuf mois à partir du jour où l'écrit aura été déposé à la bibliothèque royale ;

4° Avoir soin que la traduction paraisse complètement avant deux ans à partir du même délai. Si l'ouvrage se compose de plusieurs parties, le délai est applicable à chaque partie isolée.

Art. 9. — En ce qui concerne les œuvres dramatiques, les délais, établis en l'article 18, sont réduits de telle sorte que les exemplaires respectifs soient déposés à la bibliothèque royale, avant un mois à partir de la publication, et que la traduction entière soit publiée en Danemark avant six mois à partir du jour du dépôt à la bibliothèque royale.

Pour ce qui concerne les traductions qui auront paru de cette manière, elles jouiront de la protection qu'accorde la loi du 29 décembre 1857, article 17, à l'égard de la représentation, non autorisée ; mais elle ne sera valable que du vivant de l'auteur jusqu'à nouvel ordre, ou, s'il meurt avant cinq ans à partir de l'expiration de l'année de la publication, ou bien, s'il garde l'anonyme, elle ne durera que cinq ans à compter du même jour.

Art. 10. — Cette loi est exécutoire à partir du 1er avril 1867 à l'exception des articles 7 à 9, qui seront mis en vigueur quand une résolution royale aura été rendue pour annoncer que des dispositions analogues auront été adoptées par le Corps législatif de Suède, en vue de sauvegarder les droits des auteurs danois.

Dans le cas où, par décret royal, la loi du 29 décembre 1857 ou la loi du 31 mars 1864 serait appliquée entièrement ou en partie à des ouvrages publiés ailleurs, il s'entend de soi qu'il pourra également être fait application des dispositions qui s'y rattachent dans les articles 1 à 6 de la présente loi[1].

1. Voir plus haut p. 115 note 2 une ordonnance du 29 décembre 1858, et p. 113 note 2 une autre ordonnance du 5 mai 1866.

Loi du 24 mars 1864

RELATIVE A LA

CONTREFAÇON DES PHOTOGRAPHIES.

ART. 1er. — Celui qui, pour son propre compte, aura exécuté une photographie originale d'après nature ou d'après une copie photographique d'un objet d'art, à la reproduction duquel personne n'a un droit exclusif, pourra, pendant une période de cinq années, défendre à d'autres de reproduire par la photographie, pour la mettre en vente, la photographie exécutée par lui.

Il devra, pour cela, annoncer qu'il se réserve ce droit exclusif, et ce, dans l'endroit et avec les formes que déterminera le ministre de l'intérieur, et, de plus, munir chaque exemplaire édité par lui de son nom et de la mention : « seul autorisé. »

Si la photographie est exécutée sur commande pour un autre, le consentement de ce dernier sera nécessaire, non seulement pour obtenir ce droit exclusif, mais encore pour vendre des copies de la photographie.

ART. 2. — Celui qui portera atteinte aux droits concédés dans l'article 1er, sera puni d'une amende de 10 à 100 *rigsdalers* et devra, en outre, indemniser complètement la partie lésée[1].

Les plaques et autres matériaux pouvant servir à la reproduction illicite et tous les exemplaires de la contrefaçon trouvés dans le royaume et destinés à la vente, seront confisqués et anéantis, à moins que la personne lésée n'en demande la remise, auquel cas il y aura lieu de réduire autant l'indemnité qui lui revient.

La même pénalité et la même obligation d'indemniser est imposée, tant à celui qui met en vente qu'à celui qui introduit

1. Le rigsdaler vaut 3 francs.

dans le Royaume des reproductions illicites suivant la présente loi et exécutées autre part.

ART. 3. — Le recours en justice ne peut être entrepris que par la personne lésée et ne peut être admis qu'autant que la citation est faite dans l'an et jour.

ESPAGNE

L'Espagne a possédé, dès le 5 août 1823, une loi admettant la propriété littéraire sans limitation de durée ; mais cette loi, abolie par Ferdinand VII, le 1er octobre de la même année, n'eut, on le voit, qu'une durée éphémère de trois mois.

Une loi du 10 juin 1847, au contraire, a longtemps régi la propriété littéraire et artistique en Espagne. C'était déjà une loi sagement conçue et fort bien rédigée, qui fixait à cinquante années après la mort de l'auteur les droits de ses héritiers ou de ses cessionnaires, et l'on peut dire que la loi du 10 janvier 1879, qui la remplace aujourd'hui et dont nous publions la traduction ci-dessous, est peut-être celle qui affirme le mieux les principes les plus libéraux en cette matière.

L'initiative de la loi du 10 janvier 1879 appartient à D. Manuel Danvila avocat et ancien vice-président du Congrès des députés d'Espagne. Le 7 novembre 1876 le projet de D. Manuel Danvila a été pris en considération par le Congrès des députés qui l'approuva le 7 juillet 1877, avec de légères modifications. Devant le Sénat espagnol un nouveau projet fut déposé par le sénateur L. Alarcon ; et c'est de la combinaison de ces deux projets qu'est sortie la loi du 10 janvier 1879.

Loi du 10 janvier 1879

SUR

LA PROPRIÉTÉ INTELLECTUELLE.

ART. 1er. — La propriété intellectuelle comprend les œuvres scientifiques, littéraires ou artistiques, publiées par quelque moyen que ce soit[1].

ART. 2. — La propriété intellectuelle appartient :

1° Aux auteurs à l'égard de leurs propres œuvres ;

2° Aux traducteurs à l'égard de leur traduction, si l'œuvre originale est étrangère, et si les conventions internationales ne l'interdisent pas : ou bien, l'œuvre étant espagnole, si elle est tombée dans le domaine public, ou encore, dans le cas contraire, si le traducteur a obtenu la permission de l'auteur[2] ;

3° A ceux qui copient, extraient, abrègent ou reproduisent des œuvres originales pour les fondre dans leurs propres travaux, à la condition, ces œuvres étant espagnoles, que l'usage qui en est fait soit autorisé par les propriétaires ;

4° Aux éditeurs d'œuvres inédites qui n'ont pas de propriétaire connu ou de toutes autres œuvres inédites d'auteurs connus qui seraient tombés dans le domaine public ;

5° Aux ayants droit des personnes qui viennent d'être désignées

---

1 L'expression de *propriété intellectuelle* (propiedad intelectual) est peut-être commode pour désigner le droit des auteurs sur leurs œuvres ; elle nous paraît impropre et nous lui préférerions, s'il nous fallait choisir, celle de *droits intellectuels*, proposée par M. Edmond Picard, avocat à la cour de cassation de Bruxelles.

2. On remarquera que le législateur espagnol a réservé à l'auteur, dans toute sa plénitude, le droit de traduction, alors que, dans la plupart des législations, l'auteur ne jouit de ce droit que sous certaines réserves et pendant un temps souvent très limité.

se présentant soit par droit d'héritage, soit en vertu de quelque autre titre translatif de propriété.

Art. 3. — Les bénéfices de la présente loi sont aussi applicables :

1° Aux auteurs de cartes, plans et dessins scientifiques ;

2° Aux compositeurs de musique ;

3° Aux auteurs d'œuvres d'art, en ce qui touche la reproduction de ces œuvres par un moyen quelconque ;

4° Aux ayants droit des personnes qui viennent d'être désignées.

Art. 4. — Jouissent également des bénéfices de la présente loi :

1° L'État et les corporations provinciales et municipales ;

2° Les instituts scientifiques, littéraires ou artistiques ou de toute autre nature, légalement établies.

Art. 5. — La propriété intellectuelle sera régie par le droit commun, sans autres restrictions que celles déterminées par la présente loi.

Art. 6. — La propriété intellectuelle appartient aux auteurs pendant leur vie, et se transmet à leurs héritiers, testamentaires ou directs pour une durée de quatre-vingts ans.

Elle est également transmissible par actes entre-vifs, et appartient aux acquéreurs pendant la vie de l'auteur et quatre-vingts ans après sa mort, s'il ne laisse pas d'héritiers à réserve.

S'il existe des héritiers réservataires, le droit des acquéreurs cessera d'exister vingt-cinq ans après la mort de l'auteur, et la propriété passera auxdits héritiers pour une durée de cinquante-cinq ans [1].

---

1. C'est la législation espagnole qui accorde aux ayants cause des auteurs d'œuvres littéraires ou artistiques la protection la plus longue ; quatre-vingts ans ! — La perpétuité ne se rencontre, à l'heure actuelle, que dans l'article 1247 du code civil mexicain. Elle dure cinquante ans en France (loi du 14 juillet 1866), en Norvège (loi du 5 juin 1876 art. 7) et en Belgique (loi du 22 mars 1886, art. 2) ; quarante ans, en Italie (loi du 19 septembre 1882, art. 8 et 9), trente ans, en Allemagne (loi du 11 juin 1870, art. 8), en Autriche (loi du 19 octobre 1846, art. 13), en Danemark (loi du 29 décembre 1857, art. 2).

On peut critiquer, dans l'article 6 ci-dessus, la réserve héréditaire qu'il établit. Cette réserve s'impose-t-elle à la volonté de l'auteur, lorsqu'il aliène la propriété de ses œuvres ? — M. Delalande, dans son *Étude sur la propriété*

Art. 7. — Nul ne pourra reproduire les œuvres d'autrui sans la permission de l'auteur, que ce soit pour les annoter, les augmenter ou en améliorer l'édition ; mais chacun pourra publier, comme étant sa propriété exclusive, des commentaires critiques ou notes référentes à ces œuvres, en y joignant uniquement la partie du texte nécessaire à l'objet qu'il se sera proposé.

Si l'œuvre est musicale, l'interdiction s'étendra également à la publication totale ou partielle des mélodies, avec ou sans accompagnement, qu'elles soient transposées ou arrangées pour d'autres instruments, ou avec une clef différente ou sous quelque autre forme que celle de la publication faite par l'auteur.

Art. 8. — La publication de l'œuvre n'est pas nécessaire pour que la loi en protège la propriété. Nul, par conséquent, n'a le droit de publier, sans la permission de l'auteur, une production scientifique, littéraire ou artistique, qui aurait été sténographiée, annotée ou copiée pendant sa lecture, son exécution ou exposition publique ou privée. Il ne sera pas permis de le faire davantage pour des explications orales.

Art. 9. — L'aliénation d'une œuvre d'art, sauf convention contraire, n'entraîne pas avec elle l'aliénation du droit de repro-

---

littéraire et artistique (p. 168), répond à cette question en ces termes :

« Dans le cas où le traité est muet sur l'étendue de la cession, on admet tacitement que le législateur édicte une règle d'interprétation et décrète l'extinction du droit du cessionnaire, vingt-cinq ans après le décès de l'auteur ; mais lorsque la cession est absolue et sans réserve, comment se fait-il que le législateur intervienne et dans un intérêt purement héréditaire, brise le contrat contrairement à la volonté des parties ? La disposition arbitraire de l'article 6 ne diminue-t-elle pas, même entre les mains de l'auteur, la valeur commerciale de son œuvre ? Les éditeurs ne redouteront-ils pas ce droit de retour que la naissance d'un héritier nécessaire fera surgir contre eux, au moment peut-être de l'achèvement d'une édition ?

« En outre, si la présence d'héritiers nécessaires entraîne une indisponibilité de la propriété intellectuelle, ces héritiers eux-mêmes seront-ils liés à leur tour après le décès de l'auteur ? Ces aliénations converties par eux devront-elles nécessairement cesser de produire leurs effets légaux, après l'expiration du délai de vingt-cinq ans ?

« Il suffit de poser ces questions pour démontrer que la disposition de l'article 6 de la loi espagnole est en réalité défavorable à l'auteur et à ses héritiers, et surtout qu'elle est contraire au principe de la liberté des conventions. »

duction, ni de celui d'exposition publique de cette même œuvre, lesquels demeurent réservés à l'auteur ou à son ayant droit [1].

Art. 10. — Pour pouvoir copier ou reproduire dans les mêmes dimensions ou dans des dimensions différentes, et par quelque moyen que ce soit, les œuvres d'art originales existant dans les galeries ou collections publiques, pendant la vie de leurs auteurs, il est nécessaire de se pourvoir de l'autorisation préalable de ceux-ci.

Discours parlementaires.

Art. 11. — Les discours parlementaires ne peuvent être réimprimés, sans le consentement de leur auteur ou de son ayant droit, excepté dans le Journal des sessions du Corps législatif et dans les journaux politiques [2].

Traductions.

Art. 12. — Si la traduction se publie pour la première fois dans un pays étranger avec lequel il existe une convention relative à la propriété intellectuelle, on se conformera aux stipulations qui y sont contenues pour résoudre les questions qui se présenteront ; pour celles qui n'y seraient pas résolues, on aura égard aux dispositions de la présente loi [3].

---

1. Le principe posé dans cet article mérite toute approbation : c'est bien à celui qui achète une œuvre d'art qu'il convient de laisser le soin de stipuler expressément s'il entend acquérir le droit de reproduction. C'est la seule manière d'éviter des surprises et de garantir l'artiste contre des reproductions indignes de son talent. — La loi belge dit également dans son article 19 : « La cession d'un objet d'art n'entraîne pas cession du droit de reproduction au profit de l'acquéreur. » (Voir plus haut la note 1 de la page 91, et la note 3 de la page 54).

Peut-être est-ce aller trop loin que de réserver aussi à l'artiste le droit d'exposition publique. Il y a là, ce nous semble, une exagération qui porte atteinte grave aux droits de l'acquéreur d'une œuvre artistique.

2. Rapprocher de cette disposition relative aux discours parlementaires l'article 28 relatif aux collections législatives (plus loin p. 133). Il n'y a entre ces deux dispositions une analogie évidente.

3. L'Espagne a signé des conventions relatives à la propriété littéraire et

ART. 13. — Les propriétaires d'œuvres étrangères jouiront également en Espagne de tous leurs droits, pourvu qu'ils se soumettent aux lois de leur propre pays ; mais ils n'auront la propriété de la traduction de ces œuvres que pendant un temps égal à celui où ils seront propriétaires des œuvres originales dans leur dit pays, et suivant les lois qui y sont en vigueur.

ART. 14. — Le traducteur d'une œuvre tombée dans le domaine public n'a droit de propriété que sur sa traduction, et ne peut s'opposer à ce que l'œuvre soit traduite par d'autres.

ART. 15. — Les droits que concède l'article 13 aux propriétaires d'œuvres étrangères en Espagne, ne seront applicables qu'aux nations qui concéderont une complète réciprocité aux propriétaires d'œuvres espagnoles[1].

Proces et litiges.

ART. 16. — Les parties seront propriétaires des écrits qui auront été présentés en leur nom dans tout procès ou litige judiciaire ; mais elles ne pourront les publier sans avoir obtenu la permission du tribunal qui aura jugé l'affaire, lorsque le jugement sera devenu exécutoire, et s'il estime que la publication n'offre aucun inconvénient, et ne porte préjudice à aucune des parties.

Les avocats qui auront produit des écrits ou plaidoyers pourront les réunir en collection, avec la permission du tribunal et le consentement des parties qui en auront payé les frais.

ART. 17. — Pour publier des copies ou extraits de procès ou litiges terminés, il faudra l'autorisation du tribunal qui aura jugé, lequel accordera ou refusera discrétionnairement et sans recours[2].

---

artistique avec la France (16 juin 1880), la Belgique (26 juin 1880), l'Italie (18 juin 1880) et la Grande-Bretagne (11 août 1880).

1. Voir, dans la note précédente, la liste des conventions signées par l'Espagne avec quatre autres Etats.

2. Exiger l'autorisation du tribunal qui a statué pour avoir le droit de publier des copies ou extraits de jugements, nous paraît une prescription excessive.

Art. 18. — Si deux ou plusieurs personnes demandent autorisation de publier des copies ou extraits de procès ou litiges terminés, le tribunal pourra, selon les circonstances, accorder aux uns et refuser aux autres, et imposer les restrictions qu'il jugera convenables.

Œuvres dramatiques et musicales.

Art. 19. — Aucune composition dramatique ou musicale ne pourra être exécutée, en tout ou en partie, dans un théâtre ni dans un lieu public quelconque, sans la permission spéciale du propriétaire de l'œuvre.

Les effets de cet article s'étendront aux représentations données par des sociétés constituées sous une forme quelconque, et percevant une contribution pécuniaire[1].

Art. 20. — Les propriétaires d'œuvres dramatiques ou musicales peuvent, en accordant leur permission, déterminer librement les droits de représentation ; mais s'ils ne les déterminent pas, ils ne pourront réclamer que les droits établis par les règlements.

Art. 21. — Nul ne pourra, sans la permission du propriétaire, faire vendre ou louer aucune copie des œuvres dramatiques ou musicales qui, après avoir été exécutées devant le public, n'auraient pas été imprimées.

Art. 22. — Sur les droits de représentation de toute œuvre lyrico-dramatique, une moitié reviendra au propriétaire du livret et l'autre au propriétaire de la musique, sauf convention contraire.

Art. 23. — L'auteur d'un livret ou d'une composition quelconque, mise en musique et exécutée en public, aura le droit exclusif d'imprimer et de vendre son œuvre littéraire séparément de la musique, et le compositeur de celle-ci pourra agir de même pour son œuvre musicale.

Dans le cas où l'auteur d'un livret interdirait complétement

---

1. Sur la question de savoir si l'exécution d'une œuvre musicale est publique ou privée, voir plus haut la note 3 de la page 63.

la représentation de son livret, le compositeur pourrait appliquer sa musique à une autre œuvre dramatique[1].

ART. 24. — Les entreprises, sociétés ou particuliers qui, en procédant à l'exécution publique d'une œuvre dramatique ou musicale, l'annonceront en changeant le titre, et supprimeront, altéreront ou ajouteront quelque passage sans la permission préalable de l'auteur, seront considérés comme usurpateurs de la propriété intellectuelle.

ART. 25. — L'exécution non autorisée d'une œuvre dramatique ou musicale, dans un lieu public, sera punie des peines édictées par le code, et de la perte du produit total des droits d'entrée, lesquels seront intégralement remis au propriétaire de l'œuvre exécutée.

Œuvres anonymes.

ART. 26. — Les éditeurs d'œuvres anonymes ou pseudonymes auront, à l'égard de ces œuvres, les mêmes droits que les auteurs ou traducteurs sur leurs œuvres propres, à moins qu'il ne soit prouvé dans la forme légale quel est l'auteur ou le traducteur, omis ou caché. Cette preuve étant fournie, l'auteur ou le traducteur, ou ses ayants droit, seront substitués en tous leurs droits aux éditeurs des œuvres anonymes ou pseudonymes[2].

Œuvres posthumes.

ART. 27. — Sont considérées comme œuvres posthumes, outre celles qui ne sont pas publiées pendant la vie de l'auteur, celles qui auraient été publiées pendant cette période, si l'auteur lui-même, au moment de sa mort, les laisse retouchées, augmentées, annotées ou corrigées de telle sorte qu'elles puissent être considérées comme œuvres nouvelles.

---

1. Il faut évidemment conclure de la combinaison des articles 19, 22 et 23 ci-dessus, que le consentement de tous les collaborateurs est nécessaire pour la représentation ou l'exécution d'une œuvre dramatique, musicale ou lyrico-dramatique.

2. Se reporter plus haut p. 91 à l'article 7 de la loi belge qui, et termes plus laconiques et plus précis, dispose de la même façon en matière d'œuvres anonymes.

En cas de contestation portée devant les tribunaux, la question sera préalablement soumise à des experts.

Collections législatives.

ART. 28. — Les lois, décrets, ordonnances royales, règlements et autres dispositions émanant des pouvoirs publics, peuvent être publiées par les journaux et par les autres recueils dans lesquels, en raison de leur nature et de leur objet, il est important de les citer, de les commenter, de les critiquer ou de les copier littéralement; mais nul ne pourra les imprimer isolément ou en collection sans autorisation expresse du gouvernement[1].

Journaux.

ART. 29. — Les propriétaires de journaux qui veulent s'en assurer la propriété en les assimilant aux productions littéraires, présenteront à la fin de chaque année au registre de la propriété, trois collections des numéros publiés pendant cette année.

ART. 30. — L'auteur ou le traducteur d'écrits déjà insérés ou qui seront insérés ultérieurement dans les publications périodiques, aura le droit, lui ou ses ayants droit, de publier ces écrits en collection choisie ou complète, sauf convention contraire avec le propriétaire du journal.

ART. 31. — Les écrits ou télégrammes insérés dans des publications périodiques pourront être reproduits par d'autres publications du même genre ou d'un autre genre, s'il n'est pas dit, soit dans le titre de la publication originale, soit à la fin de l'article, que la reproduction n'est pas autorisée. Mais on indiquera toujours l'origine de l'emprunt[2].

---

1. L'article 27 manque de précision et ne dit pas, notamment, si la publication d'une œuvre posthume jouit des memes droits que l'auteur. Mais il est probable que le législateur espagnol n'a pas voulu traiter l'éditeur d'une œuvre posthume plus défavorablement que celui d'une œuvre anonyme.

La disposition finale de cet article nous paraît regrettable. « Les pouvoirs publics, a dit avec raison M. RENOUARD, dans son *Traité des droits d'auteur*, (T. II, p. 133), ne font pas acte de propriété lorsqu'ils créent et promulguent des lois. »

2. Comparer l'article 14 de la loi belge (plus haut p. 93 note 2).

ART. 32. — L'auteur ou traducteur de diverses œuvres scientifiques, littéraires ou artistiques peut les publier toutes ou quelques-unes en collection, alors même qu'il en aurait aliéné ou vendu une partie.

L'auteur de discours, lus dans les académies royales ou dans quelque autre corporation, peut les publier en collection ou séparément.

Les académiciens jouissent de la même faculté relativement aux autres écrits rédigés comme hommages à ces académies, ou par mandat de celles-ci, sauf pour les écrits qui appartiennent absolument à ces corporations, en tant qu'ils sont destinés à leur enseignement spécial, respectif et permanent.

Enregistrement.

ART. 33. — Il sera établi au ministère de l'intérieur (*fomento*) un registre général de la propriété intellectuelle.

Dans toutes les bibliothèques provinciales, et dans celles des instituts d'enseignement secondaire des capitales de province où les dites bibliothèques n'existent pas, il sera ouvert un registre sur lequel seront inscrites, par ordre chronologique, les œuvres scientifiques, littéraires ou artistiques qui y seront présentées pour jouir des bénéfices de la présente loi.

On prendra note, également, sur ce registre, des gravures, lithographies, plans d'architecture, cartes géographiques ou géologiques, et en général de tout dessin quelconque de caractère artistique ou scientifique.

ART. 34. — Les propriétaires des œuvres mentionnées dans l'article qui précède remettront dans lesdites bibliothèques trois exemplaires signés de chacune de ces œuvres : l'une devant rester déposée dans la bibliothèque provinciale ou dans celle de l'institut, l'autre pour le ministère de l'intérieur et la troisième pour la bibliothèque nationale.

Porteurs du certificat de dépôt que leur délivrera les bibliothécaires, les propriétaires des œuvres déposées s'adresseront au gouvernement civil pour que celui-ci fasse part au ministre de l'intérieur de la réalisation de l'inscription sur le registre provincial.

Les gouverneurs civils enverront, tous les six mois, à la direction générale de l'instruction publique, un état des inscriptions effectuées et de leurs changements ultérieurs, pour former le registre général de la propriété intellectuelle.

ART. 35. — L'inscription sur les registres est exempte de tout impôt, contribution ou charge quelconque.

Des lois spéciales détermineront l'impôt qui correspondra à la transmission de la propriété intellectuelle.

ART. 36. — Pour jouir des bénéfices de la présente loi, il est nécessaire de faire inscrire son droit sur le registre de la propriété intellectuelle, conformément à ce qui est établi dans les articles précédents.

Lorsqu'une œuvre dramatique ou musicale aura été représentée en public avant d'avoir été imprimée, il suffira, pour jouir des droits que confère la présente loi, de présenter un seul exemplaire manuscrit de la partie littéraire et un autre des mélodies avec accompagnement, pour la partie musicale.

Le délai pour effectuer l'inscription au registre sera d'une année, à dater du jour de la publication de l'œuvre ; mais les bénéfices de la présente loi seront acquis au propriétaire à dater du jour où a commencé la publication, et il ne les perdra que s'il ne remplit pas les conditions indiquées dans le cours de l'année fixée pour l'inscription.

ART. 37. — Les tableaux, les statues, les bas ou hauts-reliefs, les modèles d'architecture ou de topographie, et en général toutes les œuvres de l'art de la peinture, de la sculpture et de la plastique, sont dispensés de l'obligation du registre et du dépôt [1].

Mais leurs propriétaires n'en jouiront pas moins de tous les bénéfices que la présente loi et le droit commun concèdent à la propriété intellectuelle.

Des déchéances.

ART. 38. — Toute œuvre non inscrite au registre de la propriété intellectuelle pourra être publiée de nouveau, réimpri-

1. Certaines législations exigent à bon droit pour les œuvres d'art qui ne peuvent être déposées ou enregistrées le dépôt d'un fac-simile photographique, (loi italienne du 18 mai 1882, art. 21). C'est là une prescription qui est facile à exécuter et nous paraît excellente.

mée par l'Etat, par les corporations scientifiques ou par les particuliers, pendant dix années à dater du jour où expirera le délai d'inscription.

ART. 39. — S'il se passe une autre année après les dix ans, sans que l'auteur, ou son ayant droit, ait inscrit l'œuvre sur le registre, celle-ci tombera définitivement et absolument dans le domaine public.

ART. 40. — Les œuvres qui n'auront pas été publiées de nouveau par leur propriétaire pendant vingt ans, tomberont dans le domaine public, et l'Etat, les corporations scientifiques ou les particuliers pourront les reproduire sans les altérer ; mais personne ne pourra s'opposer à ce qu'un autre les reproduise également.

ART. 41. — Une œuvre ne tombera pas dans le domaine public, même après vingt années :

1° Lorsque cette œuvre, étant dramatique, lyrico-dramatique ou musicale, n'aura pas été imprimée par son propriétaire après avoir été exécutée en public, et après que la copie manuscrite aura été déposée à l'enregistrement ;

2° Lorsque, l'œuvre ayant été imprimée et mise en vente conformément à la loi, vingt ans se seront écoulés sans qu'elle ait été réimprimée, le propriétaire pouvant établir suffisamment que pendant cette période des exemplaires ont figuré dans une vente publique.

ART. 42. — Pour qu'une œuvre, qui se trouve dans le cas indiqué à l'article 40, tombe dans le domaine public, il faut qu'il y ait d'abord déclaration sur le registre de la propriété, et que, en vertu de cette déclaration, le propriétaire soit mis en demeure par le gouvernement de réimprimer à nouveau en lui imposant, à cet effet, un délai d'une année.

ART. 43. — Lorsque les œuvres sont publiées par parties successives, et non en une seule fois, les délais déterminés par les articles 38, 39 et 40 se comptent à partir du jour où l'œuvre est complétement terminée.

ART. 44. — Les conditions prescrites par les articles 38, 39 et 40 ne sont pas applicables lorsque l'auteur, ayant conservé la propriété de l'œuvre avant l'expiration des délais déterminés par ces articles, manifestera, par un acte public, sa volonté de ne pas laisser son œuvre publiée.

Le même droit, exercé dans la même forme, appartient à l'héritier, à la condition qu'il agisse d'accord avec un conseil de famille constitué suivant que le règlement l'établira.

Pénalités.

Art. 45. — Les atteintes à la propriété intellectuelle, commises par la publication des œuvres qui font l'objet de la présente loi, seront imputées d'abord à celui qui sera reconnu auteur de la fraude, et, à défaut, successivement à l'éditeur et à l'imprimeur, sauf preuve du contraire pour cette culpabilité respective.

Art. 46. — Les fraudeurs de la propriété intellectuelle, outre les peines déterminées par le code pénal en vigueur [1], encourront la perte de tous les exemplaires illégalement publiés, lesquels seront remis au propriétaire lésé.

Art. 47. — La disposition qui précède sera applicable :

1° A ceux qui reproduisent en Espagne les œuvres de propriété particulière, imprimées en espagnol, pour la première fois, en pays étranger.

2° A ceux qui falsifieront le titre ou frontispice d'une œuvre quelconque, ou qui imprimeront sur celle-ci qu'elle a été éditée en Espagne, lorsqu'elle l'aura été en pays étranger ;

3° A ceux qui imiteront ces titres de manière à produire une confusion entre l'ancien et le nouveau, suivant appréciation du tribunal ;

4° A ceux qui importeront de l'étranger des œuvres pour lesquelles ils auront fraudé les droits de douane, sans préjudice de la responsabilité fiscale qu'ils auront encourue pour ce dernier fait ;

5° A ceux qui, par l'un des procédés susénumérés, porteront préjudice à des auteurs étrangers, lorsqu'il y aura réciprocité entre l'Espagne et les pays d'où seraient originaires les auteurs lésés [2].

---

1. Le code pénal punit le contrefacteur de la peine de un à quatre mois de prison, et d'une amende s'élevant de la valeur du préjudice causé au triple de cette valeur, ou de l'une de ces deux peines seulement. — La peine de l'emprisonnement nous a toujours paru trop sévère en matière de contrefaçon ; celle d'une amende élevée nous semble suffisante, même en cas de récidive.

2. Voir plus haut p. 130 note 1 la liste des conventions conclues par l'Espagne avec des pays étrangers.

Art. 48. — Seront circonstances aggravantes de la fraude :

1° Le changement du titre d'une œuvre ou l'altération du texte afin de le publier ;

2° La reproduction à l'étranger, s'il y a ensuite introduction en Espagne, et surtout s'il y a changement du titre ou altération du texte.

Art. 49. — Les tribunaux ordinaires appliqueront les articles inscrits dans ce titre en tout ce qui sera de leur compétence.

Les gouverneurs de province, dans les localités où ceux-ci ne résident pas, les alcades, sur l'instance du propriétaire d'une œuvre dramatique ou musicale, ordonneront la suspension de l'exécution de cette œuvre ou le séquestre du produit de la recette, jusqu'à concurrence de la garantie des droits de propriété de ladite œuvre.

Si ce produit ne suffit pas pour cet objet, l'intéressé pourra porter sa réclamation devant les tribunaux compétents.

Droit international.

Art. 50. — Les ressortissants des Etats dont la législation reconnaît aux Espagnols le droit de propriété intellectuelle, dans les termes établis par la présente loi, jouiront en Espagne des droits que celle-ci concède, sans qu'il y ait besoin de traité ni d'action diplomatique et moyennant l'action privée déduite devant le juge compétent.

Art. 51. — Dans le cours du mois qui suivra celui de la promulgation de la présente loi le gouvernement dénoncera les conventions de propriété littéraire conclues avec la France, l'Angleterre, la Belgique, la Sardaigne, le Portugal et les Pays-Bas, et s'efforcera d'en négocier de nouvelles avec autant de nations qu'il sera possible, en conformité des prescriptions de la présente loi, et d'après les bases suivantes :

1° Complète réciprocité entre les deux parties contractantes ;

2° Obligation de se traiter mutuellement comme la nation la plus favorisée ;

3° Tout auteur ou son ayant droit qui, au moyen des formalités légales, assure son droit de propriété dans l'un des deux pays contractants l'assure aussi dans l'autre sans nouvelles formalités;

4° Sont interdites, dans chaque pays, l'impression, la vente, l'importation et l'exportation d'œuvres dans l'idiome ou dans les dialectes de l'autre pays, si elles ne sont pas autorisées par le propriétaire de l'œuvre originale[1].

Effets légaux.

ART. 52. — Les effets et bénéfices de la présente loi s'étendront, sauf les droits acquis sous l'action des lois antérieures :

1° A toutes les œuvres dont la publication aura été commencée le jour de la promulgation de la présente loi ;

2° A toutes les œuvres qui, ledit jour, ne seraient pas tombées dans le domaine public ;

3° A toutes les œuvres qui, bien que tombées dans le domaine public, seraient reprises par les auteurs ou traducteurs, ou par leurs héritiers, conformément aux dispositions de la présente loi.

Passage de l'ancien au nouveau systeme.

ART 53. — La plus grande durée assignée par la présente loi à la propriété intellectuelle profitera aux auteurs des œuvres de toutes sortes et à leurs héritiers. Elle profitera également aux acquéreurs dans les termes définis par l'article 6.

ART. 54. — Les auteurs ou leurs ayants droit qui, conformément à la présente loi, auront à revendiquer la propriété intellectuelle, pourront inscrire leur droit sur le registre officiel de cette propriété.

ART. 55. — Les héritiers jusqu'au quatrième degré des auteurs d'œuvres tombées dans le domaine public, pourront revendiquer le droit de propriété intellectuelle, pour le temps qui manquera jusqu'au complément des quatre-vingts ans concédés par la présente loi, à la condition de satisfaire aux prescriptions que cette loi édicte ; mais ils devront indemniser, à dire d'experts, les éditeurs qui auront imprimé ces œuvres, de la valeur des exemplaires pour lesquels, dans les deux mois de la promulgation de la présente loi, le droit de propriété aura été inscrit au registre.

---

1. Voir la note 2 de la page 137.

Règlement.

Art. 56. — Le gouvernement publiera le règlement et les autres dispositions nécessaires pour l'exécution de la présente loi[1].

Pour rédiger le premier, qui comprendra également le règlement sur les théâtres, il sera nommé une commission composée de personnes compétentes.

1. Un règlement porte la date du 3 septembre 1880. — Nous croyons inutile d'en publier ici une traduction.

FRANCE

Avant 1789, le droit des auteurs était garanti par un privilege royal ; la révolution, ayant supprimé tous les privileges, dépouilla ainsi les auteurs de toute protection. Mais une loi du 19 juillet 1793 ne tarda pas à affirmer le droit exclusif de publication en faveur des auteurs d'écrits en tout genre pendant toute leur vie, et leurs héritiers et cessionnaires furent appelés à jouir du même droit pendant une période de dix ans apres la mort de l'auteur. « De toutes les propriétés, disait Lakanal dans son rapport à la Convention nationale, la moins susceptible de contestation, c'est sans contredit celle des productions du génie. » — Chapelier avait déjà exprimé cette pensée devant l'Assemblée constituante, à l'occasion du décret du 13 janvier 1791 relatif aux spectacles : « La plus sacrée, la plus légitime, la plus inattaquable et, si je puis ainsi parler, la plus personnelle de toutes les propriétés est l'ouvrage, fruit de la pensée d'un écrivain. »

En France, les textes de lois et décrets qui régissent la propriété littéraire et artistique sont nombreux, et l'on doit regretter que le législateur n'ait pas encore codifié tous ces textes épars, comme l'ont fait, dans ces dernieres années, la plupart des autres Etats européens.

Voici d'ailleurs la nomenclature, par ordre chronologique, des différents textes législatifs sur la matiere que nous nous sommes appliqué à classer et à coordonner le mieux que nous avons pu.

Décret du 13 janvier 1791 relatif aux spectacles.

Décret du 19 juillet 1791 relatif aux spectacles.

Décret du 19 juillet 1793 relatif aux droits de propriété des auteurs d'écrits en tout genre, des compositeurs de musique, des peintres et dessinateurs.

Décret du 22 mars 1805 concernant les droits des propriétaires d'ouvrages posthumes.

Décret du 18 mars 1806 sur la conservation de la propriété des dessins de fabrique.

Décret du 28 mars 1805 concernant l'impression des livres d'Eglise, livres d'heures et de prières.

Décret du 8 juin 1806 concernant les théâtres (art. 10, 11 et 12).

Décret du 20 février 1809 concernant les manuscrits des archives, des bibliothèques et autres établissements publics.

Décret du 5 février 1810 contenant règlement sur l'imprimerie et la librairie (art. 39 à 47).

Code pénal du 19 février 1810 (art. 425 à 429).

Loi du 3 août 1844 relative au droit de propriété des veuves et des enfants des auteurs d'ouvrages dramatiques.

Décret du 28 mars 1852 relatif à la propriété des ouvrages littéraires et artistiques publiés à l'étranger.

Loi du 8 avril 1854 sur le droit de propriété garantie aux veuves et aux enfants des auteurs, compositeurs et des artistes.

Décret du 29 avril 1854 fixant le droit auquel seront soumis les certificats constatant le dépôt des livres, gravures, etc. effectué dans les chancelleries diplomatiques et consulaires, en vertu des traités sur la propriété littéraire et artistique.

Décret du 9 décembre 1857 portant que les lois et autres actes qui régissent la propriété littéraire et artistique dans la métropole sont exécutoires dans les colonies françaises.

Décret du 1er mai 1858 relatif à l'exécution du décret du 9 décembre 1858 sur l'application aux colonies des lois de la métropole sur la propriété littéraire et artistique.

Loi du 16 mai 1866, relative aux instruments de musique mécaniques.

Loi du 14 juillet 1866 sur les droits des héritiers et des ayants cause des auteurs.

Décret du 29 octobre 1887 qui rend applicables aux colonies françaises toutes les dispositions législatives qui reglent en France la propriété littéraire et artistique.

Décret du 19 juillet 1793

RELATIF AUX DROITS DE

PROPRIÉTÉ DES AUTEURS D'ÉCRITS EN TOUT GENRE
DES COMPOSITEURS DE MUSIQUE
DES PEINTRES ET DES DESSINATEURS.

ART. 1er. — Les auteurs d'écrits en tout genre, les compositeurs de musique, les peintres et dessinateurs [1], qui feront graver des tableaux ou dessins, jouiront, durant leur vie entière, du droit exclusif de vendre, faire vendre, distribuer leurs ouvrages dans le territoire de la République, et d'en céder la propriété en tout ou en partie.

ART. 2. — Leurs héritiers ou cessionnaires jouiront du même droit durant l'espace de dix ans après la mort des auteurs.

ART. 3. — Les officiers de paix [2] seront tenus de faire confisquer, à la réquisition et au profit des auteurs, compositeurs, peintres ou dessinateurs et autres, leurs héritiers ou cessionnaires, tous les exemplaires des éditions imprimées ou gravées sans la permission formelle et par écrit des auteurs.

ART. 4. — Tout contrefacteur sera tenu de payer au véritable propriétaire une somme équivalente au prix de trois mille exemplaires de l'édition originale.

ART. 5. — Tout débitant d'édition contrefaite, s'il n'est pas

---

1. On remarquera que les auteurs d'*ouvrages dramatiques* ne sont pas ici mentionnés ; c'est que leur droit avait déjà été reconnu par deux décrets des 13 janvier et 19 juillet 1791 (plus loin, p. 149 et 150).

Les *dessins de fabrique* sont aussi régis par une loi spéciale, celle du 18 mars 1806, (plus loin, p. 152).

2. Le délai de dix ans a été successivement porté à trente ans par la loi du 8 avril 1854 et à cinquante ans par celle du 14 juillet 1866 (voir plus loin, p. 145 et 146).

reconnu contrefacteur, sera tenu de payer au véritable propriétaire une somme équivalente au prix de cinq cents exemplaires de l'édition originale.

ART. 6. — Tout citoyen qui mettra au jour un ouvrage, soit de littérature ou de gravure, dans quelque genre que ce soit, sera obligé d'en déposer deux exemplaires à la bibliothèque nationale ou au cabinet des estampes de la République, dont il recevra un reçu signé par le bibliothécaire ; faute de quoi il ne pourra être admis en justice pour la poursuite des contrefacteurs [1].

ART. 7. — Les héritiers de l'auteur d'un ouvrage de littérature ou de gravure, ou de toute autre production de l'esprit ou du génie qui appartiennent aux beaux-arts, en auront la propriété exclusive pendant dix années [2].

---

1. La propriété d'un manuscrit, d'une pièce de théâtre, d'un discours ou d'un ouvrage de sculpture, se conserve indépendamment de tout dépôt. La disposition ci-dessus ne s'applique qu'aux ouvrages imprimés ou gravés.

2. Les fonctions attribuées aux officiers de paix par l'article ci-dessus, sont exercées, depuis le décret du 19 juillet 1795, par les commissaires de police et par les juges de paix, dans les lieux où il n'y a pas de commissaire de police.

Loi du 3 août 1844

RELATIVE AU

DROIT DE PROPRIÉTÉ DES VEUVES ET DES ENFANTS

DES

AUTEURS D'OUVRAGES DRAMATIQUES.

ARTICLE UNIQUE. — Les veuves et les enfants des auteurs d'ouvrages dramatiques auront, à l'avenir, le droit d'en autoriser la représentation et d'en conférer la jouissance, pendant vingt ans, conformément aux dispositions des articles 39 et 40 du décret impérial du 5 février 1810 [1].

Loi du 8 avril 1854

SUR LE DROIT DE PROPRIÉTÉ GARANTIE AUX VEUVES ET AUX ENFANTS DES AUTEURS DES COMPOSITEURS ET DES ARTISTES.

ARTICLE UNIQUE. — Les veuves des auteurs, des compositeurs et des artistes jouiront, pendant toute leur vie, des droits garantis par les lois des 13 janvier 1791 et 19 juillet 1793, le décret du 5 février 1810, la loi du 3 août 1844, et les autres lois ou décrets sur la matière [2].

La durée de la jouissance accordée aux enfants par ces mêmes lois et décrets est portée à trente ans, à partir, soit du décès de l'auteur, compositeur ou artiste, soit de l'extinction des droits de la veuve [3].

---

1. Les dispositions des articles 39 et 40 du décret du 5 février 1810 sont reproduites plus loin.

2. La loi du 13 janvier 1791, relative aux œuvres dramatiques est publiée ci-après p. 149 ; — celle du 19 juillet 1793 se trouve plus haut p. 143 ; — le décret du 5 février 1810 et ci-dessus la loi du 3 août 1844.

3. La loi du 8 avril 1854 ci-dessus a été déclarée applicable aux colonies françaises par un décret du 9 décembre 1887.

Loi du 14 juillet 1866

SUR LES

Droits des héritiers et des ayants cause des auteurs.

ART. 1er. — La durée des droits accordés par les lois antérieures aux héritiers, successeurs irréguliers, donataires ou légataires des auteurs, compositeurs ou artistes, est portée à cinquante ans, à partir du décès de l'auteur.

Pendant cette période de cinquante ans, le conjoint survivant, quel que soit le régime matrimonial, et indépendamment des droits qui peuvent résulter en faveur de ce conjoint du régime de la communauté, a la simple jouissance des droits dont l'auteur prédécédé n'a pas disposé par acte entre-vifs ou par testament.

Toutefois, si l'auteur laisse des héritiers à réserve, cette jouissance est réduite, au profit de ces héritiers, suivant les proportions et distinctions établies par les articles 913 et 915 du code Napoléon[1].

Cette jouissance n'a pas lieu lorsqu'il existe, au moment du décès, une séparation de corps prononcée contre ce conjoint; elle cesse au cas où le conjoint contracte un nouveau mariage.

Les droits des héritiers à réserve et des autres héritiers ou suc-

1. Voici le texte des articles 913 et 915 du code civil

ART. 913. — Les libéralités, soit par actes entre-vifs, soit par testament, ne pourront excéder la moitié des biens du disposant s'il ne laisse à son décès qu'un enfant légitime; le tiers, s'il laisse deux enfants; le quart, s'il en laisse trois ou un plus grand nombre.

ART. 915. — Les libéralités par actes entre-vifs ou par testament, ne pourront excéder la moitié des biens, si, à défaut d'enfant, le défunt laisse un ou plusieurs ascendants dans chacune des lignes paternelle et maternelle, et les trois quarts, s'il ne laisse d'ascendants que dans une ligne.

Les biens ainsi réservés au profit des ascendants, seront par eux recueillis dans l'ordre où la loi les appelle à succéder; ils auront seuls droit à cette réserve, dans tous les cas où un partage en concurrence avec des collatéraux ne leur donnerait pas la quotité de biens à laquelle elle est fixée.

cesseurs, pendant cette période de cinquante ans, restent d'ailleurs réglés conformément aux prescriptions du code Napoléon.

Lorsque la succession est dévolue à l'État, le droit exclusif s'éteint sans préjudice des droits des créanciers et de l'exécution des traités de cession qui ont pu être consentis par l'auteur ou par ses représentants.

ART. 2. — Toutes les dispositions des lois antérieures contraires à celles de la loi nouvelle sont et demeurent abrogées [1].

Décret du 22 mars 1805

RELATIF AUX

OUVRAGES POSTHUMES.

ART. 1er. — Les propriétaires, par succession ou à autre titre, d'un ouvrage posthume ont les mêmes droits que l'auteur, et les dispositions des lois sur la propriété exclusive des auteurs et sur sa durée leur sont applicables, toutefois à la charge d'imprimer séparément les œuvres posthumes et sans les joindre à une nouvelle édition des ouvrages déjà publiés et devenus propriété publique [2].

---

1. La loi ci-dessus abroge l'article 2 du décret du 19 juillet 1793 (plus haut, p. 143), l'article 5 du décret du 13 janvier 1791 (plus loin, p. 149), et l'article 1er de la loi du 8 avril 1854, (plus haut p. 145).

La loi du 14 juillet 1866 ci-dessus, qui n'avait pas été promulguée dans les colonies, y est aujourd'hui applicable depuis le décret du 29 octobre 1887 aux termes duquel « toutes les dispositions législatives qui règlent en France la propriété littéraire et artistique sont rendues applicables aux colonies. »

2. « L'ouvrage inédit est comme l'ouvrage qui n'existe pas, et celui qui le publie a les droits de l'auteur décédé, et doit en jouir pendant sa vie. Cependant, s'il réimprimait en même temps et dans une seule édition, avec les œuvres posthumes, les ouvrages déjà publiés du même auteur, il en résulterait en sa faveur une espèce de privilège pour la vente d'ouvrages devenus propriété publique. » — Extrait des motifs qui ont nécessité le décret ci-dessus.

Décret du 28 mars 1805

RELATIF AUX

LIVRES D'ÉGLISE, DES HEURES ET DES PRIÈRES.

Art. 1er. — Les livres d'église, les heures et prières ne pourront être imprimés ou réimprimés que d'après la permission donnée par les évêques diocésains ; laquelle permission sera textuellement rapportée et imprimée en tête de chaque exemplaire [1].

Art. 2. — Les imprimeurs-libraires qui feraient imprimer ou réimprimer des livres d'église, des heures ou prières, sans avoir obtenu cette permission, seront poursuivis conformément à la loi du 19 juillet 1793.

---

1. Le décret du 28 mars 1805 ci-dessus est la conséquence de l'article 14 du Concordat de 1801 qui porte : « Les archevêques veilleront au maintien de la foi et de la discipline dans les diocèses dépendant de leur métropole. »

« L'art. 1er de la loi du 19 juillet 1793 accorde aux auteurs la propriété de leurs écrits pendant leur vie entière. Cette disposition doit être indéfinie relativement aux livres d'église et de prières : les droits résultant de la propriété ne doivent pas seulement appartenir aux évêques, auteurs de ces livres, mais, sous le rapport de la surveillance, ces droits doivent s'étendre à tous les évêques successeurs. Il est ici question d'instruction de doctrine : les évêques en sont juges, et ils sont toujours et successivement, l'un après l'autre, responsables de celles qui se répandent sous leur juridiction ; dès lors ils doivent conserver inspection sur la réimpression des livres d'église de leurs prédécesseurs, afin de ne pouvoir échapper à la responsabilité. » — (Extrait du rapport présenté à l'Empereur par M. Portalis, ministre des cultes).

La permission des évêques diocésains dont il est question dans l'article ci-dessus n'est point un privilège et tout imprimeur peut imprimer les heures, prières ou livres d'Église, permis par l'évêque de son diocèse. (Circulaire ministérielle du 23 juin 1810).

L'ouvrage seul doit être l'objet de l'approbation des évêques. (Circulaire ministérielle du 28 novembre 1811).

Décret du 13 janvier 1791

RELATIF AUX

ŒUVRES DRAMATIQUES.

ART. 1er. — Tout citoyen pourra élever un théâtre public, et y faire représenter des pièces de tous les genres, en faisant, préalablement à l'établissement de son théâtre, sa déclaration à la municipalité des lieux.

ART. 2. — Les ouvrages des auteurs morts depuis cinq ans et plus sont une propriété publique, et peuvent, nonobstant tous les anciens privilèges qui sont abolis, être représentés sur tous les théâtres indistinctement.

ART. 3. — Les ouvrages des auteurs vivants ne pourront être représentés sur aucun théâtre public, dans toute l'étendue de la France, sans le consentement formel et par écrit des auteurs, sous peine de confiscation du produit total des représentations au profit des auteurs.

ART. 4. — La disposition de l'article 3 s'applique aux ouvrages déjà représentés, quels que soient les anciens règlements ; néanmoins, les actes qui auraient été passés entre des comédiens et des auteurs vivants, ou des auteurs morts depuis moins de cinq ans, seront exécutés.

ART. 5. — Les héritiers ou cessionnaires des auteurs seront propriétaires de leurs ouvrages durant l'espace de cinq années après la mort de l'auteur[1].

---

1. Le droit de jouissance des héritiers ou cessionnaires des auteurs d'ouvrages dramatiques a une durée de cinquante ans, depuis la loi du 14 juillet 1866 (plus haut, p. 146).

Sur les questions de propriété littéraire en matière d'ouvrages dramatiques, consulter : CH. CONSTANT, *Code des théâtres ;* 1882, 2e édition ; Paris, Pedone-Lauriel.

Décret du 19 juillet 1791

RELATIF AUX SPECTACLES.

ART. 1er. — Conformément aux dispositions des articles 3 et 4 du décret du 13 janvier dernier, concernant les spectacles, les ouvrages des auteurs vivants, même ceux qui étaient représentés avant cette époque, soit qu'ils fussent ou non gravés ou imprimés, ne pourront être représentés sur aucun théâtre public dans toute l'étendue du royaume, sans le consentement formel et par écrit des auteurs, ou sans celui de leurs héritiers ou cessionnaires, pour les ouvrages des auteurs morts depuis moins de cinq ans, sous peine de confiscation du produit total des représentations au profit de l'auteur ou de ses héritiers ou cessionnaires.

ART. 2. — La convention entre les auteurs et les entrepreneurs de spectacles sera parfaitement libre, et les officiers municipaux, ni aucun autre fonctionnaire public, ne pourront taxer lesdits ouvrages, ni modérer ou augmenter le prix convenu ; et la rétribution des auteurs, convenue entre eux ou leurs ayants cause et les entrepreneurs de spectacles, ne pourra être ni saisie ni arrêtée par les créanciers des entrepreneurs du spectacle.

Décret du 8 juin 1806

CONCERNANT LES THÉATRES.

TITRE III. — *Des auteurs.*

ART. 10. — Les auteurs et les entrepreneurs de spectacles seront libres de déterminer entre eux, par des conventions mutuelles, les rétributions dues aux premiers par somme fixe ou autrement.

ART. 11. — Les autorités locales veilleront strictement à l'exécution de ces conventions.

ART. 12. — Les propriétaires d'ouvrages dramatiques posthumes ont les mêmes droits que l'auteur ; et les dispositions sur la propriétés des auteurs et sa durée leur sont applicables, ainsi qu'il est dit au décret du 1er germinal an XIII [1].

Loi du 16 mai 1866

RELATIVE AUX

INSTRUMENTS DE MUSIQUE MÉCANIQUES.

ARTICLE UNIQUE. — La fabrication et la vente des instruments servant à reproduire mécaniquement des airs de musique qui sont du domaine privé ne constituent pas le fait de contrefaçon musicale prévu et puni par la loi du 19 juillet 1793, combinée avec les articles 425 et suivants du code pénal [2].

---

1. Se reporter au texte du décret du 1er germinal an 13, reproduit plus haut p. 147.

2. La loi du 19 juillet 1793 est reproduite plus haut p. 143 et les articles 425 et suivants du code pénal, plus loin p. 157.

Loi du 18 mars 1806

RELATIVE AUX

DESSINS DE FABRIQUE.

ART. 14. — Le conseil des prud'hommes est chargé des mesures conservatoires de la propriété des dessins.

ART. 15. — Tout fabricant qui voudra pouvoir revendiquer, par la suite, devant le tribunal de commerce, la propriété d'un dessin de son invention, sera tenu d'en déposer aux archives du conseil des prud'hommes un échantillon plié, sous enveloppe revêtue de ses cachets et signature, sur laquelle sera également apposé le cachet du conseil des prud'hommes.

ART. 16. — Les dépôts de dessins seront inscrits sur un registre tenu *ad hoc* par le conseil des prud'hommes, lequel délivrera aux fabricants un certificat rappelant le numéro d'ordre du paquet déposé, et constatant la date du dépôt.

Art. 17. — En cas de contestation entre deux ou plusieurs fabricants sur la propriété d'un dessin, le conseil des prud'hommes procédera à l'ouverture des paquets qui auront été déposés par les parties ; il fournira un certificat indiquant le nom du fabricant qui aura la priorité de date.

ART. 18. — En déposant son échantillon, le fabricant déclare s'il entend se réserver la propriété exclusive pendant une, trois ou cinq années, ou à perpertuité ; il sera tenu note de cette déclaration.

A l'expiration du délai fixé par ladite déclaration, si la réserve est temporaire, tout paquet d'échantillon déposé sous cachet dans les archives du conseil devra être transcrit au conservatoire des arts de la ville de Lyon, et les échantillons y contenus être joints à la collection du conservatoire.

ART. 19. — En déposant son échantillon, le fabricant acquittera, entre les mains du receveur de la commune, une indemnité qui sera réglée par le conseil des prud'hommes, et ne pourra excéder un franc pour chacune des années pendant lesquelles il voudra conserver la propriété exclusive de son dessin, et sera de dix francs pour la propriété perpétuelle.

Décret du 20 février 1809

RELATIF AUX

MANUSCRITS DES ARCHIVES ET BIBLIOTHÈQUES.

Art. 1er. — Les manuscrits des archives de notre ministère des relations extérieures, et ceux des bibliothèques impériales, départementales et communales, ou des autres établissements de notre empire, soit que ces manuscrits existent dans les dépôts auxquels ils appartiennent, soit qu'ils en aient été soustraits, ou que leurs minutes n'y aient pas été déposées aux termes des anciens règlements, sont la propriété de l'État, et ne peuvent être imprimés et publiés sans autorisation.

Art. 2. — Cette autorisation sera donnée par notre ministre des relations extérieures, pour la publication des ouvrages dans lesquels se trouveront des copies, extraits ou citations des manuscrits qui appartiennent aux archives de son ministère, et par notre ministre de l'intérieur, pour celle des ouvrages dans lesquels se trouveront des copies, extraits ou citations des manuscrits qui appartiennent à l'un des autres établissements publics mentionnés dans l'article précédent.

Décret du 5 février 1810

IMPRIMERIE ET LIBRAIRIE.

TITRE VI. — *De la propriété et de sa garantie*,

Art. 39. — Le droit de propriété est garanti à l'auteur et à sa veuve pendant leur vie, si les conventions matrimoniales de celle-ci lui en donnent le droit, et à leurs enfants pendant vingt ans[1].

Art. 40. — Les auteurs, soit nationaux, soit étrangers, de tout ouvrage imprimé ou gravé, peuvent céder leur droit à un imprimeur ou libraire, ou à toute autre personne qui est alors substituée en leur lieu et place, pour eux et leurs ayants cause, comme il est dit à l'article précédent[2].

TITRE VII.

Section Ire. — *Des délits en matière de librairie et du mode de les punir et de les constater.*

Art. 41. — Il y aura lieu à confiscation et amende au profit de l'Etat, dans les cas suivants, sans préjudice des dispositions du code pénal :

1o . . . .

---

1. Les articles 39 et 40 ci-dessus n'ont en rien modifié les droits des auteurs des ouvrages dramatiques, et des compositeurs de musique tels qu'ils avaient été réglés par les lois ou décrets antérieurs (Avis du conseil d'Etat du 29 août 1811).

Le délai de vingt ans a été porté à cinquante par la loi du 14 juillet 1866 (plus haut, p. 146).

2. La vente d'un tableau transmet à l'acquéreur la pleine et absolue propriété de ce tableau, et, par suite, le droit de le reproduire par la gravure ou tout autre moyen si l'artiste ne s'est pas expressément réservé ce droit. (Arrêt de Cassation du 27 mai 1842). — On sait que la plupart des lois récentes sur la

7° Si c'est une contrefaçon, c'est-à-dire, si c'est un ouvrage imprimé sans le consentement et au préjudice de l'auteur ou éditeur, ou de leurs ayants cause.

ART. 42. — Dans ce dernier cas, il y aura lieu, en outre, à des dommages-intérêts envers l'auteur ou éditeur, ou leurs ayants cause ; et l'édition ou les exemplaires contrefaits seront confisqués à leur profit

ART. 43. — Les peines seront prononcées et les dommages-intérêts seront arbitrés par le tribunal correctionnel ou criminel, selon les cas et d'après les lois.

ART. 44. — Le produit des confiscations et des amendes sera appliqué, ainsi que le produit du droit sur les livres venant de l'étranger, aux dépenses de la direction générale de l'imprimerie et de la librairie.

SECTION II. — *Du mode de constater les délits et contraventions.*

ART. 45. — Les délits et contraventions seront constatés par les inspecteurs de l'imprimerie et de la librairie, les officiers de police, et, en outre, par les préposés aux douanes pour les livres venant de l'étranger.

Chacun dressera procès-verbal de la nature du délit et de la contravention, des circonstances et dépendances, et le remettra au préfet de son arrondissement, pour être adressé au directeur général.

. . . .

ART. 47. — Nos procureurs généraux ou impériaux seront tenus de poursuivre d'office, dans tous les cas prévus à la section précédente, sur la simple remise qui leur sera faite d'une copie des procès-verbaux dûment affirmés.

---

propriété littéraire et artistique contiennent, au contraire, une disposition spéciale aux termes de laquelle c'est à l'acquéreur du tableau, et non à l'artiste, à stipuler expressément s'il entend acquérir ou non le droit de reproduction. (Voir plus haut p. 129 note 1.)

Loi du 29 juillet 1881

DÉPOT ET PUBLICATION DES OUVRAGES IMPRIMÉS.

ART. 1er. — L'imprimerie et la librairie sont libres.

ART. 2. — Tout imprimé rendu public, à l'exception des ouvrages dits de ville ou bilboquets, portera l'indication du nom et du domicile de l'imprimeur, à peine, contre celui-ci, d'une amende de 5 à 15 francs.

La peine de l'emprisonnement pourra être prononcée si, dans les douze mois précédents, l'imprimeur a été condamné pour contravention de même nature.

ART. 3. — Au moment de la publication de tout imprimé, il en sera fait, par l'imprimeur, sous peine d'une amende de 16 francs à 300 francs, un dépôt de deux exemplaires, destinés aux collections nationales.

Ce dépôt sera fait, au ministère de l'intérieur, pour Paris; à la préfecture, pour les chefs-lieux d'arrondissement; et, pour les autres villes, à la mairie.

L'acte de dépôt mentionnera le titre de l'imprimé et le chiffre du tirage.

Sont exceptés de cette disposition les bulletins de vote, les circulaires commerciales ou industrielles, et les ouvrages dits de ville ou bilboquets.

ART. 4. — Les dispositions qui précèdent sont applicables à tous les genres d'imprimés ou de reproductions destinés à être publiés.

Toutefois, le dépôt prescrit par l'article précédent sera de trois exemplaires pour les estampes, la musique et en général les reproductions autres que les imprimés.

CODE PÉNAL DE 1810

(Art. 425 à 429).

Art. 425. — Toute édition d'écrits, de composition musicale, de dessin, de peinture ou de toute autre production, imprimée ou gravée en entier ou en partie, au mépris des lois et règlements relatifs à la propriété des auteurs, est une contrefaçon ; et toute contrefaçon est un délit [1].

Art. 426. — Le délit d'ouvrages contrefaits, l'introduction sur le territoire français d'ouvrages qui, après avoir été imprimés

---

1. *L'édition* est la reproduction totale ou partielle de toute œuvre littéraire ou artistique ; et le délit de contrefaçon existe quel que soit le mode de publication ou de mise au jour de l'œuvre par lequel elle est obtenue, bien que l'article 425 ci-dessus ne parle que des productions imprimées ou gravées — (Arret de cassation du 13 février 1861).

Les *emprunts* faits à l'ouvrage d'autrui ne constituent une contrefaçon partielle qu'autant qu'ils sont considérables, et que la partie empruntée forme une portion essentielle, soit de l'ouvrage du plaignant, soit de celui du prévenu.

Une *compilation* formée d'éléments empruntés à des publications antérieures est, tout aussi bien qu'une création entièrement originale, susceptible de propriété littéraire, si ces éléments ont été choisis avec discernement, disposés dans un ordre nouveau, revêtus d'une forme nouvelle et appropriés avec intelligence à un usage plus ou moins général. — (Arrèt de cassation du 27 novembre 1869).

La *photographie* ne constitue pas d'une manière absolue, dans la législation française, une œuvre d'art dont la reproduction illicite tomberait sous l'application des articles 225 et suivants du code pénal ; mais les juges peuvent toujours décider s'il y a, dans l'œuvre du photographe qui leur est soumise, une conception artistique qui lui est personnelle et qui doit dès lors lui assurer la propriété de son œuvre. — (Arrèt de cassation du 11 juillet 1862).

Les œuvres de *sculpture*, lorsqu'elles constituent des œuvres d'art, sont protégées contre la contrefaçon, alors meme qu'elles seraient employées à l'embellissement d'un produit industriel. — (Arret de cassation du 25 juillet 1853).

La saisie des ouvrages contrefaits n'est pas le préliminaire indispensable de la poursuite en contrefaçon ; un simple procès-verbal descriptif du délit est seul nécessaire.

en France, ont été contrefaits chez l'étranger, sont un délit de la même espèce[1].

Art. 427. — La peine contre le contrefacteur ou contre l'introducteur sera une amende de 100 francs au moins et de 2,000 francs au plus ; et contre le débitant, une amende de 25 francs au moins et de 5000 francs au plus.

La confiscation de l'édition contrefaite sera prononcée tant contre le contrefacteur que contre l'introducteur et le débitant[2].

Les planches, moules ou matrices des objets contrefaits, seront aussi confisqués.

Art. 428. — Tout directeur, tout entrepreneur de spectacle, toute association d'artistes, qui aura fait représenter sur son théâtre des ouvrages dramatiques au mépris des lois et règlements relatifs à la propriété des auteurs, sera puni d'une amende de 50 francs au moins, de 500 francs au plus et de la confiscation des recettes[3].

---

1. Quoique ne visant que les ouvrages imprimés, l'article 426 ci-dessus nous semble devoir être considéré comme applicable à toutes les œuvres de l'esprit et du génie.

Pour que le délit de l'article 426 existe, il n'est pas nécessaire qu'il y ait eu vente effective ou actuelle ; il suffit que l'édition contrefaite ait été exposée dans les magasins du commerçant et offerte ainsi en vente au public.

L'introducteur n'est pas seulement celui qui importe les objets contrefaits, mais aussi celui qui se fait expédier par un étranger les œuvres contrefaites.

2. Il suffit que le fait matériel de la contrefaçon soit établi pour qu'il y ait lieu à confiscation. — (Arret de la cour de Paris du 29 juin 1878).

La confiscation des dessins contrefaits emporte nécessairement celle des objets sur lesquels ces dessins ont été abusivement reproduits, meme dans le cas où le contrefacteur offrirait de les faire disparaître. — (Arret de cassation du 19 mars 1850).

3. Par l'expression *ouvrages dramatiques* dont se sert l'article 428 ci-dessus, il faut entendre, non seulement les œuvres en prose ou en vers, mais aussi les compositions purement musicales, quelle que soit d'ailleurs l'étendue de ces œuvres.

La *lecture* publique d'une œuvre dramatique ne saurait être assimilée à sa *représentation* sur un théâtre quelconque ou à son *exécution* dans un café. — (Arret de la cour de Douai du 11 juillet 1882).

L'exécution d'un morceau de musique quelconque, sans autorisation de l'auteur, dans une salle de bals publics, dans un cirque, même au moyen d'un orgue mé-

ART. 429. — Dans les cas prévus par les articles précédents, le produit des confiscations, ou les recettes confisquées, seront remis au propriétaire pour l'indemniser d'autant du préjudice qu'il aura souffert; le surplus de son indemnité, ou l'entière indemnité, s'il n'y a eu ni vente d'objets confisqués, ni saisie de recettes, sera réglé par les voies ordinaires.

Décret du 26 mars 1852

RELATIF A LA

PROPRIÉTÉ DES OUVRAGES LITTÉRAIRES ET ARTISTIQUES PUBLIÉS A L'ÉTRANGER.

Louis-Napoléon, président de la République Française.

Sur le rapport du garde des sceaux, ministre secrétaire d'État au département de la justice ; — Vu la loi du 19 juillet 1793, les décrets du 1er germinal, an XIII et du 5 février 1810, la loi du 25 prairial, an III, et les articles 425, 426, 427 et 429 du code pénal ;

Décrète :

ART. 1er. — La contrefaçon, sur le territoire français, d'ouvrages publiés à l'étranger et mentionnés en l'article 425 du code pénal, constitue un délit.

ART. 2. — Il en est de même du débit, de l'exportation et de l'expédition des ouvrages contrefaisants. L'exportation et l'expédition de ces ouvrages sont un délit de la même espèce que l'introduction, sur le territoire français, d'ouvrages qui, après avoir été imprimés en France, ont été contrefaits chez l'étranger.

---

canique dans un manège de chevaux de bois, constitue le délit prévu par l'article 428 ci-dessus. — (Arrêt de cassation du 21 juillet 1881).

Sur la distinction entre l'exécution *publique* et l'exécution *privée* d'une œuvre dramatique ou musicale, se reporter plus haut, à la note 3 de la page 93

Art. 3. — Les délits prévus par les articles précédents seront réprimés conformément aux articles 427 et 429 du code pénal.

L'article 463 du même code pourra être appliqué.

Art. 4. — Néanmoins, la poursuite ne sera admise que sous l'accomplissement des conditions exigées relativement aux ouvrages publiés en France, notamment par l'article 6 de la loi du 19 juillet 1793.

Art. 5. — Le garde des sceaux, ministre secrétaire d'État au département de la justice, est chargé de l'exécution du présent décret [1].

---

1. Ce décret a été précédé d'un rapport à l'Empereur, du ministre de la justice, qui est ainsi conçu :

« Monseigneur ; le droit d'auteur, qui consiste dans le droit temporaire à la jouissance exclusive des produits scientifiques, littéraires et artistiques, est consacré par la législation française au profit des nationaux, et même des étrangers, relativement aux ouvrages publiés en France. Mais l'étranger, qui peut acquérir et possède sous la protection de nos lois des meubles et des immeubles, ne peut empêcher l'exploitation de ses œuvres, au moyen de la contrefaçon, sur le sol d'ailleurs si hospitalier de la France. C'est là, Monseigneur, un état de choses auquel on peut reprocher, non-seulement de n'être pas en harmonie avec les règles que notre droit positif tend sans cesse à généraliser, mais même d'être contraire à la justice universelle. Vous aurez consacré l'application d'un principe salutaire, vous aurez assuré aux sciences, aux lettres et aux arts, un encouragement sérieux, si vous protégez leurs productions contre l'usurpation, en quelque lieu qu'elles aient vu le jour, à quelque nation que l'auteur appartienne.

« Une seule condition me paraît légitime, c'est que l'étranger soit assujetti, pour la conservation ultérieure de son droit, aux mêmes obligations que les nationaux... »

Loi du 6 mai 1841

RELATIVE AUX DOUANES.

TITRE IV. — *Dispositions réglementaires.*

Art. 8. — Les contrefaçons en librairie seront exclues du transit accordé aux marchandises prohibées par l'article 3 de la loi du 9 février 1832.

Tous les livres en langue française dont la propriété est établie à l'étranger, ou qui sont une édition étrangère d'ouvrages français tombés dans le domaine public, continueront de jouir du transit et seront reçus à l'importation en acquittant les droits établis, et sous la condition de produire un certificat d'origine relatant le titre de l'ouvrage, le lieu et la date de l'impression, le nombre des volumes, lesquels devront être brochés ou reliés, et ne pourront être présentés en feuilles[1].

---

1. Une ordonnance du 13 décembre 1842 relative à l'importation et au transit de la librairie, complète l'article 8 de loi ci-dessus, en ces termes :

Art. Ier. — Le certificat d'origine prescrit par l'article 8 de la loi du 6 mai 1841, et sous la garantie duquel jouiront du transit et seront reçus à l'importation les livres en langue française dont la propriété est établie à l'étranger, ou qui seront une édition étrangère d'ouvrages tombés dans le domaine public, sera souscrit par l'expéditeur, confirmé et dûment légalisé par l'autorité administrative du lieu de l'expédition. Il sera placé dans le colis au-dessus des livres auxquels il se rapportera, et de manière à être facilement aperçu.

Art. 2. — Les livres en langue française imprimés à l'étranger, les dessins gravures, lithographies et estampes avec ou sans texte, ne pourront entrer, soit pour l'acquittement des droits, soit pour le transit, que par les seuls bureaux de douanes qui, dans le tableau annexé à la présente ordonnance, sont marqués d'un astérisque.

Art. 3. — Seront ouverts à l'importation et au transit de la librairie en langues mortes et étrangères tous les bureaux compris dans le même tableau.

Art. 7. — Les dispositions de l'article 1er de la loi du 27 mars 1817, d'après lesquelles les livres qui sont taxés à moins de 150 fr. par 100 kilos doivent être emballés séparément par espèce, seront dorénavant entendues en ce sens qu'on

Les livres venant de l'étranger, en quelque langue qu'ils soient, ne pourront être présentés à l'importation ou au transit que dans les bureaux de douane qui seront désignés par une ordonnance du roi.

Dans le cas où des présomptions, soit de contrefaçon, soit de condamnations judiciaires, seront élevées sur les livres présentés, l'admission sera suspendue, les livres seront retenus à la douane, et il en sera référé au ministre de l'intérieur, qui devra prononcer dans un délai de quarante jours.

Les dispositions contenues en cet article sont applicables à tous les ouvrages dont la reproduction a lieu par les procédés de la typographie, de la lithographie ou de la gravure.

Nulle édition ou partie d'édition, imprimée en France, ne pourra être réimportée qu'en vertu d'une autorisation expresse du ministre de l'intérieur, accordée sur la demande de l'éditeur qui, pour l'obtenir, devra justifier du consentement donné à la réimportation par les ayants droit.

---

permettra la réunion de plusieurs espèces dans le même colis, pourvu que chacune d'elles fasse l'objet d'une division bien tranchée; en cas de mélange, le droit le plus élevé sera exigé sur le tout.

Art. 8. — Les contrefaçons en librairie, exclues du transit par la loi du 6 mai 1841, ne pourront être reçues dans les entrepôts.

GRANDE-BRETAGNE

La propriété littéraire ou droit d'auteur (Copyright), reconnue en Angleterre par des lois fort anciennes a été consacrée à nouveau en 1710 sous la reine Anne[1]. *Apres avoir été plusieurs fois modifiée, sous Georges III, la législation spéciale en cette matière a été définitivement réglée par une loi du 1er juillet 1842.*

Cette loi, qui ne concerne que les sujets britanniques, abroge les tatuts de la reine Anne et de Georges III, mais laisse subsister, en le complétant, le statut 3 de Guillaume IV, c. 15, qui protège les compositions dramatiques.

Un acte du 10 mai 1844 (statut 7, Victoria, c. 12) est relatif aux droits de propriété littéraire et artistique des étrangers dans le royaume-uni de la Grande-Bretagne.

Une loi du 28 mai 1852 (act. 14, Victoria, c. 12) étend l'esprit et les décisions de l'acte du 10 mai 1844.

Une loi du 13 mai 1875 (act. 38 et 39 Victoria, c. 12) a pour objet d'amender la loi relative à la propriété littéraire et artistique internationale.

Enfin, une loi du 25 juin 1886 (act. 49 et 50 Victoria c. 33), est relative au droit d'auteur sur la propriété littéraire et artistique internationale et coloniale[2].

---

1. Il est assez curieux de noter ici l'idée nette et précise que les imprimeurs anglais se sont fait de suite de la propriété littéraire. Dans une pétition adressée au Parlement, en 1709, ils soutenaient que, « suivant la coutume (*common law*) et la droite raison, cette propriété était de même nature que la propriété d'une maison ou tout autre avoir. » — Pétition rapportée par Strype dans son édition de Stow's, *Survey of London* et citée par Lowndes, p. 31.)

2. La traduction de toutes les lois anglaises ci-dessus datées et que nous publions ci-après est due à *M. Adolphus Selim*, solicitor près la cour suprême d'Angleterre, auteur d'un *Aperçu de la loi anglaise* au point de vue pratique et commercial, dont la valeur a été maintes fois constatée.

Acte du 1er juillet 1842

POUR MODIFIER LA

LOI SUR LA PROPRIÉTÉ LITTÉRAIRE.

1. — *Rappel des statuts précédents.*— Attendu qu'il est à propos d'amender la loi relative au droit de copie, et d'offrir un plus grand encouragement à la production des œuvres littéraires qui sont un bienfait durable pour le monde ; soit ordonné par S. M. la reine, par et avec l'avis et le consentement des lords spirituels et temporels et des communes, assemblés en ce présent Parlement, et par leur autorité, qu'à partir de la passation du présent acte, l'acte passé la huitième année du règne de S. M. la reine Anne (8, Anne, c. 19), intitulé : « Acte pour l'encouragement de la science, en attribuant la propriété des livres imprimés aux auteurs ou acquéreurs du manuscrit pendant l'époque fixée, » et aussi l'acte passé la quarante et unième année du règne de S. M. le roi Georges III (41, Georges III, c. 107), intitulé : « Acte pour l'encouragement ultérieur de la science dans le royaume uni de Grande-Bretagne et d'Irlande, en assurant la propriété et le droit de reproduction des livres imprimés aux auteurs desdits livres ou à leurs ayants cause pour le temps fixé par ledit acte ; » et aussi l'acte passé la cinquante-quatrième année du règne de S. M. le roi Georges III (54, Georges III, c 146), intitulé : « Acte pour amender divers actes pour l'encouragement de la science, en assurant la propriété et le droit de reproduction des livres imprimés aux auteurs desdits livres ou à leurs ayants cause ; » soient révoqués comme ils le sont par le présent, sinon en tant que le maintien de l'un ou de l'autre desdits actes serait nécessaire pour mettre à effet toute procédure en droit ou en équité, pendante à l'époque de la passation du présent acte, ou pour soutenir toute cause d'instance ou de procès, ou tout droit ou contrat alors subsistant.

2. — *Interprétation du statut.* — Soit ordonné que, dans l'interprétation du statut, le mot *livre* doit être interprété comme signifiant et comprenant tout volume, partie ou division de volume, brochure, feuille d'impression typographique, feuille de musique, carte marine, carte, ou plan publié séparément; que les mots *piece dramatique* doivent être interprétés comme signifiant et comprenant toute tragédie, comédie, drame, opéra, farce, ou autre divertissement scénique, musical ou dramatique[1]; que les mots *droit de copie* doivent être interprétés comme signifiant le droit unique et exclusif d'imprimer ou de multiplier de toute autre manière les copies de tout sujet auquel lesdits mots sont ici appliqués ; que les mots *représentant personnel* doivent être interprétés comme signifiant et comprenant tout exécuteur testamentaire, administrateur et parent ayant droit à l'administration ; que les mots *ayants cause* doivent être interprétés comme signifiant et comprenant toute personne investie du droit de l'auteur, soit qu'il provienne de l'auteur avant ou après la publication d'un livre quelconque, soit qu'il ait été acquis par vente, don, legs, ou par l'action de la loi, ou autrement; que les mots *possessions britanniques* doivent être interprétés comme signifiant et comprenant toutes les parties du royaume uni de Grande-Bretagne et d'Irlande, les îles de Jersey et de Guernesey, toutes les parties des Indes orientales et occidentales, et toutes les colonies, établissements et possessions de la Couronne, acquis maintenant, ou qui pourront l'être à l'avenir, et que partout où, dans le présent acte, pour tout individu, objet ou chose, le mot indiquant le nombre singulier ou le genre masculin est seul employé, il devra être compris comme étant applicable à plusieurs personnes aussi bien qu'à une seule, aux femmes aussi bien qu'aux hommes, à plusieurs choses aussi bien qu'à une chose, à moins que dans le sujet ou contexte il n'y ait quelque chose qui s'oppose à cette interprétation.

3. — *Durée du droit de copie sur tout livre qui sera désormais publié pendant la vie de l'auteur.* — Soit ordonné que

---

1. Voir plus loin (p.175) l'article 20 relatif aux pièces dramatiques et compositions musicales.

le droit de copie pour chaque livre qui, après la passation du présent acte, sera publié pendant la vie de l'auteur, durera toute sa vie et pendant sept années, à partir de sa mort, et sera la propriété dudit auteur ou de ses ayants cause ; sous la réserve cependant que si ledit terme de sept ans finissait avant l'expiration de quarante-deux ans, à partir de la première publication dudit livre, le droit de copie continuera d'exister pendant cette période de quarante-deux ans ; et soit ordonné que le droit de copie pour tout livre qui sera publié après la mort de son auteur durera *après la mort de l'auteur* pendant quarante-deux ans, à partir de la première publication qui en sera faite, et appartiendra au propriétaire du manuscrit de l'auteur, d'après lequel ce livre aura été publié, ainsi qu'à ses ayants cause.

4. — *Des livres publiés avant la loi.* — Attendu qu'il est juste d'étendre les avantages du présent acte aux auteurs des livres publiés avant sa passation, et pour lesquels le droit de copie existe encore, soit ordonné que le droit de copie, qui à l'époque de la passation du présent acte aura commencé d'exister pour tout livre déjà publié (sauf les exceptions ci-après mentionnées), sera étendu et continuera d'exister pendant le terme entier fixé par le présent acte relativement aux livres qui seront publiés à l'avenir, et qu'il appartiendra à la personne qui, lors de la passation du présent acte, sera propriétaire de ce droit de copie, sous la réserve cependant que, dans tous les cas où le droit de copie appartiendra en tout ou en partie à un éditeur ou à une autre personne qui l'aura acquis par un autre motif que celui d'une affection naturelle, ce droit ne sera pas prolongé par le présent acte ; il vaudra pour le terme restant à courir au moment où a été passé le présent acte, mais pas plus longtemps, à moins que l'auteur, s'il est vivant, ou le représentant personnel de l'auteur, si celui-ci est mort, et le propriétaire de ce droit de copie ne s'entendent, avant l'expiration dudit terme, pour accepter les avantages du présent acte, relativement audit livre, et ne fassent à cet effet un acte en la forme donnée dans la cédule annexée à la présente loi [1], pour être porté dans le registre d'en-

1. V. Cédule, n° 1, plus loin, p. 179.

registrement qu'il sera ci-après ordonné de tenir; auquel cas le droit de copie subsistera pendant toute la durée du terme établi par le présent acte, en faveur des livres qui seront publiés après sa promulgation, et sera la propriété de la personne nommée dans ledit acte.

5. — *Le comité judiciaire du conseil de Sa Majesté peut autoriser la publication d'un livre, si le propriétaire se refuse à en faire une nouvelle impression apres la mort de l'auteur.* — Attendu qu'il est à propos d'empêcher la suppression d'ouvrages qui importent au public, il est dit qu'il sera loisible au comité judiciaire du conseil privé de Sa Majesté, sur la dénonciation qui lui sera faite que le propriétaire d'un livre dont l'auteur est mort a refusé de le publier de nouveau ou d'en permettre une nouvelle publication, et que, par suite de ce refus, ce livre peut être retiré de la circulation, d'accorder au plaignant la permission de publier ledit livre, de telle manière et sous telles conditions que le comité le jugera convenable, et le plaignant aura le droit de publier ledit livre, conformément à cette permission.

6. — *Du dépôt à faire au Musée Britannique des œuvres ou éditions publiées après la promulgation de la loi.* — Soit ordonné qu'il sera remis au Musée Britannique, et ce dans l'intérêt de l'éditeur, un exemplaire imprimé de tout livre qui sera publié après la passation dudit acte, ensemble les cartes, estampes et gravures qui en dépendent, lesquelles devront être achevées et coloriées ainsi que dans les meilleurs exemplaires publiés, comme aussi un exemplaire de toute seconde ou subséquente édition, toutes les fois qu'elle contiendra des additions, ou des modifications, même s'il ne s'agit que de changements typographiques, ou ne concernant que les cartes, planches ou gravures comprises dans l'ouvrage, et à quelque époque qu'ait été publiée la première édition, ou bien encore lorsque la première ou précédente édition n'aura pas été remise au Musée Britannique: et cette remise devra avoir lieu dans le délai d'un mois à partir du jour où le livre sera pour la première fois vendu, publié ou mis en vente dans la ville même ; ou dans le délai de trois mois, si le livre doit d'abord être vendu, publié ou mis en vente dans

toute autre partie du Royaume-Uni, ou dans le délai d'un an, s'il doit d'abord être vendu, publié ou mis en vente dans toute autre partie des possessions britanniques.

7. — *Règles pour le dépôt au Musée Britannique.* — Soit ordonné que tout exemplaire qui, en vertu des dispositions du présent acte, devra être déposé comme il est dit ci-dessus, soit remis au Musée Britannique entre dix heures du matin et quatre heures de l'après-midi d'un jour quelconque, à l'exception des dimanches, du mercredi des cendres, du vendredi saint et du jour de Noël, à l'un des employés dudit Musée, ou à toute personne autorisée par les administrateurs dudit Musée à le recevoir ; et ledit employé ou individu qui recevra ledit exemplaire est requis par le présent d'en donner un reçu par écrit, et le dépôt ainsi fait sera, pour tous effets, jugé bon et valable, en vertu des dispositions du présent acte.

8. — *Du dépôt à faire dans diverses universités ou collèges.* — Soit ordonné qu'un exemplaire de tout livre et de toute seconde et subséquente édition contenant des additions et des changements, ensemble les planches et gravures y comprises, qui sera publié après la passation du présent acte, devra, — sur demande par écrit, laissée au domicile de l'éditeur dudit ouvrage à une époque quelconque, dans le délai d'un an après la publication, et de la main soit d'un employé de la corporation des libraires, qui sera désigné à cet effet par ladite corporation, soit de toute autre personne à ce autorisée par les personnes, corps politiques, corporations, propriétaires et directeurs des bibliothèques suivantes, savoir : la bibliothèque Bodléienne à Oxford, la bibliothèque publique de Cambridge, la bibliothèque de la faculté des avocats d'Édimbourg, la bibliothèque du collège de la sainte et indivisible Trinité de la reine Élisabeth, près Dublin, — être déposé entre les mains dudit employé de ladite corporation des libraires, dans le format du plus grand nombre des exemplaires desdits livre ou édition, imprimés pour être vendus, et dans les mêmes conditions que les exemplaires destinés à la vente par l'éditeur, et cela dans le délai d'un mois, après la demande faite par écrit, comme il a été dit ci-dessus ; et ledit employé devra et est par le présent requis de recevoir en la chambre de ladite

corporation ces exemplaires à l'usage de la bibliothèque pour laquelle ladite demande aura été faite, avant l'expiration d'un an, comme il a été dit ci-dessus, et ledit employé est par le présent requis d'en donner un reçu par écrit, et de le délivrer pour l'usage de la bibliothèque désignée, dans le délai d'un mois après que ledit livre lui aura été remis.

9. — *On peut remettre directement les exemplaires aux bibliothécaires.* — Soit ordonné, cependant, que si un éditeur désire déposer l'exemplaire qui lui sera demandé pour l'une desdites bibliothèques, à la bibliothèque même, il lui sera loisible de le remettre, franc de tous frais, au bibliothécaire ou à la personne autorisée pour le recevoir (laquelle est par le présent requise, en ce cas, de le recevoir et d'en donner reçu par écrit), et cette remise sera, pour tous les effets du présent acte, tenue pour équivalant à une remise audit employé de la corporation des libraires.

10. — *Pénalité si la remise n'a pas lieu.* — Soit ordonné que si l'éditeur d'un livre quelconque, ou de toute seconde ou subséquente édition de ce livre, néglige de le délivrer en conformité du présent acte, il devra payer pour chaque fois qu'il y aura manqué, outre la valeur dudit exemplaire du livre ou de l'édition qu'il aurait dû délivrer, une amende qui n'excédera pas 5 livres sterling [1], et qui devra être reçue par le bibliothécaire, ou un autre employé (dûment autorisé) de la bibliothèque pour l'usage de laquelle ledit exemplaire aurait dû être livré, et cela par voie sommaire, sur témoignage (ou preuve) devant deux juges de paix du comté ou lieu dans lequel réside l'éditeur en défaut, ou bien par action personnelle, ou autre procédure de même nature, à la requête dudit bibliothécaire ou employé, devant toute cour de record du Royaume-Uni ; et si, dans cette action, le demandeur obtient gain de cause, il recouvrera ses frais raisonnables, qui seront taxés comme entre attorney [2] et client.

1. La livre sterling ou souverain équivaut à 25 francs environ de notre monnaie

2. L'*attorney* répond à notre avoué ; les *cours de record* sont celles qui ont droit de condamner à l'amende et à la prison, et répondent à nos tribunaux ordinaires.

11. — *Un livre d'enregistrement sera tenu par la corporation des libraires.* — Soit ordonné qu'il sera tenu, à la chambre de la corporation des libraires par l'employé désigné à cet effet, un livre d'enregistrement où seront portés, ainsi qu'il est ordonné ci après, le droit de propriété sur les livres, les cessions dudit droit, la propriété des pièces dramatiques et musicales, soit en manuscrits, soit autrement, et les concessions qui affectent cette propriété ; que ledit registre sera, en tout temps opportun, ouvert à l'examen de tous, moyennant payement d'un shilling[1] pour chaque inscription qui sera recherchée ou examinée dans ledit registre ; et ledit employé devra, toutes les fois qu'il en sera justement requis, donner à toute personne le requérant, et moyennant payement de la somme de 5 shillings, copie de toute inscription dudit registre, certifiée de sa main, et empreinte du sceau de ladite corporation, sceau dont elle se munira à cet effet, et dont, par le présent, elle est requise de se munir, et lesdites copies ainsi certifiées et empreintes du sceau seront reçues comme preuves devant tous tribunaux et dans toutes procédures sommaires, et feront preuve *prima facie* de la propriété ou de la transmission du droit ou licence y indiquées, preuve susceptible d'être écartée par d'autres, et à l'égard des pièces dramatiques ou musicales, ces copies feront preuve *prima facie* du droit de représentation, mais la preuve contraire sera également admise comme il est dit ci-dessus.

12. — *C'est un délit que de faire une fausse inscription dans le livre d'enregistrement.* — Soit ordonné que toute personne qui ferait porter à dessein une mention fausse sur le livre d'enregistrement de la corporation des libraires, ou produirait ou ferait produire comme preuve une pièce quelconque qu'il prétendrait faussement être une copie d'une mention inscrite audit registre, sera coupable d'un délit (*misdemeanor*) à traduire devant le jury et sera punissable, en conséquence.

13. — *Des inscriptions faisant foi du droit de copie peuvent être prises dans le livre d'enregistrement.* — Soit ordonné

---

1. Le shilling équivaut à 1 fr. 20 c. de notre monnaie.

qu'après la promulgation du présent acte, il sera loisible au propriétaire du droit de copie de tout livre publié jusqu'ici, ou de tout livre qui sera publié à l'avenir, de faire insérer dans le registre de la corporation des libraires le titre dudit livre, l'époque de sa première publication, le nom et le domicile de l'éditeur et le nom et le domicile du propriétaire du droit de copie dudit livre, ou de toute portion dudit droit, dans la forme fixée pour cet objet dans la cédule annexée au présent acte[1], moyennant payement de la somme de 5 shillings fait à l'employé de ladite corporation; et il sera loisible à tout propriétaire qui aura rempli cette formalité de céder son droit ou toute portion de son droit, en faisant porter au registre ledit transport, et le nom et le domicile du cessionnaire, dans la forme donnée à cet effet par la cédule susmentionnée[2], sur payement de pareille somme ; et ledit transport ainsi enregistré aura la même valeur légale pour tous effets quelconques, sans être soumis à aucun timbre ni droit, et aura la même force et le même effet que s'il avait été fait par acte sous sceau.

14. — *Les personnes lésées par une inscription quelconque peuvent s'adresser à la justice pour rétablir leurs droits.* — Soit ordonné qu'il sera loisible à quiconque se trouverait lésé par une mention quelconque portée audit registre, en invoquant le présent acte, d'introduire une instance à la cour du banc de la reine, à la cour des plaids communs ou à la cour de l'échiquier[3], dans le temps des sessions, ou de s'adresser par acte judiciaire à un juge de l'une ou de l'autre des susdites cours lorsqu'elles seront en vacances, pour obtenir l'ordre de rayer ou de changer ladite mention ; et que, d'après ce recours par instance ou par acte judiciaire à l'une ou l'autre desdites cours ou à un juge, comme il a été dit ci-dessus, ladite cour ou ledit juge donnera un ordre pour rayer, changer ou confirmer ladite mention, avec ou sans frais, selon qu'il semblera juste à ladite cour ou audit

1. V. CÉDULES nos II et III, plus loin p. 180.
2. V. CÉDULES nos IV et V, plus loin p. 181.
3. Ces différentes cours ont été abolies depuis 1812, par suite d'une récente réorganisation du système judiciaire en Angleterre.

juge ; et l'employé désigné par la corporation des libraires, pour les effets du présent acte, devra, sur la production à lui faite d'un ordre semblable, afin de rayer ou changer ladite mention, la rayer ou la changer, suivant les dispositions dudit ordre.

15. — *Une action est donnée contre la contrefaçon.* — Soit ordonné que si, dans quelque partie des possessions britanniques, un individu imprimait ou faisait imprimer, après la passation du présent acte, soit pour la vente, soit pour l'exportation, un livre pour lequel le droit de copie subsisterait, sans le consentement par écrit du propriétaire dudit livre, ou importait au-delà des mers pour vente ou location un tel livre ainsi illégalement imprimé, ou, sachant que ledit livre aurait été illégalement imprimé ou importé, le vendait, le publiait ou l'exposait en vente ou location, ou le faisait vendre, publier ou exposer pour vente ou location, ou gardait en sa possession un livre ainsi illégalement imprimé ou importé, pour vente ou location, sans le consentement du propriétaire, comme il a été dit ci-dessus, ledit contrevenant encourrait une action spéciale sur cet objet, à la requête du propriétaire dudit droit de copie, laquelle action pourra être intentée devant toute cour de record, dans la partie des possessions britanniques où la contravention aura été commise ; sous la réserve toutefois qu'en Ecosse ledit contrevenant sera poursuivi devant la cour de session d'Ecosse, par une action qui devra être intentée et poursuivie de la même manière que toute autre action en dommages-intérêts, d'un montant égal.

16.— *Dans les procès de contrefaçon, le défendeur doit donner par écrit une note au demandeur, contenant les arguments sur lesquels il compte s'appuyer.* — Soit ordonné qu'après la passation du présent acte, dans toute action intentée sur le territoire des possessions britanniques, contre toute personne qui imprimerait ainsi un livre pour la vente, la location ou l'exportation, ou qui importerait, vendrait, publierait ou exposerait un tel livre en vente ou location, ou le ferait importer, vendre, publier ou exposer en vente ou location, le défendeur en signifiant ses conclusions devra donner au demandeur une note par écrit de tous les arguments sur lesquels il a l'intention de s'appuyer pour repousser ladite action ; et si la nature de sa défense est que le demandeur dans ladite action ne serait pas l'auteur ou le premier éditeur du livre dont par ladite action il réclame le droit de copie, ou ne serait pas le propriétaire de ce droit de copie, ou que quelque autre personne que le demandeur serait l'auteur ou le premier éditeur dudit livre, ou serait le propriétaire du droit de copie, alors le défendeur devra spécifier dans ladite note le nom de la personne qu'il prétend être l'auteur ou le premier éditeur dudit livre, ou le propriétaire du droit de copie, ensemble le titre dudit livre, et le temps et le lieu où il a été publié la première fois; sinon, lors de l'examen ou du jugement de ladite action, le défendeur ne sera pas reçu à faire preuve que le demandeur ne serait pas l'auteur ou premier éditeur du livre pour lequel il réclame le droit de copie, ainsi qu'il a été dit ci-dessus, ou qu'il ne serait pas le propriétaire dudit droit de copie, et, lors du jugement, il ne sera permis de faire en faveur dudit défendeur d'autres objections que celles indiquées en ladite note, ni d'indiquer comme auteur ou premier éditeur dudit livre, ou propriétaire dudit droit de copie, aucune autre personne que celle qui est spécifiée en ladite note, ni de présenter comme preuve à l'appui de sa défense aucun autre livre que celui dont le titre, l'époque et le lieu de publication correspondent entièrement avec le titre, l'époque et le lieu spécifiés dans la note.

17. — *Le propriétaire seul a le droit de vendre son livre réimprimé hors des possessions britanniques. Tout coupable devra payer une amende de dix livres sterling et le double de la valeur.* — Soit ordonné qu'après la passation du présent acte, il ne sera loisible qu'au seul propriétaire du droit de copie, ou à toute autre personne autorisée par lui, d'importer dans une partie quelconque du Royaume-Uni, ou dans toute autre partie des possessions britanniques, pour vente ou location, un livre qui, pour la première fois composé, écrit ou imprimé et publié dans quelque partie dudit Royaume-Uni, aura été réimprimé ensuite dans quelque contrée ou lieu quelconque hors des possessions britanniques ; et si quelque personne n'étant pas propriétaire ou autorisée, comme il a été dit ci-dessus, importait ou apportait, faisait importer ou apporter pour vente ou loca-

tion un tel livre dans une partie quelconque des possessions britanniques, contrairement au vrai sens et esprit du présent acte, ou vendait, publiait ou exposait sciemment en vente ou location, ou avait en sa possession pour vente ou location un semblable livre, alors ledit livre sera confisqué et saisi par tout employé des douanes ou de l'accise, et sera détruit par lui ; et toute personne ainsi en contravention, et qui en sera dûment convaincue devant deux juges de paix du comté ou lieu où ledit livre sera trouvé, devra, pour chaque contravention semblable, payer une amende de la somme de 10 livres sterling, et le double de la valeur de chaque exemplaire dudit livre qu'il importera ou fera importer dans quelque partie des possessions britanniques, ou vendra, publiera ou exposera sciemment en vente ou en location, ou fera vendre, publier ou exposer en vente ou en location, ou qu'il aura en sa possession pour vente ou location, contrairement au vrai sens et esprit du présent acte, de laquelle amende 5 livres sterling seront au profit dudit employé des douanes ou de l'accise, et le reste au profit du propriétaire du droit de copie dudit livre.

18. — *Des œuvres publiées dans les magazines, revues, etc.* — Soit ordonné que l'éditeur ou la personne qui, avant ou à l'époque de la passation du présent acte, aura imaginé, dirigé et édité, ou à l'avenir imaginera, dirigera et éditera quelque encyclopédie, revue, magazine, ouvrage périodique ou publication par livraisons ou tout autre livre, ou en sera propriétaire, et aura employé ou emploiera diverses personnes pour composer soit la totalité d'un ouvrage semblable, soit quelques volumes, livraisons, essais, articles ou morceaux, pour être publiés dans lesdits ouvrages ou comme en faisant partie, lorsque lesdits ouvrages, volumes, livraisons, essais, articles ou morceaux auront été ou seront composés par lesdites personnes, à la condition que le droit de copie desdits ouvrages appartiendra audit propriétaire ou éditeur et qu'il leur sera payé par lui, sera propriétaire du droit de copie desdits encyclopédie, revue, magazine, ouvrage périodique ou publication par livraisons, et de chaque volume, livraison, essai, article et morceau ainsi composé et payé, et jouira des mêmes droits que s'il était effectivement l'auteur, et pendant la même durée que celle accordée

aux écrivains par le présent acte, avec cette modification seulement, qu'à l'égard d'essais, d'articles ou de morceaux faisant partie de revues, magazines ou autres ouvrages périodiques de même nature, et y ayant d'abord été publiés, le droit de publier lesdits ouvrages séparément retournera, après l'expiration de vingt-huit années, à partir de leur première publication, à l'auteur pour le reste de la durée accordée par le présent acte; sous la réserve encore que, durant ces vingt-huit années, ledit propriétaire ou éditeur ne publiera séparément aucun desdits essais, articles ou morceaux sans le consentement préalable de l'auteur ou de ses ayants cause, et sous la réserve aussi que rien de ce qui est ici établi ne changera ou n'affectera le droit appartenant à toute personne ayant été ou étant ainsi employée, comme il a été dit ci-dessus, de publier séparément une composition faite par elle, si par un contrat exprès ou tacite elle s'était réservé ou se réservait à l'avenir ce droit; mais tout auteur qui aura réservé ou retenu ce droit ou en sera devenu propriétaire pourra l'exercer en faisant de son travail une publica tion séparée, sans préjudicier en rien au droit dudit propriétaire ou éditeur, comme il a été dit ci-dessus.

19. — *Les propriétaires de magazines, revues, etc., peuvent faire enregistrer leurs droits à la Chambre des libraires.* — Soit ordonné que le propriétaire du droit de copie de toute encyclopédie, revue, magazine, ouvrage périodique ou autre, publié par livraisons, aura droit à tous les avantages de l'enregistrement à la Chambre des libraires, en vertu du présent acte, en portant dans ledit registre d'enregistrement le titre desdits encyclopédie, revue, ouvrage périodique, ou autre ouvrage publié par livraisons, l'époque de la première publication du premier volume, du premier numéro ou de la première livraison, ou du premier numéro ou volume, publié après la promulgation du présent acte, de tout ouvrage précédemment publié, ainsi que le nom et le domicile du propriétaire et de l'éditeur, quand ledit éditeur n'est pas propriétaire.

20. — *De l'extension de ces dispositions et de celles des actes 3 et 4, W. IX, c. 15, aux pièces dramatiques et aux compositions musicales.* — Attendu qu'un acte a été passé la troisième

année du règne de feu S. M (Guillaume IV) pour amender la loi relative à la propriété dramatique, et qu'il est à propos d'étendre la durée du droit exclusif de représenter les pièces dramatiques, accordé par ledit acte, au terme fixé par le présent acte pour le droit de copie ; et attendu qu'il est à propos d'étendre aux compositions musicales les bénéfices de l'acte susmentionné et aussi ceux du présent acte : soit en conséquence ordonné que les dispositions dudit acte de feu S. M. Guillaume IV et celles du présent acte seront appliquées aux compositions musicales, et que le droit exclusif de représenter et exécuter, faire représenter et exécuter toute pièce dramatique ou composition musicale, continuera d'être et sera la propriété de l'auteur et de ses ayants cause pendent la durée assignée par le présent acte au droit de copie et de son enregistrement s'appliqueront également au droit de représenter ou exécuter toute pièce dramatique ou composition musicale, comme si lesdites dispositions étaient ici de nouveau ordonnées et appliquées auxdites pièces dramatiques et compositions musicales, sauf et excepté que la première représentation publique d'une pièce dramatique, ou la première exécution publique d'une composition musicale, sera jugé équivalente, dans l'interprétation du présent acte, à la première publication d'un livre ; et sous la réserve que, pour les pièces dramatiques ou compositions musicales en manuscrit, il suffira que la personne ayant le droit exclusif de les représenter ou exécuter, ou de les faire représenter ou exécuter, fasse enregistrer le titre dudit ouvrage, le nom et le domicile de l'auteur, le nom et le domicile du propriétaire, et l'époque et le lieu de la première représentation.

21. — *Les propriétaires du droit de représentations dramatiques jouiront des recours accordés par les actes 3 et 4, W. IV, c. 15.*—Soit ordonné que la personne qui, à une époque quelconque, aura le droit exclusif de représenter ou exécuter lesdites pièces dramatiques ou compositions musicales, jouira des recours accordés et fixés par ledit acte passé les troisième et quatrième années du règne de feu S. M. le roi Guillaume IV, pour amender les lois relatives à la propriété dramatique dans tout ce qui concerne ses intérêts, aussi bien que si ces dispositions étaient reproduites au présent acte.

22. — *Le transfert du droit de copie d'une piece dramatique n'entraîne pas la cession du droit de représentation.* — Soit ordonné qu'aucune transmission du droit de copie d'un livre contenant une pièce dramatique ou une composition musicale ne sera considéré comme transférant au cessionnaire le droit de représenter ou exécuter ladite pièce dramatique ou composition musicale, à moins qu'il ne soit fait au livre d'enregistrement une mention où soit expressément indiquée l'intention des parties que ce droit est accordé par ladite transmission.

23. — *Les exemplaires contrefaits deviendront la chose du véritable propriétaire et pourront être revendiqués.* — Soit ordonné que tous les exemplaires d'un livre pour lequel il existe un droit de copie dont mention est faite au livre d'enregistrement, et qui a été illégalement imprimé ou importé sans le consentement préalablement obtenu du propriétaire et signé de sa main, deviendront la chose du propriétaire enregistré comme tel, et ledit propriétaire aura droit, après demande par écrit, de poursuivre et de faire le recouvrement desdits exemplaires, ou de réclamer des dommages-intérêts pour leur détention, au moyen d'une action en restitution contre toute personne qui les détiendrait, ou bien de poursuivre en dommages-intérêts, par toute action de recel.

24. — *Aucun propriétaire du droit de copie ne pourra faire valoir son droit contre les contrefacteurs d'un livre publié apres la loi, s'il n'a rempli auparavant la formalité de l'inscription. Exception pour les pièces dramatiques.* — Soit ordonné qu'aucun propriétaire du droit de copie d'un livre qui aura été publié pour la première fois après la passation du présent acte, ne pourra intenter d'action en justice ou en équité, ni de procédure sommaire relativement à une transgression quelconque audit droit de copie, si avant lesdites action, instance ou procédure, il n'a fait inscrire au livre d'enregistrement de la corporation des libraires une mention dudit livre en conformité du présent acte : sous la réserve toujours que l'omission de cette mention n'affecte pas le droit de copie dudit livre, mais seulement le droit de poursuite contre les transgressions audit droit, ainsi qu'il a été dit ci-dessus ; sous la réserve aussi que rien de ce

qui est ici contenu ne doit porter atteinte aux recours que le propriétaire du droit exclusif de représenter une pièce dramatique doit avoir, en vertu de l'acte passé la troisième année du règne de feu S. M. le roi Guillaume IV, pour amender les lois relatives à la propriété dramatique ou en vertu du présent acte, quoiqu'il n'y ait pas eu de mention faite au livre d'enregistrement, comme il a été dit ci-dessus.

25. — *Le droit de copie est considéré comme propriété mobilière.* — Soit ordonné que tout droit de copie sera jugé propriété mobilière, et sera transmissible par legs, ou, en cas de décès *ab intestat*, sera soumis à la même loi de distribution que tous autres biens meubles; et, en Écosse, il sera tenu pour propriété personnelle et mobilière.

26. — *Procédure générale.* — Soit ordonné que si quelque action ou procès est commencé ou intenté contre une personne qui aurait fait ou fait faire un acte tombant sous le coup de la présente loi, le défendeur dans ladite action pourra prendre des conclusions générales, et faire venir en preuve le fait spécial; et si sur cette action le défendeur est acquitté, ou bien si le demandeur est mis hors de cour ou se désiste de son action, alors le défendeur recouvrera tous ses frais, ayant à cet égard le même recours qu'un défendeur en toute cause judiciaire. Soit ordonné aussi que toutes actions, procédures, plaintes en justice ou informations relativement à toute contravention commise contre le présent acte, seront intentées et commencées avant l'expiration d'une année après que cette contravention aura été commise; autrement elles seront nulles et sans effet, sous la réserve cependant que cette limitation de temps ne doit s'étendre à aucune action , instance ou autre procédure qui, en vertu de l'autorité du présent acte, serait intentée, produite ou commencée relativement aux exemplaires qui doivent être délivrés pour l'usage du Musée Britannique, ou pour l'une des quatre bibliothèques mentionnées au présent acte.

27. — *Les universités et colleges privilégiés conservent sains et saufs tous leurs droits.* — Sous la réserve toutefois et qu'il soit ordonné que rien de ce qui est contenu au présent acte ne de-

vra affecter ni altérer les droits des deux universités d'Oxford et de Cambridge et des collèges qui en dépendent, des quatre universités d'Écosse, et du collège de la sainte et indivisible Trinité de la reine Élisabeth, près Dublin, et des différents collèges d'Eton, Westminster et Winchester, sur les droits de copie qui appartiennent ou qui appartiendront à l'avenir auxdits collèges et universités respectivement, quelque disposition contraire qui soit contenue au présent acte.

28. — *La loi n'a pas d'effet rétroactif.* — Sous la réserve aussi, et qu'il soit ordonné que rien de ce qui est contenu au présent acte ne devra affecter, altérer ou changer aucun droit existant à l'époque de la passation du présent acte, sauf en ce qui s'y trouve expressément ordonné, et tous contrats, conventions et obligations faits ou enregistrés avant la passation du présent acte, et tous les recours y relatifs, conserveront leur entier effet, malgré ce qui pourrait être contenu de contraire au présent acte.

29. — *Extension de l'acte.* — Soit ordonné que le présent acte s'étendra au royaume uni de la Grande-Bretagne et d'Irlande et à toutes les parties des possessions britanniques.

30. — *Cet acte pourrait être amendé pendant la session.* — Soit ordonné que le présent acte pourra être amendé ou révoqué par tout acte passé dans la présente session du Parlement.

Cédule n° 1.

Forme de l'accord de l'auteur et de l'éditeur pour la jouissance de l'extension accordée au droit de propriété littéraire par le présent acte :

A l'employé chargé de l'inscription par la Compagnie des libraires.

Nous soussignés A B, de . . . . . . , auteur d'un livre intitulé Y Z (ou son ayant cause), et C D, de . . . . . . , certifions par le présent acte que nous nous sommes entendus pour accepter le bénéfice de l'acte passé pendant la cinquième année du règne de S. M. la reine Victoria, pour l'extension du droit de propriété littéraire, et déclarons que, pour cette nouvelle durée, le droit appartient à A B ou C D.

Ce jour de 18 . *Signé :* A B.

Témoin C D.

Cédule n° 2.

Forme pour demander l'inscription de propriété.

Je soussigné A B, de . . . . , certifie que je suis propriétaire d'un livre intitulé Y Z, et je vous requiers d'inscrire sur le registre de la Compagnie des libraires *(stationers)* mon titre de propriété, suivant le détail ci-joint.

TITRE du LIVRE	NOM DE L'ÉDITEUR et lieu de la publication	NOM ET DEMEURE du propriétaire	DATE de la première publication
Y Z.		A B.	

Ce jour de 18 .

Témoin C D. *Signé* A B.

Cédule n° 3.

Inscription de la propriété d'un livre.

ÉPOQUE de L'INSCRIPTION	TITRE du LIVRE	NOM DE L'ÉDITEUR et lieu de la publication	NOM et demeure du PROPRIÉTAIRE	DATE de la première publication
. .	Y Z.	A B.	C D.	

Cédule n° 4.

Forme de la cession de la propriété d'un livre déja enregistré.

Je soussigné A B, de . . . . . , comme cédant la propriété du livre ci-dessus désigné, vous requiers d'inscrire la cession de propriété ci-jointe :

TITRE DU LIVRE	NOM DU CÉDANT *(assigner)*	NOM DU CESSIONNAIRE *(assigner)*
Y Z.	A B.	C D.

Ce jour de 18 .

Signé : A B.

Cédule n° 5.

Forme pour l'inscription de la cession de la propriété d'un livre déjà enregistré.

DATE de L'INSCRIPTION	TITRE du LIVRE	NOM du CÉDANT	NOM du CESSIONNAIRE
	Renvoi à la page où l'inscription du livre a été faite.		

Acte du 10 mai 1844

POUR AMENDER LA LOI

SUR LA

PROPRIÉTÉ LITTÉRAIRE ET ARTISTIQUE INTERNATIONALE.

Considérant que par un acte rendu dans la session de Parlement tenue dans les premières et secondes années du règne de Sa Majesté actuelle sous le titre: *Acte pour assurer aux auteurs, dans certains cas, le bénéfice du droit à la propriété littéraire et artistique internationale* lequel acte est appelé ci-après pour plus de clarté : « *Acte sur la propriété littéraire artistique internationale.* » Sa Majesté était autorisée par ordonnance en conseil à ordonner que les auteurs des livres qui pourraient être, à partir d'une certaine date, édités dans certains pays étrangers, et leurs exécuteurs testamentaires, représentants et ayants-cause auraient seuls droit d'imprimer et réimprimer ces livres dans l'Empire Britannique pour telle durée que Sa Majesté fixerait mais qui ne dépasserait pas la durée à laquelle les auteurs, sujets anglais, auraient alors, c'est-à-dire à l'époque où ledit acte a été passé, relativement aux ouvrages édités pour la première fois dans le Royaume-Uni ; et ledit acte contient des dispositions diverses assurant aux auteurs et à leurs représentants le droit d'auteur pour les livres auxquels s'appliquerait ladite ordonnance en conseil.

Considérant qu'un acte a été passé dans la session de Parlement tenue dans les 5e et 6e années du règne de Sa Majesté actuelle sous le titre : *Acte pour amender la loi sur le droit d'auteur* (lequel acte est appelé ci-après pour plus de clarté : « *Acte pour amender le droit d'auteur* »), abrogeant différents actes y mentionnés relatifs au droit d'auteur pour les livres imprimés, et étendant, déterminant et assurant aux auteurs et à leurs représentants le droit d'auteur pour leurs livres :

Considérant qu'un acte a été passé dans la session de Parlement tenue dans les 3e et 4e années du règne de Sa Majesté le Roi Guillaume IV, sous le titre : *Acte pour amender les lois relatives à la propriété littéraire dramatique* (lequel acte est appelé désormais pour plus de clarté : « *Acte de la propriétaire littéraire des œuvres dramatiques* »), en vertu duquel le seul droit de représenter ou de faire représenter toute pièce dramatique dans tout théâtre dans une partie quelconque de l'Empire Britannique qui serait composée et non imprimée ou éditée par l'auteur ou son ayant-droit, était assuré à cet auteur ou son ayant-droit; et par ledit acte il a été édicté que l'auteur d'une telle production qui par la suite serait imprimée et éditée, ou son ayant-droit, aurait seul le même droit de faire représenter l'ouvrage jusqu'à la fin de vingt-huit années à dater de la première édition.

Considérant que par ledit acte pour amender la loi sur le droit d'auteur, les dispositions de l'acte sur la propriété littéraire des ouvrages dramatiques et celles de l'acte pour amender la loi sur le droit d'auteur ont été rendues applicables aux compositions musicales ; et qu'en conséquence il a été aussi édicté que le seul droit de représenter ou jouer, ou de faire représenter ou jouer dans une partie quelconque de l'Empire Britannique toute pièce dramatique ou composition musicale durerait et serait la propriété de l'auteur et ses ayants-droit pour la durée fixée par l'acte pour amender la loi sur le droit d'auteur, pour la durée du droit d'auteur sur les livres, et que les dispositions dudit acte relatives à la propriété de ce droit d'auteur comprendraient le droit de représenter ou jouer une pièce dramatique ou musicale ;

Considérant que d'après les quatre actes ci-après mentionnés; c'est-à-dire, 1° un acte rendu dans la huitième année du règne de Sa Majesté Georges II, sous le titre : *Acte pour l'encouragement des arts de dessiner, graver et graver à l'eau-forte des gravures historiques ou toutes autres pour en conférer la propriété aux inventeurs ou graveurs pendant le temps y mentionné ;* 2° un acte rendu dans la septième année de Sa Majesté Georges III, sous le titre : *Acte pour amender et rendre plus efficace un acte rendu dans la huitième année du règne du* Roi Georges II, *pour l'encouragement des arts de dessiner, graver et graver à l'eau-forte des gravures historiques et autres, et pour conférer et as-*

surer à Jane Hogarth, *veuve, la propriété de certaines gravures;* 3° un acte rendu dans la dix-septième année du règne de Sa Majesté le Roi Georges III sous le titre: *Acte pour assurer plus efficacement la propriété des gravures aux inventeurs et graveurs en leur permettant de poursuivre en justice et recouvrer des amendes dans certains cas;* 4° un acte rendu dans la session du Parlement tenue dans les sixième et septième années du règne de Sa Majesté le Roi Guillaume IV, sous le titre: *Acte pour étendre la garantie du droit d'auteur sur les estampes et gravures* en Irlande; (lesquels quatre actes sont appelés désormais pour plus de clarté, les *actes du droit d'auteur pour les gravures;*) toute personne qui invente, grave au burin, à l'eau-forte, en mezzoteinte ou en clair-obscur, ou fait dessiner, graver au burin, à l'eau-forte, en mezzoteinte ou en clair-obscur d'après son ouvrage, son dessin ou sa composition, une ou plusieurs estampes historiques ou toute estampe de tout portrait, scène d'intérieur, paysage ou architecture, carte géographique, carte ou plan ou toutes autres estampes quelles qu'elles soient, et toute personne qui grave au burin, à l'eau-forte, en mezzoteinte ou clair-obscur, ou donne à graver au burin, à l'eau-forte ou travailler toute estampe prise de toute peinture, dessin, modèle ou sculpture, soit ancienne ou moderne, bien que cette empreinte ne soit pas gravée ou dessinée d'après le dessin original dudit graveur, graveur à l'eau-forte ou tout dessinateur, a droit au droit d'auteur pour cette estampe pour la durée de vingt-huit années depuis la première édition; et par lesdits actes du droit d'auteur pour les gravures il a été décidé que le nom du propriétaire serait gravé exactement sur chaque cliché et imprimé sur toute estampe et des mesures sont décrétées pour obvier à la contrefaçon dudit droit d'auteur;

Considérant que, en vertu d'un acte rendu dans la trente-huitième année du règne de Sa Majesté le Roi Georges III, sous le titre: *Acte pour encourager l'art de faire de nouveaux modeles et moules de bustes et autres choses y mentionnés,* et d'un acte rendu dans la cinquante-quatrième année du règne de Sa Majesté le Roi Georges III, sous le titre: *Acte pour amender et rendre plus efficace un acte de Sa Majesté actuelle pour encourager l'art de faire de nouveaux modèles et moules de bustes et autres choses y mentionnés, et pour donner plus d'encoura-*

gement auxdits arts, (lesquels dits actes sont appelés désormais pour plus de clarté les *actes du droit d'auteur pour la sculpture)* toute personne qui fait ou donne à faire toute sculpture nouvelle et originale ou modèle ou copie ou moule de portrait d'homme, ou buste ou partie de portrait drapé ou autrement, tout animal ou partie d'un animal combiné avec un sujet d'homme ou autrement, tout sujet, sujet d'invention en sculpture, un haut ou bas-relief représentant un des sujets ci-dessus, ou un moule quelconque d'après nature d'un portrait ou une partie, ou de tout animal ou une partie, ou de tout sujet représentant l'un des objets sus désignés soit séparé ou ensemble, acquiert le droit d'auteur pour cette sculpture nouvelle et originale, modèle, copie et moule pour quatorze ans à partir du jour où ces œuvres auront été publiées pour la première fois, et pour une durée de quatorze ans de plus dans le cas où l'auteur original vivrait encore à la fin de la première période ; et par lesdits actes il a été décidé que le nom du propriétaire, avec la date de la publication doit être unis sur ces sculptures, modèles, copies et moules, et des mesures sont édictées pour obvier à la contrefaçon de ce droit d'auteur ;

Considérant que les pouvoirs conférés à Sa Majesté par ladite loi sur la propriété littéraire et artistique internationale sont insuffisants pour permettre à Sa Majesté d'accorder aux auteurs des livres édités pour la première fois dans des pays étrangers le droit d'auteur pour la même durée, et avec les mêmes mesures pour la contrefaçon qui sont accordées et édictées par ladite loi pour amender le droit d'auteur à l'égard des auteurs d'ouvrages publiés pour la première fois dans l'Empire Britannique ; et ladite loi sur la propriété littéraire et artistique internationale n'autorise pas Sa Majesté d'accorder un droit exclusif de représenter ou jouer des pièces dramatiques ou compositions musicales publiées pour la première fois dans les pays étrangers, aux auteurs, ni d'étendre le privilège du droit d'auteur aux estampes et sculptures publiées pour la première fois à l'étranger ; et qu'il est bon d'augmenter les pouvoirs de Sa Majesté, à cet égard et à cet effet d'abroger ladite loi sur la propriété littéraire et artistique, et d'accorder à Sa Majesté d'autres pouvoirs, et de prendre telles autres dispositions indiquées ci-après :

1. — *Abrogation de la loi sur la propriété littéraire et artistique internationale.* — Soit, en conséquence, édicté par la très excellente Majesté la Reine, et par et avec l'avis et le consentement des Lords spirituels et temporels et des communes dans le Parlement actuellement assemblé, et par leur autorité, que ledit acte ici désigné; la loi sur la propriétaire littéraire et artistique internationale, est abrogé par le présent comme il l'est par les présentes.

2. — *Sa Majesté, par ordonnance en conseil, peut ordonner que les auteurs etc. d'œuvres publiées pour la première fois à l'étranger auront le droit d'auteur y attaché dans l'Empire de Sa Majesté.* — Soit édicté que Sa Majesté, sur ordonnance en conseil de Sa Majesté, aura le droit d'ordonner qu'à l'égard de toutes classes ou certaines classes d'œuvres suivantes, c'est-à-dire, livres, estampes, articles de sculpture et autres œuvres d'art, à désigner dans ladite ordonnance, après une certaine époque à déterminer dans ladite ordonnance, qui seront publiées pour la première fois dans tout pays étranger à désigner dans ladite ordonnance, les auteurs, inventeurs, dessinateurs, graveurs et confectionneurs respectivement de ces œuvres, et leurs exécuteurs testamentaires, représentants et ayants-droit respectifs, auront le privilège du droit d'auteur y attaché pendant telle durée ou durées respectives qui seront déterminées dans ladite ordonnance, ne dépassant pas, cependant, quant aux œuvres ci-dessus mentionnées, la durée du droit d'auteur auquel les auteurs, inventeurs, dessinateurs, graveurs et confectionneurs des œuvres semblables respectivement publiées pour la première fois dans le Royaume-Uni avaient droit sous les actes respectifs ci-devant mentionnés ou en vertu de tous autres actes qui pourraient être passés à cet égard.

3. — *Si l'ordonnance s'applique aux livres, la loi sur le droit d'auteur quant aux livres édités pour la première fois dans ce pays, sera appliqué aux livres auxquels l'ordonnance se rapporte avec certaines exceptions.* — Soit édicté que dans le cas où ladite ordonnance s'applique aux livres, toutes les dispositions dudit acte pour amender la loi sur le droit d'auteur ou de tout autre acte pour le temps en vigueur relatif au droit

d'auteur pour les livres édités pour la première fois dans ce pays seront, depuis le temps à déterminer à cet égard dans ladite ordonnance, et sauf telle limitation, quant à la durée du droit d'auteur qui y sera mentionnée, applicables à en vigueur à l'égard des livres auxquels ladite ordonnance s'applique et qui auront été enregistrés comme il sera dit ci-après de telle et de la même manière que si les livres étaient publiés pour la première fois dans le Royaume-Uni, sauf et excepté telles des dites dispositions ou en telles parties qui seraient exceptées dans ladite ordonnance, et sauf et excepté telles desdites dispositions qui se rapportent à la livraison au *British Museum*, et pour ou à l'usage d'autres bibliothèques mentionnées dans ledit acte pour amender la loi sur le droit d'auteur.

4. — *Si l'ordonnance s'applique aux estampes, sculptures, etc., la loi sur le droit d'auteur en ce qui concerne les estampes ou sculptures précédemment publiées dans ce pays, sera applicable aux estampes, soulptures, etc. auxquelles telle ordonnance se rapporte.*—Soit décrété, que dans le cas où ladite ordonnance serait applicable aux estampes, articles de sculpture ou à toutes autres œuvres d'art comme il est dit ci-dessus, toutes les dispositions desdits actes sur le droit d'auteur pour les gravures et lesdits actes sur le droit d'auteur pour la sculpture ou de tout autre acte en vigueur à l'époque relativement au droit d'auteur pour les estampes ou articles de scupture précédemment publiés dans ce pays, ou de tout autre acte en vigueur à l'époque relativement au droit d'auteur pour des œuvres d'art semblables, précédemment publiées dans ce pays, seront, depuis et après l'époque à déterminer à cet égard dans l'ordonnance et sauf telle restriction à apporter quant à la durée du droit d'auteur, applicables et mises en vigueur en ce qui concerne les estampes, articles de sculpture et autres œuvres d'art dont ladite ordonnance s'occupe et qui auront été enregistrées comme il est indiqué ci-après, comme si les articles et autres œuvres d'art étaient précédemment publiés dans le Royaume-Uni, sauf telles desdites dispositions ou telles parties desdites dispositions auxquelles ladite ordonnance ferait dérogation.

5. — *Sa Majesté peut, par ordonnance en conseil, ordonner*

que les auteurs et compositeurs des pièces dramatiques et compositions musicales précédemment représentées et jouées en public dans des pays étrangers auront des droits semblables dans l'Empire Britannique. — Soit décrété que Sa Majesté par ordonnance en conseil aura le droit d'ordonner que les auteurs des pièces dramatiques et compositions musicales qui, après une certaine époque à spécifier dans l'ordonnance, seront précédemment représentées ou jouées dans un pays étranger quelconque, à déterminer dans l'ordonnance, auront seuls droit de représenter ou jouer ces pièces dramatiques ou compositions musicales dans toutes les parties de l'Empire Britannique durant le temps qui sera spécifié dans l'ordonnance, ne dépassant pas celui durant lequel les auteurs des pièces dramatiques et compositions musicales précédemment représentées ou jouées en public dans le Royaume-Uni, auront seuls droit d'après la loi, de les représenter et jouer ; et depuis et après le temps ainsi spécifié dans l'ordonnance, les dispositions dudit acte sur la propriété littéraire dramatique et dudit acte pour amender la loi sur le droit d'auteur, et de tout autre acte en vigueur à l'époque relativement au droit de représenter ou jouer des pièces dramatiques ou compositions musicales, seront, sauf telle restriction quant à la durée du droit accordé par l'ordonnance y déterminée, applicables et mises en vigueur en ce qui concerne les pièces dramatiques et compositions musicales dont ladite ordonnance s'occupe et qui auront été enregistrées comme il est expliqué ci-après, comme si ces pièces dramatiques et compositions musicales avaient été précédemment représentées et jouées en public dans l'Empire Britannique, sauf et excepté telles desdites dispositions ou telles parties desdites dispositions auxquelles ladite ordonnance ferait dérogation.

6. — *Formalités à remplir en ce qui concerne l'enregistrement et dépôt de l'ouvrage.* — Toutefois soit décrété que nul auteur de tout livre, pièce dramatique ou composition musicale, ses exécuteurs testamentaires, représentants ou ayants-droit, et nul inventeur, dessinateur ou graveur de toute estampe ou confectionneurs de tout article de sculpture, ou autre œuvre d'art, ses exécuteurs testamentaires, représentants ou ayants-droit n'auront droit au bénéfice de cet acte, ou de toute ordonnance en

conseil à rendre en conséquence de cet acte, à moins que dans un temps à déterminer à cet égard par ladite ordonnance en conseil, ces livre, pièce dramatique, composition musicale, estampe, article de sculpture ou autre œuvre d'art n'aient été ainsi enregistrés, et qu'un exemplaire n'en ait été déposé comme il est mentionné plus bas, c'est-à-dire, quant à ces livre et pièce dramatique ou composition musicale (dans le cas où on les a imprimés) le titre de l'exemplaire, le nom et résidence de l'auteur ou compositeur, le nom et résidence du propriétaire du droit d'auteur y attaché, l'époque et le lieu de la première publication, représentation ou exécution en pays étranger indiqué dans l'ordonnance en conseil en vertu de laquelle les bénéfices de cet acte seront réclamés, seront inscrits sur le registre de la société de la librairie à Londres et un exemplaire imprimé de ce livre entier, et de cette pièce dramatique ou composition musicale, dans le cas ou on les a imprimés, et de tout volume, sur le meilleur papier sur lequel le plus grand nombre de ces livre, pièce dramatique ou composition musicale aura été imprimés pour la vente, ainsi que toutes cartes et estampes y relatives, seront déposés entre les mains du représentant de la société de la librairie au secrétariat de ladite société; et quant aux pièces dramatiques et compositions musicales en manuscrit, le titre de ces œuvres, les nom et résidence de l'auteur ou compositeur, les nom et résidence du propriétaire du droit de les représenter ou jouer, et l'époque et le lieu de la première représentation ou exécution dans le pays désigné dans l'ordonnance en conseil en vertu de laquelle le bénéfice de l'acte sera réclamé, seront inscrits sur ledit registre de ladite société de la librairie à Londres; et quant aux estampes, le titre, les nom et résidence de l'inventeur, dessinateur ou graveur, le nom du propriétaire du droit d'auteur y attaché, et l'époque et le lieu de la première publication dans le pays étranger désigné dans l'ordonnance en conseil en vertu de laquelle les bénéfices de l'acte seront réclamés, seront inscrits sur ledit registre de ladite société de la librairie à Londres, et un exemplaire de cette estampe, sur le meilleur papier sur lequel le plus grand nombre ou les épreuves de l'estampe auront été imprimés pour la vente, seront déposés entre les mains du représentant de la société de la librairie au secrétariat de ladite société; et quant à tout article de sculpture ou tout autre de telle œuvre d'art comme est dit ci-dessus, un titre descriptif, les nom et résidence de l'auteur, le nom du propriétaire du droit d'auteur y attaché, et l'époque et le lieu de la première publication dans le pays étranger désigné dans l'ordonnance en conseil en vertu de laquelle le bénéfice de cet acte sera réclamé, seront inscrits sur ledit registre de ladite société de la librairie à Londres; et le représentant de ladite société de la librairie, recevant lesdits exemplaires qui doivent être déposés comme est dit ci-dessus, donnera un reçu écrit de ses exemplaires, et la remise à ladite société sera, à tous égards, une remise suffisante en ce qui concerne les dispositions de cet acte.

7. — *En cas de livres édités sous le voile de l'anonyme le nom de l'éditeur suffit.* — Toutefois, soit décrété que si un livre a été édité sous le voile de l'anonyme il sera suffisant d'inscrire sur le registre les nom et résidence du premier éditeur, au lieu des nom et résidence de l'auteur, ainsi qu'une déclaration que cette inscription a été faite soit de la part de l'auteur, soit de la part du premier éditeur, selon le cas.

8. — *Les dispositions de l'acte pour amender la loi sur le droit d'auteur, en ce qui concerne les inscriptions sur le registre de la société de la librairie, etc., seront applicables aux inscriptions sous cet acte.* — Soit décrété que les dispositions diverses contenues dans ledit acte pour amender la loi sur le droit d'auteur relativement au registre à tenir, l'examen de ce registre, des recherches à y faire et la délivrance des copies attestées et timbrées, la production de ces copies en justice, les inscriptions fausses faites sur ledit registre et la production en justice de papiers représentés faussement comme étant des copies des inscriptions dudit registre, les requêtes présentées aux tribunaux et juges par des personnes lésées par des inscriptions sur ledit registre et la radiation et le changement de ces inscriptions, seront applicables aux livres, pièces dramatiques, compositions musicales, estampes, articles de sculpture et autres œuvres d'art auxquelles toute ordonnance en conseil publiée en conséquence de cet acte s'étendra, et aux inscriptions et cessions du droit d'auteur et propriété y attachées de la même manière que si ces dispositions y étaient expressément décrétées, sauf et excepté que

les formules d'inscriptions prescrites par ledit acte pour amender la loi sur le droit d'auteur peuvent être changées selon les circonstances et que la somme à demander par le représentant de ladite société de la librairie pour faire toute inscription exigée par cet acte ne sera que d'un schelling.

9. — *Quant à la radiation ou changement d'une inscription basée sur la première publication illicite.* — Soit décrété que toute inscription d'une première publication faite en conséquence du présent acte, sera présumée être une première publication légitime ; mais s'il y a une première publication illicite, et que quelqu'un s'en soit servi pour obtenir l'inscription d'une œuvre contrefaite, nulle ordonnance pour la radiation ou le changement de cette inscription ne sera rendu à moins qu'il ne soit démontré à la satisfaction de la cour ou du juge qui connaît de la demande pour la radiation ou le changement de cette inscription, premièrement, à l'égard d'une publication illicite dans un pays auquel l'auteur ou premier éditeur n'appartient pas et qui n'a signé avec le Royaume-Uni aucune convention sur le droit d'auteur international, que la personne faisant la demande était l'auteur ou premier éditeur selon le cas ; deuxièmement, à l'égard d'une première publication illicite soit dans le pays où une première publication légitime a eu lieu ou qui a signé une convention sur le droit d'auteur international qu'un tribunal de juridiction compétente dans le pays où une première publication illicite a eu lieu, a rendu jugement en faveur du droit de la personne prétendant être l'auteur ou premier éditeur.

10. — *L'importation des exemplaires de livres pour lesquels existe le droit d'auteur en vertu de cette loi, imprimés dans des pays étrangers autres que ceux ou les livres ont été précédemment publiés, sont défendus.* — Soit décrété qu'il est absolument défendu par la présente loi d'importer dans une partie quelconque de l'Empire Britannique tous exemplaires de livres pour lesquels existe le droit d'auteur, par ou en vertu de la présente loi ou de toute ordonnance rendue en conseil en vertu de cette loi, imprimés ou réimprimés dans un pays étranger quel qu'il soit, sauf celui dans lequel ces ouvrages ont été précédemment pu-

bliés, excepté par ou avec le consentement du propriétaire du droit d'auteur dont le nom est porté sur le registre pour ces ouvrages, ou son agent autorisé par écrit, et s'ils sont importés en contravention de cette prohibition, ces livres et les importateurs de ces livres seront soumis aux dispositions en vigueur relatives aux marchandises dont l'importation est défendue par toute loi sur les droits de douane; et quant aux exemplaires dont l'importation est ainsi défendue, et aussi quant à tous exemplaires imprimés illicitement dans tout lieu, quel qu'il soit, de tous livres pour lesquels subsiste ce droit d'auteur comme il est dit ci-dessus, toute personne qui importe dans une partie quelconque de l'Empire Britannique ces exemplaires interdits ou imprimés illicitement, ou qui, sachant que ces exemplaires ont été ainsi importés illicitement ou imprimés illicitement, vend, publie, ou met en vente ou loue, ou donne à vendre, à publier ou à mettre en vente ou à louer, ou a en sa possession pour vendre ou louer ces exemplaires ainsi importés illicitement, ou imprimés illicitement, ledit contrevenant se rendra passible d'une action spéciale pour dommages-intérêts, action qui sera intentée et poursuivie devant les mêmes tribunaux et de la même manière, et avec les mêmes restrictions sur la procédure du défendeur prescrites respectivement par ledit acte pour amender la loi sur le droit d'auteur relativement aux actions autorisées par cet acte à intenter par des propriétaires du droit d'auteur contre les personnes qui importent ou vendent les livres imprimés illicitement dans l'Empire Britannique.

11. — *Représentant de la société de la librairie doit déposer les livres, etc., au British Museum.* — Soit décrété que le représentant de la dite société de la librairie doit recevoir au secrétariat de la dite société tout livre, volume ou estampe dont le dépôt doit être fait ainsi qu'il est dit ci-dessus, et un mois après la réception de tout livre, volume ou estampe, devra les déposer à la bibliothèque du *British Museum.*

12. — *Seconde ou édition ultérieure.* — Toutefois qu'il soit décrété qu'il n'est pas nécessaire de déposer à la société de la librairie un exemplaire imprimé de la seconde ou édition ultérieure de tout livre ou livres ainsi déposés comme il est dit ci-

dessus à moins qu'elles ne contiennent des augmentations ou changements.

13. — *Ordonnance en conseil peut spécifier des époques différentes pour des pays différents et pour les œuvres des classes différentes.* — Soit décrété que les époques respectives à spécifier par ladite ordonnance en conseil, en ce qui concerne la durée du privilège à accorder aux œuvres précédemment publiées dans des pays étrangers, peuvent être différentes pour des œuvres précédemment publiées dans des pays étrangers différents et pour des classes différentes de ces œuvres ; et que les époques à prescrire pour les inscriptions à faire sur le registre de la société de la librairie, et pour les livraisons des livres et autres articles audit représentant de la société de la librairie comme il est mentionné plus haut, les époques peuvent être différentes pour des pays différents et pour les livres des classes différentes.

14. — [Abrogée par l'acte du 25 juin 1886, reproduit plus loin, p. 201.]

15. — *Ordonnances en conseils à publier dans la Gazette et avoir même effet que cet acte.* — Soit décrété que toute ordonnance en conseil à rendre sous l'autorité de cet acte sera, aussitôt que possible après avoir été faite par Sa Majesté en conseil, publiée dans la « London Gazette » et depuis la date de cette publication aura le même effet que si toute partie de cette ordonnance était comprise dans cet acte.

16. — *Ordonnances en conseil à soumettre au Parlement.* — Soit décrété qu'un exemplaire de toute ordonnance de Sa Majesté en conseil, rendue en conformité de la présente loi, sera soumis aux deux Chambres de Parlement dans les six semaines de la publication si le Parlement siège alors, et si non, alors dans les six semaines qui suivront le commencement de la session suivante du Parlement.

17 — [Abrogée par l'acte du 25 juin 1886, reproduit plus loin, p. 201.]

18. — [— — —]

19. — *Les auteurs d'œuvres publiées pour la première fois dans des pays étrangers n'auront droit au droit d'auteur que sous cet acte.* — Soit décrété que ni l'auteur de tout ouvrage, ni l'auteur ou compositeur de toute pièce dramatique ou composition musicale, ni l'inventeur, dessinateur ou graveur de toute estampe, ni le confectionneur de tout article de sculpture, ou de telle autre œuvre d'art, comme il est dit ci-dessus, qui sera précédemment publié hors de l'Empire de Sa Majesté après la mise en vigueur de la présente loi, y aura un droit d'auteur respectivement ou un droit exclusif à représentation ou audition de cette œuvre ce tout conformément à la présente loi.

20. — *Définitions.* — Soit décrété que, dans l'interprétation de cet acte, le mot « *livre* » comprendra « volume, » « brochure, » « impression typographique, » « feuille de musique, » « carte géographique, » « carte marine ou plan » l'expression « *articles de sculpture* » signifiera telles sculptures, modèles, copies et moules comme ils sont décrits dans lesdits actes du droit d'auteur pour la sculpture et auxquels les privilèges du droit d'auteur sont accordés; et les mots «*imprimer*» et « *réimprimer* » comprendront graver et tout autre méthode de multiplier des copies ; et l'expression « Sa Majesté » comprendra les héritiers et successeurs de Sa Majesté ; et les expressions « ordonnances de Sa Majesté en conseil, » « ordonnance en conseil » et « ordonnance » signifieront respectivement ordonnance de Sa Majesté agissant par et avec l'avis du conseil privé le plus honorable de Sa Majesté ; et l'expression « représentant de la société de la librairie » signifiera le représentant nommé par ladite société de la librairie aux effets dudit acte pour amender la loi sur le droit d'auteur ; et, en indiquant des personnes ou choses, tout mot qui signifie le pluriel signifiera aussi une seule personne ou chose, et tout mot qui signifie le singulier comprendra plusieurs personnes ou choses, et tout mot qui signifie le masculin comprendra aussi le féminin, à moins que dans ces cas il y ait quelque chose dans le sujet ou contexte d'incompatible avec une telle interprétation.

21. — *Acte peut être abrogé cette session.* — Soit décrété que cet acte peut être amendé ou abrogé par tout acte qui pourra être rendu dans la session actuelle du Parlement.

Acte du 28 mai 1852

PERMETTANT A SA MAJESTÉ DE METTRE EN VIGUEUR UNE CONVENTION AVEC LA FRANCE AU SUJET DU DROIT D'AUTEUR, D'ÉTENDRE ET EXPLIQUER LES LOIS DE PROPRIÉTÉ LITTÉRAIRE ET ARTISTIQUE INTERNATIONALE ET D'EXPLIQUER LES LOIS RELATIVES AU DROIT D'AUTEUR POUR LES GRAVURES.

Attendu qu'un acte a été passé durant la septième année du règne de Sa Majesté actuelle, sous le titre : *Un acte pour amender la loi relative à la propriété littéraire et artistique internationale,* appelée désormais « Loi sur la propriété littéraire et artistique internationale ;

Et attendu qu'une convention a été récemment conclue entre Sa Majesté et la République *Française* pour étendre dans chaque pays la jouissance du droit d'auteur pour les œuvres de littérature et de beaux-arts précédemment publiées dans l'autre pays ainsi que pour certaines réductions de droits actuellement perçus sur les livres, estampes et ouvrages de musique publiés en *France ;*

Et attendu que certaines stipulations de la part de Sa Majesté, contenues dans ladite convention exigent l'assentiment du Parlement ; Et attendu qu'il est nécessaire que cette autorisation soit donnée et que Sa Majesté soit à même de faire des stipulations semblables dans toute convention au sujet du droit d'auteur qui pourrait être conclue à l'avenir avec toute Puissance étrangère ; Sa très Excellente Majesté la Reine décrète, par et avec l'avis et le consentement des Lords spirituels et temporels des communes dans le Parlement actuellement assemblé et par leur autorité ce qui suit :

1. — [abrogée par l'acte du 25 juin 1886, reproduit plus loin p. 201.]

2. — [— —]

3. — [— —]

4. — [— —]

5. — [— —]

6. — *Adaptations, etc., à la scène anglaise de pièces dramatiques ne sont pas prohibées.* — Rien de ce qui est contenu dans le présent acte ne devra être interprété de manière à empêcher les honnêtes imitations ou adaptations à la scène anglaise de toute pièce dramatique, ou composition de musique publiée dans un pays étranger quelconque.

7. — *Tout article politique dans un journal, etc., peut être republié ou traduit ; ainsi que tout article sur n'importe quel sujet à moins que l'auteur ait signifié son intention de conserver le droit.* — Malgré tout ce que contient ledit acte sur la propriété littéraire et artistique internationale ou le présent acte, tout article de discussion politique qui a été publié dans un journal ou recueil périodique quelconque dans un pays étranger peut, si la source en est indiquée, être republié ou traduit dans un journal ou recueil périodique en ce pays-ci ; et tout article se rapportant à tout autre sujet qui a été ainsi publié comme dit ci-dessus peut, si la source en est indiquée, être republié ou traduit de la même manière, à moins que l'auteur n'ait signifié son intention de conserver le droit d'auteur et le droit de traduction de cet article dans toute partie en vue du journal ou recueil périodique dans lequel il a été précédemment publié, auquel cas ledit article, sans les formalités requises par la section suivante recevra, la même protection que celle accordée aux livres en vertu de l'acte sur la propriété littéraire et artistique internationale ou du présent acte.

8. — [Abrogée par l'acte du 25 juin 1886, reproduit plus loin, p. 201.]

9. — *L'importation d'exemplaires de contrefaçon défendue excepté avec le consentement du propriétaire. — Dispositions de la loi 5 et 6, Vict. c. 45, quant a la confiscation, etc., d'œuvres, etc., de contrefaçon applicables aux œuvres dont l'importation est défendue sous cet acte.* — Tous exemplaires de tout ouvrage de littérature ou d'art pour lequel subsiste le droit d'auteur en vertu de l'acte sur la propriété littéraire et artistique internationale et cet acte, ou toute autre ordonnance en conseil rendu en conséquence de ces actes ou de l'un ou de l'autre, et qui sont imprimés ou réimprimés, ou faits dans un pays

étranger quel qu'il soit, excepté celui dans lequel cet ouvrage sera publié pour la première fois, et toute traduction non-autorisée de tout livre ou pièce dramatique, la publication ou la représentation publique dans l'Empire Britannique de toute traduction non autorisée suivant la mention déjà faite par cet acte, seront, pour ce temps prohibées par ordonnance en conseil, rendue en conséquence de cet acte, et l'importation dans une partie quelconque de l'empire Britannique en est absolument défendue excepté par ou avec le consentement du propriétaire dûment enregistré du droit d'auteur de cet ouvrage, livre, ou pièce, ou son agent autorisé par écrit ; et la disposition de l'acte de la sixième année de Sa Majesté « pour amender la loi sur le droit d'auteur » pour la confiscation, saisie et destruction de tout livre imprimé, précédemment publié dans le Royaume-Uni où existe le droit d'auteur, réimprimé dans tout pays hors de l'empire Britannique et importé dans une partie quelconque de l'empire Britannique par toute personne autre que le propriétaire du droit d'auteur, ou une personne autorisée par ce propriétaire s'étendra et s'appliquera à tous exemplaires de tout ouvrage de littérature et d'art et à toute traduction dont l'importation dans toute partie de l'Empire Britanique est défendue par cet acte.

10. — *Dispositions précédentes et 7 et 8, Vict. c. 12 à interpréter ensemble.* — Les dispositions contenues plus haut seront incorporées avec l'acte sur la propriété littéraire et artistique Internationale et formeront avec un seul et même acte.

11. — [Abrogé par l'acte du 25 juin 1886, reproduit plus loin, p. 201.]

12. — *Réduction de droits. Exposé de la loi 9 et 10 Vict. c. 58.* — Attendu qu'un acte a été passé pendant la dixième année du règne de Sa Majesté actuelle sous le titre : *Un acte pour amender un acte de la septieme et de la huitieme année du regne de Sa Majesté actuelle pour réduire, dans certaines circonstances, les droits a payer sur les livres et gravures :* Attendu que par ladite convention avec la République Française, il a été stipulé que les droits sur les livres, estampes et dessins publiés sur les territoires de la République Française

seraient réduits aux montants spécifiés dans l'annexe audit acte de la dixième année du règne de Sa Majesté actuelle, chapitre cinquante-huit : Attendu que Sa Majesté a, en conséquence de ladite convention et dans l'exercice des pouvoirs donnés par ledit acte, par ordonnance en conseil, déclaré que ces droits seraient réduits en conséquence ; attendu que par ladite convention il a été stipulé en outre que lesdits taux de droit ne seraient pas augmentés pendant la durée de ladite convention ; et que si durant la durée de ladite convention, quelques réductions de ces taux étaient faites en faveur de livres, estampes ou dessins publiés en tout autre pays, lesdites réductions seraient en même temps étendues aux articles semblables publiés en France. Et attendu que les doutes se sont élevés pour savoir si les stipulations ci-devant mentionnées pourraient être effectuées sans l'autorisation du Parlement ; il est décrété que lesdits taux de droit ainsi réduits comme il est dit ci-dessus ne seront pas augmentés pendant la durée de ladite convention ; et que si pendant la durée de ladite convention, toute autre réduction de ces taux est faite en faveur de livres, estampes ou dessins publiés dans tout autre pays étranger, Sa Majesté peut, par ordonnance en conseil, déclarer que cette réduction sera étendue aux articles semblables publiés en France, et cette ordonnance sera rendue et publiée de la même manière et soumise aux mêmes dispositions qu'une ordonnance faite en conséquence dudit acte de la dixième année du règne de Sa Majesté actuelle, chapitre cinquante-huit ;

13. — *Pour éclaircissement des doutes quant à l'interprétation de l'annexe de la loi 9 et 10 Vict. c. 58.* — Attendu que des doutes se sont soulevés, dans l'interprétation de l'annexe de cet acte de la dixième année du règne de Sa Majesté actuelle, chapitre cinquante-huit.

Il est déclaré par le présent, que pour l'objet dudit acte, tout ouvrage publié dans le pays d'exportation, et dont une partie a été produite originairement dans le Royaume-Uni, sera réputé être un ouvrage originairement produit dans le Royaume Uni, et republié dans le pays d'exportation et soumis aux droits y relatifs bien qu'il contienne des passages originaux qui n'auraient pas été produits dans le Royaume-Uni à moins qu'il ne soit prouvé à la satisfaction des commissaires de douane de Sa Majesté par l'importateur, consignataire ou autre personne faisant introduire cet ouvrage que ces passages originaux sont au moins égaux à la partie de l'ouvrage produite dans le Royaume-Uni, auquel cas l'ouvrage sera soumis seulement au droit sur les ouvrages non produits originairement dans le Royaume-Uni.

14. — *Lithographies, etc.* — Considérant que par les quatre différents actes du parlement suivants : (c.a. d.) un acte de la huitième année du règne du roi Georges II, chapitre treizième; un acte de la septième année du règne du roi Georges III, chapitre trente-huit ; un acte de la dix-septième année du règne du roi Georges III, chapitre cinquante-sept : et un acte de la septième année du roi Guillaume IV, chapitre cinquante-neuf, des dispositions ont été prises pour assurer certains droits de propriété y définis à toute personne qui invente ou dessine, grave au burin, grave à l'eau-forte ou travaille en mezzoteinte ou clair-obscur ou, de son propre ouvrage, dessin ou invention donne à dessiner, graver au burin, graver à l'eau-forte ou travailler en mezzoteinte ou clair-obscur, toute estampe historique ou toute estampe de tout portrait, conversation, paysage ou architecture, carte géographique, charte ou plan, ou toute autre estampe ou estampes quelles qu'elles soient, et à toute personne qui grave au burin, grave à l'eau-forte ou travaille en mezzoteinte ou clair-obscur, ou donne à graver au burin, graver à l'eau-forte ou travailler toute estampe prise de toute peinture, dessin, modèle, sculpture, bien que cette estampe ne soit pas gravée ou dessinée de son propre dessin original ; et considérant que des doutes sont conçus sur les dispositions de ces actes concernant les lithographies et certaines autres impressions et qu'il est nécessaire d'écarter ces doutes.

15. —*Pour éclaircissement des doutes quant aux dispositions desdits actes comprenant les lithographies,estampes, etc.*— Il est déclaré par le présent, que les dispositions de ces actes entendent comprendre les estampes prises à l'aide de la lithographie ou tout autre procédé mécanique par lequel les estampes ou impressions des esquisses ou dessins peuvent être multipliés à l'infini et ces dits actes seront appliqués en conséquence.

Acte du 13 mai 1875

POUR AMENDER LA LOI RELATIVE A LA PROPRIÉTÉ LITTÉRAIRE ET ARTISTIQUE INTERNATIONALE.

Attendu que par un acte rendu dans la quinzième année du règne de Sa Majesté actuelle, chapitre douze, sous le titre : « Acte permettant à Sa Majesté de mettre en vigueur une convention avec la France au sujet du droit d'auteur, pour étendre et expliquer les actes sur la propriété littéraire et artistique internationale : et pour expliquer les actes relatifs au droit de propriété sur les gravures, il a été édicté que Sa Majesté pourrait, par ordonnance en conseil, ordonner que les auteurs de pièces dramatiques qui sont, après un certain temps, à fixer par ladite ordonnance, précédemment représentées en public dans un pays étranger, à désigner par ladite ordonnance, lesdits auteurs, leurs exécuteurs testamentaires, représentants ou ayants-droit, auraient, sauf les dispositions y mentionnées ou désignées, le pouvoir d'empêcher la représentation, dans les possessions britanniques, de toute traduction de pièce dramatique non autorisée par eux, pour le temps qui pourrait être spécifié dans ladite ordonnance, temps ne dépassant pas l'expiration de cinq ans du jour où les traductions de ces pièces dramatiques ont été publiées et représentées en public pour la première fois ; »

Attendu que par ce même acte il a été édicté en outre « que, sauf toute disposition ou qualification contenue dans ladite ordonnance et les dispositions contenues dans ledit acte ou y désignées, les lois et décrets alors en vigueur pour assurer à l'auteur de toute pièce dramatique représentée pour la première fois en public dans les possessions britanniques, le droit exclusif de faire cette représentation, auraient pour effet d'empêcher la représentation de toutes traductions de pièces dramatiques auxquelles s'applique ladite ordonnance, traductions qui n'auraient pas été autorisées par les auteurs ; »

Attendu que, par la sixième section dudit acte, il a été édicté que « rien de tout ce qui y est contenu ne pourra être entendu en ce sens qu'il pourrait empêcher d'honnêtes imitations ou adaptations à la scène anglaise de toute pièce dramatique ou composition musicale publiées dans tout pays étranger. »

Attendu qu'il est nécessaire de changer ou amender les dispositions ci-dessus citées, dans certaines circonstances.

La Reine, par et avec l'avis et le consentement des lords spirituels et temporels et des communes, composant le présent Parlement, et par le pouvoir qu'ils lui confèrent, décrète ce qui suit :

1. — *Section sixième de l'acte cité ne s'appliquera pas aux pieces dramatiques dans certains cas.* — Dans tous les cas où, en vertu des lois ci-dessus citées, une ordonnance en conseil a été ou pourrait être rendue dans le but d'étendre la protection aux traductions de pièces dramatiques représentées pour la première fois dans un pays étranger, Sa Majesté aura le droit par ordonnance en conseil d'ordonner que la sixième section dudit acte ne s'appliquera pas aux pièces dramatiques auxquelles s'étend la protection, et par suite ledit acte s'appliquera à ces pièces dramatiques et à leurs traductions comme si ladite section sixième dudit acte avait été abrogée.

Acte du 25 Juin 1886

RELATIF AU DROIT SUR

la Propriété littéraire et artistique internationale et coloniale.

Attendu que, par les actes sur la propriété littéraire et artistique internationale, Sa Majesté est autorisée, par ordonnance en conseil, à décider que relativement aux œuvres littéraires et artistiques précédemment publiées dans un pays étranger, l'auteur aura le droit d'auteur y attaché durant le temps spécifié dans l'ordonnance, n'excédant pas le temps pendant lequel les auteurs des œuvres semblables précédemment publiées dans le Royaume-Uni, ont le droit d'auteur.

Attendu que, à une conférence internationale tenue à Berne dans le mois de septembre 1885, un projet de convention a été signé pour donner aux auteurs d'œuvres littéraires et artistiques, précédemment publiées dans un des pays faisant partie de la convention, le droit d'auteur, pour ces œuvres, dans les autres pays qui ont adhéré à la convention.

Attendu que, sans l'autorisation du parlement, cette convention ne peut être mise en vigueur dans l'Empire de Sa Majesté et que conséquemment Sa Majesté ne peut en faire partie, et qu'il est nécessaire de mettre à même Sa Majesté d'adhérer à la convention :

Sa Majesté la Reine, par et avec l'avis et le consentement des lords spirituels et temporels, et des communes dans le Parlement actuellement assemblé et avec leur autorisation, décrète ce qui suit :

I. — *Titres et interprétation.* 1). — Le présent acte pourra être cité comme acte sur la propriété littéraire et artistique internationale 1886.

2). Les actes spécifiés dans la première partie de la première annexe peuvent être cités par les titres abrégés mentionnés dans ladite annexe [1], et ces actes, joints avec le décret spécifié dans la seconde partie de ladite annexe, sont dans le présent acte collectivement cités comme actes sur la propriété littéraire et artistique internationales.

Les actes spécifiés dans la seconde annexe peuvent être cités par les titres abrégés mentionnés dans ladite annexe, et peuvent être cités collectivement, comme les actes du droit d'auteur [2].

---

1. Les titres abrégés dans l'annexe sont les suivants : The international Copyright Act 1844 ; — The international Copyright Act 1852 ; — The international Copyright Act 1875.

2. Les actes cités par leurs titres abrégés dans le second annexe sont les suivants : The Engraving Copyright Act 1734 ; — The Engraving Copyright Act 1766 ; — The Copyright Act 1775 ; — The Prints Copyright Act 1777 ; — The Sculpture Copyright Act 1814 ; — The Dramatic Copyright Act 1833 ; — The Lectures Copyright Act 1835 ; — The Prints and Engravings Copyright Act 1836 ; — The Copyright Act 1836 ; — The Copyright Act 1842 ; — The Colonial Copyright Act 1847 ; — The Fine arts Copyright Act 1862.

3). Ce présent acte et tous ceux relatifs à la propriété littéraire et artistique internationale seront interprétés ensemble et peuvent être cités ensemble, comme actes sur la propriété littéraire et artistique internationale, 1844 à 1886.

II. — *Rectification au sujet de l'extension et de l'effet d'une ordonnance en vertu des actes sur la propriété littéraire et artistique internationale.* — Les dispositions suivantes s'appliqueront à une ordonnance rendue en conseil en vertu des lois sur la propriété littéraire et artistique internationale.

1). L'ordonnance pourra s'appliquer à tous les pays étrangers y désignés.

2). Une ordonnance rendue en conseil peut exclure ou limiter les droits conférés par les lois sur la propriété littéraire et artistique internationale dans le cas où les auteurs ne sont pas sujets ou citoyens du pays étranger désignés dans cette ordonnance ou toute autre, et si l'ordonnance contient une semblable restriction et que l'auteur d'une œuvre littéraire ou artistique précédemment publiée dans un de ces pays étrangers ne soit pas sujet anglais ou un citoyen ou sujet de l'un des pays désignés dans ladite ordonnance, l'éditeur de cette œuvre, sauf avis contraire de l'ordonnance, sera présumé, en ce qui concerne toutes poursuites dans le Royaume-Uni pour la protection du droit de propriété de cette œuvre, avoir droit à cette propriété comme s'il en était l'auteur, sans que cette présomption puisse nuire aux droits réciproques de l'auteur et de l'éditeur entre eux.

3). Les lois sur la propriété littéraire et artistique internationale et les ordonnances rendues en vertu de ces lois ne pourront conférer à qui que ce soit des droits plus étendus ou une durée de jouissance de ces droits plus longue que ceux conférés par la loi du pays étranger où l'ouvrage aura été publié pour la première fois.

III. — *Publication simultanée.* 1). — Une ordonnance rendue en conseil peut décider, en ce qui concerne le droit à la propriété littéraire, le pays dans lequel une œuvre a été publiée pour la première fois, lorsque cette œuvre littéraire ou artistique est publiée simultanément dans le Royaume-Uni et toute autre contrée ayant adhéré à la convention internationale sur la propriété littéraire.

2). Lorsqu'une œuvre produite simultanément dans le Royaume-Uni et dans un ou plusieurs pays étrangers est, en vertu d'une ordonnance, réputée pour le droit d'auteur, avoir été produite pour la première fois dans l'un de ces pays étrangers et non dans le Royaume-Uni, le droit à la propriété littéraire et artistique dans le Royaume-Uni ne sera autre que celui de ce pays et n'aura la même portée que si l'œuvre avait été éditée pour la première fois dans le Royaume-Uni.

IV. — *Modification de certaines dispositions des actes de propriété littéraire et artistique internationale.* 1.) — Dans le cas où une ordonnance relative à un pays étranger est rendue d'après les lois sur la propriété littéraire et artistique internationale, les prescriptions de ces lois, en ce qui touche l'enregistrement et la délivrance des copies des œuvres, ne s'appliqueront pas aux œuvres produites dans ce pays, à moins que l'ordonnance n'en décide autrement.

2). Avant de rendre une ordonnance en conseil par rapport à tout pays étranger, Sa Majesté sera satisfaite que ce pays étranger ait fait telles dispositions (s'il y en a) qui sembleront à Sa Majesté nécessaire pour la protection des auteurs d'œuvres publiées pour la première fois dans le Royaume-Uni.

V. — *Restriction sur la traduction.* 1). — Lorsqu'une œuvre, livre ou pièce dramatique, est précédemment publiée dans un pays étranger auquel s'applique une ordonnance en conseil d'après les lois sur la propriété littéraire et artistique internationale, l'auteur ou l'éditeur, selon le cas, aura, à moins que l'ordonnance n'en décide autrement, le même droit d'empêcher la production ou l'importation dans le Royaume-Uni de toute traduction non-autorisée par lui de cette œuvre comme il a le droit d'interdire la production ou l'importation de l'ouvrage original.

2). Le droit d'interdire la production et l'importation dans le Royaume-Uni d'une traduction non-autorisée d'un ouvrage cesse si après l'expiration de dix ans ou de tout autre terme fixé par l'ordonnance après la fin de l'année dans laquelle l'ouvrage, ou en cas d'un livre publié par livraisons, chaque livraison a été publiée pour la première fois, une traduction autorisée en langue anglaise de cet ouvrage ou de cette livraison n'a pas été éditée.

3). La loi relative à la propriété littéraire et artistique, comprenant cette loi, s'applique à une traduction autorisée comme s'il s'agissait de l'ouvrage original.

4). Les dispositions de la loi sur la propriété littéraire et artistique internationale de 1852,relatives aux traductions, en tant qu'elles ne sont pas abrogées par le présent acte, seront applicables de la même manière comme si elles étaient de nouveau réédictées par la présente section.

VI. — *Application de l'acte à des œuvres existantes.* — Lorsqu'une ordonnance en conseil est rendue en vertu des actes sur la propriété littéraire et artistique internationale relativement à un pays étranger, l'auteur et l'éditeur de toute œuvre littéraire ou artistique publiée pour la première fois avant la date à laquelle cette ordonnance est mise en exécution, aura les mêmes droits et recours que si lesdits actes, l'acte présent et ladite ordonnance étaient applicables audit pays étranger à la date de ladite publication. Toutefois, lorsqu'une personne a, antérieurement à la publication d'une ordonnance rendue en conseil, fait paraître un ouvrage quelconque dans le Royaume-Uni, la présente section ne peut en aucun cas altérer les droits ou intérêts résultant pour cette personne de ladite publication, droits ou intérêts existant et valables à cette date, ni y préjudicier.

VII. — *Preuve du droit d'auteur étranger.* — Lorsqu'il s'agit de prouver l'existence ou la propriété du droit à la propriété littéraire et artistique d'une œuvre publiée pour la première fois dans un pays étranger auquel s'applique une ordonnance rendue en conseil en vertu des actes sur la propriété littéraire et artistique internationale, un extrait d'un registre, ou un certificat, ou toute autre pièce constatant l'existence du droit à cette propriété ou la personne qui a droit à cette propriété, ou est réputée pour tout procès à intenter dans le Royaume-Uni avoir droit à cette propriété, pourvu que ladite pièce soit légalisée par le sceau officiel du ministre d'Etat de ce pays étranger, ou par le sceau ou signature d'un agent diplomatique ou consul anglais, fera foi des faits y énoncés, et tous tribunaux doivent admettre la validité desdits sceaux et signatures et accepter sans preuve, les documents légalisés par ces derniers.

VIII. — *Application des actes sur le droit d'auteur aux colonies.* 1). — Les actes sur la propriété littéraire et artistique, sauf les dispositions de la présente loi, sont applicables à toute œuvre littéraire ou artistique, produite pour la première fois dans une possession anglaise, de la même façon qu'elles s'appliquent à une œuvre publiée pour la première fois dans le Royaume-Uni. Cependant :

a) Les prescriptions relatives à l'enregistrement du droit à la propriété de cette œuvre ne sont pas applicables si la loi de la possession exige l'enregistrement : et

b) Si l'œuvre est un livre, il n'est point nécessaire de faire ce dépôt d'un exemplaire.

2) Lorsqu'un registre du droit à la propriété littéraire et artistique est tenu avec l'autorisation du gouvernement d'une possession britannique tout extrait du registre dont copie est certifiée véritable par celui qui le tient est rendue authentique par le sceau public de la possession britannique, ou par le sceau officiel ou la signature du gouvernement d'une possession britannique, ou d'un secrétaire de la colonie, ou d'un secrétaire ou ministre administrant un département du gouvernement d'une possession britannique, sera admis comme preuve du contenu de ce registre, et tous les tribunaux prendront comme vrais tout sceau et signature, et admettront sans autre preuve, la vérité de tous les documents ainsi certifiés.

3). Lorsqu'avant la mise en vigueur de la présente loi, une loi ou ordonnance aura été rendue dans une possession britannique relativement au droit sur la propriété littéraire et artistique pour toute œuvre littéraire et artistique, Sa Majesté pourra rendre une ordonnance en conseil afin de modifier les lois sur la propriété littéraire et artistique et cette loi, autant que lesdites loi et ordonnance s'appliquent à ladite possession britannique, et aux œuvres littéraires et artistiques publiées pour la première fois, de la manière que Sa Majesté en conseil le jugera nécessaire.

4). En ce qui concerne les lois sur la propriété littéraire et artistique ou la présente loi, rien ne pourra empêcher la mise en vigueur dans une possession britannique de toute loi ou ordonnance relative au droit de la propriété littéraire et artistique dans les limites de cette possession, d'œuvres publiées pour la première fois dans cette possession.

IX. — *Application des actes sur la propriété littéraire et artistique internationale aux colonies.* — Lorsque Sa Majesté jugera nécessaire qu'une ordonnance en conseil en vertu des lois de propriété littéraire et artistique internationale rendue après la mise en vigueur de la présente loi en ce qui concerne tout pays étranger, ne sera pas applicable à une possession britannique, Sa Majesté aura le droit, par la même ordonnance ou toute autre rendue en conseil, de déclarer que cette ordonnance et les lois sur la propriété littéraire et artistique internationale et la présente loi, ne seront pas applicables à cette possession britannique, à moins qu'il ne soit nécessaire d'empêcher de porter atteinte à un droit acquis avant la date de cette ordonnance; et les expressions dans lesdites lois, relatives aux possessions de Sa Majesté, seront interprétées en conséquence ; mais sauf ce qui aura été ordonné par cette déclaration, lesdites lois et la présente loi seront applicables à toutes les possessions britanniques comme si elles faisaient parties du Royaume-Uni.

X. — *Ordonnances en conseil.* 1). — Sa Majesté aura le droit de temps en temps de rendre des ordonnances en conseil pour la mise à exécution des lois sur la propriété littéraire et artistique internationale et la présente loi à l'effet de révoquer ou changer toute ordonnance rendue en conseil précédemment en conséquence desdites lois ou de l'une d'entre elles.

2) Cette ordonnance rendue en conseil ne devra pas préjudicier aux droits acquis ou survenue à la date où cette ordonnance sera mise en vigueur, et prendra des dispositions pour la protection de ces droits.

XI. — *Définitions.* — Dans la présente loi, sauf preuve contraire résultant du texte, les mots : « œuvre littéraire et artistique » comprennent tous les livres imprimés, lithographiés, sculptures, pièces dramatiques, compositions musicales, peintures, dessins, photographies et autres œuvres de littérature et d'art auxquelles s'appliquent les lois sur la propriété littéraire et artistique ou les lois internationales sur cette propriété. L'expression « auteur » signifie l'auteur, l'inventeur, le dessinateur, le graveur ou celui qui a confectionné toute œuvre littéraire ou artistique et comprend toute personne s'en disant le représentant l'auteur; et dans le cas d'une œuvre posthume, elle comprend le propriétaire du manuscrit de l'ouvrage ou toute personne y prétendant droit. S'il s'agit d'une encyclopédie, d'une revue mensuelle ou périodique, ou d'un ouvrage publié en un ou plusieurs volumes ou par livraisons, ce mot : « auteur » s'applique au propriétaire ou éditeur.

Le mot : « exécuté » et « exécution » et autres mots semblables s'appliquent au mot représentation et à des mots semblables.

Le mot : « produit » signifie, suivant le cas, publié ou fait, ou joué ou représenté et le mot « production » devra être interprété en conséquence.

Le mot : « livre publié en numéros » comprend toute revue mensuelle, ouvrage périodique, ouvrage publié en séries de livres ou livraisons; transactions d'une société ou d'une corporation et autres livres publiés à différentes époques en volumes ou par livraisons.

Le mot : « traité » signifie toute convention ou arrangement.

Le mot : « possession britannique » comprend toutes les parties de l'Empire de Sa Majesté, le Royaume-Uni excepté, et lorsque certaines de ces possessions sont régies à la fois par la législature de la métropole et leur législature particulière, celles qui sont régies par la législature de la métropole sont réputées être une possession britannique.

XII. — *Abrogation des actes.*—Les lois spécifiées dans la troisième annexe de cette loi sont par le présent abrogées par la mise en vigueur de cette loi.

Toutefois :

a) Lorsqu'une ordonnance en conseil a été rendue avant la mise en vigueur de la présente loi en vertu desdites lois relativement à un pays étranger, les décrets abrogés par le présent continueront à être en toute rigueur en ce qui concerne ce pays, jusqu'à ce que cette ordonnance ait été rapportée.

b) Cette abrogation et cette révocation ne doivent pas préjuger les droits précédemment acquis avant ladite abrogation ou révocation, et ces droits continueront à exister et pourront être protégés de la même manière que si ladite abrogation ou révocation n'avait pas été décrétée ou faite.

Ordonnance du 28 novembre 1887

RELATIVE A

L'ENTRÉE EN VIGUEUR DE LA CONVENTION DE BERNE DANS LA GRANDE-BRETAGNE

Considérant que la convention dont une traduction anglaise est donnée dans la première annexe de cette ordonnance[1], a été conclue entre Sa Majesté la Reine du Royaume-Uni de la Grande-Bretagne et d'Irlande et les pays étrangers désignés dans cette ordonnance à l'égard de la protection du droit de propriété *(copyright)* à accorder aux auteurs d'œuvres littéraires et artistiques ;

Considérant que les ratifications de ladite convention ont été échangées le 5e jour de septembre 1887 entre Sa Majesté la Reine et les gouvernements des pays étrangers suivants, savoir : La Belgique, la France, l'Allemagne, Haïti, l'Italie, L'Espagne, la Suisse, Tunis.

Considérant que Sa Majesté, en son conseil, est persuadée que les pays étrangers désignés dans cette ordonnance ont pris telles mesures qu'il paraît convenable à Sa Majesté de demander pour la protection des auteurs d'œuvres publiées pour la première fois dans l'empire de Sa Majeste :

---

1. Convention de Berne du 9 septembre 1886, en français et en anglais.

En conséquence, Sa Majesté, de l'avis de son conseil privé et en vertu de l'autorité à elle conférée par les actes sur la propriété littéraire et artistique internationale de 1844 à 1886, ordonne ; et il est ordonné par ces présentes ce qui suit :

1) La convention telle qu'elle est publiée dans la première annexe de cette ordonnance, aura, à partir de la promulgation de cette ordonnance, plein effet dans tout l'Empire de Sa Majesté, et il est enjoint à tous de s'y conformer.

2) Cette ordonnance s'appliquera aux pays étrangers suivants, savoir : La Belgique, la France, l'Allemagne, Haïti, l'Italie, l'Espagne, la Suisse, Tunis ; et les pays ci-dessus sont dans cette ordonnance désignés comme étant les pays étrangers de l'*union pour la protection littéraire et artistique*, et ces pays conjointement avec l'Empire de Sa Majesté sont dans cette ordonnance désignés comme étant les pays de l'union pour la protection littéraire et artistique.

3) L'auteur d'une œuvre littéraire ou artistique qui, éditée pour la première fois à partir de la promulgation de cette ordonnance, dans l'un des pays étrangers de l'union pour la protection littéraire et artistique, aura, en conformité de cette ordonnance, et des actes sur la propriété internationale littéraire et artistique de 1844 à 1886 déjà mentionnés, les mêmes droits d'auteur dans tout l'Empire de Sa Majesté en ce qui concerne cette œuvre, dans la limite où ces droits peuvent être accordés par une ordonnance en conseil en vertu de la section 2 ou de la section 5 de l'acte sur la propriété littéraire et artistique Internationale de 1844, ou tout autre acte, comme si l'œuvre avait été éditée pour la première fois dans le Royaume-Uni, et il jouira desdits droits durant le même temps :

Toutefois, l'auteur d'une œuvre littéraire ou artistique n'aura ni des droits plus étendus ni une durée plus longue de droits de propriété littéraire et artistique que ceux dont il jouit dans le pays où l'œuvre est produite pour la première fois.

L'auteur d'une œuvre littéraire et artistique publiée pour la première fois, avant la promulgation de c tte ordonnance, aura les droits et recours qui lui sont conférés en vertu de la section 6 de l'acte sur la propriété littéraire et artistique internationale de 1886.

4) Les droits conférés par les actes sur la propriété littéraire

et artistique internationale de 1844 à 1886 seront, dans le cas où une œuvre littéraire ou artistique serait publiée pour la première fois dans un des pays étrangers de l'union pour la protection littéraire et artistique, par un auteur qui n'est pas sujet ou citoyen de l'un desdits pays étrangers, limités ainsi qu'il suit, savoir : l'auteur ne pourra intenter des poursuites judiciaires dans l'Empire de Sa Majesté pour la protection d'aucun droit de propriété de cette œuvre, mais l'éditeur de cette œuvre sera censé, en ce qui concerne toutes poursuites judiciaires dans l'Empire de Sa Majesté pour la protection de la propriété de cette œuvre, avoir droit à cette propriété comme s'il en était l'auteur, mais sans préjudice des droits respectifs de l'auteur et de l'éditeur vis-à-vis l'un et l'autre.

5) Une œuvre littéraire ou artistique, éditée pour la première fois simultanément dans deux ou plusieurs pays de l'union pour la protection littéraire et artistique, sera censée, en ce qui concerne le droit de propriété littéraire et artistique, avoir été éditée pour la première fois dans l'un de ces pays où la durée du droit de propriété de cette œuvre est la plus courte.

6) La section 6 de l'acte sur la propriété littéraire et artistique internationale de 1852 ne sera applicable à aucune pièce dramatique à laquelle protection est accordée en vertu de cette ordonnance.

7) Les ordonnances visées dans la seconde annexe de cette ordonnance sont abrogées par ces présentes [1].

Toutefois cette abrogation, ni aucune autre disposition de la présente ordonnance, ne porte préjudice à aucun droit acquis ou survenu avant la promulgation de cette ordonnance en vertu d'une ordonnance quelconque abrogée par ces présentes ; et toute personne à qui de tels droits et recours sont attribués continuera à en jouir, tout comme si la présente ordonnance n'avait point été faite.

---

1. Les ordonnances abrogées sont celles qui étaient relatives à des conventions conclues depuis 1842 jusqu'en 1886, entre la Grande-Bretagne et les divers États signataires de la convention de Berne, notamment avec la France (3 novembre 1852 et 11 août 1875), la Belgique (18 février 1855), l'Espagne (24 septembre 1857 et 20 novembre 1880), l'Italie (9 septembre 1865) et l'Allemagne (24 septembre 1886.)

8) Cette ordonnance sera interprétée comme si elle faisait partie de l'acte sur la propriété littéraire et artistique internationale de 1886.

9) Elle sera mise en vigueur le sixième jour de décembre 1887 date fixée pour sa promulgation.

Les Lords commissaires du Trésor de Sa Majesté sont chargés de l'exécution de la présente ordonnance.

HONGRIE

La loi autrichienne du 19 octobre 1846, dont nous avons publié plus haut (p. 77) une traduction, n'a jamais été officiellement étendue à la Hongrie ; mais les tribunaux hongrois s'inspiraient souvent de cette loi pour juger les questions de propriété littéraire et artistique.

La loi du 26 avril 1884 est donc la première loi qui, en Hongrie, ait régi le droit d'auteur sur les œuvres littéraires et artistiques. En voici la traduction complete [1] *:*

Loi du 26 avril 1886

SUR

LE DROIT D'AUTEUR.

Chapitre Ier. — *Œuvres littéraires.*

1° *Du droit exclusif de l'auteur.*

Art. 1er. — La reproduction d'une œuvre littéraire par un procédé mécanique, la publication et la mise en vente de cette œuvre constituent un droit exclusif pour l'auteur pendant le temps de la protection fixé par la loi.

Quand l'œuvre a plusieurs auteurs et que la part de chacun ne peut pas être distinguée, à moins de convention contraire, chaque auteur a le droit de reproduction, de publication et de

1. La traduction de cette loi, déjà publiée dans l'*Annuaire de la legislation étrangère*, 1885 p. 311 à 328, est due à M. Ch. Lyon-Caen, professeur à la faculté de droit de Paris.

vente après avoir payé aux autres auteurs une indemnité préalable.

Le tribunal détermine l'indemnité d'après les circonstances, après avoir entendu des experts (art. 29), s'il y a lieu. Aucun des auteurs ne pourrait être contraint, malgré sa volonté, de mettre son nom sur l'œuvre.

Quand la part de chacun des auteurs peut être distinguée, le consentement de chaque auteur est nécessaire pour la reproduction, la publication et la mise en vente des parties distinctes de l'œuvre afférentes à chacun.

Art. 2. — Pour les œuvres littéraires composées d'articles de plusieurs personnes et considérées comme formant un seul tout, le rédacteur en chef bénéficie, comme les auteurs, de la protection légale.

Le droit d'auteur appartient pour chaque article séparé à chaque collaborateur.

Quant aux œuvres collectives considérées comme formant un seul tout et composées d'écrits ou d'articles non encore parus et non encore protégés par la présente loi, le rédacteur en chef jouit de la même protection légale que l'auteur.

Art. 3. — Le droit d'auteur peut être transmis par contrat ou par disposition de dernière volonté avec ou sans restriction. A défaut d'un acte de disposition, le droit passe aux héritiers légaux de l'auteur.

Le droit de déshérence de la sainte Couronne de Hongrie sur les successions sans maître ne s'étend pas au droit d'auteur.

Lorsque l'un des auteurs d'une œuvre faite en collaboration meurt sans héritiers, son droit passe à ses collaborateurs survivants.

Art. 4. — Le droit d'auteur, tant qu'il appartient à l'auteur ou à ses héritiers ou légataires, ne peut être l'objet d'une exécution forcée.

L'exécution forcée ne peut s'appliquer qu'au profit matériel qui revient à l'auteur ou à ses héritiers ou à ses légataires, par suite de la publication ou de la représentation publique de l'œuvre.

Art. 5. — La reproduction d'une œuvre littéraire par un procédé mécanique, la publication et la mise en vente de cette œuvre sans le consentement de l'ayant droit (art. 1, 2 et 3), sont considérées comme une atteinte au droit d'auteur et sont défendues. Au point de vue de cette prohibition, il n'y a aucune distinction à faire selon que la reproduction, la publication et la mise en vente s'appliquent à l'œuvre entière ou seulement à une partie.

La copie à la main même doit être traitée comme une reproduction par un procédé mécanique quand la copie ainsi faite a pour but de remplacer la reproduction mécanique.

Art. 6. — Doivent être, en outre, considérés comme une atteinte au droit d'auteur :

a). La reproduction, la publication et la mise en vente, sans le consentement de l'auteur, d'un manuscrit non encore publié. Le possesseur légitime du manuscrit ou d'une copie du manuscrit lui-même ne peut le reproduire, le publier et le mettre en vente qu'avec le consentement de l'auteur;

b). La reproduction, la publication ou la mise en vente des exposés oraux ou des leçons faits dans un but de discussion ou d'instruction ;

c). Toute édition faite par l'auteur ou l'éditeur contrairement au contrat fait entre eux ou contrairement à la loi;

d). Le tirage d'une œuvre en nombre d'exemplaires supérieur au nombre convenu entre l'auteur et l'éditeur ;

e). La publication illégitime par l'un des auteurs d'une œuvre faite en collaboration (art. 1er, al. 2) ;

f). La publication collective, faite sans le consentement de l'orateur des discours prononcés dans des discussions ou dans des délibérations publiques en diverses circonstances sur différents objets ;

g). L'insertion illégitime dans un journal quelconque de télégrammes et d'informations réunis et reproduits exclusivement pour être imprimés dans les journaux. La disposition de l'article 9, nº 1, doit être appliquée à l'insertion de ces communications après leur publication dans un journal quelconque.

Art. 7. — La traduction d'une œuvre originale, sans le consentement de l'auteur, est considérée comme une atteinte au droit de l'auteur dans les cas suivants :

a). Quand l'œuvre parue dans une langue morte est éditée en traduction dans une langue vivante ;

b). Quand l'œuvre parue d'abord en plusieurs langues est éditée en traduction dans l'une de ces langues;

c). Quand l'auteur s'est réservé le droit de traduction sur le titre de l'œuvre originale ou au commencement de cette œuvre, pourvu que la traduction ait été commencée dans le délai d'une année après la publication de l'œuvre originale et ait été terminée dans le délai de trois années. La protection cesse relativement aux langues dans lesquelles une traduction n'a pas été commencée dans la première année. Lorsque la réserve n'a été faite que pour certaines langues, l'œuvre peut être librement traduite dans les langues qui n'ont pas été visées.

Pour les œuvres originales qui ont paru en plusieurs tomes ou parties, chaque tome ou chaque partie doit être considéré comme une œuvre séparée, et la réserve du droit de traduction doit être réitérée sur chaque tome ou sur chaque partie. Le délai assigné au droit de traduction ne court que du 1er janvier qui suit la publication de l'œuvre originale.

Pour les œuvres destinées à la scène, la traduction doit être entièrement achevée dans les six mois après la publication de l'œuvre originale.

Le commencement et la fin de la traduction doivent être déclarés pour être mentionnés sur un registre dans le délai fixé par la présente loi (art. 42 à 44.)

La traduction des œuvres littéraires non encore publiées et protégées par la présente loi (art. 6, nos 1 et 2), doit être considérée comme une atteinte au droit d'auteur.

Art. 8. — Les traductions sont, comme les œuvres originales, protégées contre la reproduction et la mise en vente illégitimes.

Art. 9. — Ne sont pas considérées comme une atteinte au droit d'auteur :

a). La citation littérale de quelques passages ou petites parties d'une œuvre déjà publiée ou l'insertion de petits travaux déjà reproduits ou publiés dans une œuvre de plus grande étendue ayant, d'après son contenu, un but scientifique indépendant, pourvu que cette insertion soit faite dans une mesure restreinte expliquée par son but même, ou publiés dans un recueil composé d'extraits d'ouvrages de plusieurs écrivains pour l'usage des écoles, dans un but d'instruction ou dans un but religieux, à la condition que l'auteur ou la source soit indiqué clairement;

b). L'insertion de communications isolées extraites des journaux et des revues à l'exception des travaux littéraires et scientifiques ou de communications importantes, pourvu qu'en tête la défense de reproduire soit mentionnée ;

c). La communication d'actes et discussions publics ;

d). La reproduction de discours tenus dans des discussions et délibérations publiques (art. 6, n° 6) ;

e). La reproduction de quelques articles extraits des œuvres collectives mentionnées dans l'article 2, alinéa 3.

Art. 10. — A la reproduction des lois et ordonnances s'applique la loi 53 de 1880[1].

2° *De la durée du droit d'auteur.*

Art. 11. — Sauf les dispositions dérogatoires contenues dans les articles suivants, la protection que la loi assure contre les atteintes portées au droit d'auteur s'étend à toute la vie de l'auteur et à un délai de cinquante années après sa mort.

Art. 12. — Pour les œuvres faites en collaboration, le délai de la protection se compte à partir de la mort de celui des collaborateurs qui survit aux autres.

Pour les œuvres littéraires composées d'articles de plusieurs personnes, le délai de la protection pour chaque article varie selon que les auteurs de ces articles sont nommés ou non (art. 11 et 13).

Les collections mentionnées dans l'article 6, alinéa 6, jouissent de la protection légale pendant cinquante ans après la mort de l'orateur. Mais si la collection des discours n'est pas publiée durant la vie de l'auteur ou dans les cinq années qui suivent son décès, la publication peut avoir lieu même sans le consentement des ayants droit de l'auteur.

Art. 13. — Les œuvres littéraires parues du vivant de l'auteur

1. La loi 53 de 1880 réserve à l'État le droit exclusif de publier le texte des lois et actes du gouvernement, ainsi que la traduction de ce texte dans une des langues parlées en Hongrie. Les particuliers ne conservent ainsi que le droit de publier des éditions annotées ou des commentaires. (*Annuaire de législation étrangère* de 1881, page 293.)

ne jouissent de la protection déterminée par l'article 11 que lorsque le nom véritable de l'auteur ou son nom littéraire reconnu se trouve sur le titre ou sous la dédicace ou à la fin de la préface.

Dans les œuvres composées d'articles de plusieurs auteurs, il suffit pour la protection de chaque article que le nom de l'auteur soit indiqué au commencement ou à la fin de cet article.

Les œuvres littéraires, pseudonymes ou anonymes, qui indiquent la date de leur première édition, sont protégées pendant cinquante ans à compter de cette date. Si, pourtant, dans le délai de cinquante ans qui suit la publication de l'œuvre, le nom de l'auteur a été déclaré et enregistré, le délai de la protection est calculé conformément à l'art. 11.

Art. 14. — L'œuvre parue après la mort de l'auteur est protégée pendant cinquante ans à partir de sa mort.

Quand l'œuvre est publiée pour la première fois plus de quarante-cinq ans après la mort de l'auteur, mais dans les cinquante années qui la suivent, elle jouit d'une protection de cinquante ans à partir de cette publication.

Art. 15. — Les académies, les universités, les corporations et les autres personnes juridiques, ainsi que les établissements d'instruction, jouissent, en tant qu'ils sont considérés comme auteurs des œuvres publiées par eux, de la protection accordée à l'auteur, pendant trente ans à partir de la première publication de l'œuvre.

Art. 16. — Pour les œuvres parues en plusieurs tomes ou parties, la durée de la protection court de la première édition de chaque tome ou de chaque partie.

Pour les œuvres qui traitent un seul et même sujet en plusieurs parties ou volumes et qui, par suite, doivent être considérées comme formant un seul tout, la durée de la protection est comptée à partir de la publication du dernier tome ou de la dernière partie. Si, cependant, plus de trois ans se sont écoulés entre la publication des différents tomes ou des différentes parties, les parties ou les tomes déjà parus sont à considérer comme une œuvre indépendante, et les parties ou les tomes paraissant, après l'expiration de trois ans, comme une œuvre nouvelle.

Art. 17. — La défense de traduire dure, dans le cas de l'article 7, n° 2, cinq années à partir de la publication de l'œuvre originale, et dans le cas du numéro 3 du même article, cinq années à compter de la première publication de la traduction autorisée.

Art. 18. — Le délai de protection fixée par les articles précédents ne court que du 1er janvier qui suit la première publication de l'œuvre originale ou de la traduction ou la mort de l'auteur.

3° *Dispositions générales.*

Art. 19. — Celui qui, intentionnellement ou par négligence, commet un acte constituant une atteinte au droit d'auteur, est puni à raison de ce délit, en sus des dommages-intérêts à payer à l'auteur ou à ses héritiers, d'une amende pouvant aller jusqu'à mille florins. La peine pécuniaire est prononcée distinctement contre chacun des auteurs du délit.

Si la peine pécuniaire ne peut être recouvrée, elle est remplacée par un emprisonnement dont le tribunal fixe la durée dans le jugement de condamnation même. Pour cette fixation, il y a lieu de prononcer un emprisonnement d'un jour à raison d'une peine pécuniaire de 1 à 10 florins.

Si l'auteur du fait ne l'a commis ni par négligence, ni intentionnellement, aucune peine n'est appliquée. Il est, dans ce cas, obligé de réparer le préjudice causé à l'auteur ou à son ayant droit, mais seulement, jusqu'à concurrence de ce dont il a bénéficié.

Art. 20. — Celui qui détermine une personne à porter atteinte au droit d'auteur encourt la peine prononcée par l'article 19 et est tenu d'indemniser l'auteur ou son ayant cause conformément l'article 19, même lorsque l'auteur du fait n'est pas coupable d'après cet article ou n'est pas tenu de payer une indemnité.

Si l'auteur principal a agi intentionnellement ou par négligence, tous deux sont tenus des dommages-intérêts solidairement. Les autres complices sont punissables et passibles de dommages-intérêts d'après les principes généraux du droit.

Art. 21. — Les exemplaires en magasin et les instruments destinés à la reproduction illicite, tels que les presses, moules, planches de métal, clichés, pierres, etc., sont confisqués et, dès que la décision judiciaire est passée en force de chose jugée, détruits ou rendus à leur propriétaire après avoir été dépouillés de leur caractère dommageable.

Quand il n'y a reproduction illicite que relativement à une partie d'une œuvre, la confiscation s'applique seulement à cette partie et aux instruments de reproduction la concernant.

La confiscation s'étend à tous les exemplaires et instruments qui se trouvent en la possession de l'auteur de la reproduction illicite, de l'imprimeur, du libraire, du commerçant qui a répandu ces exemplaires, et du complice (art. 20).

La confiscation a lieu quand même l'auteur de la contrefaçon n'a agi ni intentionnellement ni par négligence. La confiscation est admise même contre les héritiers et les légataires.

La personne lésée a la faculté de prendre les exemplaires et les instruments de la contrefaçon en tout ou en partie au prix de vente, pourvu que cela ne porte pas atteinte au droit des tiers.

Art. 22. — Le délit de contrefaçon (atteinte aux droits d'auteur) est commis dès que le premier exemplaire d'une œuvre dont la reproduction est illicite ou du manuscrit a été publié.

La simple tentative de reproduction n'entraîne ni peine ni dommages-intérêts ; mais, dans ce cas, il y a lieu à confiscation des parties terminées et des instruments.

Art. 23. — Celui qui met intentionnellement et par profession en vente, vend ou répand d'une autre façon une œuvre reproduite contrairement à une prohibition de la loi, est obligé de réparer le dommage causé à l'auteur ou à son ayant cause, et est puni, en outre, de la peine fixée par l'article 19.

Les exemplaires destinés à être mis en vente sont confisqués conformément à l'article 21, même quand la mauvaise foi de celui qui les a répandus n'est pas démontrée.

Art. 24. — Lorsque, dans le cas de l'article 9, l'indication de la source ou du nom a été omise sciemment ou par négligence, celui qui a fait la reproduction et celui qui a déterminé une autre personne à la faire, sont punis d'une amende qui peut s'élever à 50 florins. La même peine s'applique aussi à celui qui, contrairement à la volonté de l'auteur, mentionne son nom sur l'ouvrage (art. 1er, 2e alinéa).

Dans ce cas la peine pécuniaire ne peut pas être convertie en emprisonnement et il n'y a pas lieu à indemnité.

4° *De la procédure.*

Art. 25. — La détermination des dommages-intérêts, ainsi que la fixation des peines prononcées par la présente loi, y compris la prononciation de la condamnation, rentrent dans la compétence des tribunaux civils.

Art. 26. — La partie lésée peut soumettre l'affaire à la cour royale de justice de première instance dans le ressort de laquelle a été commise la contrefaçon ou à la cour royale de justice de première instance qui constitue la juridiction personnelle du prévenu.

Art. 27. — La procédure n'est introduite que sur la plainte de la partie lésée.

La partie lésée peut, avant la publication du jugement du tribunal de première instance, déclarer qu'elle ne demande pas l'application d'une peine au prévenu. Dans le cas où cette déclaration a été faite, il ne peut plus y avoir application d'une peine.

Art. 28. — L'auteur ou l'éditeur dont le droit a été lésé ou mis en danger peut agir à raison des faits de contrefaçon.

Pour les œuvres déjà publiées, il y a lieu de considérer comme auteur, jusqu'à preuve du contraire, celui qui est mentionné comme tel sur l'ouvrage dont il s'agit.

Pour les œuvres parues sous un pseudonyme ou sans nom d'auteur, lorsque l'éditeur même n'est pas nommé, le commissionnaire désigné sur l'œuvre dont il s'agit a le pouvoir d'exercer les droits de l'auteur.

L'éditeur désigné sur l'œuvre, ou le commissionnaire, est considéré, jusqu'à preuve du contraire, comme ayant cause de l'auteur pseudonyme ou ayant gardé l'anonyme.

Art. 29. — Dans les procès intentés à raison d'atteintes portées au droit d'auteur, le tribunal se prononce librement d'après les circonstances, sur la question d'intention ou de négligence, sur le fait et le montant du dommage et sur l'enrichissement de l'auteur du délit.

Art. 30. — Quand il y a à résoudre des questions techniques qui doivent influer sur le fait de la contrefaçon, le tribunal peut entendre des experts.

Art. 31. — Il sera formé à Budapesth et à Agram des commissions permanentes d'experts, composées de savants, d'écrivains, d'artistes, de libraires, d'imprimeurs et d'autres personnes ayant des connaissances spéciales. Ces commissions auront à donner leur avis sur les questions qui leur seront soumises par les tribunaux.

ART. 32. — Les présidents et les membres de ces commissions sont nommés par le ministre des cultes et de l'instruction publique, et en Croatie-Slavonie par le Ban, pour une durée de six années.

Les membres de ces commissions prêtent, une seule fois pour toute, le serment des experts, ou font une affirmation solennelle remplaçant le serment.

ART. 33. — Ces commissions donnent leur avis sur les questions qui leur sont soumises par les tribunaux en se fondant sur les indications qui leur seront communiquées.

ART. 34. — Tous les membres doivent être convoqués aux séances de la commission.

Pour la validité des décisions, la présence du président et, en outre, de cinq membres, au moins, est nécessaire.

Le règlement intérieur de la commission est arrêté par le ministre de la justice d'accord avec le ministre des cultes et de l'instruction publique et le Ban de la Croatie-Slavonie.

ART. 35. — La commission peut toucher des honoraires à raison de l'avis qu'elle donne. Pour la fixation de cette redevance, le tribunal procède conformément aux dispositions du code de procédure civile.

5° *De la prescription.*

ART. 36. — Le droit de poursuite relativement à la peine à appliquer à la contrefaçon, aux dommages-intérêts et à l'enrichissement sans cause, se prescrit au bout de trois années.

La prescription part, soit du jour où les exemplaires contrefaits ont commencé à être répandus, soit du jour de la publication de l'œuvre.

ART. 37. — Le droit de poursuite relativement à la peine à appliquer pour la mise en vente des exemplaires reproduits illicitement (art. 23) et des dommages-intérêts dus à raison du préjudice causé par ce fait, se prescrit aussi par trois ans.

La prescription part du jour où la mise en vente a eu lieu pour la dernière fois.

Art. 38. — La reproduction et la mise en vente illicites ne sont pas punissables quand la personne ayant le droit d'agir n'a pas exercé de poursuites dans le délai de la prescription et dans les trois mois du jour où elle a eu connaissance du délit et de la personne de l'auteur.

Art. 39. — La destruction ou la confiscation des exemplaires contrefaits ou des instruments servant à la reproduction peut être réclamée tant que les exemplaires destinés au commerce ou les instruments servant au but indiqué existent.

Art. 40. — Quand il s'agit d'un acte contraire à l'article 24, le droit d'action de la partie lésée se prescrit par trois mois à partir du jour où l'œuvre imprimée a commencé à être répandue.

Art. 41. — L'interruption et la suspension de la prescription sont soumises aux règles générales.

6° *De l'enregistrement.*

Art. 42. — Le registre dans lequel est fait l'enregistrement, conformément aux dispositions des articles 7, 13, 51 et 65, est tenu au ministère de l'agriculture, de l'industrie et du commerce.

Art. 43. — L'enregistrement a lieu sur la demande verbale ou écrite des intéressés, sans examen préalable de la réalité ou de la légitimité des faits déclarés.

Art. 44. — Toute personne peut prendre communication du registre et demander que des extraits authentiques lui en soient délivrés.

Les enregistrements opérés sont publiés dans un organe à déterminer par le ministre de l'agriculture, de l'industrie et du commerce.

Les enregistrements des œuvres parues en Croatie-Slavonie, ainsi que des œuvres des ressortissants à ces pays parues en pays étranger, sont aussi publiés, en outre, dans le journal paraissant en Croatie-Slavonie, et à désigner par le Ban de ces pays.

Le ministre de l'agriculture, de l'industrie et du commerce est chargé de réglementer en détail, par voie d'arrêté, la procédure de l'enregistrement.

CHAPITRE II. — *Œuvres musicales.*

ART. 45. — Les dispositions des articles 1 à 6, et 9 à 14 s'appliquent aux auteurs d'œuvres musicales, au point de vue de leurs droits de reproduction, de publication et de vente.

ART. 46. — Constitue une atteinte au droit d'auteur tout arrangement d'une œuvre musicale édité sans le consentement de l'auteur qui ne peut pas être considéré comme une composition propre, notamment les extraits d'œuvres musicales, la transcription d'une œuvre musicale pour un ou plusieurs instruments, ou pour une ou plusieurs voix, en outre de la reproduction, sans remaniement artistique, de plusieurs motifs ou mélodies tirés d'une seule et même composition.

ART. 47. — N'est pas considéré comme portant atteinte au droit d'auteur la citation de passages isolés d'une œuvre musicale déjà parue, en outre l'insertion d'œuvres musicales de petite dimension, avec une étendue restreinte déterminée par le but à atteindre dans une œuvre scientifique indépendante ou dans un recueil de différentes œuvres, composé exclusivement pour les écoles et l'enseignement. Il faut, d'ailleurs, que l'auteur ou la source d'où le morceau est tiré soit indiqué. Dans le cas contraire, la disposition de l'article 24 est applicable.

ART. 48. — Il ne faut pas traiter en outre comme une atteinte au droit d'auteur l'usage d'une œuvre publiée comme texte pour une composition musicale, lorsque le texte est imprimé avec cette composition.

Sont exceptés les textes qui, d'après leur nature, n'ont été destinés qu'à être mis en musique, tels que le texte d'un opéra, d'un oratorio, etc. Ces textes ne peuvent être publiés, avec la musique, que du consentement de l'auteur. L'auteur est réputé avoir consenti quand il a livré, sans réserve, le texte au compositeur pour qu'il en fasse usage.

Sur l'édition du texte sans musique, l'autorisation spéciale de l'auteur du texte ou de son ayant droit est nécessaire.

CHAPITRE III. — *Représentation ou exécution publique d'œuvres théâtrales, d'œuvres musicales et d'opéras.*

ART. 49. — Le droit exclusif de représentation ou d'exécution publique des œuvres théâtrales, des œuvres musicales ou des opéras, appartient à l'auteur.

Art. 50. — Les œuvres théâtrales et les œuvres dramatiques musicales ne peuvent être représentées sur une scène sans le consentement de l'auteur, quand même elles ont été imprimées ou se trouvent dans le commerce.

Les ouvertures, les musiques d'entr'actes ou d'autres parties tirées de ces œuvres, peuvent être exécutées en dehors de la scène sans le consentement de l'auteur.

Art. 51. — Les œuvres musicales reproduites et mises dans le commerce peuvent être représentées ou exécutées publiquement, même sans le consentement de l'auteur, quand le compositeur ne s'est pas réservé le droit d'exécution sur la feuille du titre ou au commencement de l'œuvre.

Art. 52. — Quand une œuvre a plusieurs auteurs, il y a lieu d'appliquer à la représentation ou exécution publique les alinéas 2 et 3 de l'article 1er, avec cette dérogation que, pour l'exécution des œuvres musicales accompagnées d'un texte, y compris les opéras, le consentement du compositeur suffit, en règle générale, et pour l'exécution de ces œuvres sans musique, le consentement du compositeur ne suffit pas.

Art. 53. — Celui qui a traduit, en ayant le droit, une œuvre dramatique, jouit, quant à la représentation publique de sa traduction, de la protection légale.

Art. 54. — La représentation publique d'une traduction illicite (art. 7) ou d'un arrangement illicite (art. 46) est considérée comme une atteinte au droit d'auteur.

Art. 55. — Les articles 11 et 18 s'appliquent relativement à la durée du droit de représentation ou d'exécution publique.

Les œuvres pseudonymes ou publiées sans indication du nom de l'auteur (art. 13, alinéa 1) jouissent, quand elles n'ont pas encore été publiees lors de leur première représentation, de la protection de la loi pendant cinquante ans. Les œuvres posthumes en jouissent pendant cinquante ans à compter de la mort de l'auteur.

Mais lorsque soit l'auteur d'une œuvre pseudonyme ou anonyme, soit l'ayant cause de l'auteur, a déclaré le nom de l'auteur véritable, pour le faire enregistrer, dans un délai de cinquante ans (art. 43), ou lorsque l'auteur publie, pendant ce délai, son œuvre sous son nom véritable, la durée de la protection légale est calculée conformément à l'article 11.

Art. 56. — Il y a lieu de considérer comme auteur d'œuvres dramatiques, d'œuvres musicales et d'œuvres dramatiques musicales non publiées, mais déjà représentées ou exécutées publiquement, jusqu'à ce que le contraire soit prouvé, la personne désignée comme auteur dans les annonces de la représentation.

Art. 57. — Celui qui, intentionnellement ou par négligence, représente ou exécute publiquement, sans en avoir le droit, une œuvre dramatique, une œuvre musicale ou une œuvre dramatique musicale, en totalité ou avec des changements sans importance, est obligé, envers l'auteur ou ses ayants cause, à réparer le dommage causé, et est puni de l'amende fixée par l'article 19.

L'article 20 est appliqué à l'auteur de la représentation ou de l'exécution illicite, de façon que le montant de l'indemnité soit fixé conformément à l'article 58.

Art. 58. — Il y a lieu de payer à titre de dommages-intérêts (art. 57) le produit total des représentations ou exécutions illicites, sans déduction des frais y afférents.

Si l'œuvre a été représentée ou exécutée avec d'autres œuvres, la part proportionnelle des recettes doit servir à fixer le montant de l'indemnité.

Quand il n'y a pas eu de recettes ou quand leur montant ne peut être déterminé, le juge fixe les dommages-intérêts d'après son appréciation.

Quand il n'y a ni intention ni négligence de la part de l'auteur du fait, aucune peine n'est applicable, et il n'est tenu du dommage causé que jusqu'à concurrence de son enrichissement.

Art. 59. — Les articles 3 et 25 à 44 sont aussi applicables à la représentation et à l'exécution publiques des œuvres dramatiques, des œuvres musicales et des œuvres dramatiques musicales.

Chapitre IV. — *Des œuvres des arts figuratifs.*

Art. 60. — Le droit exclusif de repro uire, en tout ou en partie, de publier et de vendre les œuvres des arts figuratifs, du dessin, de la gravure, de la peinture, de la sculpture, appartient à l'auteur de l'œuvre.

Art. 61. — La reproduction des œuvres des arts figuratifs doit être considérée comme une atteinte au droit d'auteur, quand elle a lieu sans le consentement de l'auteur et quand les exemplaires reproduits sont destinés à être vendus.

La reproduction doit être considérée aussi comme portant atteinte au droit d'auteur :

1° Quand l'œuvre originale est reproduite dans un autre art ou dans un autre genre ;

2° Quand la reproduction n'a pas lieu directement d'après l'original, mais d'après une copie quelconque ;

3° Quand une œuvre des arts figuratifs est imitée dans des œuvres d'architecture, d'industrie ou de manufacture ;

4° Quand l'auteur ou l'éditeur fait une reproduction contrairement au traité qui le lie ou à la loi ;

5° Quand l'éditeur fait exécuter un plus grand nombre d'exemplaires qu'il ne le doit d'après le traité.

Art. 62. — Ne doivent pas être considérés comme portant atteinte au droit d'auteur :

1° Un arrangement par suite duquel on tire d'une œuvre originale plusieurs œuvres nouvelles ;

2° Des copies isolées qui ne sont pas destinées à être vendues. Sur ces copies on ne doit pas indiquer la signature, le nom ou les initiales du nom de l'auteur sous les peines fixées par l'article 19 ;

3° La reproduction, dans un autre art, d'œuvres se trouvant à demeure dans les rues, sur les places publiques et autres lieux publics du même genre ;

4° La reproduction d'œuvres détachées des arts figuratifs, avec une étendue limitée par le but même, pour expliquer le texte d'une œuvre essentiellement littéraire.

Art. 63. — Celui qui reproduit légitimement l'œuvre d'un autre, dans un genre différent, doit être considéré comme auteur relativement à l'œuvre créée par lui, alors même que l'œuvre originale serait déjà tombée dans le domaine public.

Art. 64. — Quand un auteur aliène son œuvre au profit d'une autre personne, le droit de reproduction ne doit pas être considéré comme compris dans l'aliénation.

Pour les portraits et les bustes commandés, ce droit appartient à l'auteur de la commande.

Le propriétaire n'est pas tenu de remettre l'œuvre à l'auteur ou à son ayant cause, pour qu'il puisse la reproduire.

Art. 65. — Pour tout le reste, les articles 3, 11 à 44 sont applicables aux créations des arts figuratifs, à leurs auteurs et à la publication périodique ou en recueil de ces œuvres.

Relativement aux œuvres déjà publiées, la protection de la loi est admise conformément à l'article 13, d'après des règles variant selon que le nom de l'auteur a été indiqué ou non sur l'œuvre et que le défaut d'indication a été comblé ou non par l'enregistrement.

Art. 66. — Les dispositions de la présente loi ne sont pas applicables aux œuvres d'architecture ni aux œuvres des arts figuratifs transportés sur des objets industriels.

Chapitre V. — *Des cartes géologiques ou géographiques, des dessins et des figures d'histoire naturelle, de géométrie, d'architecture et des autres dessins ou figures techniques.*

Art. 67. — Les articles 1 à 44 de la présente loi s'appliquent aux cartes géologiques et géographiques, aux dessins et figures d'histoire naturelle, de géométrie, d'architecture, lorsque, d'après leur destination, ils ne peuvent être considérés comme des œuvres des arts figuratifs. Mais les articles 60 à 66 de la présente loi leur sont applicables, quand ils sont à considérer, d'après leur destination, comme des œuvres des arts figuratifs.

Art. 68. — Ne doit pas être considérée comme une atteinte au droit d'auteur, l'insertion de dessins et de figures dans une œuvre littéraire dans laquelle ils ne servent qu'à expliquer le texte, pourvu que l'auteur ou la source soit expressément indiqué.

Chapitre VI — *Des photographies.*

Art. 69. — Le droit exclusif de reproduction par un procédé mécanique, de publication et de mise en vente d'une œuvre obtenue à l'aide de la photographie appartient à l'auteur de l'œuvre originale durant le délai fixé par l'article 70.

Pour que ce droit exclusif existe, il faut que sur chaque exemplaire des tirages ou des reproductions on indique d'une façon visible : 1° le nom ou la raison commerciale et le domicile de l'auteur ou de l'éditeur de l'édition originale ; — 2° l'année durant laquelle ont été publiés pour la première fois les tirages ou les reproductions.

Art. 70. — La protection garantie par la présente loi appartient à l'auteur de l'œuvre photographique ou à ses ayants cause pendant cinq ans à partir de l'expiration de l'année durant laquelle a paru pour la première fois l'original.

Si le tirage ou la reproduction n'a pas été publié, le délai de cinq ans se compte à partir de la fin de l'année durant laquelle l'original de l'édition photographique a été obtenu.

Aux photographies des œuvres parues en plusieurs tomes s'appliquent les dispositions de l'article 16.

Art. 71. — La reproduction d'une œuvre photographique par un procédé mécanique sans le consentement de l'ayant droit et dans un but commercial est considérée comme une atteinte au droit d'auteur :

Art. 72. — Le droit de reproduction de portraits obtenus par la photographie appartient exclusivement à celui qui en fait la commande.

Art. 73. — Ne sont pas considérées comme une atteinte au droit d'auteur :

1° L'usage d'une photographie, de façon à tirer de l'œuvre originale différentes œuvres nouvelles ;

2° La reproduction d'une œuvre photographique, quand elle est appliquée à un produit de l'industrie ;

3° La reproduction d'une photographie dans un autre art.

Art. 74. — Celui qui reproduit dans un art différent l'œuvre photographique d'une autre personne est considéré comme auteur de l'œuvre créée par lui, conformément à l'article 63.

Art. 75. — Les articles 3, 19 à 44, et 68 sont applicables aux photographies.

Chapitre VII. — *Dispositions générales.*

Art. 76. — La présente loi entrera en vigueur le 1er juillet 1884.

La protection de cette loi s'étend même aux œuvres littéraires, musicales, techniques et photographiques, aux œuvres dramatiques et des arts plastiques, qui ont paru avant cette date.

Art. 77. — Les exemplaires existant avant la mise en vigueur de la présente loi, et dont jusqu'ici la production n'était pas défendue, peuvent être répandus comme par le passé.

Les caractères et les autres moyens analogues de reproduction (art. 21) peuvent être utilisés, quand leur fabrication n'était pas antérieurement prohibée.

Art. 78. — Les œuvres dramatiques musicales, représentées licitement avant l'entrée en vigueur de la présente loi, peuvent continuer à être représentées.

Art. 79. — La présente loi s'applique aux œuvres des citoyens hongrois, quand même elles ont paru en pays étranger.

La présente loi ne s'applique pas aux œuvres des auteurs étrangers.

Sont exceptées de cette règle et jouissent de la protection de la présente loi :

a) Les œuvres d'étrangers, qui ont paru chez les éditeurs nationaux ;

b) Les œuvres des étrangers, qui habitent d'une façon continue en Hongrie au moins depuis deux ans et y payent sans interruption l'impôt.

Art. 80. — La présente loi s'applique, même quand un citoyen hongrois en viole les dispositions en pays étranger au préjudice d'un citoyen hongrois.

Art. 81. — Le ministre de la justice et le Ban de Croatie-Slavonie-Dalmatie sont chargés, chacun en ce qui le concerne, de régler par voie d'arrêté la procédure à observer.

Art. 82. — Sont chargés de l'exécution de la présente loi, le ministre de la justice, le ministre de l'agriculture, de l'industrie et du commerce, le ministre des cultes et de l'instruction publique, le Ban de Croatie-Slavonie-Dalmatie.

ITALIE

Deux lois régissaient en Italie les droits d'auteurs : celle du 25 juin 1865 et celle du 10 août 1875. La première était la loi fondamentale sur la matière, la seconde était relative aux œuvres dramatiques et modifiait la loi de 1865 en étendant beaucoup le droit exclusif de représentation appartenant aux auteurs de ces œuvres. Il était incommode d'être obligé de recourir à deux lois différentes et, parfois, la combinaison de leurs dispositions pouvait offrir quelque difficulté. Afin de remédier à cet état de choses, une loi du 18 mai 1882 a autorisé le gouvernement du roi à réunir et à codifier les deux lois de 1865 et de 1875, et à y apporter quelques modifications. — En voici la traduction [1]*:*

Loi du 18 mai 1882

SUR LES DROITS DES AUTEURS.

Art. 1er. — L'article 2 de la loi du 10 août 1875 est abrogé et remplacé par les dispositions suivantes :

a) Nul ne pourra représenter ou exécuter une œuvre destinée à être représentée publiquement, une action chorégraphique et une composition musicale quelconque, sujette au droit exclusif sanctionné par l'article 1er, s'il n'obtient le consentement de l'auteur ou de ses ayants cause. La preuve écrite de ce consentement dûment légalisée doit être présentée et laissée au préfet de la province qui, à son défaut, sur la déclaration de la partie intéressée, prohibe la représentation ou l'exécution.

b) La représentation ou exécution abusive soit totale, soit partielle, soit faite avec des additions, des réductions ou des variantes, sera punie d'une amende pouvant s'élever à 500 li-

1. Nous devons la traduction des lois ci-dessus à l'obligeance de M. François Montasso, avocat à la cour d'appel de Gênes.

vres, sans préjudice des dommages-intérêts et des peines plus graves applicables dans les cas de vol ou de faux en conformité de la loi pénale.

c) Les actions pénales destinées à protéger les droits des auteurs dérivant soit des présentes dispositions, soit des lois du 25 juin 1865 et 10 août 1875, seront exercées d'office.

Art. 2. — La faculté est donnée au gouvernement de coordonner, avec les présentes dispositions, en un seul texte les lois du 25 juin 1865 et du 10 août 1875 et de pourvoir par un règlement spécial à leur exécution.

Décret du 19 septembre 1882

RELATIF AUX

DROITS DES AUTEURS D'ŒUVRES DE L'ESPRIT.

Chapitre Ier. — *Droits des auteurs d'œuvres de l'esprit, durée et mode de leur exercice.*

Art. 1er. — Les auteurs des œuvres de l'esprit ont le droit exclusif de les publier, de les reproduire et d'en vendre les reproductions.

Art. 2. — Sont assimilés à la publication réservée à l'auteur d'une œuvre :

L'impression ou tout autre mode semblable de publication des discours, des lectures et des enseignements oraux, quoique faits en public et reproduits par la sténographie ou par un autre moyen ;

L'impression ou tout autre mode semblable de publication des œuvres ou composition de nature à être représentées publiquement ;

La représentation et l'exécution d'une œuvre de nature à être représentée publiquement : d'une œuvre chorégraphique et d'une composition musicale quelconque, soit inédite, soit publiée ;

L'exécution d'une œuvre d'art faite d'après les esquisses de l'auteur.

Les discours tenus dans une assemblée publique sur un sujet d'intérêt public ou administratif et spécialement les discours tenus dans les assemblées législatives pourront être publiés et reproduits librement dans les actes des sessions et dans les journaux. Mais ils ne peuvent être reproduits ni comme publication spéciale d'un ou de plusieurs discours d'une personne, ni comme partie d'un recueil de ses œuvres.

Art. 3. — Sont assimilés à la reproduction réservée à l'auteur d'une œuvre :

La répétition des représentations ou des exécutions, en totalité ou en partie, d'une œuvre de nature à être représentée publiquement, d'une œuvre chorégraphique et d'une composition musicale quelconque déjà représentée ou exécutée en public d'après un manuscrit ;

Les arrangements pour divers instruments, les extraits et les adaptations des œuvres musicales ou d'une partie de ces œuvres, sauf dans le cas où un motif d'une œuvre originale devient l'occasion ou le thème d'une composition musicale qui constitue une œuvre nouvelle ;

Les changements de dimension ou de proportion dans les parties et dans les formes d'une œuvre appartenant aux arts du dessin ;

Le changement de matière ou de procédé dans la copie d'un dessin, d'un tableau, d'une statue ou d'une autre œuvre d'art du même genre.

Art. 4. — Le droit exclusif de vendre une œuvre comprend encore le droit d'empêcher la vente de reproductions faites en dehors du Royaume, sans l'autorisation de l'auteur.

Art. 5. — Lorsque le droit exclusif de publier, de reproduire ou de vendre une œuvre appartient en commun à plusieurs personnes, on présume à moins de preuve contraire, que toutes ont une part égale et que chacune d'elles peut exercer ce droit entier, sauf pour les autres la faculté d'obtenir une indemnité pour la part qui leur appartient.

En cas de cession, le cédant et le cessionnaire sont tenus solidairement de cette indemnité, si le cessionnaire savait que le droit à lui cédé appartenait également en commun à d'autres.

Art. 6. — L'auteur d'un livret ou d'une composition littéraire quelconque mise en musique, ne peut disposer du droit de reproduire et de vendre la musique : mais l'auteur de l'œuvre musicale peut la faire reproduire et la vendre avec les paroles auxquelles la musique s'applique.

L'auteur des paroles a, dans ce cas, le droit concédé par l'article précédent à celui qui possède en commun avec d'autres le droit d'auteur sur la même œuvre.

Art. 7. — La publication d'un ouvrage qui se compose de parties distinctes, mais tellement liées entre elles que leur ensemble forme une seule œuvre ou un recueil ayant un but déterminé, confère à celui qui l'a conçu le droit exclusif de le reproduire et de le vendre.

Néanmoins, chacun des auteurs d'une des parties qui composent de telles publications conserve ses droits respectifs sur son propre travail et peut le reproduire séparément en indiquant l'ouvrage ou le recueil d'où il est extrait.

Art. 8. — L'exercice du droit d'auteur sur la reproduction et sur la vente d'un ouvrage commence à la première publication de cet ouvrage et dure toute la vie de l'auteur et quarante ans après sa mort. ou quatre-vingts ans, conformément à la disposition de l'article suivant.

Les éditions successives d'un ouvrage, quoique augmentées ou modifiées, ne constituent pas des publications nouvelles.

Le droit de reproduire les parties ajoutées ou modifiées, comme l'œuvre entière, finit en même temps.

Art. 9. — L'exercice du droit de reproduction et de vente est réservé exclusivement à l'auteur pendant sa vie.

Si l'auteur meurt avant qu'il se soit écoulé quarante ans depuis la publication de son œuvre, le même droit exclusif continue au profit de ses héritiers ou ayants cause jusqu'à l'achèvement de ce délai.

Cette première période écoulée de l'une ou de l'autre des manières qui viennent d'être indiquées, commence une seconde période de quarante ans pendant laquelle l'œuvre peut être reproduite et vendue sans le consentement spécial de celui auquel appartient le droit d'auteur sous la condition de lui payer cinq pour cent sur le prix fort qui doit être indiqué sur chaque exemplaire et déclaré de la manière qui sera indiquée ci-après.

Cette créance est privilégiée et, par suite, passe avant toute autre sur les exemplaires reproduits.

ART. 10. — Le droit exclusif de représentation et d'exécution d'une œuvre de nature à être représentée publiquement, d'une œuvre chorégraphique et de toute composition musicale dure au profit de l'auteur et de ses ayants cause quatre-vingts ans, lesquels commencent à courir du jour où a eu lieu la première représentation ou la première publication de l'œuvre. Ce délai terminé, l'œuvre tombe dans le domaine public, en ce qui concerne la représentation et l'exécution.

ART. 11. — L'Etat, les provinces, les communes, ont le droit exclusif de reproduire les œuvres publiées à leurs frais et pour leur compte.

Ce droit dure vingt ans à partir de la publication.

Il ne s'étend pas aux lois et aux actes officiels quelconques, sauf les droits et privilèges qui peuvent appartenir à l'administration pour des motifs d'intérêt public.

Un droit semblable appartient aux académies ou aux autres sociétés analogues, scientifiques, littéraires ou artistiques, sur le recueil de leurs actes ou sur leurs autres publications. Chacun des auteurs des écrits ou autres œuvres insérés dans ces recueils et publications ont les droits indiqués dans le second paragraphe de l'article 7.

ART. 12. — Durant les dix premières années à partir de la publication d'une œuvre, les auteurs, outre le droit de reproduction, possèdent la faculté exclusive d'en faire ou d'en permettre la traduction.

La traduction des œuvres littéraires et scientifiques consiste à les tourner dans une autre langue; et la traduction des œuvres du dessin, de la peinture, de la sculpture et de la gravure et des œuvres analogues consiste à en reproduire les formes ou les figures par un travail qui n'est pas simplement mécanique ou chimique, mais qui constitue une autre œuvre d'art d'une espèce différente, comme seraient la gravure d'un tableau, le dessin d'une statue, ou autre travail semblable.

ART. 13. — Les traducteurs d'une œuvre scientifique ou littéraire jouissent des droits d'auteur; il en est de même de ceux qui font la traduction d'une œuvre d'art, lorsque cette traduction constitue une autre œuvre d'art dans les termes de l'article précédent.

Art. 14. — Nul ne peut représenter ou exécuter une œuvre de nature à être représentée publiquement, une œuvre chorégraphique et une composition musicale quelconque sujette au droit exclusif consacré par l'article 2, sans avoir obtenu le consentement de l'auteur ou de ses ayants cause. La preuve écrite, du consentement dûment légalisée, doit être présentée et laissée au préfet de la province qui, à défaut, et sur la réclamation de la partie intéressée, prohibera la représentation ou l'exécution.

Art. 15. — Les délais qui commencent à la publication d'une œuvre se comptent à partir de l'année où a lieu la publication de la dernière partie de cette œuvre.

Lorsqu'une œuvre est publiée en plusieurs volumes, les délais qui commencent à sa publication se comptent séparément pour chaque volume, si tous les volumes ne sont pas publiés dans le cours de la même année.

Dans tous ces calculs, on ne tient pas compte des fragments d'année.

Chapitre II. — *Aliénation, transmission, expropriation pour cause d'utilité publique des droits des auteurs.*

Art. 16. — Les droits garantis aux auteurs par la présente loi peuvent être aliénés et transmis par tous les modes que les lois autorisent.

Néanmoins le droit de reproduction d'une œuvre publiée n'est pas sujet à l'exécution forcée tant qu'il réside en la personne de l'auteur.

Si ce droit appartient en commun à un ou plusieurs auteurs et à un tiers non auteur, il peut être exproprié au préjudice de ceux auxquels il appartient, sauf le droit des autres de prendre dans le prix une part correspondante à leur droit.

Art. 17. — Le droit de publier une œuvre inédite n'est pas sujet à l'exécution forcée, si ce n'est dans le cas où, aux termes de l'article précédent, il est possible d'exproprier le droit de reproduction, pourvu cependant qu'il soit certain que l'auteur avait exprimé la volonté que l'œuvre fût publiée [1].

On ne doit admettre que la preuve écrite de la volonté de l'auteur, ou, à défaut, des faits impliquant que l'auteur avait destiné son œuvre à être publiée d'une manière définitive.

La preuve de la volonté de l'auteur ne peut être faite par témoins.

ART. 18. — La cession d'un moule, d'une planche gravée ou d'un autre instrument qui constitue un moyen ordinaire de publication ou de reproduction d'une œuvre d'art, est présumée comprendre la faculté de la publier ou de la reproduire, à moins de convention contraire et si cette faculté appartient au possesseur de la chose cédée.

La cession de toute œuvre, en un ou plusieurs exemplaires, n'implique pas, à défaut de convention expresse, l'aliénation du droit de la reproduire [2].

ART. 19. — La permission indéterminée de publier un travail inédit ou de reproduire une œuvre publiée, n'entraîne pas avec elle l'aliénation indéfinie du droit de reproduction.

En pareil cas, le juge fixera un délai dedans lequel dans l'intérêt de l'éditeur toute nouvelle reproduction devra être interdite.

ART. 20. — L'État, les provinces et les communes peuvent acquérir, par voie d'expropriation pour cause d'utilité publique, les droits d'auteur, à la seule exception de droit de reproduire une œuvre pendant la vie de son auteur.

La déclaration d'utilité publique est faite sur la proposition du ministre de l'instruction publique, le conseil d'État entendu.

---

1. Rapprocher de cette dispositon l'article 9 de la loi belge (plus haut p. 91 et la note.)

2. Le législateur italien nous paraît avoir fait ici une distinction très judicieuse entre la cession d'un exemplaire d'une œuvre artistique et celle de l'instrument qui sert à le reproduire ; dans le premier cas, la cession n'entraîne pas l'aliénation du droit de reproduction, à moins de conventions contraires ; dans le second cas, au contraire, la cession de l'instrument entraîne implicitement le droit de reproduction, à moins de conventions contraires. — Rapprocher de la disposition ci-dessus l'article 19 de la loi belge (plus haut, p. 91 et la note.)

L'indemnité à payer est fixée à l'amiable. A défaut d'accord, le tribunal nomme trois experts pour déterminer le prix des droits à exproprier. Cette expertise est assimilée aux expertises judiciaires.

Chapitre III. — *Moyen de constater la publication d'une œuvre et les droits d'auteur.*

Art. 21. — Quiconque entend se prévaloir des droits garantis par la présente loi doit présenter au préfet de la province un nombre d'exemplaires qui n'excédera pas trois, de l'œuvre qu'il publie ou un nombre égal de copies faites au moyen de la photographie ou d'un procédé quelconque propre à constater l'identité de l'œuvre. Il devra y joindre en outre une déclaration dans laquelle il mentionne d'une façon précise l'œuvre et l'année où elle est imprimée, exposée ou publiée d'une autre façon, en exprimant la volonté de réserver les droits qui lui appartiennent comme auteur ou éditeur[1].

Art. 22. — Dans la déclaration concernant des œuvres ou compositions musicales propres à la représentation, il sera expressément dit si elles ont été ou non représentées avant la publication, et, dans le cas de l'affirmative, on indiquera avec précision l'année et le lieu de la première représentation.

Art. 23. — La déclaration concernant une œuvre propre à être représentée publiquement, une action chorégraphique et une composition musicale quelconque inédites, pour lesquelles on veut réserver le droit exclusif de représentation et d'exécution, doivent être accompagnés d'un manuscrit de l'œuvre, qui sera restitué après l'apposition d'un visa.

Art. 24. — Les œuvres en plusieurs volumes seront déposées volume par volume, s'ils n'ont pas été publiés tous du 1er janvier au 31 décembre de la même année.

Dans les œuvres périodiques qui se publient indéfiniment et pour les recueils qui se publient en plusieurs années, on déposera chaque année la partie publiée dans le cours de l'année.

---

1. Rapprocher cette disposition de l'article 37 de la loi espagnole (plus haut, p. 135 et la note.)

Art. 25. — L'obligation de déclarer et de déposer une œuvre publiée par fascicule, ou chacun des volumes dont elle se compose, commence de l'époque où a été publié le dernier fascicule de l'œuvre ou le volume qui doit être déposé.

Art. 26. — Celui qui insère un travail, soit en une seule fois, soit par fragments successifs, dans un journal ou dans toute autre publication périodique, doit déclarer en tête de ce travail ou de sa première partie s'il entend conserver les droits d'auteur.

A défaut de cette déclaration, les autres journaux ou les autres publications périodiques ont le droit de le reproduire, à la condition d'indiquer la source où il est puisé et le nom de l'auteur ; mais on n'a pas la faculté de la publier séparément.

Lorsque l'auteur ou celui qui peut en exercer les droits entend publier son travail à part, il doit faire le dépôt et la déclaration prescrits par l'article 21, en indiquant avec précision quand a commencé et quand a fini la publication faite la première fois dans un journal ou dans un autre ouvrage périodique, et si l'œuvre insérée est en plusieurs volumes, il indiquera dans quelle année a été achevée la première publication de la partie contenue dans chacun des volumes réimprimés séparément à mesure qu'il en fait le dépôt successif.

Art. 27. — Le temps utile pour la déclaration et les dépôts requis comme garantie des droits d'auteur est de trois mois, à partir de la publication des œuvres ou de leurs fragments, ou bien respectivement, de la première représentation des œuvres propres à être représentées publiquement, des actions chorégraphiques et d'une composition musicale quelconque.

La déclaration et le dépôt tardifs seront cependant efficaces, excepté dans le cas où le temps écoulé entre l'expiration du délai susdit et le moment où s'effectuent la déclaration et le dépôt, un autre a reproduit l'œuvre, ou en a introduit de l'étranger des copies pour les vendre.

Dans un pareil cas, l'auteur ne pourra s'opposer à la vente des exemplaires qui seront déjà imprimés ou introduits de l'étranger. A défaut d'accord sur le mode et sur les précautions à prendre pour appliquer la présente disposition, l'autorité judiciaire statuera.

Art. 28. — A défaut de déclaration et de dépôt dans le

cours des dix premières années qui suivent la publication d'une œuvre, on doit considérer tout droit d'auteur comme définitivement abandonné.

Art. 29. — Les extraits des déclarations faites en temps utile ou tardivement seront publiés chaque mois, par les soins du gouvernement, dans la *Gazette officielle du Royaume.*

Art. 30. — Celui qui veut user de la faculté accordée par le second paragraphe de l'article 9 doit présenter au préfet une déclaration écrite, dans laquelle il indiquera distinctement son nom et son domicile, l'ouvrage qu'il veut reproduire et le mode de reproduction, le nombre des exemplaires et le prix qui sera mentionné par lui sur chacun d'eux, en y ajoutant l'offre expresse de payer une somme égale au vingtième du prix multiplié par le nombre des exemplaires à celui ou à ceux qui prouvent y avoir droit.

Ces déclarations doivent être insérées au moins deux fois à quinze jours d'intervalle, dans un journal consacré aux annonces judiciaires, dans le lieu où se fait la reproduction et dans la *Gazette officielle du Royaume.*

Au commencement de chaque trimestre, on résumera en un seul tableau les déclarations faites dans le cours du trimestre, et on les publiera à la suite de celles dont il est parlé dans l'article précédent.

Art. 31. — Quand les intéressés ne sont pas d'accord sur l'annulation, la modification ou la translation des déclarations déjà faites, il appartient à l'autorité judiciaire de décider par voie sommaire, conformément aux droits reconnus et aux règles fixées par la présente loi.

Le gouvernement, à la requête et aux frais des intéressés, dans l'appendice à la dernière publication des extraits des déclarations, donne aussi avis des annulations, des modifications et des translations ordonnées par l'autorité judiciaire, comme aussi de celles consenties par les parties ou survenues par succession.

Chapitre IV. — *De la contrefaçon et des autres infractions à la présente loi et de leur répression.*

Art. 32. — Est coupable de publication illicite, quiconque

publie l'œuvre d'autrui sans la permission de l'auteur ou de son représentant ou de son ayant cause.

Est coupable de contrefaçon quiconque reproduit de quelque manière que ce soit, une œuvre pour laquelle dure encore le droit exclusif de l'auteur, ou en vend des exemplaires ou des copies sans le consentement de celui auquel ce droit appartient; — quiconque omet la déclaration prescrite par l'article 30 ; — quiconque reproduit ou vend un nombre d'exemplaires ou copies excédant celui qu'il a acquis le droit de reproduire ou de vendre ; — quiconque traduit une œuvre dans le délai réservé à l'auteur.

Art. 33. — La publication illicite, ou la contrefaçon consommée par l'un des moyens indiqués dans l'article 32, est punie d'une amende qui peut s'élever jusqu'à 5,000 lirès, sans préjudice des dommages-intérêts et des peines plus fortes qui pourraient être appliquées au contrefacteur, dans les cas de vol et de fraude, conformément aux lois pénales.

Art. 34. — La représentation ou l'exécution illicite, soit totale, soit partielle, soit faite avec des additions, réductions ou variantes, est punie d'une amende pouvant s'élever jusqu'à 500 lires sans préjudice des dommages-intérêts et des peines plus fortes dans les cas de vol, de fraude ou de faux, conformément à la loi pénale.

Art. 35. — Les actions pénales relatives à la protection des droits d'auteur, dérivant des dispositions de la présente loi, seront exercées d'office.

Art. 36. — Les exemplaires et les copies de l'œuvre contrefaite, ainsi que les instruments de la contrefaçon, quand par leur nature ils ne peuvent être destinés à la reproduction d'autres œuvres que l'œuvre contrefaite, seront détruits, si la partie lésée n'en demande pas l'attribution pour un prix déterminé en déduction des dommages-intérêts, ou si le contrefacteur ne demande pas qu'il soit mis sous séquestre jusqu'à l'expiration du droit exclusif réservé à l'auteur.

Le juge doit toujours accueillir cette dernière demande et lui donner la préférence sur la première.

L'attribution sera prononcée par le juge pour le prix indiqué par celui qui la réclame, quand le prix n'est pas contesté par la partie adverse. Dans le cas contraire, il sera ordonné une estimation par expert, et le juge fixera le prix d'office, en laissant au requérant la faculté d'accepter ce prix ou de retirer sa demande.

Art. 37. — Dans le cours de la dernière année réservée à l'auteur pour l'exercice exclusif de ses droits de reproduction, de traduction ou de représentation, la destruction des choses contrefaites et des instruments de la contrefaçon ne sera plus ordonnée; et même, sur l'opposition du contrefacteur, l'exécution de la sentence qui l'aurait précédemment ordonnée sera suspendue.

Dans ces deux cas, la mise sous séquestre sera obligatoire aux frais du contrefacteur, jusqu'à l'expiration du droit réservé.

Art. 38. — A toute époque de la durée du droit exclusif réservé à l'auteur, le juge peut, dans le silence des parties, ordonner le dépôt dans un musée public des exemplaires contrefaits ou des instruments de la contrefaçon, s'ils constituent des œuvres d'art d'un grand prix.

Art. 39. — Quand le droit d'auteur est réduit au droit de toucher un prix déterminé, on ne peut plus ordonner la destruction ou la mise sous séquestre des copies contrefaites ou des instruments de la contrefaçon, si ce n'est pour assurer le payement du prix.

Si le prix n'est pas liquidé et si l'on manque d'éléments pour le fixer immédiatement, il peut être déterminé par voie d'expertise ou par analogie avec d'autres cas.

Art. 40. — La reproduction d'un titre générique ne constitue pas le délit de contrefaçon.

N'est pas non plus une contrefaçon la reproduction d'un ou de plusieurs extraits d'un travail, quand elle n'est pas faite dans le but évident de reproduire une partie de l'œuvre d'autrui pour en tirer un lucre.

Les articles de polémique politique, quand ils sont reproduits pour servir d'éléments à des discussions ou pour justifier ou rectifier des opinions émises à leur sujet, et les articles de nouvelles insérées dans les journaux ou dans d'autres recueils périodiques, peuvent être reproduits pourvu qu'on en indique la source. Mais la reproduction des insertions dont il est parlé dans l'article 26 constitue le délit de contrefaçon dans les cas où elle est défendue par la loi.

Art. 41. — L'omission des indications prescrites par le second paragraphe de l'article 30, ou la mention d'un prix supérieur au prix déclaré, faite sur les exemplaires ou sur les copies, quand elle n'est pas corrigée par une déclaration supplémentaire antérieure à la vente, est punie d'une amende qui peut s'élever jusqu'à 1,000 lires.

Dans l'un et l'autre cas, est réservée l'action en réparation du préjudice causé et en payement du prix.

Art. 42. — L'inexactitude volontaire ou la fausseté des mentions qui, suivant les divers cas, doivent être faites dans la déclaration prescrite par les articles 21, 23 et 26, ou dans celle prescrite par l'article 30, est punie d'une amende qui peut s'élever jusqu'à 1,000 lires.

Art. 43. — Toute autre infraction à la présente loi ou aux règlements sur l'exercice des droits d'auteur, sera punie d'une amende qui peut s'élever jusqu'à 500 lires.

Chapitre V. — *Dispositions générales et mesures transitoires.*

Art. 44. — La présente loi est applicable aux auteurs d'œuvres publiées dans un pays étranger avec lequel il n'y a pas, ou il n'y a plus de traités spéciaux en vigueur, pourvu que les lois de ce pays reconnaissent au profit des auteurs des droits plus ou moins étendus, et que ces lois soient appliquées réciproquement aux œuvres publiées dans le royaume d'Italie.

Si la réciprocité est promise par un État étranger aux autres États, à la condition que ceux-ci assurent, aux auteurs des œuvres publiées dans son territoire, les mêmes droits et les mêmes garanties qui sont accordées par ses lois, le gouvernement du roi est autorisé à accorder les uns et les autres, par décret royal, sous condition de réciprocité, et pourvu qu'ils soient temporaires et qu'ils ne soient pas essentiellement différents de ceux que reconnaît la présente loi.

Si dans le pays étranger on prescrit le dépôt ou la déclaration au moment de la publication d'une œuvre, il suffit que l'on prouve avoir fait l'un ou l'autre, conformément aux lois de ce pays, pour obtenir sur l'œuvre qui y est publiée l'exercice du droit d'auteur dans le Royaume.

Dans l'hypothèse contraire, le dépôt ou la déclaration prescrits dans la présente loi peut être effectué soit en Italie, soit dans les consulats italiens à l'étranger.

ART. 45. — Il sera pourvu par un ou plusieurs décrets royaux ; au moyen de conserver les œuvres déposées et les déclarations qui y sont relatives ; — au moyen de subvenir aux frais de conservation et à ceux des insertions imposées au gouvernement, par le payement de droits fixes ou proportionnels qui ne pourront pas excéder dix lires ; — à la détermination du nombre des exemplaires ou des copies à présenter dans les termes de l'article 20; — et enfin à tout ce qui concerne l'exécution de la présente loi.

ART. 46. — La présente loi est applicable même aux œuvres déjà publiées, représentées ou exécutées.

CHAPITRE VI. — *Dispositions transitoires relatives à la loi du 25 juin 1865.*

ART. 47. — Si le jour où la présente loi entre en vigueur (1er août 1865), les droits d'auteur, sur une œuvre reconnue par les lois précédentes, sont éteints dans chacune des provinces de l'État, personne ne pourra les faire revivre en invoquant la nouvelle loi.

Mais si ces droits existent encore dans tout l'État ou dans quelques provinces, l'auteur, pourvu qu'il ne les ait pas déjà aliénés, ou ses représentants par succession légitime ou testamentaire, sont admis à invoquer l'application de cette nouvelle loi, dont l'effet est étendu à tout le royaume pour le temps restant à courir, en déduisant du délai déterminé par elle, le temps qui a déjà couru depuis la première publication de l'œuvre.

Si la cession de l'exercice des droits d'auteur intervenu avant l'entrée en rigueur de la présente loi (1er août 1865) a été faite pour un temps déterminé, et si en ajoutant le délai établi par elle, la durée de ces droits, mesurée suivant les règles prescrites par cet article, n'est pas encore expirée, l'auteur ou celui qui le représente rentre dans l'exercice de ses droits pour le temps qui reste à courir.

L'acquéreur en jouira au contraire, si la cession des droits d'auteurs à son profit a été faite pour un temps indéfini, ou avec la clause expresse qu'il jouira de toute prolongation éventuelle ou augmentation des droits d'auteur.

Les avantages dont il est fait mention dans cet article ne sont accordés qu'à ceux qui, dans le délai péremptoire de trois mois, à partir du jour de la mise à exécution de la présente loi (1er août 1865) feront une déclaration expresse qu'ils veulent en jouir et cela dans les formes prescrites par l'article 21 pour les œuvres, lors de leur première publication.

Règlement du 19 septembre 1882

POUR

L'APPLICATION DU TEXTE UNIQUE

DES LOIS

DES 25 JUIN 1865, 10 AOUT 1875 ET 18 MAI 1882.

Art. 1er. — Quiconque entend se réserver les droits d'auteur, doit présenter à la préfecture de la province une déclaration en double original, signée de lui ou d'un mandataire spécial, pour chacune des œuvres sur lesquelles il entend faire cette réserve. Cette déclaration doit être formulée suivant le modèle A[1].

Une encyclopédie, une anthologie, une étude graduée ou un autre travail littéraire, théâtral ou musical composé de plusieurs parties, peut être l'objet d'une seule déclaration alors seulement que les parties, et par leur contenu et par leur coordination, constituent manifestement une œuvre unique.

Cela devra résulter, s'il s'agit d'un ouvrage imprimé, du nu-

1. Voir plus loin p. 250 le modèle A.

mérotage progressif des volumes, des parties, des chapitres et des pages et, en général, de la forme typographique.

Art. 2. — L'auteur, ou ses ayants cause, d'une œuvre propre à un spectacle public, d'une action chorégraphique et d'une composition musicale quelconque, qui veut se prévaloir de la disposition de l'article 14 de la loi [1], doit indiquer à la préfecture dans la déclaration dont il est traité à l'article précédent, ou dans une déclaration séparée, qu'il entend prohiber la représentation et l'exécution de l'œuvre, qui forme l'objet de son droit, à quiconque ne présentera pas et ne déposera pas à la préfecture la preuve écrite, dûment légalisée, de son consentement.

Art. 3. — Pour subvenir aux frais de conservation des œuvres déposées, des déclarations y relatives et aux frais des insertions, il devra être payé pour chaque déclaration un droit fixe de deux lires. Pour la déclaration dont parle l'article 2, qu'elle soit jointe à la déclaration principale ou qu'elle en soit distincte, il devra être payé un droit fixe de dix lires pour chaque œuvre.

Ces droits doivent être versés au receveur d'enregistrement du lieu où l'on entend présenter la déclaration, ou à celui du domicile du déclarant.

Art. 4. — A la déclaration indiquée dans l'article 1er sera joint un exemplaire de l'œuvre à laquelle se réfèrent les droits d'auteur, ou une copie faite au moyen de la photographie ou de tout autre procédé de reproduction, quand il s'agit d'œuvres qui ne peuvent être déposées; sauf la disposition de l'article 23 de la loi pour les œuvres théâtrales inédites, à l'égard desquelles on veut réserver le droit de représentation [2].

Le visa à apposer sur le manuscrit original de ces dernières œuvres sera conforme au modèle B [3].

En tous cas, on annexera à la déclaration le reçu du droit fixe payé conformément à l'article 3; et, quand la déclaration émanera d'un mandataire de l'intéressé, on y joindra également la procuration en due forme.

Art. 5. — L'employé de la préfecture, chargé de recevoir

1. Se reporter plus haut, p. 236 au texte de l'article 14.

2. Se reporter plus haut, p. 238 au texte de l'article 23.

3. Voir plus loin, p. 251 le modèle B.

les déclarations pour les droits d'auteur, les constate au moyen d'un certificat écrit sur les deux originaux. Ce certificat sera rédigé selon le modèle C et portera le numéro d'ordre du registre à tenir dans chaque préfecture, conformément à l'article suivant[1].

ART. 6. — Le certificat dont il vient d'être parlé sera en même temps transcrit sur un registre spécial.

ART. 7. — Dans les trois jours qui suivront le dépôt, un exemplaire de la déclaration, muni du certificat et accompagné de la copie de l'œuvre présentée et du reçu du droit fixe payé conformément à l'article 3, sera transmis par la préfecture au ministre de l'agriculture, de l'industrie et du commerce.

L'autre exemplaire de la déclaration, muni également du certificat de dépôt, sera délivré au déclarant.

Le ministre transmettra dans les quinze jours, aux préfectures du royaume, une liste des déclarations dont il est parlé à l'article 2; elles en prendront note sur un registre spécial et veilleront à la rigoureuse observation de l'article 14 de la loi.

ART. 8. — Toutes les fois qu'une œuvre sur laquelle on veut se réserver les droits d'auteur, est publiée en plusieurs fois et en temps divers, le droit de deux lires sera payé lorsqu'on viendra présenter la déclaration relative à la première partie de l'œuvre ; les parties successives devront faire l'objet d'un dépôt spécial, et les préfectures en attesteront l'exécution au moyen d'annotations sur les parties de l'œuvre présentées, conformément au modèle D[2].

Pour les œuvres périodiques et pour les recueils indiqués dans la seconde partie de l'article 24 de la loi, outre le droit de deux lires dû à l'occasion de la première déclaration, on payera le même droit pour chacune des années successives lors du dépôt de la partie publiée dans le cours de l'année, jusqu'à ce que le droit payé pour l'œuvre entière ait atteint la somme de dix lires.

Le payement de ce droit aura lieu de la manière indiquée en l'article 3.

---

1. Voir plus loin, p. 251 le modèle C.
2. Voir plus loin, p. 251 le modèle D.

Pour l'envoi des parties d'ouvrage au ministère, la préfecture se conformera aux prescriptions de l'article 7.

Art. 9. — Quiconque entend reproduire ou mettre en vente, sans le consentement de celui auquel appartient le droit d'auteur, une œuvre, au regard de laquelle la seconde période est commencée dans les termes de l'article 9 de la loi, doit payer un droit fixe de deux lires conformément à l'article 2 du présent règlement et présenter à la préfecture une déclaration en double original conforme au modèle E, en produisant le reçu du droit payé[1].

Cette déclaration doit être, par les soins et aux frais du requérant, insérée par deux fois, à quinze jours d'intervalle, dans la *Gazette du Royaume*.

L'intéressé devra justifier de ces insertions en présentant à la préfecture un exemplaire des journaux qui les contiennent; il devra, en outre, dès que la reproduction de l'œuvre aura eu lieu, en déposer également un exemplaire à la préfecture.

Art. 10. — Les dispositions des articles 5, 6 et 7, s'appliquent aux déclarations indiquées dans l'article précédent, sauf que la transmission dans les trois jours, au ministère, de l'exemplaire de l'œuvre aura lieu quand cet exemplaire aura été déposé par l'intéressé.

La préfecture devra aussi transmettre dans les trois jours, au ministère, les journaux produits conformément à l'article précédent.

Art. 11. — Quiconque, aux termes de l'article 7 de la loi, entend que l'on donne un avis public des mutations relatives aux droits d'auteur, devra présenter à la préfecture une requête spéciale en y joignant, s'il s'agit de mutations ordonnées par l'autorité judiciaire, une copie authentique de la sentence et un certificat qui prouve qu'elle est passée en force de chose jugée; s'il s'agit de mutations consenties par les parties, un contrat dont les signatures soient régulièrement authentiquées; et, s'il s'agit de mutations résultant de succession, un acte de notoriété constatant la transmission; comme aussi, dans le cas

---

1. Voir plus loin, p. 252 le modèle E.

où il s'agit d'une succession testamentaire, une copie authentique du testament.

A titre de compensation des frais de publication, on devra payer, pour chacune de ces requêtes, un droit égal à celui indiqué dans l'article 3, et on devra joindre à la requête même la quittance délivrée par le receveur de l'enregistrement.

Les requêtes dont il est question dans le présent article devront être mentionnées sur le registre dont parle l'article 6 ; le renvoi au ministère devra se faire dans les trois jours de la présentation.

Art. 12. — Quiconque désire avoir des copies, des extraits ou des notices relatives aux documents conservés par le ministère de l'agriculture, de l'industrie et du commerce ou aux déclarations enregistrées par lui en ce qui concerne les droits d'auteur, doit à titre d'indemnité payer au receveur du timbre un droit de deux lires et joindre à sa requête la quittance ainsi que la feuille ou les feuilles de papier timbré d'une lire, nécessaires pour la copie des extraits et des renseignements requis.

Art. 13. — S'il s'agit de présentations à faire à l'étranger, toutes les attributions confiées aux préfectures appartiendront aux consuls ou agents consulaires royaux, qui exigeront le payement en argent des droits établis par le présent règlement et en transmettront le montant à l'administration du domaine.

Art. 14. — Les dispositions de l'article 2 s'appliquent même aux œuvres déjà publiées, représentées ou exécutées.

Pour toutes les œuvres propres à un spectacle public, actions chorégraphiques et compositions musicales, appartenant à un même auteur, éditeur ou leur ayant cause, déposées antérieurement à l'entrée en vigueur du présent règlement, on pourra faire une seule déclaration produisant les effets de l'article 2 du présent règlement ; et le droit à payer sera de trente lires, quel que soit le nombre des œuvres comprises dans la déclaration.

PAPIER
TIMBRÉ
de 50 cent.

MODÈLE A.

Articles 1er et 2e du Reglement.

Le soussigné, domicilié à... [1] voulant se réserver tout droit concernant les auteurs des ouvrages de l'esprit, conformément au texte unique des lois 25 Juin 1885, 10 août 1875, 18 mai 1882, approuvées par décret royal du 19 septembre 1882, et en conformité du règlement du même jour, présente un exemplaire [2].... édité [3].... le [4].... par la typographie [5],.... et joint en même temps le reçu du droit de deux francs qu'il a payé.

Il déclare [6] en outre que, conformément à l'art. 14 de la loi, il entend qu'il soit défendu de représenter ou d'exécuter le présent ouvrage à quiconque ne présentera ou ne déposera à la préfecture la preuve écrite de son consentement. Il présente aussi le reçu du droit de dix lires qu'il a payé.

A. [7] le [8] Signature [9].

---

1. Indiquer le domicile.

2. S'il s'agit d'un livre, on mettra : *un ouvrage ayant pour titre*; puis on mettra le titre précis de l'ouvrage avec l'indication du nombre des volumes et de leur format, ensuite le nom de l'auteur.— S'il s'agit d'un dessin, on mettra *un ouvrage en lithographie, en photographie, ayant pour titre*, ou bien *dont le sujet est ;* on indiquera le titre ou l'argument, en cas contraire une phrase concise devra décrire précisément l'ouvrage dont il s'agit.

3. Si le mot *édité* ne répond pas au genre de la publication on en mettra un autre plus propre.

4. Indiquer le jour, le mois et l'année de la publication.

5. Désigner le nom de la typographie, de la lithographie ou de l'établissement qui a publié l'ouvrage.

6. Cette déclaration peut se faire aussi séparément.

7. Indiquer le lieu où l'on fait la présentation.

8. Mettre la date de la déclaration.

9. Mettre le nom, le prénom et la qualité de la personne dans l'intérêt de laquelle a lieu la présentation. Si celui qui fait la déclaration n'est qu'un mandataire il doit ajouter, après son nom ; *spécialement chargé comme il résulte du pouvoir ci-joint*.

MODÈLE B.

Articles 4e du Règlement.

Vu pour la présentation faite à la préfecture de.... par M[1].... pour tous les effets du texte unique des lois 25 juin 1865, 10 août 1875, et 18 mai 1882, approuvé par décret royal en date 19 sept. 1882, et du règlement de la même date sur les droits d'auteur. A. . . . . le

L'Officier chargé.

MODÈLE C.

Articles 5e du Règlement.

Préfecture de la Province de

REGISTRE N°.....

La déclaration ci-dessus et les pièces y indiquées ont été présentées à cette préfecture le [2].... à.... heures [3].

Le présent certificat ne prouve pas l'existence des caractères requis par la loi pour l'exercice des droits d'auteur; il ne fait qu'attester que toutes les formalités prescrites ont été remplies.

L'Officier de la Préfecture.

MODÈLE D.

Articles 8e du Règlement.

Préfecture de la Province de...

La présente partie d'ouvrage est déposée le à.... heures et fait suite au dépôt primitif qui a été fait le.... [4].

L'Officier de la Préfecture.

---

1. Nom, prénom et domicile de la personne dans l'intérêt de laquelle la présentation a été faite.
2. Jour, mois et année de la présentation — en toutes lettres.
3. Heure de la présentation.
4. Date du dépôt de la première partie de l'ouvrage.

PAPIER
TIMBRÉ
de 50 cent.

MODÈLE E

Articles 9e du Règlement.

Le soussigné, domicilié à ...., tout en voulant profiter de la faculté accordée par les articles 10 et 30 du texte unique des lois sur les droits d'auteur, approuvé par décret royal en date du 19 septembre 1882.

Déclare vouloir reproduire au moyen de [1].... l'ouvrage [2].... au nombre de [3].... exemplaires qui seront mis en vente au prix de fr. [4]..,. chacun, et il s'oblige à payer le prix du vingtième aux ayants droit.

L'ouvrage susdit a été déposé à la préfecture de .... le....

Le soussigné se réserve de présenter (dans le délai d'un mois) les exemplaires de la *Gazzetta Ufficiale* (Journal Officiel) où cette déclaration doit être inscrite,

Il présente le reçu du droit de deux lires qu'il a payé et s'oblige à déposer un exemplaire de la reproduction dudit ouvrage.

A. . . . . [5] le

Signature

---

1. Indication de la manière de reproduction, c'est-à-dire : imprimerie lithographie, peinture, sculpture, etc.
2. Reproduire les indications requises aux Nos 3, 4, 5 et 6 du Modèle A.
3. Indiquer le nombre des exemplaires — en toutes lettres.
4. Indiquer le prix — en toutes lettres.
5. Indiquer le lieu où l'on fait la nouvelle présentation.
6. Nom, prénoms et qualité de la personne dans l'intérêt de laquelle la présentation a lieu. Si celui qui fait la présentation n'est qu'un représentant, il doit ajouter, après son nom : *spécialement chargé comme il résulte du pouvoir ci-uni.*

NORVÈGE

Jusqu'en 1876, la législation norvégienne, en ce qui concerne les droits d'auteur en matière de propriété littéraire ou artistique, comprenait de nombreux textes qui tous sont aujourd'hui abrogés et remplacés par les trois lois suivantes :

Loi du 8 juin 1876, sur la protection du droit vulgairement appelé propriété littéraire.

Loi du 12 mai 1877, sur la protection de la propriété artistique.

Loi du 12 mai 1877 sur la protection de la photographie.

Voici la traduction française de ces trois lois telle qu'elle a été publiée par les soins du gouvernement norvégien [1]. Nous y avons ajouté la traduction d'une loi du 20 juin 1882 qui, sans présenter de l'intérêt au point de vue du droit international, nous a paru néanmoins intéressante à connaître.

---

1. La loi du 8 juin 1876 a été traduite également en français par M. Dareste, avocat à la cour de Cassation de France et publiée dans l'*Annuaire de la législation étrangère*, t. VI, p. 609.

Les deux lois du 12 mai 1877 ont été traduites également en français, par M. G. Cogordan, secrétaire d'ambassade, et cette traduction est publiée dans l'*Annuaire de législation étrangère*, t. VII, p. 653.

Loi du 8 juin 1876

SUR LA PROTECTION DU

DROIT APPELÉ PROPRIÉTÉ LITTÉRAIRE

Chapitre premier. — *De la reproduction illégale.*

Art. 1er. — Le droit de faire imprimer ou de multiplier par quelque autre moyen mécanique un écrit, soit en entier soit en partie, est exclusivement réservé à l'auteur.

Art. 2. — Devront aussi être considérés comme écrits, les dessins et cartes géographiques, topographiques, techniques, relatifs aux sciences physiques et naturelles, ou autres semblables qui, d'après leur but principal, ne sauraient être considérés comme œuvres d'art.

Art. 3. — Toutes les prescriptions relatives aux écrits seront aussi applicables aux compositions musicales.

Art. 4. — Tout éditeur d'un écrit périodique ou d'un ouvrage composé d'articles originaux de divers collaborateurs,sera considéré comme auteur, que ce soit un institut scientifique, une société quelconque, ou un particulier qui aura entrepris la publication. Cependant, tout droit par rapport aux articles isolés est réservé à leurs auteurs respectifs, qui, sauf engagement contraire, sont autorisés, un an après la première publication de l'article, à le reproduire d'une autre manière.

Art. 5. — Celui qui traduit un écrit d'une autre langue a, par rapport à sa traduction, les mêmes droits qu'un auteur,à moins qu'il n'ait enfreint les décisions de la présente loi. (Art. 15).

Art. 6. — Un auteur peut, par disposition entre vifs ou par testament, céder, avec ou sans restriction, son droit à d'autres. Pourvu que de telles dispositions n'y mettent pas d'empêchement, la propriété littéraire échoit, aussitôt la mort de l'auteur, et sans égard à l'état de la masse, au premier rang, à son conjoint ; et ensuite, conformément à la loi des successions, ses descendants, ascendants et frères ou sœurs. L'héritier testamentaire, aussi bien que tout autre héritier, peut de même, par convention entre vifs, disposer librement du droit qui lui est échu; il peut aussi, si le testament l'y autorise, ou d'ailleurs s'il ne reste aucune des personnes capables de succéder nommées plus haut, transmettre à d'autres, en cas de mort, de la même manière que l'auteur, ce qui lui reste de son droit.

Art. 7. — Le droit exclusif dont il est ici question s'étend à la vie de l'auteur et à cinquante ans après sa mort. Si l'ouvrage est écrit par plusieurs personnes, sans que chacune d'elles se produise comme étant l'auteur d'une certaine partie distincte de ce même ouvrage, le terme de la protection s'étend à cinquante ans après la mort de celui des auteurs qui vit le plus longtemps.

Art. 8. — Les instituts scientifiques et les societés jouiront, au cas nommé à l'article 4, par rapport aux ouvrages publiés par eux, de la protection de cette loi pendant cinquante ans, à dater de la première publication.

Art. 9. — Les écrits anonymes et pseudonymes seront protégés pendant cinquante ans après leur première publication. Au cas ou le nom de l'auteur, avant l'écoulement de ce terme, par l'auteur lui-même ou toute autre personne autorisée, serait porté à la connaissance du public, soit en tête d'une nouvelle édition, soit par une déclaration publiée au *Journal officiel* norvégien et au *Journal des libraires* Scandinaves, il y aura lieu de faire application du terme plus long indiqué à l'article 7.

Art. 10. — Les ouvrages qui ne paraissent qu'après la mort de l'auteur seront protégés durant cinquante ans, à dater de leur première publication.

Art. 11. — Pour les ouvrages qui paraissent en plusieurs parties, mais dont les différentes parties, vu le rapport qui existe entre elles, ne forment qu'un tout, les termes indiqués aux articles 8, 9 et 10 ne commenceront à courir qu'à dater de la publication de la dernière partie. Si entre la publication de quelques-unes de ces différentes parties il s'est écoulé un espace de plus de trois ans, on n'aura pas égard, lorsqu'il s'agira de calculer le terme, à ce que les parties ainsi disjointes ne forment en réalité qu'un tout.

ART. 12. — Toute atteinte au droit qui, d'après les règles précédentes, appartient à autrui, commise en faisant imprimer ou reproduire par quelque autre moyen mécanique un écrit, est considérée comme contrefaçon, et comme telle interdite. Les abréviations, additions et autres changements semblables n'y font rien, lorsque ces changements sont si peu importants, que la reproduction néanmoins doit être considéré comme le même écrit que l'original.

ART. 13. — En appliquant l'article 12 aux compositions musicales, il faudra compter au nombre des contrefaçons les arrangements d'un morceau de musique pour d'autres instruments, ou un plus grand ou un plus petit nombre d'instruments. Licites seront, au contraire, les variations, études, fantaisies, potspourris et autres élaborations semblables, que l'on est obligé de reconnaître comme étant des productions originales de l'esprit.

ART. 14. — La défense de la contrefaçon comprend les cas :

a) Où quelqu'un, sans la permission de l'auteur ou de tout autre ayant droit, ferait imprimer ou reproduire par quelque autre moyen mécanique des manuscrits, sermons, discours occasionnels, leçons, et autres conférences.

b) Ou l'auteur ou l'éditeur ferait paraître de nouveaux tirages contrairement à ce qui a été convenu entre eux à ce sujet ;

c) Où l'éditeur ferait tirer à un plus grand nombre d'exemplaires qu'il n'a droit.

ART. 15. — La traduction d'un ouvrage, sans le consentement de l'auteur, de la langue écrite dans l'un de ses dialectes, et *vice versa*, est réputée être une reproduction à laquelle on peut appliquer la défense de contrefaçon. Sous ce rapport le norvégien, le suédois et le danois sont considérés comme appartenant à la même langue.

Comme contrefaçon est en outre réputée la traduction :

a) D'un ouvrage qui n'a pas encore été imprimé ;

b) Dans une langue vivante d'un ouvrage qui d'abord a été publié dans une langue morte ;

c) D'un ouvrage, qui a paru simultanément en plusieurs langues, dans l'une de ces langues.

ART. 16. — Ne seront pas considérés comme contrefaçon les cas où :

a) L'on cite isolément les phrases d'un ouvrage littéraire ou des passages d'une composition musicale, quand bien même on citerait mot à mot et sans aucun changement ;

b) L'on prend des morceaux isolés d'ouvrages littéraires imprimés, certains poèmes imprimés, ou d'autres écrits imprimés de peu d'étendue, et qu'on les insère dans des ouvrages de critique, dans des histoires de littérature, ou dans tout autre écrit formant un tout plus grand qui, d'après son contenu principal, est un ouvrage scientifique spécial, ou encore lorsqu'il s'est écoulé au moins un an depuis la première publication de l'écrit dont on fait usage, dans des recueils d'extraits de différents auteurs, à l'usage des églises, des écoles, de l'enseignement, ou dans quelque autre but littéraire particulier ;

c) L'on fait reproduire par l'imprimerie des poèmes pou servir de texte à des compositions musicales ;

d) L'on insère dans un ouvrage littéraire quelques figures, images ou dessins imprimés ; pourvu que cet ouvrage lui-même soit la partie principale et que les figures, etc., ne servent qu'à illustrer ou à éclairer le texte, ou dans un ouvrage illustré qui, d'après son contenu, a un intérêt scientifique spécial, ou encore, à la condition énoncée à la lettre *b)*, dans des recueils de dessins de divers auteurs, à l'usage des écoles et de l'enseignement en général.

A l'exception du cas nommé à la lettre *a,)* il faut toujours indiquer le nom de l'auteur ou du compositeur, s'il est publié.

Art. 17. — Licite sera aussi la reproduction dans les journaux ou autres papiers publics d'articles ou communiqués ayant paru dans d'autres recueils périodiques, journaux ou autres, à moins que ce soient des ouvrages de nature poétique ou scientifique, et que l'auteur ou l'éditeur en ait interdit la reproduction.

Cependant, il faut toujours nommer la source.

Art. 18. — Cette loi ne s'applique ni à la publication ni à la reproduction des délibérations des représentations constitutionnelles, communales et autres; elle ne s'applique non plus ni aux comptes rendus des tribunaux, ni aux débats des assemblées publiques, politiques et autres semblables. On excepte aussi les lois, les avis ou manifestes émanés de l'administration ou de quelque autre pouvoir public, les jugements et les documents publics de toute espèce.

Art. 19. — La défense de reproduction cesse de droit lorsque, pendant cinq ans, il a été impossible de se procurer des exemplaires de la dernière édition de l'écrit dans les librairies ordinaires. Si l'écrit se compose de plusieurs parties et que c'est une de ces parties qui n'a pas été à vendre durant l'espace de temps susnommé, la défense cesse par rapport à cette partie.

Art. 20. — Cependant, la défense de reproduction reprendra son effet si la personne ayant droit publie une nouvelle édition avant qu'un étranger ait publié ou annoncé, dans le *Journal officiel* de Norvège et dans le *Journal des Libraires Éditeurs* scandinaves, qu'il a intention de publier une nouvelle edition, qui, dans ce dernier cas, devra paraître avant un an à partir de la première publication de l'annonce.

Art. 21. — Toute reproduction illégale, faite sciemment ou par suite d'une faute imputable, sera punie d'une amende de dix à mille couronnes. Peu importe que les exemplaires, reproduits illégalement, aient été destinés à être répandus dans le pays ou à l'étranger.

Art. 22. — Le coupable devra aussi indemniser la partie lésée de tout dommage causé. Ce dommage sera évalué d'après le prix fort de la dernière édition légale et le nombre d'exemplaires que l'on suppose avoir été reproduits illégalement, déduction faite de ceux que l'on peut fournir selon l'article 25.

Si cette manière de calculer le dommage n'est pas applicable, soit parce que l'écrit n'a pas été publié antérieurement, soit pour d'autres raisons quelconques, l'évaluation se fera d'après des principes analogues.

Art. 23. — Le délit de contrefaçon est consommé aussitôt qu'un exemplaire est entièrement imprimé.

Art. 24. — Celui qui offre en vente, ou qui importe, dans le but de les vendre, des exemplaires d'un écrit qu'il sait être contrefaits, sera puni comme il est dit à l'article 21. Il sera aussi tenu de réparer le dommage qu'il aura pu causer par son délit.

Art. 25. — Tous les exemplaires reproduits illégalement qui se trouvent dans le royaume et qui sont destinés à la vente seront confisqués au profit de l'auteur ou de tout autre ayant droit. S'il y avait danger pour le droit d'une tierce personne à livrer les exemplaires en question au plaignant, le jugement devra décider que la police aura à anéantir ces exemplaires ou à leur donner une forme telle que tout abus sera impossible.

Si une partie de l'ouvrage poursuivi en justice a été seulement reproduite illégalement, on se contentera d'appliquer ce paragraphe aux exemplaires de cette partie.

Art. 26. — Les appareils, tels que planches gravées, pierres lithographiques, clichés, destinés à la reproduction illégale et pouvant uniquement servir à cet usage, seront détruits ou changés de manière à ce qu'on n'en puisse faire aucun abus.

Art. 27. — Celui qui, sciemment ou par suite d'une négligence imputable, aura omis de nommer sa source ou d'indiquer le nom de l'auteur ou du compositeur, comme il est dit aux articles 16 et 17, sera puni d'une amende de une à cent couronnes. Au reste, il sera exempt de toute responsabilité.

Chapitre II. — *De la représentation illicite d'œuvres dramatiques et dramatico-musicales.*

Art. 28. — Le droit de faire représenter en public une œuvre dramatique appartient exclusivement à son auteur ou à celui qui, conformément à l'article 6, lui aura succédé par rapport à ce droit.

Ce droit exclusif comprend non seulement la représentation de l'œuvre dans la langue originale, mais aussi dans toute autre langue par rapport à laquelle l'auteur, selon l'article 15, a le droit exclusif de traduction. D'un autre côté, celui qui, en ayant le droit, traduit une telle œuvre d'une langue étrangère a, par rapport à sa traduction, les mêmes droits qu'un auteur.

Art. 29. — Le droit dont il est question à l'article 28 est aussi réservé au compositeur d'une œuvre dramatico-musicale.

Art. 30. — Il est cependant permis de déclamer ou de jouer une telle œuvre, soit en entier soit en partie, pourvu que cela se fasse sans décorations scéniques.

Art. 31. — Si l'œuvre est écrite ou composée par plusieurs en commun, il faudra que tous aient consenti à la représentation publique. Cependant, s'il s'agit d'œuvres dramatico-musicales, ou d'œuvres dramatiques où se trouvent insérés quelques morceaux de musique, il suffira d'avoir obtenu, dans le premier cas, la permission du compositeur ; dans le second cas, celle de l'auteur.

Art. 32. — A moins qu'une convention expresse ne s'y oppose, celui à qui l'auteur ou le compositeur a transféré le droit de représentation publique est autorisé à réitérer la représentation aussi souvent qu'il le désire, mais pas à céder à d'autres le droit qui lui a été accordé.

Art. 33. — Une telle cession de la part de l'auteur ou du compositeur n'empêche pas qu'il puisse accorder à d'autres un droit semblable, quand bien même il aurait expressément accordé à quelqu'un un droit exclusif, lorsque celui-ci, durant cinq années consécutives, n'aura pas fait représenter publiquement l'œuvre en question.

Art. 34. — Le droit dont il s'agit aux articles 28 et 29 s'étend à la vie de l'auteur ou du compositeur, et à cinquante ans après sa mort.

Quant aux œuvres anonymes ou pseudonymes, le terme de la protection est de cinquante ans, à partir de leur première publication licite, soit au moyen de l'impression, soit au moyen d'une représentation publique. Si le nom de l'auteur ou du compositeur avant l'écoulement des cinquante ans est porté à la connaissance du public d'une des manières nommées à l'article 9, il y aura lieu d'appliquer le terme régulier.

Art. 35. — Toute représentation publique illicite d'une œuvre dramatique ou dramatico-musicale sera, en cas de dol ou de faute imputable, punie d'une amende de dix à mille couronnes.

Art. 36. — Le coupable devra aussi indemniser la partie lésée de tout le dommage que l'on peut raisonnablement supposer qu'elle a souffert. Les dommages-intérêts ne devront en aucun cas être évalués à une somme moindre que celle que le coupable est estimé avoir gagnée, déduction faite des frais spéciaux qui lui ont été occasionnés par la représentation illicite.

Chapitre III. — *Dispositions communes.*

Art. 37. — En calculant les termes dont il est question aux articles 4, 7, 8, 9, 10, 11, 16 et 34, on ne comptera pas l'année astronomique dans le cours de laquelle a eu lieu le fait qui établit le commencement du terme.

Art. 38. — Pour le cas où le *Journal des Libraires-Éditeurs* scandinaves cesserait de paraître, le roi aura à décider de quelle manière les avis dont il est question aux articles 9 et 20 (Cf. l'article 34) devront être publiés.

Art. 39. — Les amendes fixées par cette loi seront prononcées au profit de l'État.

Art. 40. — L'État ne poursuit pas les délits dont il est ici question. L'action peut être exercée par tous ceux qui ont souffert du délit.

Art. 41. — Sauf concession expresse, l'éditeur n'est pas autorisé à effectuer plus d'un tirage, et ce tirage ne devra pas dépasser mille exemplaires.

Art. 42. — Pour les ouvrages anonymes et pseudonymes, l'éditeur, dont le nom est indiqué, est fondé à sauvegarder aussi les intérêts de l'auteur.

Art. 43. — Les peines et les dommages-intérêts auxquels cette loi donne lieu (art. 21, 22, 24, 27, 35 et 36) se prescrivent, lorsque le délit n'a pas été poursuivi en justice, dans l'espace de deux ans.

Lorsqu'il s'agit de la contrefaçon (art. 21 et 22) et de l'introduction d'exemplaires contrefaits, ces deux ans sont comptés à partir du moment où l'ouvrage illicite a été à vendre; mais, dans tout autre cas, à partir du moment où le délit a été commis.

La peine et les dommages-intérêts se prescrivent aussi lorsque la partie lésée, durant un an à partir du moment où elle est démontré avoir eu connaissance du délit, omet d'intenter l'action ou de la poursuivre.

Art. 44. — L'action en confiscation ou en destruction des exemplaires contrefaits et des appareils destinés uniquement à la reproduction illégale (voir l'article 26) pourra être intentée tant qu'il existera de ces exemplaires ou de ces appareils, et que l'ouvrage contrefait aura droit à la protection de la loi.

Art. 45. — Cette loi s'applique aux ouvrages d'auteurs ou de compositeurs nationaux ainsi qu'aux ouvrages publiés par des sujets norvégiens comme éditeurs.

Art. 46. — En cas de réciprocité, les dispositions de la présente loi pourront, par ordonnance royale, être étendues aux œuvres appartenant à des pays étrangers, en tant qu'elles sont protégées par les lois de leur pays d'origine.

Art. 47. — La présente loi sera exécutoire à partir du commencement de l'année prochaine. Elle s'appliquera aussi, sans préjudice de droits déjà acquis, aux écrits, dessins, images et œuvres musicales publiés antérieurement à ce terme, quand bien même ces œuvres, aux termes des lois en vigueur jusqu'à ce jour, ne jouiraient pas d'une aussi grande protection ou ne seraient pas du tout protégées. Cependant, tous les exemplaires existants à ce même moment, et qui, d'après l'ancienne loi, auront été licitement imprimés, pourront aussi être mis en vente.

De même, toute édition licite commencée pourra être achevée, et les planches, moules, pierres lithographiques et clichés légalement acquis pourront être utilisés après la mise en vigueur de la présente loi.

Art. 48. — La présente loi n'aura aucune influence sur les privilèges spéciaux accordés et les défenses faites suivant l'ancienne loi, et qui subsistent encore.

De même, la loi du 13 septembre 1830, interdisant la reproduction des écrits par rapport auxquels les sujets d'un pays étranger auraient acquis le droit d'impression, restera en vigueur à l'égard des éditions danoises jusqu'à ce que la présente loi leur ait été rendue applicable conformément à l'article 46.

Par contre, sont abrogées la loi du 22 mai 1875 concernant le droit de donner des représentations publiques, dramatiques et autres, savoir, les articles 7, 8, 9 et 10, et, d'ailleurs, toutes les prescriptions antérieures qui se trouveraient être en opposition avec la présente loi.

Loi du 12 mai 1877

CONCERNANT

LA PROPRIÉTÉ ARTISTIQUE.

ART. 1er. — Le droit de copier à la main-levée *(de faire une a une des copies d')* une œuvre d'art originale pour la vente appartient exclusivement, et jusqu'à sa mort, à l'artiste qui l'a produite.

ART. 2. — L'artiste a aussi le droit exclusif de reproduire son œuvre originale :

a) par la chalcographie, la lithographie, la gravure sur bois ou par tout autre moyen mécanique qui permette de reproduire un grand nombre d'exemplaires ;

b) ainsi qu'au moyen de la photographie, du moulage ou d'autres procédés qui n'impliquent pas la nécessité d'un travail artistique.

Ce droit exclusif s'étend à la vie de l'artiste et à cinquante ans à dater de l'écoulement de l'année de sa mort.

ART. 3. — Celui qui, au moyen de la lithographie, de la gravure sur bois ou en taille-douce, du modelage ou de tout autre procédé artistique multiplicatif, reproduit licitement une œuvre d'art originale, a, par rapport à l'œuvre ainsi produite, le même droit que l'artiste d'après l'article 2.

ART. 4. — Ces dispositions ne s'appliquent ni aux constructions, ni aux objets d'usage fabriqués ou ornés avec art, mais seulement aux œuvres appartenant aux arts plastiques. Si l'œuvre, d'après ses qualités essentielles, doit être considérée comme appartenant aux arts du dessin ou aux arts plastiques, on n'aura pas égard à ce qu'elle peut aussi être utilisée.

ART. 5. — L'artiste peut, par disposition entre vifs, céder, avec ou sans restriction, son droit à d'autres.

ART. 6. — L'aliénation de l'œuvre d'art elle-même n'implique pas l'aliénation du droit de la copier à la main levée ou de la multiplier, à moins qu'il ne s'agisse de portraits ou de bustes-portraits.

Art. 7. — Quand bien même un artiste aurait accordé à quelqu'un le droit de reproduire à la main levée une œuvre d'art (article 1er), il pourra cependant, sauf engagement contraire, copier lui-même son œuvre ou céder un droit semblable à d'autres.

Art. 8. — Lorsque l'artiste n'aura pas, de son vivant, disposé de son droit de reproduction (art. 2 et 3), ce droit échoit à sa mort, sans égard à l'état de la masse, en premier rang, à l'héritier testamentaire ; secondement à son conjoint, et enfin, conformément à la loi des successions, à ses descendants, ascendants et frères ou sœurs.

L'héritier testamentaire, aussi bien que chacun des autres héritiers, peut, par dispositions entre vifs disposer librement du droit qui lui est échu. Il peut aussi, au cas où le testament lui en accorde le droit, ou d'ailleurs s'il n'existe plus aucune des personnes successibles susnommées, transmettre à d'autres, en cas de mort, de la même manière que l'artiste lui-même, ce qui lui reste de son droit.

Art. 9. — Toute atteinte portée, soit par reproduction à la main levée, soit par multiplication par des moyens mécaniques, au droit qui d'après ces règles appartient à autrui, est interdite comme reproduction illicite.

Sous ce rapport, il est complétement indifférent que l'on reproduise l'œuvre en entier ou seulement en partie, que l'on y ajoute ou que l'on omette quelque chose, ou que l'on y introduise quelque changement, en tant que la nouvelle image, quant à son sujet et à sa forme, conserve le caractère d'une copie.

Art. 10. — Ainsi, l'on n'aura pas égard à ce que :

a) L'œuvre d'art est reproduite dans d'autres proportions ou avec d'autres matériaux ;

b) L'on a employé un autre procédé technique ;

c) L'on s'est servi pour modèle de l'œuvre d'art elle-même ou d'une copie de cette œuvre :

d) La nouvelle image est faite de telle sorte qu'elle peut servir à quelque usage insignifiant et non essentiel.

Art. 11. — D'un autre côté, ne seront pas considérés comme reproduction illicite les cas où :

a) L'on reproduit sous une forme plastique une œuvre appartenant aux arts du dessin et *vice versa*, à moins qu'on ne le fasse au moyen d'un procédé purement mécanique, comme par exemple la photographie;

b) L'on prend une œuvre d'art pour exemple ou pour modèle en fabriquant ou en ornant des objets d'usage;

c) L'on insère dans un écrit des images d'œuvres d'art, pourvu que l'écrit constitue la partie essentielle de l'ouvrage, et que les images ne servent qu'à rendre le texte plus compréhensible.

Art. 12. — La défense susmentionnée ne sera pas non plus applicable aux reproductions des œuvres d'art qui ornent les rues ou les places publiques, ou qui décorent les façades des maisons. Il sera aussi permis de prendre des copies isolées des œuvres d'art acquises aux musées.

Art. 13. — La reproduction illicite d'une œuvre d'art, ainsi que l'importation et la vente d'exemplaires reproduits d'une manière illicite, donneront lieu à une peine et à des dommages-intérêts, conformément aux articles correspondants de la loi du 8 juin 1876 concernant la protection de la propriété dite littéraire. On fera aussi application de ladite loi par rapport à la confiscation et à la destruction des exemplaires reproduits illicitement et des planches gravées, pierres lithographiques, clichés et autres appareils semblables destinés à la reproduction illégale et pouvant uniquement servir à cet usage. Il en sera de même quant au droit de poursuite et à la prescription.

Art. 14. — Tout contrat au sujet de la reproduction d'une œuvre d'art sera soumis aux règles relatives à l'édition des écrits.

Art. 15. — La présente loi s'applique aux œuvres d'articles nationaux ainsi qu'aux œuvres légalement reproduites par des sujets norvégiens.

Art. 16. — En cas de réciprocité, les dispositions de la présente loi pourront en outre, par ordonnance royale, être étendues, soit en entier, soit en partie, aux œuvres appartenant à des pays étrangers, en tant qu'elles sont protégées par les lois de leur pays d'origine.

Art. 17. — La présente loi sera exécutoire à dater du commencement de l'année prochaine. Elle s'appliquera aussi, sans préjudice des droits déjà acquis, aux œuvres d'art produites antérieurement à ce terme, quand bien même ces œuvres, aux termes des lois en vigueur jusqu'à ce jour, ne seraient pas du tout protégées ou ne jouiraient d'une aussi grande protection.

Cependant, tous les exemplaires existants à ce mêmemoment, et qui, d'après l'ancienne loi, auront été licitement produits, pourront aussi à l'avenir être mis en vente. De même, toute publication licitement commencée pourra être achevée, et les planches, pierres lithographiques, moules, etc., légalement acquis, pourront être utilisés après la mise en vigueur de la présente loi.

Art. 18. — La loi du 29 avril 1871, interdisant la reproduction des œuvres de sculpture et de modelage, est abrogée.

En outre, sont abrogés l'ordonnance du 7 janvier 1841 concernant la contrefaçon, le code pénal, chap. 22, art. 20, et la loi 12 octobre 1857 concernant le droit de reproduction des estampes et autres images semblables, ainsi que des œuvres musicales, en tant qu'ils ont encore force de loi.

Loi du 20 juin 1882

CONCERNANT LA

CRÉATION D'UN REGISTRE D'ÉDITIONS.

Art. 1er. — La bibliothèque de l'université devra tenir un registre, dans lequel il sera permis de faire inscrire tout ce qui concerne l'acquisition ou la conservation des droits établis par la loi du 8 juin 1876 concernant la protection de la propriété littéraire, ou par la loi du 12 mai 1877 concernant la protection de la propriété artistique.

Les annonces, dont il s'agit aux articles 9 et 20 de la première de ces lois, se feront à l'avenir par inscription audit registre.

Art. 2. — Les inscriptions se feront sur réquisition par écrit, sans vérification préalable de l'exactitude de ce qui est allégué dans la réquisition.

Chacun a droit d'exiger extrait authentique du registre, et le public devra, à jours et heures fixes, être admis à consulter ce même registre.

Les inscriptions qui y seront faites devront, pour le compte des intéressés, être publiées dans le journal que le roi aura désigné pour cet usage.

Art. 3. — Un exemplaire de tout imprimé, ainsi que de toute nouvelle édition qui sera requise, inscrite au registre, devra être déposé pour y être conservé. Si l'inscription se fait avant que l'ouvrage soit publié, on sera tenu de déposer l'exemplaire aussitôt que l'ouvrage aura été mis en vente chez les libraires. Cet exemplaire devra, en outre, être relié, si sa nature le permet.

Art. 4. — Pour chaque inscription au registre, ainsi que pour chaque extrait, on paiera, par ouvrage, une couronne à la caisse de l'université.

Art. 5. — Le roi donnera les instructions nécessaires relativement à l'organisation du registre.

Art. 6. — Un exemplaire complet et correct, avec planches s'y rapportant, de tous les écrits, œuvres musicales, estampes, lithographies, gravures sur bois, etc., qui auront été imprimés ou édités dans le Royaume durant l'espace d'un an, devra, — quand bien même on aurait déposé un exemplaire, conformément à l'article 3, — être envoyé à la bibliothèque de l'université, au plus tard avant la fin du mois de janvier de l'année suivante, à moins que l'ouvrage ne soit pas destiné à être publié, ou ne doive paraître que conjointement avec un autre ouvrage.

Si la publication n'a pas encore eu lieu à l'époque où les envois de l'année se font, on peut ajourner son envoi jusqu'à la fin de l'année qui suit la publication.

Art. 7. — L'imprimeur est, par rapport aux ouvrages qu'il a imprimés, responsable de l'envoi dont il est question à l'article précédent.

Art. 8. — Celui qui omet d'observer ce qui est prescrit aux articles 6 et 7 sera puni de deux à cinquante couronnes pour chaque exemplaire par rapport auquel l'omission a eu lieu.

L'action en paiement des amendes ressortit au tribunal de police et sera intentée par le ministère public sur la réquisition du collège académique.

ART. 9. — Si le prix fort des imprimés envoyés en temps voulu (non compris les journaux et autres feuilles publiques) dépasse dix couronnes, l'éditeur a droit de se faire indemniser du surplus. Toutefois, en ce cas, l'envoi devra être accompagné d'une note.

Lorsqu'il s'agira de calculer si le prix dépasse cette somme, on ne pourra additionner les prix des différentes parties d'un ouvrage publiées séparément que si elles ont paru dans le courant de la même année civile.

ART. 10. — Les envois qui se feront conformément à l'article 6 seront francs de port, et soumis d'ailleurs, quant à leurs poids, à leur volume, etc... aux prescriptions relatives aux envois de poste francs de port en général.

ART. 11. — Un catalogue spécial de tous les ouvrages nationaux publiés dans le courant d'une année et reçus avant le 1er février suivant, devra le plus tôt possible, au plus tard avant le 1er août de la même année, être publié par la bibliothèque de l'université.

ART. 12. — Les articles, 6, 7, 8, 9, 10, 11, seront applicables à tous les imprimés publiés après la 1er janvier 1883, et la présente loi sera, du reste, exécutoire à dater de la même époque.

Loi du 12 mai 1877

CONCERNANT LA PROTECTION

DES ŒUVRES PHOTOGRAPHIQUES.

ART. 1er. — Celui qui a fait une photographie originale, d'après nature, ou la photographie d'une œuvre d'art sur laquelle personne n'a un droit exclusif de reproduction, est seul autorisé à reproduire au moyen de la photographie, pour la vente, l'image ainsi obtenue.

ART. 2. — Ce droit est soumis, à la condition que tout exemplaire de l'image publiée par l'ayant droit portera ce mot *Eneberettiget* (seul autorisé), avec indication de l'année où l'image a été publiée pour la première fois, ainsi que du nom du photographe lui-même, et, aussi de celui de l'artiste s'il s'agit de la reproduction d'une œuvre d'art.

ART. 3. — Ce droit existe, durant cinq ans, à dater de la fin de l'année dans laquelle l'image a été publiée pour la première fois, mais s'éteint, cependant, en tout cas, à la mort du photographe.

S'il s'agit de portraits faits sur commande le photographe n'a pas droit d'en livrer copie sans le consentement de celui qui l'a commandé.

ART. 4. — Toute atteinte portée, par dol ou faute, au droit accordé par la présente loi sera punie d'une amende de 10 à 200 couronnes. Peu importe que les exemplaires de la copie illicite aient été destinés à être vendus dans le pays ou à l'étranger.

Le coupable devra aussi indemniser la partie lésée de tout le dommage causé.

Cette même peine et ces mêmes dommages-intérêts seront aussi appliqués à celui qui est chargé de vendre des exemplaires qu'il sait être reproduits illicitement.

ART. 5. — Tous les exemplaires reproduits illicitement, et destinés à la vente, qui se trouvent dans le royaume seront confisqués au profit de la personne lésée.

Les clichés et autres appareils pouvant uniquement resservir à la reproduction illicite seront détruits, ou on leur donnera une forme telle qu'on n'en puisse faire aucun abus.

Art. 6. — Les infractions à la présente loi ne seront point poursuivies à la requête du ministère public.

Art. 7. — La peine et les dommages-intérêts se prescrivent lorsque le délit n'a pas été poursuivi en justice dans l'espace de deux ans, à partir du moment où des exemplaires, illicitement reproduits pour la première fois, auront été mis en vente.

De même, la peine et les dommages-intérêts se prescrivent lorsque la partie lésée, durant un an, à partir du moment où elle est démontrée avoir eu connaissance du délit, omet d'intenter l'action, ou pendant un aussi long temps omet de poursuivre l'action une fois intentée.

L'action, d'après l'article 5, pourra être intentée tant que la photographie qui aura été reproduite jouira de la protection de la loi.

Art. 8. — En cas de réciprocité, la protection de la présente loi pourra, par ordonnance royale, être étendue aux photographies faites par des étrangers. S'il est nécessaire, dans ce but, de faire quelques changements à l'article 2, il y sera pourvu par ordonnance royale.

Art. 9. — La présente loi sera exécutoire à dater du commencement de l'année prochaine.

SUÈDE

La loi du 10 août 1877 regle, en Suede, tout ce qui concerne les œuvres littéraires et abolit l'ancienne législation de 1812.

Pour les œuvres d'art proprement dites, il faut consulter la loi du 3 mai 1867 qu'une loi du 10 août 1877 a maintenu en vigueur.

Voici la traduction française de ces deux documents législatifs [1].

Loi du 10 août 1877

SUR

LA PROPRIÉTÉ LITTÉRAIRE.

Chapitre Ier. — *De la protection contre la contrefaçon.*

Art. 1er. — Les auteurs ont le droit exclusif de reproduire leurs écrits par l'impression, soient qu'ils aient déjà été publiés soit qu'ils se trouvent en manuscrit.

Sont assimilés aux écrits, par la présente loi, les ouvrages musicaux composés avec des notes ou autres signes, ainsi que les dessins d'histoire naturelle, les cartes terrestres ou maritimes, les plans d'architecture ou autres dessins ou reproductions semblables qui, en raison de leur but principal, ne sont pas à considérer comme œuvres d'art.

1. Une traduction française de la loi du 10 août 1877, due à M. P. Dareste a déjà été publiée dans l'*Annuaire de législation étrangère*. T. VII, p. 658.

ART. 2. — Le droit reconnu aux auteurs par l'article 1er comprend aussi celui de faire, à l'exclusion de tous autres, reproduire par l'impression la traduction de leurs écrits d'un dialecte dans un autre de la même langue. Le suédois, le norvégien et le danois sont considérés, sous ce rapport, comme dialectes différents de la même langue.

ART. 3. — Tout écrit qui, par son auteur, est simultanément publié en plusieurs langues indiquées en tête de l'ouvrage, sera considéré comme composé en chacune de ces langues.

Si l'auteur, en publiant un écrit, s'est réservé, par avis inséré en tête de l'ouvrage, le droit exclusif de le faire traduire en une ou plusieurs langues indiquées et s'il a publié une traduction ainsi annoncée dans le délai de deux ans à partir de la première publication de l'ouvrage, il est interdit à toute autre personne, pendant un délai de cinq ans à partir de l'époque indiquée, de publier une traduction dans la langue pour laquelle le droit de traduction se trouve ainsi réservé [1].

ART. 4. — Celui qui traduit un écrit dans une autre langue a sur sa traduction, quand il ne lui est pas défendu par la présente loi de publier la traduction par l'impression, le droit d'auteur mentionné à l'article 1er ; chacun du reste étant libre de faire, avec le même droit, une autre traduction du même écrit.

ART. 5. — L'éditeur d'un écrit périodique ou d'un ouvrage composé d'articles originaux de différents auteurs, sera considéré comme auteur, mais sans avoir le droit de publier séparément les articles livrés à l'écrit ou à l'ouvrage en question. Un an après la publication de chaque article, l'auteur a le droit de le publier lui-même.

ART. 6. — L'auteur peut transmettre à une ou plusieurs personnes, avec ou sans conditions ou restrictions, le droit mentionné ci-dessus. S'il ne le fait pas, ce droit à la mort de l'auteur passe à ses héritiers selon la loi.

Celui qui par transmission a obtenu le droit de publication d'un écrit ne peut, sans l'autorisation expresse de l'auteur, publier plus d'une édition, et cette édition ne peut être tirée à plus de mille exemplaires.

---

1. Le second paragraphe a été ajouté à l'article 3 par une loi du 10 janvier 1883.

Art. 7. — Le droit de l'auteur subsiste pendant sa vie et cinquante ans après sa mort. Quand deux ou plusieurs personnes ont composé ensemble un écrit qui ne consiste pas en articles détachés de différents collaborateurs, les cinquante ans compteront à partir de la mort du dernier auteur décédé.

Art. 8. — Les écrits publiés par des sociétés scientifiques ou autres corporations, qui ne comportent pas de droit d'auteur personnel, ainsi que les écrits qui sont publiés pour la première fois après la mort de l'auteur, jouissent de la protection contre la contrefaçon pendant cinquante ans à dater de leur première publication.

Il en sera de même pour les écrits anonymes ou pseudonymes. Toutefois, si l'auteur, avant l'expiration des cinquante ans après la première publication de l'écrit, se fait connaître soit sur le titre d'une nouvelle édition, soit par une déclaration au département de la Justice et une annonce insérée trois fois dans les feuilles publiques, il jouira du droit mentionné à l'article 7.

Art. 9. — Si un ouvrage est publié en plusieurs parties ayant entre elles une connexité, la période de protection mentionné à l'article 8 comptera de l'année où la dernière partie aura paru. Si une partie a été publiée plus de trois ans après celle qui l'a précédée immédiatement, la période de protection pour celle-ci comme pour celles qui sont plus anciennes encore sera comptée à partir de l'année où a été publiée la dernière des anciennes parties.

Art. 10. — A moins de stipulations contraires insérées dans la présente loi ou bien dans la loi sur la liberté de la presse, toute reproduction de l'ouvrage d'autrui, en tout ou en partie, sera réputée comme contrefaçon, tant que le terme de protection légale ne sera pas exaspéré.

La reproduction ne deviendra point licite par ce seul fait que l'ouvrage reproduit aura été publié avec des changements non essentiels ou seulement en extrait ou avec des additions.

Sera également réputée comme contrefaçon, toute traduction non autorisée du manuscrit d'autrui ou toute traduction publiée en contravention des stipulations insérées aux articles 2 et 3, ainsi que la publication d'un ouvrage, soit par l'éditeur, soit par celui qui lui a cédé le droit de publication, en dehors des conditions du contrat de cession.

ART. 11. — L'interdiction de la contrefaçon ne s'oppose pas à ce que dans la composition d'un nouvel ouvrage, original dans ses parties essentielles, l'on reproduise des écrits imprimés en rapportant littéralement ou en résumé des parties qu'on invoque comme preuve ou qu'on relève pour les critiquer, les expliquer ou les commenter.

Ne sera pas considéré non plus comme contrefaçon le fait d'insérer des parties d'un écrit imprimé, ou tout l'écrit, quand il est de peu d'étendue, dans une collection composée de plusieurs ouvrages faite pour l'usage du service divin ou pour l'enseignement élémentaire de la lecture, de la musique ou du dessin, ou pour donner un aperçu historique ; ni le fait d'imprimer des paroles comme texte dans une composition musicale.

Quand on se servira ainsi de l'œuvre d'autrui, on devra faire connaître le nom de l'auteur, si ce nom se trouve indiqué sur l'écrit.

ART. 12. — N'est pas considéré non plus comme contrefaçon le fait d'insérer dans un écrit périodique un article emprunté à un autre écrit semblable, à condition que le titre de l'écrit employé soit mentionné. Toutefois les traités scientifiques et littéraires, ou autres articles d'une certaine étendue, ne peuvent être insérés, si une défense de reproduction se trouve exprimée en tête de l'écrit.

CHAPITRE II. — *De la représentation des œuvres théâtrales.*

ART. 13. — Les ouvrages dramatiques ou les opéras ne peuvent être représentés publiquement sans l'autorisation de l'auteur ou de son ayant droit. Toutefois la représentation publique d'un tel ouvrage est permise, quand elle a lieu sans costumes ni appareil scénique.

A moins de conventions contraires, l'autorisation mentionnée ci-dessus implique, pour celui qui l'a obtenue, le droit de représenter l'ouvrage aussi souvent qu'il le juge bon, mais non celui de transférer en rien ce droit à un autre.

Le propriétaire de l'ouvrage peut, à moins de conventions contraires, accorder la même autorisation à plusieurs. Si le propriétaire a donné à quelqu'un le droit exclusif de représenter l'ouvrage et que celui-ci, pendant cinq ans consécutifs, n'en ait pas fait usage, le propriétaire est libre de donner son autorisation également à un autre.

Art. 14. — Le droit des auteurs ou traducteurs, mentionné au présent chapitre dure pendant leur vie et cinq ans après leur mort. Si l'auteur ou le traducteur ne s'est point fait connaître, il sera, à l'expiration de cinq ans après la première représentation de l'ouvrage ou sa publication par voie d'impression, permis à qui que ce soit de représenter ledit ouvrage.

Chapitre III. — *Des infractions à la présente loi.*

Art. 15. — Celui qui se rendra coupable de contrefaçon sera puni d'une amende de vingt à mille couronnes. En outre le plaignant aura droit à l'édition contrefaite et sera dédommagé pour la valeur des exemplaires manquants, valeur calculée sur le prix en librairie des exemplaires de la dernière édition régulièrement faite. Si l'ouvrage n'est contrefait que pour une partie, les dispositions ci-dessus ne s'appliqueront qu'à cette partie.

Quiconque, en opposition avec la présente loi, représentera ou fera représenter des ouvrages dramatiques ou des opéras, sera puni comme ci-dessus, et comme dédommagement il remettra au plaignant tout le montant des recettes qu'il aura touché à cette occasion, sans défalcation des frais ou de la partie de la recette attribuable à une autre pièce qui aurait été représentée en même temps.

Si l'on ne peut appliquer ces bases pour le calcul des dommages causés par la contrefaçon ou la représentation d'un ouvrage dramatique ou opéra, il y aura lieu de déterminer les dommages d'après une autre base jugée équitable. Le minimum des dommages-intérêts alloués sera toujours de cinquante couronnes.

Art. 16. — Sera confisqué tout le matériel exclusivement employé pour l'impression illégale d'un écrit, comme stéréotypes et autres plaques et formes; il en sera de même des copies faites pour la représentation illégale d'une œuvre dramatique ou opéra. A moins que les parties n'en conviennent autrement, il sera procédé quant aux objets saisis de façon à ce qu'il n'en puisse plus être abusé.

Art. 17. — Pour l'omission d'indiquer, comme il est prescrit aux articles 11 et 12, le nom de l'auteur ou le titre de l'écrit périodique, la peine sera d'une amende de cent couronnes au maximum.

Art. 18. — Ce qui est stipulé ci-dessus quant aux peines, dommages-intérêts et confiscation sera appliqué, si faire se peut, à celui qui, connaissant l'illégalité d'un ouvrage, l'aura mis en vente ou introduit pour la vente dans le royaume.

Chapitre IV. — *Dispositions générales.*

Art. 19. — La présente loi s'applique aux écrits des citoyens suédois. Tout écrit publié par un éditeur suédois sans indication de nom ou sous un pseudonyme, est considéré comme composé par un citoyen suédois, s'il n'est établi le contraire. Les dispositions de la loi peuvent, sous condition de réciprocité, être déclarées par le Roi applicables, soit en partie soit en totalité, aux écrits des citoyens d'un autre pays.

Art. 20. — Si l'écrit est la propriété de plusieurs, le consentement exigé pour que l'impression ou la représentation publique puisse en avoir lieu, sera donné par chacun d'eux. Toutefois, pour les opéras, il suffira que le consentement soit donné par l'auteur des paroles si le texte est le principal, et par l'auteur de la musique, dans le cas contraire.

Art. 21. — Lors de l'application des dispositions relatives au temps, contenues aux articles 3, 5, 7, 8, 9, 13 et 14, il ne sera point tenu compte de l'année civile dans le cours de laquelle s'est produit le fait à l'égard duquel la disposition de l'article respectif est donnée.

Art. 22. — Le droit d'auteur établi par la présente loi sur un écrit qui se trouve en manuscrit aux mains dudit auteur, de sa veuve ou de ses héritiers, ne peut être saisi pour dettes ni être compris dans la masse à partager entre créanciers, en cas de faillite.

Art. 23. — Les infractions à la présente loi ne peuvent être poursuivies par un autre que l'ayant cause.

Art. 24. — Sont abrogées par les présentes les ordonnances du 20 juillet 1855, concernant l'interdiction de représenter publiquement sans l'autorisation de l'auteur une œuvre dramatique ou un opéra, et du 20 mars 1876, sur la propriété littéraire.

La présente loi s'applique aux ouvrages déjà publiés ; toutefois le temps de protection établi au paragraphe 7 pour les écrits dont les auteurs sont décédés avant le jour où la loi entre en vigueur sera compté à partir de ce jour. Au reste, la loi n'apporte aucune restriction aux droits acquis d'après la loi ancienne. Les dispositions établies au chapitre 2 de la présente loi ne s'appliquent pas aux œuvres dramatiques ou opéras, qui ont été représentés publiquement avant que la loi du 20 juillet 1855 entrât en vigueur.

Loi du 3 mai 1867

CONCERNANT

LES ŒUVRES ARTISTIQUES.

Art. 1er. — Nul n'aura le droit de reproduire, pour les vendre les œuvres d'art originales du vivant de l'artiste, sans le consentement de celui-ci en tant que la reproduction appartient au même genre d'art que l'original.

La reproduction ne saurait être autorisée par le fait que l'objet serait exécuté dans des dimensions autres que celles de l'original ; qu'il serait composé d'autres matières ; qu'il y aurait été fait des changements, additions ou suppressions non essentiels, si par la composition et la forme la reproduction conserve le caractère de copie.

Art. 2. — Chacun a le droit, à l'exclusion d'autrui, de faire faire par voie mécanique, la photographie, le moulage ou toute autre façon semblable des reproductions partielles ou entières des œuvres d'art originales, composées par lui.

L'artiste peut transférer ce droit, avec ou sans conditions ou restrictions, à une ou à plusieurs personnes, non seulement pendant sa vie, mais pour une période de dix ans après sa mort. Si le transfert de droits n'a pas eu lieu du vivant de l'artiste, celui ou ceux qui d'après la loi sont ses ayants droits peuvent l'exercer pour ladite période.

Art. 3. — Si l'œuvre d'art mentionnée ci-dessus passe en la possession d'un tiers, l'artiste ou ses ayants droit ne seront pas par là privés des droits résultant des dispositions précédentes, à moins qu'il n'en ait été autrement stipulé d'une façon expresse.

Art. 4. — Sont exceptés des dispositions ci-dessus :

1o La reproduction des œuvres d'art appartenant à l'Etat ou aux communes, ou qui sont exposées sur des places publiques ou appliquées à l'extérieur des édifices ;

2o L'emploi, par les artisans et fabricants des œuvres d'art comme modèles pour la fabrication d'ustensiles domestiques ou autres objets usuels ou à la décoration desdits ustensiles et objets.

Art. 5. — Toute infraction aux défenses ci-dessus sera punie par une amende de vingt à mille couronnes ; en outre l'ayant cause sera dédommagé. Les formes, planches et autres objets exclusivement applicables à la reproduction illégale des œuvres d'art d'autrui, comme aussi tous les exemplaires de la contrefaçon destinés à la vente seront séquestrés, et il sera procédé à leur égard de telle façon qu'on ne puisse plus en faire abus ; cependant l'ayant cause peut s'il le désire se faire remettre ces objets moyennant dédommagement de la valeur ou défalcation sur les dommages-intérêts qui lui reviennent.

Il en sera de même pour celui qui tient en vente une reproduction illégale, ou qui importe dans le royaume pour la vendre une reproduction faite à l'étranger et non autorisée d'après cette loi, quand il aura eu connaissance de l'illégalité de la reproduction.

Art. 6. — Les infractions à la présente loi ne peuvent être poursuivies que par les ayants cause.

Art. 7. — Si celui qui est poursuivi conteste le fait de la contrefaçon, le tribunal pourra, s'il le juge nécessaire, demander l'avis de l'Académie des beaux-arts, si toutefois les deux parties ne remettent pas la question à des arbitres en s'en rapportant à leur décision. En pareil cas, le tribunal posera la question ou les questions qui seront soumises aux arbitres.

Art. 8. — Les dispositions de la présente loi peuvent, à condition de réciprocité, être déclarées, par le Roi, applicables, en partie ou en totalité, aux œuvres d'artistes étrangers, lesquelles se trouvent hors du royaume.

PAYS-BAS

La propriété littéraire, longtemps réglée aux Pays-Bas par une loi du 25 janvier 1817, est aujourd'hui régie par la loi du 28 juin 1881, dont nous publions ci-après une traduction[1].

La loi du 28 juin 1881 ne s'occupe pas des œuvres artistiques ; pour elle, c'est encore l'ancienne législation de 1817 qu'il faut consulter. Ajoutons que les sculpteurs ne peuvent même pas se prévaloir de cette ancienne législation ; pour ux il n'y a pas de loi protectrice dans les Pays-Bas.

Loi du 28 juin 1881

SUR

LE DROIT D'AUTEUR.

§ Ier. — *Détermination du droit d'auteur.*

Art. 1er. — Le droit de publier, par la voie de l'impression, des écrits, des gravures, des cartes géographiques, des compositions musicales, des pièces de théâtre et des discours, ainsi que

1. Une traduction française de cette loi, due à M. Boelaerts van Blokland, chef de division au ministère de la Justice à La Haye, a déjà été publiée dans l'*Annuaire de législation étrangère*, t. XI, p. 475 et suivantes.

le droit de faire exécuter ou représenter en public des compositions dramatico-musicales et des pièces de théâtre, est réservé exclusivement à l'auteur et à ses ayants droit.

Est assimilée à une exécution ou représentation publique, toute exécution ou représentation où le public est admis moyennant le payement d'un droit d'entrée pour une ou plusieurs fois, même si les assistants doivent en outre être soumis à un scrutin d'admission.

ART. 2. — Sont assimilés aux auteurs :

a) Les rédacteurs d'ouvrages mentionnés à l'article 1er, composés avec la coopération de plusieurs auteurs ;

b) Les institutions publiques, sociétés, fondations et associations à l'égard des ouvrages publiés par leurs soins ;

c) Les auteurs de traductions à l'égard de leurs traductions.

S'il n'y a pas de stipulation contraire, le coauteur d'un ouvrage fait en collaboration conserve son droit personnel sur la portion qu'il a fournie.

Le second alinéa de l'article 13 ne sera pas applicable aux ayants droit, visés par les alinéas *a* et *b* du présent article.

ART. 3. — Sera considéré comme auteur d'un ouvrage, publié sans nom d'auteur ou sous un nom supposé, l'éditeur, ou, si son nom n'est pas mentionné dans l'ouvrage ou sur son titre, l'imprimeur ; le tout jusqu'au moment où un autre se sera fait connaître comme l'auteur, conformément aux articles 10 et 11, sans qu'il soit nécessaire d'avoir observé l'époque indiquée par l'article 10.

ART. 4. — Sauf les cas exceptionnels qui seront indiqués par ordonnance royale, il n'y a pas de droit d'auteur à l'égard des lois, arrêtés, ordonnances et en général de tout ce qui est communiqué soit par la voie de la presse, soit verbalement, de la part des autorités publiques.

ART. 5. — Le droit exclusif de traduction appartient à l'auteur :

a) Pour ses ouvrages ou discours non publiés par la presse ;

b) Pour ses ouvrages publiés par la presse si, par indication sur le titre ou sur la couverture de l'édition original, il s'est réservé ce droit pour une ou plusieurs langues, et s'il publie cette traduction dans un délai de trois ans après la publication de l'édition originale.

Pour les ouvrages se publiant en tomes séparés ou en livraisons, ce délai se compte pour chaque tome ou livraison séparément.

ART. 6. — Si le même ouvrage est publié simultanément dans plusieurs langues, une seule édition est considérée comme originale. Les autres seront considérées comme des traductions.

L'auteur aura la faculté d'indiquer sur le titre ou sur la couverture celle des publications qu'il veut considérer comme l'original.

A défaut de cette indication, sera considérée comme la publication originale celle publiée dans la langue maternelle de l'auteur.

ART. 7. — Le droit d'auteur d'ouvrages imprimés ne s'oppose pas à ce que l'on en fasse des extraits ou des citations dans d'autres ouvrages, soit pour annoncer ses œuvres au public, soit pour les critiquer.

Pourvu que la source soit indiquée, il est permis de reproduire des nouvelles ou des articles de journaux, si l'auteur, par indication en tête de l'article et en observant les dispositions de l'article 10, ne s'en est pas réservé le droit d'auteur exclusif.

ART. 8. — Le droit d'auteur de discours ne s'oppose pas à ce qu'on fasse des comptes rendus de ce qui est dit en réunion publique.

ART. 9. — Le droit d'auteur est considéré comme un bien meuble. Il peut être transféré en tout ou en partie et se transmet par droit de succession. Il ne peut être saisi.

§ 2. — *Conditions à remplir pour pouvoir jouir du droit d'auteur d'ouvrages publiés au moyen de l'imprimerie.*

ART. 10. — Le droit d'auteur d'ouvrages imprimés ne sera pas reconnu si l'auteur, l'éditeur ou l'imprimeur de l'ouvrage n'en a pas envoyé, au ministère de la Justice, deux exemplaires signés de sa propre main sur la page du titre ou sur la couverture, avec indication de son domicile et de l'époque de la publication, dans le délai d'un mois après la publication. Pour ce qui regarde les traductions, il faut en outre observer l'époque fixée par l'article 5, *b*).

Une déclaration, signée par l'imprimeur, doit accompagner l'envoi, constatant que le travail a été imprimé dans son imprimerie établie dans le royaume.

Art. 11. — Un récépissé daté de la remise sera délivré aux déposants par le ministère de la Justice.

Ces récépissés sont enregistrés en double au ministère de la Justice. Chacun aura le droit de consulter gratuitement le registre et de s'en procurer à ses frais des extraits ou copies.

Chaque mois il sera publié dans le *Nederlandsche Staats-courant* une liste des ouvrages et des traductions envoyés au département.

Art. 12. — Du moment que des compositions dramatico-musicales ou des pièces de théâtre seront publiées par la voie de l'impression, l'auteur perdra le droit exclusif de l'exécution ou de la représentation de ses œuvres, s'il ne s'est pas réservé expressément ce droit en le mentionnant sur la page du titre ou sur la couverture de l'œuvre originale.

§ 3. — *De la durée du droit d'auteur.*

Art. 13. — Le droit d'auteur d'ouvrages imprimés dure cinquante ans, après la première publication, à compter de la date du récépissé, mentionné en l'article 11.

Si l'auteur survit à cette période et s'il n'a pas aliéné son droit, il en jouira pendant toute sa vie [1].

Art. 14. — Le droit d'auteur d'œuvres non imprimées, y compris les discours, dure pendant la vie de l'auteur et trente ans après son décès.

Art. 15. — Le droit exclusif de faire exécuter ou représenter

---

1. La disposition de loi ci-dessus constitue une innovation assez heureuse dans le mode de régler la durée du droit d'auteur pour les œuvres publiées. La plupart des législations font dépendre la durée de ce droit de la durée de la vie de l'auteur, le législateur hollandais inaugure un système nouveau : au lieu de prendre pour point de départ la date incertaine de la mort de l'auteur, il prend la date certaine du dépôt régulier de l'ouvrage publié. On remarquera toutefois le second paragraphe de l'article 13 ci-dessus qui, en tous cas, assure à l'auteur le droit exclusif pendant toute sa vie.

des compositions dramatico-musicales ou des pièces de théâtre dure :

1° Pour les œuvres non imprimées, pendant la vie de l'auteur et trente ans après son décès ;

2° Pour les œuvres publiées, sur lesquelles on s'est réservé le droit précité, pendant dix ans à partir de la date du récépissé mentionné en l'article 11.

Art. 16. — Le droit exclusif de publier des traductions dure :

1° Pour des ouvrages non publiés au moyen de la presse, y compris les discours, aussi longtemps que le droit d'auteur en est accordé ;

2° Pour des ouvrages publiés au moyen de la presse, pendant cinq ans à partir de la date du récépissé mentionné en l'article 11.

Art. 17. — Pour des ouvrages publiés en tomes séparés ou en livraisons, la durée du droit d'auteur sera comptée pour chaque tome ou chaque livraison séparément.

§ 4. — *De la protection du droit d'auteur.*

Art. 18. — Sans préjudice de l'action civile, en dommages-intérêts résultant de l'infraction au droit d'auteur, celui qui aura sciemment fait infraction à ce droit, sera puni d'une amende de cinquante *cents*, 2,000 *gulden*.

Seront confisqués au profit de l'État tous les exemplaires ainsi que toutes les planches, formes, matrices et autres objets, ayant servi à commettre le délit.

Art. 19. — Sera puni d'une amende de cinquante *cents* à 600 *gulden*, celui qui aura distribué ou exposé publiquement un ouvrage qu'il sait être publié en contravention avec le droit d'auteur.

Seront confisqués au profit de l'État les exemplaires publiés en contravention avec le droit d'auteur.

Art. 20. — Aucune poursuite du chef des délits prévus par les articles 18 et 19 n'aura lieu que sur la plainte de la partie lésée.

Art. 21. — Les exemplaires confisqués en vertu des articles 18 et 19 seront remis à l'auteur ou à ses ayants cause, s'ils se présentent à cet effet au greffe du tribunal, dans les huit jours après que le jugement aura acquis la force de chose jugée.

A défaut de réclamation, ces exemplaires seront détruits.

En cas d'exercice de l'action civile en dommages-intérêts, le juge, autant que faire se pourra, tiendra compte de la valeur des exemplaires remis aux ayants cause.

Art. 22. — Les auteurs ou leurs ayants cause auront le droit de faire saisir les exemplaires publiés au préjudice de leur droit et d'en demander la remise ou la destruction.

Cette saisie ne peut pas s'opérer à l'égard des exemplaires appartenant à des personnes qui n'en font pas un trafic et qui ne les possèdent que pour leur propre usage.

Les articles 722-726 du code de procédure civile (néerlendais) sont applicables à cette saisie.

Art. 23. — Si la main-levée est prononcée, le saisissant pourra être condamné à des dommages-intérêts.

§ 5. — *Dispositions transitoires.*

Art. 24. — Celui qui aura acquis le droit de copie ou un droit analogue, en vertu de la législation existante, retient ce droit, si, dans le délai d'un an après la promulgation de la présente loi, il en fait la déclaration au ministère de la Justice.

Les articles 18-23 de la présente loi sont applicables à ce droit.

Art. 25. — Ne pourra être exercé aucun droit d'auteur sur un ouvrage publié avant la promulgation de la présente loi, si, suivant la législation existante, cet ouvrage n'est pas susceptible du droit de copie, ou bien si l'on n'a pas observé les formalités requises par ladite législation, à moins que l'auteur, l'éditeur ou l'imprimeur de cet ouvrage n'ait envoyé dans le délai d'un an après la promulgation de la présente loi, au ministère de la Justice, deux exemplaires dudit ouvrage, signés de sa propre main sur la page du titre ou sur la couverture, avec indication du domicile et de l'époque de la publication primitive.

La durée du droit d'auteur se compte de cette époque, sauf la preuve contraire.

Le droit d'auteur, visé par le présent article, ne peut être exercé pour des ouvrages dont la publication était déjà commencée ou terminée légalement, avant la promulgation de la présente loi.

ART. 26. — Un récépissé daté sera délivré par le ministère de la Justice aux personnes mentionnées aux articles 24 et 25.

Ces récépissés sont enregistrés en double au ministère de la Justice. Chacun aura le droit de consulter gratuitement ce registre et de s'en procurer, à ses frais, des extraits ou des copies.

Chaque mois il sera publié dans le *Nederlansche Staats-courant* une liste des déclarations et des ouvrages présentés. L'époque, indiquée par l'ayant droit comme l'époque de la première publication de ces ouvrages, y sera mentionnée.

§ 6. — *Dispositions finales.*

ART. 27. — Les dispositions de la présente loi s'appliquent aux ouvrages imprimés publiés au Pays-Bas et aux Indes néerlandaises et aux ouvrages non publiés au moyen de la presse, si les auteurs ont leur domicile aux Pays-Bas ou aux Indes néerlandaises, ainsi qu'aux discours prononcés dans les Pays-Bas ou aux Indes néerlandaises.

ART. 28. — La présente loi s'étend également aux Indes néerlandaises.

Un exemplaire des ouvrages qui y seront publiés au moyen de la presse doit être envoyé au directeur de la Justice, qui en donnera avis au *Journal de Java* et qui aura à remplir en outre toutes les obligations dont le département de la Justice est chargé par la présente loi.

Aussitôt que faire se pourra, les avis, insérés au *Journal officiel néerlandais* et au *Journal de Java*, seront reproduits réciproquement par les deux journaux.

Dans le cas prévu par l'article 22, les dispositions analogues des règlements en vigueur aux Indes néerlandaises y seront applicables, en observant la différence entre la législation, pour les Européens et ceux qui leur sont assimilés, et la législation pour les indigènes et ceux qui leur sont assimilés.

Aucun droit d'auteur pour un ouvrage publié aux Indes néerlandaises au moyen de la presse, avant la promulgation de la présente loi, ne peut être exercé, à moins que les formalités prescrites par l'article 25 ne soient observées.

Art. 29. — Sont abrogées toutes les dispositions légales antérieures, concernant les droits de copie, de traduction, de représentation et d'exécution.

PORTUGAL

Une loi du 8 Juillet 1851 a réglé, en Portugal, jusqu'en ces dernières années tout ce qui concernait le droit d'auteur sur les œuvres littéraires ou artistiques. Aujourd'hui un titre spécial du Code civil portugais est consacré à cette matiere ; en voici la traduction :

Loi du 1er juillet 1887

(CODE CIVIL PORTUGAIS, PARTIE II, TITRE V).

SECTION I. — *Du travail littéraire en général.*

ART. 570. — Chacun a le droit de publier par la presse, la lithographie, l'art scénique ou autre analogue, son travail littéraire, sans être soumis à aucune autorisation préalable, caution ou autre restriction qui, directement ou indirectement, entrave le libre exercice de ce droit ; sans préjudice toutefois de la responsabilité à laquelle chacun demeure soumis conformément à la loi.

La disposition de cet article est applicable au droit de traduction.

ART. 571. — Il est permis de publier les lois, règlements et autres actes publics officiels, en se conformant exactement à l'édition officielle, si ces actes ont été déjà publiés par le gouvernement.

ART. 572. — Sont compris dans la disposition de l'article précédent, les discours prononcés dans les chambres législatives, ou tous autres prononcés dans des circonstances officielles. Toutefois, la collection complète ou partielle des discours d'un orateur ne peut être faite que par lui ou avec son autorisation.

Art. 573. — Les leçons des maîtres et professeurs publics et les sermons ne peuvent être reproduits par un autre que l'auteur, si ce n'est sous forme d'extraits. Ils ne peuvent l'être intégralement, qu'avec l'autorisation de l'auteur.

Art. 574. — L'œuvre manuscrite demeure la propriété de son auteur et ne peut, en aucun cas, être publiée sans son consentement.

Art. 575. — Les lettres missives ne peuvent être publiées, sans l'autorisation de leur auteur ou de son représentant, à moins qu'elles ne soint jointes à une procédure.

Art. 576. — L'auteur portugais d'un écrit publié par la presse, la lithographie, ou par quelque procédé analogue, en territoire portugais, jouit, sa vie durant, de la propriété de son œuvre et du droit exclusif de la reproduire et vendre.

Les auteurs ont toutefois le droit de se citer réciproquement et de copier tout ou partie des articles, comme ils l'entendront, à la condition d'indiquer le nom de l'auteur, le livre ou le périodique auquel les citations ou les articles ont été empruntés.

Les articles insérés primitivement dans les périodiques, soit comme partie d'un ouvrage, soit comme partie d'une collection, peuvent être imprimés par leurs auteurs, s'il n'y a pas de stipulation contraire.

Art. 577. — Le droit de traduction est compris dans les droits de l'auteur auxquels se réfère l'article précédent. Mais si l'auteur est étranger, il ne jouira, en Portugal, de ce droit, que pendant dix ans à compter de la publication de son œuvre, et à condition qu'il ait commencé à l'exercer avant l'expiration de trois ans à dater de ladite publication.

En cas de cession, tous les droits de l'auteur passent au traducteur, sauf stipulation contraire.

Le traducteur, portugais ou étranger, d'une œuvre tombée dans le domaine public, jouit pendant trente ans du droit exclusif de publier sa traduction ; toute autre personne conservant la faculté de traduire de nouveau la même œuvre.

Art. 578. — Jouit des mêmes droits que les auteurs portugais, l'écrivain étranger dans le pays duquel un auteur portugais jouit des mêmes droits que les nationaux.

ART. 579. — Après la mort de l'auteur, ses héritiers, cessionnaires ou ayants cause conservent, pendant cinquante ans, le droit de propriété dont parle l'article 576.

ART. 580. — Si l'État ou quelque établissement public fait publier à ses frais une œuvre littéraire, ils jouissent de ce droit, pendant cinquante ans, à compter de la publication du volume ou fascicule qui complète l'œuvre.

Si cette publication consiste en une collection d'écrits ou de mémoires, sur divers sujets, les cinquante ans seront comptés à partir de la publication de chaque volume.

ART. 581. — Lorsque plusieurs auteurs auront collaboré à une même œuvre et que chacun d'eux y aura collaboré aux mêmes conditions et en son nom propre, la propriété de l'œuvre commune demeurera aux personnes de tous les co-auteurs, et la première période de la durée de cette propriété s'étendra jusqu'à la mort du dernier collaborateur qui survivra aux autres, lequel partagera les revenus de ladite propriété avec les héritiers des collaborateurs précédemment décédés, et la seconde période commencera à la mort de ce dernier collaborateur.

Si l'œuvre collective, à la composition de laquelle plusieurs écrivains auront collaboré, a été entreprise, rédigée et publiée par un seul, c'est seulement à la mort de celui-ci que commencera à courir la seconde période à laquelle le présent article se réfère.

ART. 582. — Ce qui est déterminé dans les articles précédents, relativement aux auteurs, est applicable aux éditeurs auxquels ils auront transféré la propriété de leurs œuvres selon le contrats respectifs.

Dans ce cas, cependant, la période à laquelle se réfère l'article 579 sera comptée à partir de la mort de l'auteur.

ART. 583. — Les dispositions qui régissent les œuvres publiées avec le nom de l'auteur, sont applicables tant aux œuvres anonymes qu'aux pseudonymes, aussitôt qu'est connue et prouvée l'existence de l'auteur, de ses héritiers ou représentants.

ART. 584. — La prolongation de durée dont parle l'article 579, après la mort de l'auteur, profite aux héritiers de l'auteur, bien que la propriété littéraire de ses écrits ait été transférée à autrui, en tout ou en partie.

Art. 585. — L'éditeur de l'œuvre posthume d'un auteur certain jouit des droits de l'auteur pendant une durée de cinquante ans à partir de la publication de l'œuvre.

Art. 586. — L'éditeur d'une œuvre inédite, dont le propriétaire n'est pas encore connu, et ne se fait pas connaître légalement, jouit des droits de l'auteur, pendant trente ans à partir de la complète publication de l'œuvre.

Art. 587. — Peut être expropriée, avant même qu'elle soit tombée dans le domaine public, l'œuvre déjà publiée, dont l'édition est épuisée et que l'auteur ou ses héritiers refusent de réimprimer.

L'Etat seul peut poursuivre cette expropriation, mais à la condition qu'une loi l'ait autorisée et sauf le paiement à l'auteur d'une juste et préalable indemnité, conformément aux principes généraux de l'expropriation pour cause d'utilité publique.

Art. 588. — L'éditeur d'une œuvre, soit inédite, soit déjà imprimée, mais non encore tombée dans le domaine public, ne peut en altérer ou modifier le texte durant la vie de l'auteur ou de ses héritiers ; il doit conserver le titre que l'auteur lui a donné ainsi que le nom de celui-ci, sauf stipulation contraire.

Art. 589. — L'éditeur qui a traité pour la publication d'une œuvre, est obligé, à moins de stipulation contraire, de commencer la publication dans l'année qui suit la date du contrat, et de la poursuivre régulièrement, sous peine de payer des dommages-intérêts à la personne avec laquelle il a traité.

L'éditeur qui a traité pour les éditions successives d'une œuvre ne peut interrompre leur publication que s'il prouve qu'il y a obstacle insurmontable à l'écoulement de l'œuvre.

Art. 590. — La propriété littéraire est considérée et régie comme toute autre propriété mobilière, sauf les modifications que, en raison de sa nature spéciale, la loi lui a expressément imposées.

Art. 591. — Dans les cas de déshérence, l'État ne succède pas à la propriété des écrits ; tout le monde peut les imprimer et réimprimer, sauf les droits des créanciers de la succession.

Art. 592. — La propriété littéraire est imprescriptible.

Art. 593. — Il n'y a pas de droit de propriété reconnu pour les écrits défendus par la loi ou qu'un jugement a retirés de la circulation.

Section II. — *Des droits des auteurs dramatiques.*

Art. 594. — Les auteurs dramatiques jouissent, non seulement de la propriété littéraire de leurs écrits, telle qu'elle vient d'être établie dans la section précédente, mais encore des droits suivants.

Art. 595. — Aucune œuvre dramatique ne peut être représentée sur un théâtre public, où l'on paye pour entrer, sans le consentement par écrit de l'auteur ou de ses héritiers, cessionnaires ou ayants cause, dans les conditions suivantes :

a) Si l'œuvre est imprimée, ce consentement est seulement nécessaire (l'auteur étant décédé) pendant le temps pour lequel ses héritiers, cessionnaires ou ayants cause jouissent de la propriété de cette œuvre.

b) Si l'œuvre est posthume, elle ne peut être représentée s'il manque le consentement d'un seul héritier, ou d'une autre personne à laquelle appartient la propriété du manuscrit.

c) L'autorisation,pour représenter une œuvre dramatique, peut être illimitée ou restreinte à un certain temps, à une certaine contrée ou à certaines contrées, ou à un certain nombre de théâtres.

Art. 596. — En cas d'autorisation limitée, si l'œuvre dramatique a été indûment mise en scène sur un théâtre, le produit net de la recette ou des recettes sera attribué à celui ou à ceux dont l'autorisation aurait été nécessaire.

Art. 597. — La portion des recettes, qui appartient aux auteurs, ne peut être saisie par les créanciers d'une entreprise théâtrale.

Art. 598. — L'auteur dramatique, qui a traité pour la représentation de son œuvre, jouit des droits suivants, s'il n'y a pas renoncé expressément :

1° De faire à son œuvre les changements et corrections qu'il jugera nécessaires, pourvu qu'il n'en altère aucune partie essentielle sans le consentement de l'entrepreneur de spectacle.

2° D'exiger que l'œuvre, étant manuscrite, ne soit communiquée à aucune personne étrangère au théâtre.

Art. 599. — L'auteur, qui a traité avec un entrepreneur de spectacles pour la représentation de son œuvre, ne peut pas, dans la même localité, la céder de nouveau à un autre entrepreneur, pendant la durée du contrat avec le premier. Il n'en pourrait pas davantage concéder une imitation.

Art. 600. — Si la pièce n'a pas été représentée dans le temps fixé, ou s'il n'intervient pas un accord à cet égard dans l. cours d'une année, l'auteur pourra librement retirer son œuvre

Art. 601. — Toutes les contestations qui s'élèveraient entre auteurs et entrepreneurs seront de la compétence des tribunaux civils.

Section III. — *De la propriété artistique.*

Art. 602. — L'auteur d'une œuvre musicale, d'un dessin, d'une peinture, sculpture ou gravure,a le droit exclusif de faire reproduire son œuvre par la gravure, la lithographie, le moulage, ou par quelque autre moyen, conformément à ce qui a été établi pour la propriété littéraire.

Les dispositions en faveur des auteurs dramatiques, contenues dans la section précédente, sont entièrement applicables aux auteurs des œuvres musicales, pour ce qui concerne l'exécution sur les théâtres ou dans les autres lieux où le public est admis en payant.

Section IV. — *De quelques obligations communes aux auteurs des œuvres littéraires, dramatiques et artistiques.*

Art. 603. — Pour jouir des avantages concédés dans ce chapitre, l'auteur ou le propriétaire d'une œuvre reproduite par la typographie, la lithographie, la gravure, le moulage, ou par quelque autre moyen, est obligé de se conformer aux dispositions suivantes.

Art. 604. — Avant toute publication d'une œuvre littéraire quelconque, deux exemplaires doivent être déposés à la bibliothèque publique de Lisbonne. Le bibliothécaire délivrera un récépissé de ce dépôt, qui sera inscrit sur un registre établi dans ce but, sans que pour cela il y ait à payer aucun droit.

Si l'œuvre est dramatique ou musicale, ou bien se rapporte à la littérature dramatique ou à l'art musical, le dépôt des exemplaires et leur enregistrement seront faits au conservatoire royal de Lisbonne dans la forme susdite.

Si l'œuvre est une lithographie, une gravure ou un moulage, ou si elle traite de quelqu'un de ces arts, le dépôt et l'enregistrement seront faits dans la même forme à l'académie des beaux-arts de Lisbonne.

Dans ce cas, cependant, l'auteur pourra remplacer le dépôt des deux exemplaires par celui de dessins originaux.

Art. 605. — La bibliothèque publique de Lisbonne et les autres établissements analogues, nommés dans l'article précédent, sont obligés de publier mensuellement, dans le *Journal officiel*, leurs enregistrements respectifs.

Art. 606. — Les certificats tirés des registres mentionnés dans cette section font présumer la propriété de l'œuvre, avec les effets qui en dérivent, sauf preuve contraire.

Section V. — *De la responsabilité des contrefacteurs ou usurpateurs de la propriété littéraire et artistique.*

Art. 607. — Ceux qui portent atteinte aux droits reconnus et consacrés dans ce chapitre répondent, dans les limites suivantes, des usurpations littéraires ou artistiques qu'ils ont commises.

Art. 608. — Celui qui publie une œuvre inédite, ou reproduit une œuvre en voie de publication ou déjà publiée, appartenant à autrui, sans son autorisation ou son consentement, perd, au profit de l'auteur ou propriétaire de l'œuvre, tous les exemplaires de la reproduction frauduleuse qui ont été saisis, et devra lui payer, en outre, la valeur de toute l'édition, moins lesdits exemplaires, au prix de vente des exemplaires légitimes ou à leur prix d'estimation.

Si l'on ignore le nombre d'exemplaires imprimés frauduleusement et distribués, le contrefacteur payera la valeur de mille exemplaires outre ceux saisis.

ART. 609. — Celui qui vend, ou expose en vente, une œuvre imprimée frauduleusement sera solidairement responsable avec l'éditeur, dans les limites énoncées à l'article précédent ; et si l'œuvre a été imprimée hors du royaume, le vendeur sera responsable comme s'il était l'éditeur.

ART. 610. — Celui qui publie un manuscrit dans lequel se trouvent des lettres missives particulières, sans la permission de leur auteur, durant sa vie ou durant la vie de ses héritiers ou représentants, sera passible de dommages et intérêts.

La disposition de cet article ne met pas obstacle à la faculté concédée dans l'article 575, relativement aux lettres missives.

ART. 611. — L'auteur ou propriétaire d'une œuvre reproduite frauduleusement peut, dès qu'il a connaissance du fait, demander la saisie des exemplaires reproduits, sans préjudice de l'action en dommages et intérêts à laquelle il a droit, lors même qu'aucun exemplaire n'aurait été trouvé.

ART. 612. — Le dispositif de cette section, relativement à la réparation civile, ne met pas obstacle aux actions pénales, que l'auteur ou propriétaire pourra intenter devant les tribunaux compétents, contre le contrefacteur ou usurpateur.

RUSSIE

La propriété littéraire et artistique a fait, en Russie, dès 1857, l'objet d'un chapitre dans le règlement sur la Censure et la Presse (chapitre VII, art. 282 à 356.)

Une nouvelle édition de ce règlement, qui porte le millésime de 1886, mais qui, en réalité, a été publié et mis en vigueur en 1888 seulement, consacre 54 articles à la propriété littéraire, artistique et musicale. En voici la traduction[1] :

1. — *Propriété littéraire.*

Art. 1er. (*Ancien article 282 de 1857.*) — L'auteur ou le traducteur d'un livre a le droit exclusif de jouir et de disposer de son œuvre pendant toute sa vie, selon sa volonté, et comme d'une propriété acquise[2].

1. La traduction française que nous publions ci-dessus a été communiquée par le Ministère des Affaires étrangères.

2. Les auteurs et traducteurs de pièces dramatiques et d'opéras représentés sur les théâtres impériaux touchent des droits qui sont fixés par le statut du 13 novembre 1827. Le ministre de la maison de l'Empereur a la faculté d'apporter à ce règlement toutes les modifications ou compléments que les circonstances exigeront.

Voici le texte du statut du 13 novembre 1827 :

Toutes les pièces dramatiques et tous les opéras qui sont transmis par les auteurs et traducteurs en propriété aux théâtres impériaux peuvent être divisés en cinq classes.

La première comprend les tragédies et comédies originales en vers, de cinq ou de quatre actes, et la musique de grands opéras.

Art. 2. *(Ancien article 283.)* — Après la mort de l'auteur ou du traducteur d'un livre, le droit exclusif de propriété qui appartenait à celui-ci passe à ses héritiers légaux ou testamentaires ou aux institutions auxquelles il l'aurait transmis ; mais

---

La deuxième classe comprend les tragédies et comédies originales en vers, de trois actes les tragédies, comédies et drames originaux, en prose, de cinq ou quatre actes les traductions de tragédies et comédies en vers, de cinq ou quatre actes, et la musique d'opéras moyens.

La troisième classe comprend les comédies originales, en vers, de un ou deux actes, les tragédies, comédies et drames originaux, en prose, ainsi que les mélodrames en trois actes ; les traductions de bonnes pièces étrangères, en prose, de quatre ou cinq actes, les vaudevilles originaux, de trois actes, et la musique d'opérettes.

La quatrième classe comprend les comédies et drames originaux, en prose, de un ou deux actes, les traductions de comédies, en vers, de un ou deux actes ; les traductions de bonnes pièces étrangères, en prose, de deux ou trois actes, les vaudevilles originaux de un ou deux actes.

La cinquième classe comprend les traductions de petites pièces en prose et de vaudevilles en un acte.

Les auteurs de pièces dramatiques et d'opéras, dont les œuvres sont admises à être représentées sur les théâtres impériaux, touchent pendant toute leur vie une partie de la recette de l'un des théâtres impériaux des deux capitales, les jours de représentations de leur œuvre audit théâtre.

La part des auteurs et traducteurs se calcule de la manière suivante : *a*), pour les pièces de première classe, un dixième ; *b*), pour les pièces de deuxième classe, un quinzième, *c*), pour les pièces de troisième classe, un vingtième *d*), pour les pièces de quatrième classe, un trentième.

Les pièces appartenant à la cinquième classe s'achètent par la direction des théâtres pour des sommes qui ne doivent pas dépasser 500 roubles (roubles assignats et non argent le rouble assignat vaut 33 1/3 kop. argent *.

La part assignée aux auteurs et traducteurs se réduit des deux tiers de la recette, en vue des dépenses nécessaires pour monter la pièce et des dépenses générales théâtrales pour chaque représentation.

Si la pièce acceptée, étant courte, est représentée avec un opéra ou un ballet, la part de l'auteur ou du traducteur se déduit seulement de la moitié de la recette.

Si la recette d'une pièce des trois premières classes arrive au meilleur temps à la moitié, et au reste du temps au quart de la recette totale, la direction des théâtres est obligée de faire donner une telle pièce au moins six

* Le rouble argent de 100 kopecks vaut 4 francs.

ce droit expire après cinquante ans à dater du jour de la mort de l'auteur ou du traducteur.

ART. 3. *(Ancien article 284.)* — En ce qui concerne les compositions ou traductions éditées après la mort de l'auteur ou du traducteur, le délai ci-dessus spécifié de cinquante ans court à partir de la date de la première édition.

ART. 4. *(Ancien article 285.)* — Les premiers éditeurs de

---

fois pendant la première année et au moins deux fois les années suivantes, dont une représentation est donnée au meilleur temps.

Du consentement mutuel de la direction théâtrale et des auteurs ou traducteurs dépend l'acquisition des pièces pour un payement unique. Dans ces cas, le prix ne doit pas dépasser : pour la première classe, 4.000 roubles ; pour a deuxième, 2, 500 roubles ; pour la troisième, 2,000 roubles, et pour la quatrième, 1,000 roubles, toujours en assignats.

Les auteurs et traducteurs de deux pièces de première classe et de quatre pièces de deuxième classe, si ces pièces sont admises au répertoire courant et si elles ont eu au moins six représentations consécutives, ayant rapporté plus de la moitié de la recette, peuvent, d'après l'autorisation de la direction théâtrale, recevoir l'autorisation d'entrée gratuite des théâtres pour toutes les représentations russes au profit du fisc.

Les auteurs et traducteurs de six pièces de troisième et de quatrième classes admises au répertoire courant peuvent aussi, suivant l'autorisation de la direction théâtrale, recevoir l'autorisation de l'entrée des théâtres, pour toutes les représentations russes au profit du fisc, pendant une, deux ou trois années.

Les deux paragraphes précédents se rapportent seulement aux auteurs et traducteurs qui touchent une part de la recette, ceux qui ont rendu leurs pièces à la direction théâtrale sont considérés comme complètement payés.

Toutes les rémunérations instituées par les présents statuts, fixées pour les compositeurs d'opéras et de vaudevilles, sont remises au compositeur de la musique, qui de son côté doit payer l'auteur ou le traducteur du texte ; du reste, la direction théâtrale peut acheter, pour un prix convenu, qui ne doit pas dépasser celui de la troisième classe, des traductions d'opéras, dont la musique est déjà composée, et des pièces originales pour lesquelles la musique sera composée par les chefs de musique des théâtres.

Une composition dramatique ou un opéra acquis par la direction des théâtres de l'une des deux capitales, par un payement unique, devient la propriété de tous les théâtres impériaux.

Les pièces et opéras, donnés par leurs auteurs ou traducteurs au profit des artistes bénéficiaires, deviennent propriété des théâtres, après leur représentation.

Ces statuts ne touchent pas les pièces et les opéras qui ont déjà été représentées sur les théâtres impériaux.

chansons populaires, proverbes, contes et récits, conservés par tradition orale, jouissent des mêmes droits que les auteurs d'œuvres nouvelles. Il en est de même pour les premiers éditeurs d'anciens manuscrits, mais sans préjudice du droit pour toutes autres personnes d'éditer les mêmes anas ou chroniques, ou manuscrits anciens, d'après des données plus complètes, plus exactes ou distinctes en quoi que ce soit de celles des premières éditions[1].

Art. 5. *(Ancien article 287.)* — Le droit de publier une deuxième édition d'un ouvrage doit être l'effet d'une entente préalable entre l'auteur, le traducteur ou l'éditeur et le libraire.

S'il n'y a entre eux aucune convention écrite l'auteur, le traducteur ou l'éditeur ou bien leurs héritiers peuvent faire imprimer cette seconde édition après cinq ans à dater du jour auquel la censure a autorisé la publication de l'ouvrage.

Art. 6. *(Ancien article 288 modifié.)* — Les conventions entre les auteurs, les traducteurs, les éditeurs, les imprimeurs et les libraires doivent être dressées, dans les localités où le code du notariat est entré en vigueur, sur la base des présents règlements, et, dans les autres villes inscrites dans le livre des courtiers, conformément aux règles générales. Ces conventions acquitteront les droits de timbre d'après les taxes établies par le code de perception des impôts *(édition 1886.)*

Art. 7. *(Ancien article 289.)* — L'auteur, nonobstant toute convention, a le droit de publier une seconde édition de son ouvrage, s'il y a ajouté ou modifié une partie équivalant aux

---

1. Ancien article 286 forme actuellement les articles 1412 et 1413 du Code de procédure :

Art. 1412. — Les compositions ou traductions, tant manuscrits qu'imprimés, qui n'auraient pas été vendues, léguées ou cédées d'une manière quelconque par leurs auteurs, ne peuvent être vendues au profit de créanciers ni pendant la vie de l'auteur ou du traducteur sans sa propre autorisation, ni après sa mort, sans l'autorisation de ses héritiers.

Art. 1413. — Dans le cas où les biens d'un libraire seraient vendus par libération de dettes ou par faillite, les manuscrits lui appartenant ainsi que le droit de les publier sont transmis aux acheteurs avec l'obligation de remplir tous les engagements y afférents acceptés par leur ancien propriétaire.

deux tiers du texte ou si son livre a reçu une forme assez différente de la première pour qu'elle puisse être considérée comme une œuvre nouvelle.

Art. 8. *(Ancien article 290.)* — Les personnes, auxquelles un auteur ou un traducteur a laissé par testament ou cédé d'une manière quelconque tout ou partie de ses œuvres, sont tenues de l'annoncer et d'en fournir les preuves à l'appui dans le délai d'un an après sa mort. Ce délai est porté à deux ans si ces personnes résident à l'étranger. Elles entrent alors en possession avec les mêmes droits que les héritiers légaux. Ces derniers ont d'ailleurs, conformément aux lois générales, le droit de sommer les premiers à comparaître dans les délais prescrits, au même titre que tous créanciers ou ayants droit dans la succession.

Art. 9. *(Ancien article 291.* — Les éditeurs de journaux et autres publications périodiques, d'almanachs et, en général, de compositions formées d'articles variés, ont le droit exclusif de réimprimer ces productions dans la même forme, d'après les bases générales établies par le présent chapitre.

Art. 10. *(Ancien article 292.)* — S'il n'y a convention contraire, l'insertion d'un article ou d'une traduction dans un journal ou tout autre recueil n'enlève pas à l'auteur ou au traducteur le droit de faire imprimer séparément cet article.

Art. 11. *(Ancien article 293.)* — Les correspondances privées ne peuvent être publiées qu'avec le consentement de la personne par laquelle elles ont été écrites et celui de la personne à laquelle elles étaient adressées, ou avec le consentement des héritiers, dans le cas de décès de l'une de ces personnes ou de toutes deux.

Art. 12. *(Ancien article 294.)* — Les notes particulières et tous autres papiers personnels non destinés à la publicité ne peuvent être publiés qu'avec le consentement de leur auteur ou, en cas de décès, de ses héritiers.

Art. 13. *(Ancien article 295.)* — Après l'expiration du temps pendant lequel l'auteur, le traducteur, le premier éditeur ou ceux auxquels le présent règlement confère les mêmes droits, jouissent du privilège exclusif de publier et de vendre leurs propres œuvres ou celles acquises par héritage ou de toute autre manière, ces œuvres tombent dans le domaine public, et chacun peut les publier, les éditer et les vendre.

Art. 14. *(Ancien article 296.)* — Mais jusqu'à l'expiration des termes fixés par les articles 1, 2 et 3, personne ne doit violer les droits de l'auteur, du traducteur ou du premier éditeur, et ne doit, sans son autorisation ou sans celle de ses héritiers ou des tiers auxquels ces droits ont été transmis légalement, réimprimer ses œuvres même en traduction dans une autre langue ou sous un autre titre, avec une préface, des notices, etc. Toute infraction de ce genre sera considérée comme contrefaçon.

Art. 15. *(Ancien article 297.)* — Il y a également contrefaçon :

a) Si quelqu'un, sous la dénomination de deuxième, troisième, etc., édition, imprime un livre déjà imprimé, sans avoir rempli les conditions indiquées dans les articles 5 à 7;

b) Si quelqu'un, ayant traduit en pays étranger un livre édité en Russie, ou approuvé par la censure russe, on vend les exemplaires en Russie, sans avoir obtenu par écrit la permission de l'éditeur légal ;

c) Si quelqu'un, sans le consentement de l'auteur, imprime un discours prononcé ou lu en public, ou toute autre composition ;

d) Si un journaliste, dans un but de critique ou sous tout autre prétexte, réimprime constamment et entièrement de menus passages des éditions d'autrui, et bien que ceux-ci occupent moins d'une feuille d'impression; mais la réimpression accidentelle de menus passages d'une édition quelconque, ne comprenant pas plus d'une feuille d'impression, ainsi que la réimpression de nouvelles politiques ou se rapportant à la littérature, aux sciences et aux arts, avec l'indication des sources d'où elles sont tirées, n'est pas défendue. Pour déterminer le *quantum* d'une insertion faite dans un journal ou tout autre recueil, on prendra pour base la dernière édition du livre dont ces extraits sont tirés.

Art. 16. *(Ancien article 298.)* — L'insertion dans des recueils de morceaux choisis ou dans des livres d'éducation de ce genre, d'articles quelconques ou de fragments d'autres compositions, n'est pas considérée comme publication interdite quand même de tels extraits, dans les différentes parties du livre, pris dans leur ensemble, fourniraient plus d'une feuille d'impression.

Art. 17. *(Ancien article 299.)* — Les citations prises dans un livre ne sont considérées comme publications licites que si les conditions suivantes sont réunies: *a*) si l'ensemble de ces citations (formant plus d'une feuille d'impression) ne comprend pas plus d'un tiers du livre d'où elles sont empruntées ; *b*) et si le texte de l'auteur qui les emprunte est supérieur du double aux citations tirées d'un livre quelconque.

Art. 18. *(Ancien article 300.)* — La traduction de livres déjà traduits est considérée comme contrefaçon dans le cas seulement où elle reproduit consécutivement, mot à mot, les deux tiers de traductions précédentes sur lesquelles quelqu'un possède encore un droit de propriété exclusive.

Art. 19. *(Ancien article 301.)* — Est considérée aussi comme contrefaçon l'édition d'un dictionnaire dont la majeure partie des définitions, interprétations et exemples est prise sans changement dans un dictionnaire semblable, quand un droit exclusif de propriété sur ce dernier est assuré à un tiers par les présents règlements ou par des privilèges spéciaux. Il en est de même pour l'édition de cartes géographiques, de tables d'histoire, de logarithmes, d'indicateurs et autres livres de ce genre composés de nombres et de noms propres, quand il sera découvert qu'ils ont été copiés sur des éditions antérieures mot pour mot ou avec des changements insignifiants.

Art. 20. *(Ancien article 302).* — Un livre peut être réimprimé en Russie dans une langue étrangère quelconque, seulement sans adjonction du texte original. Les auteurs de livres pour lesquels des recherches scientifiques spéciales ont été nécessaires ont exclusivement le droit de les éditer en Russie et en langues étrangères ; mais ils doivent, en publiant le livre original, déclarer leur intention de jouir de ce droit et donner leur traduction dans le cours de deux années à partir de la délivrance par la censure du billet d'autorisation de la publication originale. En cas d'inobservation de ces conditions, la publication de ce livre en traduction est libre pour tout le monde.

Art. 21. *(Ancien article 303.)* — Toutes les restrictions établies dans les articles précédents sont annulées par la permission écrite de l'auteur ou par des conditions consenties par lui volontairement.

Art. 22. *(Ancien article 304.)* — Dans tous les cas, la pénalité pour contrefaçon consiste :

1° dans la réparation par le coupable à l'égard de l'éditeur légal de tout le préjudice subi, lequel sera calculé sur la différence contre le chiffre de la dépense faite par le contrefacteur pour tous les exemplaires de son édition et le prix de vente fixée primitivement par l'éditeur légal (c'est-à-dire le prix de vente de l'édition du propriétaire);

2° dans la confiscation de tout le restant des exemplaires qui deviendront propriété de l'éditeur légal [1].

---

1. L'ancien article 305 a été abrogé et transformé dant les articles 1683 et 1684 du code pénal (*édition* 1886), dont voici le texte, et que nous faisons suivre de l'article 1685 qui les complète :

Art. 1683. — Celui qui, s'appropriant l'œuvre d'autrui, littéraire, scientifique ou artistique, l'édite sous son propre nom, outre qu'il devra indemniser l'auteur ou l'artiste de tout le préjudice causé, sera frappé de la perte de tous ses droits et condamné à la relégation dans une province éloignée, sauf la Sibérie, ou sera mis dans une prison d'après le 2° degré de l'article 33 du présent code *.

Art. 1684. — Quiconque, sans se faire passer pour l'auteur de l'œuvre d'autrui, traduction ou composition quelconque, scientifique ou artistique, mais sachant que c'est la propriété littéraire ou artistique d'autrui, et se trouvant en possession de cette œuvre par suite d'une circonstance quelconque, se l'appropriera sans permission, soit en imprimant ou permettant d'imprimer le livre, l'article ou les notes musicales, ou permettra de jouer une œuvre musicale ou artistique dans une réunion publique, ou reproduira des tableaux ou œuvres artistiques, — pour tous ces faits, outre réparation du préjudice subi, sera condamné à la prison pour un laps de temps de deux à huit mois.

Seront punis des mêmes peines ceux qui, sans autorisation de l'auteur imprimeront ou permettront d'imprimer une nouvelle édition d'un livre, d'un article, d'une composition musicale ou d'une estampe. Celui qui vendra un manuscrit ou le droit d'editer un livre, un article, une composition musicale ou une estampe, à diverses personnes séparément et sans leur consentement, sera frappé des mêmes peines, s'il a agi sans fraude ou supercherie.

* L'article 33 porte comme deuxième degré : Exil dans une province éloignée avec incarcération pour un temps de six mois jusqu'à un an, et, pour les personnes non sujettes aux peines corporelles, emprisonnement pour un temps de huit mois jusqu'à un an et quatre mois.

Art. 23. *(Ancien article 306.)* — Celui qui imprimera un livre sans se conformer aux règlements de la censure sera privé de tout droit sur ce livre [1].

Art. 24. *(Ancien article 308.)* — Les sociétés éditant des livres ou autres compositions scientifiques et littéraires jouissent du droit exclusif de propriété sur ces œuvres pendant une durée de cinquante ans, si l'auteur leur a cédé ce droit. A l'expiration de ce terme, ces compositions tombent dans le domaine public, excepté dans le cas où l'auteur se trouve encore vivant et s'est réservé ses droits de propriété littéraire.

Art. 25. *(Ancien article 309.)* — Ledit terme compte à partir du jour de l'édition du dernier volume, si la publication est faite en plusieurs volumes, ou bien du jour de l'édition de chaque article séparé, si les sociétés font publier les travaux de leur membres sous forme de livre séparés ou fascicules.

Art. 26. *(Ancien article 310.)* — Les travaux des sociétés savantes libres, lorsque ces sociétés cessent d'exister avant l'expiration du terme assuré au droit exclusif de propriété, tombent dans le domaine public. Les sociétés savantes instituées près les académies, les universités, et autres établissement scolaires, dans le cas de dissolution desdites sociétés, transmettent leurs

---

Art, 1685. — Ceux qui, sans réimprimer entièrement un livre, un article une composition musicale, une estampe, inséreront dans leurs livres, journaux, gravures ou autres publications, une partie des œuvres d'auteurs, peintres, artistes encore vivants ou dont les droits de propriété littéraire ou artistique appartiennent à leurs héritiers ou à des tiers, seront condamnés, si cette partie excède celle permise par la loi, à une amende ne dépassant pas le double du prix de tous les exemplaires imprimés du livre, de la musique ou des estampes, contenant les parties empruntées aux œuvres d'autrui.

Nota. — Les procès en appropriation de propriété scientifique ou artistique (articles 1683-1685) ne sont intentés que sur la plainte de celui qui a souffert des préjudices ou des dommages.

1. L'ancien article 307 est devenu la remarque sur le § 62 du règlement sur la censure et la presse.

En voici le texte :

Ancien article 307. — Pour les nouvelles éditions de livres déjà imprimés précédemment par l'éditeur, il est essentiellement obligatoire d'indiquer sur la converture du livre qu'une autre édition a été imprimée telle année et que la nouvelle est corrigée ou non.

droits, sur la même base, aux établissements près desquels elles ont été instituées.

Art. 27. *(Ancien article 311.)* — La publication d'un ouvrage dans les travaux d'une société savante quelconque ne prive pas l'auteur ou ses héritiers du droit de publier eux-mêmes ledit ouvrage, si ce fait n'est pas contraire aux statuts de la société ou à une promesse spéciale faite par l'auteur lui-même.

Art. 28. *(Ancien article 312.)* — Les sociétés formées dans le but d'éditer des livres quelconques ou autres œuvres scientifiques et littéraires sont considérées comme sociétés commerciales et sont régies, relativement à la répartition des bénéfices qu'elles retirent de la vente, par les règlements existants. Le droit d'appartenir à une pareille société et de jouir des avantages qui lui sont attribuées s'établit d'après les lois générales.

Art. 29. *(Ancien article 313.)* — Les comités de la censure intérieure et l'administration générale des Affaires de la Presse sont chargés, chacun en ce qui le concerne, de surveiller l'exécution ponctuelle des règlements établis par les articles 2 à 28[1].

---

1. Les anciens articles 314 à 320 ont été abrogés et remplacés par les articles 718 à 724 du code de Procédure dont voici le texte :

Art. 718. — Tout différend entre compositeurs, traducteurs, premiers éditeurs, ou imprimeurs et libraires relativement à la propriété d'un livre ou d'autres compositions scientifiques et littéraires, est jugé par un tribunal arbitral et, dans le cas où les parties n'y consentiraient pas, par les administrations générales à commencer par la chambre du tribunal civil * ou par une instance égale du gouvernement où le défendeur a son domicile. Pour statuer sur de pareils litiges, la chambre dudit tribunal demande, dans les cas douteux, l'opinion des universités **.

* Remplacé partout aujourd'hui, excepté en Sibérie, par les tribunaux ordinaires (tribunal d'arrondissement et cour d'appel). (*Note du traducteur.*)

** Cet article est suivi d'une remarque dont le texte est reproduit page 305, note 1

Art. 719. — Les procès concernant l'exécution des engagements contractés s'instruisent d'après la procédure ordinaire, en commençant par les instances inférieures.

Art. 720. — Les poursuites pour les éditions arbitraires (*en contrefaçon*) ne peuvent commencer que sur la plainte de la partie lésée.

II. — *Propriété artistique* [1].

Art. 30. (*Ancien article 321.*) — Les peintres, les sculpteurs, les architectes, les graveurs, les médailleurs et les artistes s'occupant des autres branches des beaux-arts, outre le droit de

---

Art. 721. — Le dernier terme accordé pour la présentation des plaintes concernant la fraude, la contrefaçon et toute appropriation du bien d'autrui, en matière de propriété scientifique, est de deux ans ; si les demandeurs se trouvent à l'étranger, ce délai est de quatre ans après la publication du livre ou des autres compositions scientifiques ou littéraires faisant l'objet de la plainte.

Art. 722. — Les affaires litigieuses entre auteurs, traducteurs ou éditeurs relativement aux droits de propriété, alors même qu'elles ont commencé à être instruites par les tribunaux, peuvent être, du consentement mutuel des parties, transférées à un tribunal arbitral ; mais après cela les parties n'ont plus le droit de donner à l'affaire une autre direction.

Art. 723. — L'instruction des affaires de ce genre a lieu dans les institutions judiciaires d'après la procédure générale établie pour les affaires litigieuses.

Art. 724 — Tant que l'affaire n'a pas reçu de solution définitive, la vente du livre et en général des compositions scientifiques et littéraires faisant l'objet du litige est interdite d'après les lois générales sur la saisie-arret. Le tribunal fixe la proportion des indemnités et des pertes résultant de la prohibition de la vente desdits ouvrages si ces pertes ont été supportées par la partie qui a obtenu gain de cause.

1. Voici le texte de la remarque accompagnant l'article 718 du code de procédure et qui vise l'instruction des affaires concernant la violation des droits de propriété artistique :

On procédera à l'instruction des affaires concernant la violation des droits de propriété artistique d'après les règles suivantes :

1) (*Ancien article* 337). Les plaintes en violation du droit de propriété artistique sont portées devant la police locale et dans les capitales devant le tribunal de police, avant tout le requérant présentera l'acte établissant legalement son droit ; faute de quoi la poursuite ne peut être entamée.

2) (*Ancien article* 338). — Si la plainte est jugée évidemment fondée, toutes les œuvres qui seront trouvées en violation de la propriété artistique du demandeur, ainsi que les matériaux servant à leur exécution tels que plaques de cuivre, pierres lithographiques, formes, couleurs, etc., seront saisis immédiatement.

propriété ordinaire protégé par les lois générales, jouissent pendant toute la durée de leur vie, du droit appelé propriété artistique. Elle consiste dans le droit exclusif qui leur appartient de publier et de reproduire leurs œuvres par tous les moyens possibles propres à l'un ou à l'autre des beaux-arts.

REMARQUE. *(Ancien article 321.)* — Les droits des académies, universités, écoles, sociétés artistiques et scientifiques sur la publication d'ouvrages des beaux-arts sont les mêmes que ceux attribués à tous les établissements de ce genre (voir articles 24-27.)

ART. 31. *(Ancien article 322.)* — C'est pourquoi, afin d'arrêter les fraudes et les procès, l'artiste auteur est obligé :

1° de présenter et faire inscrire son œuvre chez un courtier (maintenant chez un notaire) ou au tribunal du district (main-

---

3) Pour réparation du dommage causé aux propriétaires de droits artistiques, toutes les productions illégales ainsi que les instruments employés seront saisis au profit du requérant. En outre, le coupable est obligé, conformément aux dispositions des articles 1683-1685 du code pénal, édition 1886 (*voir* page 302, note 1), d'indemniser le poursuivant de toutes ses pertes et dommages, et il sera condamné aux peines établies par les articles susmentionnés pour violation du droit de propriété artistique.

4) Aux personnes ayant sciemment participé à cette contravention, il sera fait application des *dispositions* du § 3 ci-dessus, relatives à l'indemnité de donner à l'artiste pour tous ses dommages subis. Ceci concerne ceux qui s'occupent d'impression de gravures et de lithographies, de fontes, et les vendeurs des œuvres illégalement reproduites.

5) Les affaires de propriété artistique seront examinées de préférence par le tribunal arbitral ; dans le cas où les parties plaidantes *s'y refuseraient*, par la chambre du tribunal criminel et civil *, ou l'autorité judiciaire ayant la même compétence dans le gouvernement où le défendeur aura son domicile. Du reste, l'affaire portée devant l'autorité judiciaire peut, du consentement réciproque des intéressés, être transmise au tribunal arbitral ; après quoi ils n'ont plus le droit de se présenter devant aucune juridiction.

6) Les affaires de ce genre portées au tribunal seront instruites dans la forme ordinaire établie pour les procès ; dans les cas nécessitant, pour l'éclair-

* Cette juridiction n'existe plus dans les gouvernements de la Sibérie ; elle a été remplacée partout par les tribunaux ordinaires (tribunal d'arrondissement et cour d'appel.) (*Note du traducteur.*)

tenant seulement chez le notaire), avec la description détaillée du sujet ;

2° de prendre des registres du courtier ou du tribunal de district (aujourd'hui seulement des registres du notaire) un extrait légalisé constatant que le droit de propriété artistique sur l'œuvre présentée lui appartient ;

3° d'en instruire l'académie impériale des Beaux-Arts en annexant une copie homologuée à l'extrait susmentionné. Une fois cette déclaration reçue par l'académie, elle la publie dans les journaux aux frais du requérant ; après quoi le droit de propriété artistique sur l'œuvre protégée par ces formalités appartient définitivement à l'artiste.

Si l'œuvre dont il s'agit est d'une grandeur considérable, le courtier (aujourd'hui le notaire) est obligé de la faire visiter par un délégué compétent chez l'artiste. Les œuvres reproduites au moyen de l'impression sont présentées à l'académie en double exemplaire.

Art. 32. (*Ancien article 323.*) — A la mort de l'artiste, le droit de propriété artistique sur son œuvre passe à ses héritiers légaux ou testamentaires, s'il n'a cédé avant sa mort ce droit à quelque autre personne.

Art. 33. (*Ancien article 324.*) — Pour les héritiers et les acquéreurs, les droits sur l'œuvre de peinture, gravure, lithographie, photographie, sculpture, architecture, médailles et autres, expirent après cinquante années à compter du jour de la mort de l'artiste ou de la livraison à la publicité de l'œuvre non éditée avant sa mort.

Art. 34. (*Ancien article 325.*) — Si l'artiste vend, cède ou lègue à quelqu'un le droit de propriété artistique sur une quelconque de ses œuvres, ce droit passe en entier à l'acquéreur et à ses héritiers légaux. Les contrats et autres actes concernant la transmission de ce droit seront écrits et établis selon les règles prescrites pour cela.

---

cissement d'un doute, les connaissances d'un artiste, la chambre du tribunal civil et criminel déléguera un architecte du gouvernement, un professeur de dessin du gymnase ou un artiste connu habitant la ville. Les autorités judiciaires supérieures demandent en pareil cas l'opinion de l'académie impériale des Beaux-Arts.

Art. 35. (*Ancien article 326.*) — Les productions artistiques, achetées par le gouvernement ou exécutées sur son ordre, pour les temples divins, les palais impériaux, et en général les établissements de la couronne, seront considérées d'ores et déjà comme la pleine propriété de ces départements et pourront être copiées sans le consentement de l'artiste.

Art. 36. (*Ancien article 327.*) — De même l'artiste n'a pas le droit de propriété sur les travaux qu'il a exécutés sur commande pour des particuliers, si ce droit ne lui est réservé par une convention spéciale. Ce droit, une fois le travail payé, appartient à ceux qui l'ont commandé et à leurs héritiers. De même l'artiste ne peut reproduire, multiplier et publier les portraits et tableaux de la famille que du consentement de celui qui les a commandés ou de ses héritiers.

Art. 37. (*Ancien article 328.*) — C'est seulement en publiant ses œuvres complètes, avec texte ou non, que l'artiste peut reproduire une œuvre sur laquelle il a cédé à quelqu'un son droit de propriété artistique ; mais cependant il ne la peut vendre détachée de l'édition entière. Cette permission s'applique aussi aux héritiers de l'artiste.

Art. 38. (*Ancien article 329.*) — Ceux à qui l'artiste a légué ou cédé de toute autre manière le droit de propriété artistique sur tout ou partie de ses œuvres, doivent en faire une déclaration régulière au plus tard dans une année, et, s'ils sont à l'étranger, dans deux années. Ils entrent alors, relativement à ces œuvres, dans tous les droits de ses héritiers légaux.

Par déclaration régulière, il faut comprendre celle faite au tribunal d'arrondissement ; car, en général, c'est ce tribunal qui confirme dans les droits successifs.

Remarque. (*Ancien article 330.*) — Les tableaux, les statues et les autres œuvres d'art peuvent être vendus aux enchères pour le payement des dettes de l'artiste ; mais le droit de propriété n'échoit pas à l'acquéreur avec leur acquisition.

Art. 39. (*Ancien article 332*). — Tant que le droit de propriété sur les œuvres artistiques, suivant les règles ci-dessus exposées, appartiendra exclusivement à quelqu'un, aucune autre personne ne pourra sans son consentement formel :

a) Faire ou charger quelqu'un de faire des copies de ces œuvres ;

b) En général reproduire ces œuvres par des moyens quelconques et les vendre personnellement ou par des commissionnaires ;

c) Y faire des emprunts ou en prendre des extraits, c'est-à-dire copier ou reproduire des fragments de ces œuvres séparément ou en charger d'autres personnes.

Art. 40. (*Ancien article 333.*) — On appelle copie illégale le fait de reproduire, pour un profit pécuniaire, une œuvre artistique dans tout son ensemble sans le consentement formel de celui qui possède le droit de propriété artistique sur cette œuvre.

Art. 41. (*Ancien article 334.*) — Les manières de copier peuvent être :

1° Par la peinture dans toutes ses branches : *a*) peinture à l'huile, à la cire, aux sucs et toutes couleurs ; dessin au crayon, à la plume et à l'encre de Chine; *b*) gravure sur métaux et sur bois, lithographie, daguerréotype, mosaïque, etc... ; *c*) l'exécution d'une manière ou d'une autre d'après les esquisses d'autrui ;

2° Par la sculpture et ses branches : *a*) fonte en matière quelconque dans les formes prises sur l'original ; *b*) taille du marbre ou autres pierres d'après une reproduction ou l'original même, d'après les points ou autrement ; *c*) galvanoplastie ; *d*) reproduction d'un ouvrage de sculpture dans son ensemble sur des médailles, et réciproquement des sujets de médailles sur des bas-reliefs ou en statues ;

3° Par la gravure : reproduction en même grandeur d'une gravure sur cuivre, pierre, bois, etc. ;

4° Par l'architecture : *a*) construction d'un édifice public ou particulier d'après le plan ou d'après la façade d'autrui ; *b*) les copies de projets d'autrui et la publication de ces copies en gravure, lithographie ou autrement. Mais la copie de façades, de plans, des détails mêmes d'édifices déjà construits n'est pas défendue ni considérée comme contrefaçon.

Art. 42. (*Ancien article 335.*) — Est considéré comme contrefaçon de l'œuvre d'autrui :

1° en peinture : le fait de choisir dans une œuvre, sans le consentement de l'artiste ou de celui auquel il a vendu son droit de propriété artistique, des groupes, des figures, des têtes et aussi des détails accessoires, des paysages, vues de mers, perspectives, etc., et de les transporter dans son œuvre en conser vant les mêmes dessin et jour qu'ils ont dans l'original ; aussi de les copier de telle manière et de les publier avec d'autres sujets pour les faire passer comme dessins originaux lorsqu'ils ne sont pas publiés par l'auteur lui-même ;

2° en sculpture : le fait de choisir des groupes, des figures, des têtes, des ornements, et de les placer dans une œuvre qui n'est pas exécutée par le même auteur.

Art. 43. (*Ancien article 336.*) — L'emprunt à des œuvres artistiques de figures et ornements devant servir de modèles aux travaux de manufactures ou de métier n'est pas considéré comme contrafaçon. Egalement il n'y a pas de contrefaçon si l'on reproduit quelque œuvre de la peintnre ou de ses branches au moyen de la sculpture et réciproquement.

Art. 44. (*Ancien article 346.*) — En ce qui concerne la publication des œuvres artistiques russes à l'étranger, après leur cession à qui que ce soit dans l'Empire, pour la vente du droit sur la publications à l'étranger, pour la présentation desdites publication au comité des censures étrangères et pour les conditions existant, dans les pays étrangers, dans les ambassades et missions russes, il faut agir suivant les articles 36 à 38 du présent règlement.

III. — *Propriété musicale.*

Art. 45. (*Ancien article 347.*) — Le droit exclusif d'imprimer et vendre une composition musicale appartient au compositeur et à ses héritiers ou aux personnes auxquelles ce droit a été cédé, pendant les mêmes délais que ceux établis pour les auteurs, traducteurs et éditeurs de livres.

Art. 46. (*Ancien article 348.*) — Jusqu'à l'expiration desdits délais, aucune autre personne ne peut, sans le consentement de celui à qui appartient ce droit : *a*) éditer une composition musicale qui n'a pas été encore imprimée ou imprimer à nouveau une composition déjà imprimée; *b*) éditer une composition musicale étrangère qui a été jouée publiquement ; *c*) éditer cette composition en l'arrangeant pour un autre instrument ou en transposant pour un instrument quelconque une pièce musicale composée pour tout un orchestre ; *d*) éditer des parties de pièces musicales qui ont été ou n'ont pas été éditées ou jouées publiquement, ainsi qu'éditer des compositions étrangères en changeant l'accompagnement.

ART. 47. (*Ancien article 349.*) — Les pièces de musique qui n'ont pas paru ne peuvent être exécutées ni dans les théâtres ni dans les concerts, soit en entier soit en partie, sans le consentement de celui à qui appartient le droit exclusif de propriété.

Quant aux pièces musicales qui ont déjà paru, elles peuvent être, à l'exception des opéras et des oratorios, exécutées publiquement si, lorsqu'elles ont été éditées, il n'a pas été fait mention, sur les exemplaires imprimés, que le compositeur n'autorise pas leur exécution devant le public et qu'il se réserve le droit de poursuivre devant le gouvernement ceux qui n'auront pas tenu compte de cet avis.

Quant aux opéras et oratorios, alors même qu'ils sont édités sans aucun avis de la part du compositeur, ils ne peuvent être exécutés en public sans une autorisation préalable du compositeur.

Une première exécution, conforme à la loi, d'une pièce musicale dans un théâtre, ou dans un concert, ne donne pas le droit à d'autres théâtres ou concerts de la répéter.

ART. 48. (*Ancien article 350.*) — Les emprunts à une composition musicale étrangère ne sont licites que lorsque l'auteur s'est écarté de l'idée et de la forme de l'original à tel point que sa production peut être considérée comme une œuvre nouvelle.

ART. 49. (*Ancien article 351 modifié.*) — Les personnes coupables d'avoir arbitrairement édité une œuvre musicale (*contrefacteurs*) sont passibles des mêmes peines que les contrefacteurs d'ouvrages littéraires (code pénal, *édition de 1886*, articles 1683-1685 [1]); en outre celui dont le droit a été violé peut exiger que les planches et pierres, qui ont servi à la gravure ou la lithographie de ses compositions musicales, soient ou détruites en sa présence ou en présence de son mandataire, ou remises entre

1. Voir le texte de ces articles, page 302, note 1

ses mains à titre de dommages et intérêts à évaluer pour les pertes qu'il a subies.

Pour exécution non autorisée d'une pièce musicale étrangère, en violation de l'article 47, les coupables, outre la responsabilité qui pèse sur eux en vertu de l'article 1685 du code pénal, sont tenus de payer, au profit de celui dont le droit a été violé, une amende équivalant au double du montant de la recette faite à la représentation dans laquelle la pièce musicale a été jouée. Cette recette est calculée sans déduction des frais occasionnés par ladite représentation.

Art. 50. (*Ancien article 352.*) Le compositeur d'une pièce de musique, qui a cédé son droit exclusif à un tiers dans l'Empire et qui édite ensuite cette pièce à l'étranger, est soumis, s'il importe, dans les limites de l'Empire, des exemplaires de cette pièce, à la même amende en faveur de celui qui a acquis ledit droit, que s'il s'agissait d'une contrefaçon. Il est autorisé toutefois à importer quelques exemplaires, mais pas plus de dix, pour son usage personnel.

Art. 51. (*Ancien article 353.*) — Si le compositeur importe dans l'Empire plus de dix exemplaires d'une pièce de sa composition réimprimée à l'étranger et que, tout en ayant connaissance que ces exemplaires constituent une contrefaçon, il les vende et distribue au détriment de celui qui a acquis le droit exclusif d'éditer ces exemplaire en Russie, il est poursuivi comme contrefacteur.

Art. 52. (*Ancien article 354.*) Le pièces de musique éditées à l'étranger par des Russes, ou par un éditeur étranger à qui ceux-ci auraient cédé leur droit, jouissent dans les limites de l'Empire, au point de vue de la réimpression et de l'exécution en public, de la protection accordée par les présents règlements. Les compositeurs de musique étrangers jouissent, en pareil cas, des mêmes droits tant qu'ils résident en Russie.

Le comité de la censure étrangère doit être avisé par écrit de toute édition de ce genre ; à l'égard des éditions qui exigent une approbation préalable de la censure, on observe les règles établies par l'article 50 du présent règlement.

Art. 53. (*Ancien article 455.*) — Les droits de celui qui a obtenu d'un compositeur qui se trouve à l'étranger l'autorisation en forme d'éditer une pièce de musique sont protégés par les articles 45 à 52, après que cette autorisation a été dûment déclarée.

L'effet de ces articles, sous le rapport de la sauvegarde du droit de propriété musicale, ne s'étend pas aux compositeurs russes se trouvant à l'étranger sans autorisation du gouvernement ou qui y résident au delà du terme fixé.

Art. 54. (*Ancien article 356.*) — Les conventions conclues avec des étrangers résidant en dehors des limites de l'Empire doivent être produites aux légations et consulats de Russie.

SUISSE

En dehors du concordat du 3 décembre 1856 qui liait entre eux certains cantons, la Suisse n'a jamais eu de législation uniforme, obligatoire pour les vingt-deux cantons confédérés, en matière de propriété littéraire ou artistique.

La constitution fédérale de 1874 (art. 64), a attribué au pouvoir central le droit de légiférer en cette matière ; c'est en vertu de cette disposition qu'a été élaborée et promulguée la loi du 23 avril 1883, dont voici le texte français.

Loi du 23 avril 1883

CONCERNANT

LA PROPRIÉTÉ LITTÉRAIRE ET ARTISTIQUE.

Art. 1er. — La propriété littéraire et artistique consiste dans le droit exclusif de reproduction ou d'exécution des œuvres de littérature ou d'art[1].

Ce droit appartient à l'auteur ou à ses ayants cause.

L'écrivain ou l'artiste qui travaille pour le compte d'un autre

1. On doit comprendre dans la catégorie des œuvres d'art : le dessin proprement dit, (au crayon, à l'encre de Chine,) la peinture (à l'huile, à l'aquarelle ou par tout autre procédé,) la sculpture (en marbre, en pierre ou en bois, modelés, fonte, galvanoplâtre,) la gravure (sur cuivre, acier, bois, pierre, par quelque procédé que ce soit,) la lithographie (y compris la chromolithographie, les estampes, les cartes géographiques, quand elles ne sont pas gravées,) etc. — (Message du conseil fédéral § 2).

écrivain ou artiste est censé avoir cédé à celui-ci son droit d'auteur, à moins de convention contraire[1].

La propriété littéraire comprend le droit de traduction.

Art. 2. — Le droit de propriété littéraire ou artistique dure pendant la vie de l'auteur et pendant trente années à partir du jour de son décès.

S'il s'agit d'une œuvre posthume ou d'une œuvre publiée par la Confédération, par un canton, par une personne juridique ou par une société, le droit est fixé à trente années à partir du jour de la publication[2].

L'auteur ou son ayant cause ne peut prétendre au droit exclusif de traduction que s'il en fait usage dans les cinq ans à dater de l'apparition de l'œuvre dans la langue originale[3].

Les traductions jouissent, au même titre que les œuvres originales, de la protection accordée par la présente loi contre la contrefaçon.

Art. 3. — Les œuvres posthumes et celles mentionnées à l'article 2, 2me alinéa, doivent être inscrites, dans les trois mois qui suivent leur publication, au département fédéral du commerce, qui tient à cet effet un registre en double.

Pour les autres œuvres, les auteurs n'ont aucune formalité à remplir, afin d'assurer leur droit; ils peuvent toutefois, à leur

---

1. Il n'en serait pas de même si l'écrivain ou l'artiste travaillait pour le compte d'un éditeur. Celui-ci ne serait pas présumé propriétaire de l'œuvre, il devrait l'acquérir par une convention spéciale.

2. La loi suisse ne parle pas des *œuvres anonymes* ; nous pensons que, pour ces œuvres, l'éditeur doit être considéré comme auteur, tant que celui-ci ne se fait pas connaître.

3. Comme la loi allemande du 11 juin 1870, art. 6 et 15 (plus haut, p. 35) et la loi hollandaise du 28 juin 1881, art. 5 et 16 (plus haut, p. 280) la loi suisse impose à l'auteur l'obligation de publier une traduction de l'œuvre originale dans un délai de rigueur. « Dans un pays qui a trois langues nationales, dit le rapport de la commission du conseil national, il nous a semblé bon de favoriser autant que possible la libre traduction d'ouvrages d'une de ces langues dans les autres. » — Nous pensons que la loi espagnole du 10 janvier 1879, art. 2 (plus haut, p. 126) est bien plus conforme aux principes juridiques de la matière, en garantissant à l'auteur le droit de traduction sans aucune restriction.

convenance, les faire inscrire dans le registre sus-mentionné[1].

Le taux de l'émolument à payer pour l'inscription ne dépassera pas deux francs par œuvre.

Le conseil fédéral édictera les prescriptions nécessaires pour l'exécution des dispositions contenues au présent article[2].

Art. 4. — Le code fédéral des obligations règle les questions de droit relatives aux conventions entre auteurs et éditeurs d'œuvres littéraires ou artistiques[3].

Art. 5. — A moins de stipulations contraires, l'acquéreur d'une œuvre appartenant aux beaux-arts n'a pas le droit de la faire reproduire avant l'expiration du terme prévu à l'article 2, 1er et 2me alineas[4].

Toutefois, le droit de reproduction est aliéné avec l'œuvre d'art lorsqu'il s'agit de portrait ou de buste-portrait commandé.

---

1. Il résulte de cet article que, en Suisse, le dépôt n'est jamais prescrit. Quant à l'enregistrement, obligatoire seulement pour les œuvres posthumes, les œuvres publiées par une personne morale et les photographies (art. 9), il est facultatif dans les autres cas.

Nous ne comprenons guère cette distinction et nous pensons qu'il convient ou d'affranchir complètement l'auteur de toute déclaration ou dépôt préalable, comme en Autriche, en Finlande, au Danemark, en Allemagne, ou bien lui imposer alors, comme dans la plupart des Etats, le dépôt et l'enregistrement.

L'enregistrement n'est pas une formalité difficile ou onéreuse à remplir ; quant au dépôt, il ne constitue pas une difficulté bien grande, même pour les œuvres de peinture et de sculpture dont on déposera une photographie ou un dessin, et les frais qu'il entraine sont toujours compensés par le profit que l'article pourra toujours en retirer, le cas échéant pour défendre ses droits contre les contrefacteurs.

2. Voir plus loin, p. 324, le règlement du 28 décembre 1883.

3. Le titre XIII du Code des obligations a été publié dans l'*Annuaire de législation étrangère*, t. XI, p. 548.

4. *a*) Au point de vue juridique, dit très justement le message du conseil fédéral, le droit de l'auteur est double et comprend la possession et la reproduction. Lorsque l'auteur se dessaisit du premier de ses droits, la conséquence n'est pas forcément qu'il s'est, dans tous les cas, dessaisi du second, et la présomption légale doit être, au contraire, que la vente de l'objet n'entraine pas par elle-même l'aliénation du droit de reproduction »

Voir en ce sens, notamment la loi allemande du 9 janvier 1876, art. 8 (plus haut, p. 54 et la note). La loi espagnole du 10 janvier 1879, art. 9 (plus haut, p. 128.) et la note) réserve même à l'artiste, non-seulement le droit de reproduction, mais encore celui d'exposition publique.

L'auteur d'une œuvre d'art ou ses ayants cause ne peuvent, pour exercer leur droit de reproduction, troubler dans sa possession le propriétaire de l'œuvre.

ART. 6. — A moins de stipulations contraires, l'acquéreur de plans architecturaux a le droit de les faire exécuter[1].

ART. 7. — L'aliénation du droit de publication des œuvres dramatiques, musicales ou dramatico-musicales n'entraîne pas par elle-même aliénation du droit d'exécution, et réciproquement.

L'auteur d'une œuvre de ce genre peut faire dépendre la représentation ou exécution publique de cette œuvre de conditions spéciales, qui, le cas échéant, doivent être publiées en tête de l'œuvre.

Toutefois, le tantième ne doit pas excéder 2 % du produit brut de la représentation ou exécution.

Lorsque le paiement du tantième est assuré, la représentation ou exécution d'une œuvre déjà publiée ne peut être refusée[2].

ART. 8. — Les dispositions de la présente loi sont applicables aux dessins géographiques, topographiques, d'histoire naturelle, architecturaux, techniques et autres analogues.

---

1. La loi suisse, on le voit, « donne à l'acquéreur de plans architecturaux le droit de les reproduire et de les faire exécuter, à moins de stipulation contraire, et elle impose par là à l'architecte le devoir de veiller par une convention à ce qu'il ne soit pas fait des plans vendus l'usage qu'il désire ne pas en permettre. Tandis que le droit du peintre de reproduire le tableau vendu est garanti par la loi sans qu'il y ait besoin d'une convention (art. 5), l'architecte doit se garantir par une convention spéciale avec l'acheteur, s'il veut se réserver le droit de reproduction et d'exécution de ses plans. » (Rapport de la commission du conseil national.)

Cette distinction entre les peintres et les architectes se justifie parfaitement, puisque en règle générale, les plans et dessins architecturaux sont faits en vue d'une construction à exécuter.

2. La situation faite par la loi suisse aux auteurs dramatiques nous paraît fort critiquable. Les intérêts de ceux-ci sont évidemment sacrifiés aux intérêts des directeurs de théâtre. Aucune autre législation moderne n'a osé déterminer arbitrairement la quote-part revenant à l'auteur dans les produits de la représentation. Sous prétexte de favoriser l'art dramatique, le législateur suisse a violé le principe de la liberté des conventions qui, en toute matière, doit être scrupuleusement respecté.

Art. 9. — Les œuvres photographiques et autres œuvres analogues sont au bénéfice des dispositions de la présente loi, sous les conditions suivantes:

a) L'œuvre doit être enregistrée conformément à l'article 3, 1er alinéa.

b) La durée du droit de reproduction est fixée à cinq années, à partir du jour de l'inscription. S'il s'agit de la reproduction d'une œuvre artistique non tombée dans le domaine public, cette durée sera celle résultant du contrat entre le photographe et l'artiste. En l'absence de stipulation sur ce point, la durée reste fixée à cinq années, à l'expiration desquelles l'auteur de l'œuvre d'art ou ses ayants cause rentrent dans tous les droits qui leur sont garantis par l'article 2.

c) Lorsque l'œuvre a été exécutée sur commande, le photographe, à moins de stipulations contraires, n'a pas le droit de reproduction.

Le fait de prendre directement de l'original une photographie d'un objet déjà photographié précédemment ne constitue pas une contrefaçon [1].

Art. 10. — Les dispositions de la présente loi sont applicables à toutes les œuvres dont les auteurs sont domiciliés en Suisse, quel que soit le lieu de l'apparition ou de la publication de l'œuvre. Elles sont également applicables aux œuvres parues ou publiées en Suisse, dont les auteurs sont domiciliés à l'étranger.

---

1. On rapprochera de ces dispositions relatives aux photographies, l'article 6 de la loi allemande du 10 janvier 1876 (plus haut, p. 61), l'article 3 de la loi norvégienne du 12 mai 1877 (plus haut, p. 269). Il faut toutefois remarquer que si, en Suisse, *toute* reproduction est interdite pendant cinq années, la loi allemande ne prohibe que les reproductions par des procédés mécaniques ou par la photographie, mais non les reproductions faites à la main par la peinture, le dessin ou la sculpture. (Voir l'article 1er de la loi allemande du 10 janvier 1876, plus haut, p. 60, note 3 *in fine*.) Le point de départ du délai de jouissance n'est pas non plus le même dans les deux législations.

Observons que si les peintres et les sculpteurs ne perdent le droit de reproduction que s'il s'agit d'un portrait ou d'un buste, le photographe au contraire ne possède aucun droit lorsqu'il a exécuté son œuvre *sur commande*. Que ce soit un portrait, une maison, un tableau ou tout autre objet, le photographe n'a pas le droit exclusif de reproduction, à moins de convention contraire.

L'auteur d'une œuvre parue ou publiée à l'étranger, et qui, lui-même, n'est pas domicilié en Suisse, jouit des mêmes droits que l'auteur d'une œuvre parue en Suisse, si ce dernier est traité, dans le pays étranger, sur le même pied que l'auteur d'une œuvre parue dans ledit pays [1].

Art. 11. — Ne constituent pas une violation du droit d'auteur :

A. Quant aux œuvres littéraires :

1° La reproduction d'extraits ou de morceaux entiers d'ouvrages littéraires ou scientifiques, dans des critiques, des ouvrages traitant de l'histoire de la littérature, ou dans des recueils destinés à l'enseignement scolaire, à condition que les sources utilisées soient indiquées ;

2° La reproduction des lois, des décisions ou délibérations des autorités et des comptes rendus publics d'une administration ;

3° La publication de comptes rendus de réunions publiques ;

4° La reproduction, avec indication de la source, d'articles extraits de journaux ou recueils périodiques, à moins que l'auteur n'ait formellement déclaré, dans le journal ou recueil même, que la reproduction en est interdite ; cette interdiction ne pourra toutefois atteindre les articles de discussion politique qui ont paru dans les feuilles publiques ;

5° La reproduction des nouvelles du jour, lors même que la source ne serait pas indiquée.

B. Quant aux beaux-arts :

6° La reproduction fragmentaire d'une œuvre appartenant aux arts du dessin, dans un ouvrage destiné à l'enseignement scolaire ;

---

1. Il résulte très clairement de la disposition ci-dessus que le bénéfice de la loi peut être invoqué si l'œuvre a été publiée : 1° à l'étranger par un auteur domicilié en Suisse ; 2° en Suisse par un auteur domicilié à l'étranger. Mais si l'œuvre est publiée à l'étranger par un auteur qui, lui-même, n'est pas domicilié en Suisse, la loi n'est applicable qu'à la condition ordinaire de la réciprocité de traitement entre les citoyens des deux États.

7° La reproduction d'objets d'art qui se trouvent à demeure dans des rues ou sur des places publiques, pourvu que cette reproduction n'ait pas lieu dans la forme artistique de l'original[1];

8° La reproduction ou l'exécution de plans et dessins d'édifices ou de parties d'édifices déjà construits, pour autant que ces édifices n'ont pas un caractère artistiqué spécial[2];

C. Quant aux œuvres dramatiques ou musicales :

9° L'insertion, dans un recueil spécialement destiné à l'école ou à l'église, de petites compositions musicales déjà publiées, avec ou sans le texte original, pourvu que la source soit indiquée ;

10° l'exécution ou la représentation d'œuvres dramatiques, musicales ou dramatico-musicales, organisée sans but de lucre, lors même qu'un droit d'entrée serait perçu pour couvrir les frais ou pour être affecté à une œuvre de bienfaisance[3];

---

1. Cette disposition de la loi suisse est textuellement empruntée à l'article 6 n° 3 de la loi allemande du 9 janvier 1876 (plus haut, p. 53.)

En cédant une œuvre d'art à l'État ou à une commune, il est évident que l'artiste se dessaisit nécessairement du droit de reproduction, puisque l'État ou la commune n'acquiert que pour donner à tous la faculté de reproduire cette œuvre. En France, un règlement du 3 novembre 1878, émané de la direction des Beaux-Arts, assure expressément à l'État le droit exclusif de faire ou de laisser reproduire, par tous les moyens qui lui conviendront, les ouvrages commandés ou acquis par lui.

2. La loi suisse s'est évidemment inspirée pour les œuvres d'architecture, des dispositions allemandes, (voir plus haut, p. 45 et 52 l'article 43 de la loi du 11 juin 1870 et 3 de la loi du 9 janvier 1876)

3. Telle est l'exécution ou la représentation d'œuvres dramatiques ou musicales, par des écoles, pensionnats, sociétés privées ou sociétés d'amateurs.

Nous considérons cette exception comme une atteinte portée aux droits de l'auteur. L'autorisation de celui-ci devrait toujours être nécessaire ; on ne saurait même en vue d'une œuvre de bienfaisance, faire la charité en son nom, avec ses œuvres, sans son assentiment. La jurisprudence française se montre avec raison, plus rigoureuse, et interdit formellement, sans autorisation de l'auteur, toute représentation *publique*, gratuite ou non. (Voir plus haut, p. 158 note 3.)

11° la reproduction de compositions musicales par les boîtes à musique et autres instruments analogues[1].

Art. 12. — Toute personne qui, sciemment ou par faute grave, s'est rendu coupable de la reproduction ou de la représentation ou exécution illicite d'œuvres littéraires ou artistiques, ou de l'importation ou de la vente d'œuvres reproduites ou contrefaites, doit en dédommager l'auteur ou son ayant cause sur la réclamation de ces derniers.

Le juge déterminera, suivant son libre arbitre, le montant des dommages et intérêts.

Toute personne qui opère, sans faute grave de sa part, une reproduction interdite, qui répand un ouvrage reproduit ou une contrefaçon, ou qui en organise une exécution illicite, ne pourra être actionnée que pour lui faire interdire les actes qui troublent la possession de l'ayant droit et, s'il y a dommage, pour obtenir d'elle le remboursement de l'enrichissement sans cause permise[2].

---

1. Ce paragraphe constitue encore, à notre sens, une violation regrettable des droits d'auteur. « Les cylindres pointés des boîtes à musique, dit un arrêt de cassation de France, en date du 13 février 1863, réalisant une véritable notation de la composition musicale, au moyen d'un procédé particulier, qui figure et remplace les notes ordinaires, produisent sinon tous les effets, au moins les effets principaux de la feuille de musique gravée ; ils constituent dès lors une véritable contrefaçon. »

On a vu plus haut, p. 20, que le numéro 3 du protocole de clôture de la convention internationale de Berne, dans un but évident de complaisance pour l'industrie suisse des boîtes à musique, a déclaré que la *fabrication* et la *vente* de ces instruments ne constitueraient pas une contrefaçon ; il eût fallu ajouter tout au moins, ce nous semble, que l'*exécution publique* des airs notés sur des instruments mécaniques est interdite sans autorisation de l'auteur.

Si la loi française du 16 mai 1866, due à l'instigation du gouvernement suisse, a affranchi de toute pénalité la fabrication et la vente d'instruments servant à reproduire mécaniquement des airs de musique, la jurisprudence française a toujours puni l'exécution publique des airs notés sur ces instruments. (Voir plus haut, p. 158, note 3 *in fine*.)

2. La distinction faite ici entre la *faute grave* et l'absence de faute grave nous paraît fort critiquable. On comprend qu'en l'absence de faute grave, le contrefacteur soit exempt de toute pénalité ; mais il n'en a pas moins commis un dommage dont il doit la réparation ; or « le remboursement de l'enrichissement sans cause permise, » n'est pas toujours la représentation même approxi-

Art. 13. — Toute personne qui, sciemment ou par faute grave, viole le droit d'auteur peut en outre être condamnée, sur la plainte de la partie lésée et suivant la gravité de la contravention, à une amende de 10 à 2.000 francs.

Dans le cas où la raison, le nom ou la marque de l'auteur ou de l'éditeur auraient aussi été imités, la peine pourra aller jusqu'à un an d'emprisonnement ou consister cumulativement en amende et emprisonnement dans les limites indiquées.

La participation au délit et la tentative sont frappées d'une peine moins élevée.

En cas de récidive, la peine pourra être doublée.

Art. 14. — Le produit des amendes entre dans la caisse des cantons. En fixant une amende, le juge devra également fixer un emprisonnement équivalent pour le cas où l'amende ne pourrait être payée.

Art. 15. — La poursuite pénale aura lieu conformément à la procédure du canton dans lequel la plainte a été portée. Celle-ci pourra l'être soit au domicile de la partie incriminée, soit au lieu où le délit a été commis. En aucun cas il ne pourra intervenir pour le même délit plusieurs poursuites pénales.

Art. 16. — Une fois l'action introduite, le juge pourra ordonner les mesures provisionnelles nécessaires (saisie-arrêt, caution, interdiction de continuer la reproduction, etc.).

Art. 17. — L'action civile ou pénale n'est plus recevable lorsqu'il s'est écoulé plus d'un an depuis que l'auteur lésé ou ses ayants cause ont eu connaissance de la contrefaçon ou de la reproduction et de la personne du délinquant, et, dans tous les cas, au bout de cinq ans dès le jour de la publication, de la représentation ou de la mise en vente de l'œuvre contrefaite.

Art. 18. — La confiscation de l'œuvre contrefaite sera prononcée par le juge, suivant son libre arbitre, tant contre le contrefacteur que contre l'importateur et le débitant. Il en sera de même des instruments et ustensiles spécialement destinés à la contrefaçon.

S'il s'agit de la représentation ou de l'exécution d'une œuvre

---

mative du dommage causé. La loi allemande (art. 18 de la *loi du 11 juin 1870*, plus haut, p. 38) nous paraît mieux préciser les obligations du contrefacteur, toujours tenu d'*indemniser* l'auteur ou ses ayants-cause du dommage causé.

dramatique, musicale ou dramatico-musicale, le juge peut ordonner la confiscation des recettes.

Le produit des confiscations ou les recettes confisquéss seront avant tout employés au paiement de l'indemnité civile adjugée au propriétaire de l'œuvre.

Art. 19. — La présente loi s'applique à tous les écrits, œuvres d'art, compositions dramatiques, musicales ou dramatico-musicales, publiés ou parus avant l'entrée en vigueur de la présente loi, quand même ils n'auraient joui, d'après le droit cantonal, d'aucune protection contre la contrefaçon, la reproduction ou la représentation publique.

Dans la supputation des délais de protection, le temps écoulé depuis la publication de l'œuvre jusqu'à l'entrée en vigueur de la présente loi sera compté comme si la loi avait déjà été en vigueur à l'époque où l'œuvre a été publiée.

Aucune poursuite, ni pénale ni civile, ne pourra être fondée sur la présente loi en raison de reproductions qui auraient été faites avant l'entrée en vigneur de celle-ci.En revanche, la vente de ces reproductions, après l'entrée en vigueur de la loi, n'est permise que si le propriétaire s'est entendu à cet égard avec l'auteur, ou qu'il ait, à défaut d'une entente, payé l'indemnité qui aura été fixée par le tribunal fédéral.

Art. 20. — Le délai de protection de l'acticle 2, plus long que celui des prescriptions légales antérieures, est accordé en faveur de l'auteur ou de ses héritiers, mais non pas en faveur de l'éditeur ou de tout autre cessionnaire. Si le délai de protection prévu par la présente loi est, au contraire, plus court que celui prévu par les prescriptions légales existant antérieurement à la présente loi, les droits acquis suivant lesdites prescriptions conservent néanmoins leur existence.

Art. 21. — La présente loi entre en vigueur le 1er janvier 1884.

Elle abroge les dispositions contraires des lois et ordonnances cantonales et spécialement le concordat du 3 décembre 1856.

Art. 22. — Le conseil fédéral est chargé, conformément aux dispositions de la loi fédérale du 17 juin 1874 concernant la votation populaire sur les lois et arrêtés fédéraux, de publier la présente loi.

Règlement du 28 décembre 1883

POUR L'EXÉCUTION DE LA LOI

CONCERNANT LA PROPRIÉTÉ LITTÉRAIRE ET ARTISTIQUE.

Le conseil fédéral suisse, en exécution de l'article 3 de la loi fédérale du 23 avril 1883 concernant la propriété littéraire et artistique,

ARRÊTE :

ART. 1er. — Le département fédéral du commerce (division du commerce et de l'industrie[1]) à Berne tient en double un registre (registre A) pour les œuvres dont l'inscription est obligatoire à teneur de la loi fédérale, savoir :

a) Pour les œuvres posthumes et pour celles qui sont publiées par la Confédération, par un canton, par une personne juridique ou par une société (art. 3, 1er alinéa, de la loi fédérale) :

b) Pour les œuvres photographiques et autres œuvres analogues (art. 9 de la loi fédérale).

ART. 2. — Le même office tient en double un second registre (registre B) pour toutes les autres œuvres auxquelles la loi fédérale peut être appliquée. L'inscription de ces œuvres est facultative et n'a lieu qu'à la demande de l'auteur ou de son ayant cause (art. 3, alinéa 2, de la loi fédérale).

ART. 3 — La demande d'inscription d'une œuvre doit être faite par écrit, conformément au formulaire I (voir l'annexe), et parvenir franc de port à l'office indiqué à l'article 1er. La signature et le domicile de celui qui demande l'inscription doivent être certifiés officiellement sur le formulaire.

ART. 4. — Sont en droit de faire cette demande : les auteurs domiciliés en Suisse pour toutes leurs œuvres, et les auteurs qui n'y sont pas domiciliés, pour toutes les œuvres publiées en Suisse ; de plus, l'auteur d'une œuvre parue à l'étranger et qui,

1. Maintenant : département fédéral des affaires étrangères, division du commerce.

lui-même, n'est pas domicilié en Suisse ; mais seulement si l'auteur d'une œuvre parue en Suisse est traité, dans le pays étranger, sur le même pied que l'auteur d'une œuvre parue dans ledit pays. Les auteurs étrangers de cette dernière catégorie doivent se conformer aux prescriptions du présent règlement, à moins qu'une convention internationale ne dispose le contraire.

Pour les œuvres parues à l'étranger, l'office précité est libre d'établir un registre de chaque espèce par État.

Art. 5. — La demande d'inscription des œuvres désignées à l'article 1er doit être présentée, sous la responsabilité de celui à qui cette demande incombe, assez tôt pour que l'inscription puisse avoir lieu dans l'espace de trois mois après leur première publication.

Il n'est pas fixé de terme de ce genre pour la demande d'inscription des œuvres désignées à l'article 2.

Art. 6. — La taxe pour l'inscription d'une œuvre est de 2 fr. ; elle doit être payée par mandat de poste ou en espèces à l'office mentionné à l'article 1er.

Art. 7. — Pour les œuvres qui se publient périodiquement, par livraisons, en différentes parties successives ou de toute autre manière analogue, il faut faire une demande d'inscription spéciale pour chaque publication paraissant à un moment distinct de celle qui la précède ou qui la suit, en observant les prescriptions contenues dans les articles précédents.

Art 8. — Si la demande d'inscription est faite par un tiers, ce dernier doit produire une procuration l'autorisant à agir pour l'ayant droit. Cette procuration doit être jointe au dossier concernant ladite inscription.

Art. 9. — Une demande d'inscription ne peut être considérée comme valable que si les formalités indiquées dans les articles 3 à 8 ont été remplies. Si ce n'est pas le cas, l'inscription est refusée, sauf recours à l'instance administrative supérieure.

Art. 10. — Afin de faciliter la constatation de ses droits, celui qui demande l'inscription d'une œuvre peut déposer, à l'office indiqué à l'article 1er, un exemplaire de cette œuvre ou, si elle n'est pas multipliée, une reproduction (par exemple une photographie) ou une copie de ladite œuvre. Il peut, de plus, au même office, faire munir son œuvre du timbre officiel et se la faire renvoyer contre le paiement des émoluments suivants ;

Pour l'apposition d'un timbre. . . . . 50 cent.

Pour l'apposition de deux à vingt timbres (aux œuvres qui se composent de diverses parties devant être timbrées séparément), par timbre. . . . . . . 30 »

Pour l'apposition de vingt-et-un timbres et au delà, par timbre . . . . 20 »

Art. 11. — Si la demande d'inscription satisfait aux prescriptions de la loi et du présent règlement d'exécution, il est procédé immédiatement à l'inscription dans les registres.

Art. 12. — Les registres formulaire II,(voir l'annexe) contiennent :

a) Le numéro d'ordre de l'œuvre.

b) La date de l'inscription.

c) La désigation de l'œuvre.

d) Le nom et le domicile du propriétaire du droit d'auteur; si ce dernier est limité par le droit d'édition ou partagé (droit de publication et d'exécution d'œuvres dramatiques et musicales, (art. 7 de la loi fédérale), etc., les circonstances y relatives doivent être indiquées ici.

e) Le nom et le domicile de l'auteur.

f) La raison de commerce et le domicile de l'éditeur.

g) La date et le lieu de la première publication.

h) Les observations (cas échéant le nom et le domicile du fondé de procuration, etc.).

Il faut indiquer sous la rubrique *c* :

La nature de l'œuvre (livre, écrit périodique, traduction, œuvre dramatique, musicale, dramatico-musicale, photographie, dessin, œuvre de peinture ou de sculpture, plan, carte, etc.); de plus :

Une courte description de l'œuvre (titre, qualification, objet, etc., suivant la nature de l'œuvre), conformément aux indications contenues dans le formulaire de demande d'inscription.

Art. 13. — La demande d'inscription et l'inscription elle-même doivent se faire dans une des trois langues nationales.

Un répertoire alphabétique doit être établi pour chaque double des registres ; ce répertoire doit constamment être tenu à jour.

Art. 14. — L'inscription d'une œuvre, ainsi que le transfert du droit d'auteur (art. 17 du présent règlement), ont lieu aux risques et périls de celui qui les demande Son droit de faire cette demande n'est soumis à aucun examen préalable, non plus que l'exactitude de ses déclarations.

Art. 15. — Les inscriptions effectuées sont publiées dans l'organe officiel du département du commerce.

Art. 16. — Il est permis à chacun de prendre connaissance des pièces et des registres concernant l'inscription des œuvres littéraires et artistiques et de s'en faire donner des extraits légalisés.

Il n'est délivré de certificats d'inscription que s'il en est fait la demande ; la taxe est de 2 fr. par certificat.

On compte en outre les taxes suivantes :

Pour un extrait du registre	fr.	2
Pour copie de documents, par page	»	1
Pour communications orales ou écrites exigeant des recherches dans les registres ou dans les pièces concernant les demandes d'inscription	»	1 à 2

Art. 17. — L'inscription des transferts de droits d'auteur dans les registres peut également être demandée contre le payement d'une taxe de 1 fr.

Il n'est pas tenu de contrôle pour l'expiration des délais de protection.

Les transferts et les radiations, ainsi que le motif de ces dernières, sont également publiés dans l'organe indiqué à l'article 15.

Art. 18. — L'éditeur d'œuvres anonymes ou pseudonymes est en droit d'en demander l'inscription sans indiquer le nom de l'auteur, ou du moins son vrai nom.

Art. 19. — L'office désigné à l'article 1er délivre gratuitement les formulaires requis pour faire les demandes d'inscription.

Art. 20. — Ledit office tient un livre de caisse, dans lequel il inscrit ses recettes et ses dépenses ; ce livre sera vérifié tous les trois mois par le bureau de contrôle du département des finances.

Art. 21. — Le présent règlement entrera en vigueur le 1er janvier 1884. Il s'appliquera également aux œuvres littéraires et artistiques parues avant cette date et dont l'inscription sera demandée.

ANNEXES AU RÈGLEMENT

Formule n° 1.

Propriété littéraire et artistique.

Je
soussigné. . . . .
Nous
domicilié à . . . .
littéraire
demand l'inscription de l'œuvre. . .
artistique
suivante dans le registre prévu par l'article 3 de la loi fédérale du 23 avril 1883, et déclar être en droit de le faire.
(Lieu et date.)
(Signature.)

Certification officielle de la signature et du domicile . . .
. . . .

Désignation de l'œuvre *). . . . .
Nom et domicile du propriétaire du droit d'auteur (voir article 12 *d* du règlement). . . . .
Nom et domicile de l'auteur. . . . .
Raison de commerce et domicile de l'éditeur . . . . . .
Lieu et date de la première publication ou apparition . . .
. . . .
Inscription obligatoire ou facultative (articles 1 et 2 du règlement) . . . .

(*) Nature de l'œuvre : livre, écrit périodique, traduction, œuvre dramatique ou littéraire, photographie, œuvre de peinture ou de sculpture, plan, carte, etc. ; courte description de l'œuvre : titre, nombre de volumes, format, dénomination (drame, comédie, opéra, sonate, oratorio, etc.) ; désignation de l'objet représenté ; genre de reproduction : gravure sur cuivre, lithographie, etc., etc.

Remarque. Si cette demande d'inscription est signée par un fondé de pouvoir de l'ayant droit, elle doit être accompagnée d'une procuration.

Inscrit sous le n° Berne, le. . . . .

Tous les envois doivent être affranchis. La taxe de 2 fr. doit être envoyée par mandat de poste.

Propriété Littéraire et Artistique

Registre { A / B

NUMÉROS D'ORDRE	DATE de L'INSCRIPTION	Désignation de L'ŒUVRE	NOM ET DOMICILE du propriétaire du droit d'auteur	NOM ET DOMICILE de l'auteur.	RAISON de COMMERCE ET DOMICILE de l'éditeur	Lieu et Date de la PREMIÈRE PUBLICATION	OBSERVATIONS (Fondé de pouvoirs, etc.)

CONVENTIONS INTERNATIONALES

ENTRE DIVERS ÉTATS

EN MATIÈRE DE

PROPRIÉTÉ LITTÉRAIRE ET ARTISTIQUE

EN VIGUEUR AU 1er JANVIER 1888.

La convention de Berne du 9 septembre 1886 n'affecte en rien le maintien des conventions alors existantes entre les pays de l'Union, en tant que ces conventions confèrent aux auteurs ou à leurs ayants cause des droits plus étendus que ceux accordés par l'Union, ou qu'elles renferment d'autres stipulations qui ne sont pas contraires à cette convention[1].

De plus, il a été expressément entendu que les gouvernements des pays de l'Union se réservaient respectivement le droit de prendre séparément, entre eux, des arrangements particuliers, en tant que ces arrangements conféreraient aux auteurs ou à leurs ayants cause des droits plus étendus que ceux accordés par l'Union ou qu'ils renfermeraient d'autres stipulations non contraires à la présente convention[2].

La convention de Berne n'abroge donc pas les conventions particulières qui avaient pu être conclues entre les divers Etats de l'Union ; elle les confirme, au contraire, et prévoit même la faculté d'en conclure de nouvelles. Mais la convention internationale du 9 septembre 1886 a pour effet de faire disparaître, des conventions particulieres antérieures, toutes dispositions qui seraient moins favorables aux auteurs et aux artistes que celles concédées par la convention de Berne.

On voit, par ces trois courtes observations, qu'il ne suffit pas aux auteurs et aux artistes de connaître le texte de la convention de Berne et celui des diverses lois internes des Etats faisant partie de l'union internationale pour la protection de la propriété littéraire et artistique, il faut encore, pour déterminer et préciser, dans bien des cas, l'étendue de leurs droits, qu'ils aient à leur disposition le texte des conventions particulières conclues antérieurement ou même postérieurement a la convention du 9 septembre 1886. Les pages qui vont suivre sont consacrées à la publication de plusieurs de ces conventions.

---

1. Ainsi s'exprime l'article additionnel à la convention de Berne, dont on trouvera le texte plus haut, p. 18.

2. Tels sont les termes de l'article 15 de la convention reproduite plus haut p. 15 et la note.

Convention du 16 juin 1880

ENTRE

LA FRANCE ET L'ESPAGNE

ART. 1er. — A partir du jour de la mise en vigueur de la présente convention, les auteurs d'œuvres littéraires, scientifiques ou artistiques, ou leurs ayants cause, qui justifieront de leur droit de propriété ou de cession totale ou partielle, dans l'un des deux Etats contractants, conformément à la législation de cet Etat, jouiront, sous cette seule condition et sans autres formalités, des droits correspondants dans l'autre Etat, et seront admis à les y exercer de la même manière et dans les mêmes conditions légales que les nationaux.

Ces droits seront garantis aux auteurs des deux pays pendant toute leur vie et, après leur décès, pendant cinquante ans, aux héritiers donataires, légataires, cessionnaires ou à tous autres ayants droit conformément à la législation du pays du défunt. [1]

L'expression « œuvres littéraires, scientifiques ou artistiques » comprend les livres, brochures ou autres écrits ; les œuvres dramatiques, les compositions musicales et arrangements de musique ; les œuvres de dessin, de peinture, de sculpture, de gravure ; les lithographies et illustrations, les cartes géographiques, les plans, croquis scientifiques, et, en général, toute production quelconque du domaine littéraire, scientifi-

1. En disant qu'il faut se conformer à la *législation du pays du défunt*, la convention franco-espagnole s'explique sur un point qui n'est pas précisé dans les conventions qui vont suivre. C'est la solution qu'il faut admettre, selon nous, dans le silence des conventions.

que ou artistique, qui pourrait être publiée par n'importe quel système d'impression ou de reproduction connu ou à connaître [1].

Les mandataires légaux ou ayants cause des auteurs, traducteurs, compositeurs et artistes jouiront réciproquement, et à tous égards, des mêmes droits que ceux que la présente convention accorde aux auteurs, traducteurs, compositeurs et artistes eux-mêmes.

Art. 2. — Sont absolument prohibées, dans chacun des deux Etats contractants, l'impression, la publication, la vente, l'exposition ou l'exportation d'ouvrages littéraires, scientifiques ou artistiques, effectuées sans le consentement de l'auteur, soit que les reproductions non autorisées proviennent de l'un des deux pays contractants, soit qu'elles proviennent d'un pays étranger quelconque.

La même prohibition s'applique également à la représentation ou à l'exécution, dans l'un des deux pays, des œuvres dramatiques ou musicales des auteurs et compositeurs de l'autre pays.

Art. 3. — Les auteurs de chacun des deux pays jouiront, dans l'autre pays, du droit exclusif de *traductions* sur leurs ouvrages, pendant toute la durée qui leur est accordée par la présente convention pour le droit de propriété sur l'œuvre en langue originale, la publication d'une traduction non autorisée étant de tous points assimilée à la réimpression illicite de l'ouvrage.

Les traducteurs d'œuvres anciennes ou d'œuvres modernes tombées dans le domaine public jouiront, en ce qui concerne leurs traductions, du droit de propriété, ainsi que des garanties qui y sont attachées ; mais ils ne pourront pas s'opposer à ce que ces mêmes œuvres soient traduites par d'autres écrivains.

Les auteurs d'ouvrages dramatiques jouiront réciproquement

1. Les œuvres d'architecture sont comprises dans cette énumération. (Voir plus loin, p. 339 l'avant-dernier alinéa du protocole de clôture.

des mêmes droits relativement à la traduction ou à la représentation des traductions de leurs ouvrages.

Art. 4. — Les ouvrages paraissant par livraisons, ainsi que les articles littéraires, scientifiques ou critiques, les chroniques, romans ou feuilletons, et, en général, tous écrits autres que ceux de discussion politique publiés dans les journaux ou recueils périodiques par des auteurs de l'un des deux pays, ne pourront être reproduits ni traduits, dans l'autre pays, sans l'autorisation des auteurs ou de leurs ayants cause.

Sont également interdites les appropriations indirectes non autorisées, telles que : adaptations, imitations dites de bonne foi, transcriptions ou arrangements d'œuvres musicales et, généralement, tout emprunt quelconque aux œuvres littéraires, dramatiques ou artistiques fait sans le consentement de l'auteur.

Toutefois, sera réciproquement licite, la publication, dans chacun des deux pays, d'extraits ou de morceaux entiers d'ouvrages d'un auteur de l'autre pays en langue originale ou en traduction, pourvu que ces publications soient spécialement appropriées et adaptées pour l'enseignement ou pour l'étude, et soient accompagnées de notes explicatives dans une langue autre que celle dans laquelle a été publiée l'œuvre originale.

Art. 5. — En cas de contravention aux dispositions de la présente convention, les tribunaux appliqueront les peines déterminées par les législations respectives de la même manière que si l'infraction avait été commise au préjudice d'un ouvrage ou d'une production d'un auteur national.

Art. 6. — Il est entendu que si l'une des hautes parties contractantes accordait à un Etat quelconque, pour la garantie de la propriété intellectuelle, d'autres avantages que ceux qui sont stipulés dans la présente convention, ces avantages seraient egalement concédés, dans les mêmes conditions, à l'autre partie contractante[1].

1. La clause ci-dessus que nous retrouverons dans toutes les conventions ci-après et qui est connue sous le nom de *clause de la nation la plus favorisée*,

ART. 7. — Pour faciliter l'exécution de la présente convention, les deux hautes parties contractantes s'engagent à se communiquer réciproquement les lois, décrets ou règlements que chacune d'elles aurait promulgués ou pourrait promulguer à l'avenir, en ce qui concerne la garantie et l'exercice des droits de la propriété intellectuelle.

---

complique les difficultés d'interprétation qui peuvent s'élever lorsqu'il s'agit de régler les droits des auteurs appartenant à deux puissances ayant traité entre elles par une convention particulière. Il convient, en effet, de consulter non seulement les divers arrangements intervenus entre ces deux États, mais encore tous ceux qui ont pu intervenir entre ces deux États et les autres gouvernements. C'est là une recherche souvent très difficile qui complique d'une façon très regrettable l'étude du droit international en matière de propriété littéraire et artistique. Quelques observations sont donc ici nécessaires.

Et d'abord, notons que c'est la date de l'échange des ratifications et non celle de la signature de la convention qu'il convient de retenir pour savoir quel est le plus ancien des traités dont on invoque la clause de la nation la plus favorisée.

En second lieu, on observera que les intéressés ne peuvent invoquer l'amélioration de traitement, qu'autant que cette amélioration résulte d'une convention internationale. Ils ne sauraient le faire si cette amélioration résultait de la modification des lois internes.

Enfin, la clause de la nation la plus favorisée peut être invoquée par les intéressés dans toute hypothèse, c'est-à-dire aussi bien lorsqu'il s'agit du droit de réimpression ou de traduction que du droit d'exécution ou de représentation. — Se reporter au besoin, plus loin, p. 347 note 1, au texte de la convention additionnelle franco-belge du 4 janvier 1882.

Quoiqu'il en soit, nous pensons que la clause de la nation la plus favorisée devrait disparaître désormais des conventions en matière de propriété littéraire et artistique. Cette clause n'a vraiment de raison d'être que dans les traités de commerce. Si l'on persistait à la maintenir, il faudrait tout au moins en modifier le texte et la clause que propose M. Delalande (*Bulletin de législation comparée* 1884, p. 176) paraît fort acceptable, en ce sens surtout qu'elle dispenserait de consulter les divers traités qui se rencontrent épars dans de si volumineux recueils. La formule proposée par M. Delalande est la suivante : « Si des privilèges ou avantages quelconques venaient à être accordés ultérieurement par l'un des deux pays à un autre pays, en matière de propriété d'œuvres de littérature ou d'art, chacune des parties contractantes s'engage à consacrer formellement, *par une déclaration additionnelle*, lesdits privilèges ou avantages au profit de l'autre partie contractante. »

Art. 8. — Les dispositions de la présente convention ne pourront, en quoi que ce soit, porter préjudice au droit que chacune des deux hautes parties contractantes se réserve expressément de permettre, de surveiller ou d'interdire, par des mesures législatives ou administratives, la circulation, la représentation ou l'exposition de tout ouvrage ou objet à l'égard duquel l'un ou l'autre Etat jugera convenable d'exercer ce droit.

Art. 9. — La présente convention sera exécutoire en France et en Espagne, ainsi que dans les provinces espagnoles d'outre-mer ; elle entrera en vigueur après l'échange des ratifications, à l'époque qui sera fixée d'un commun accord entre les deux gouvernements contractants.

Cette convention est destinée à remplacer celle du 15 novembre 1853. Les dispositions en seront applicables aux ouvrages publiés, représentés ou exécutés depuis sa mise en vigueur.

Toutefois, les ouvrages dont la propriété serait encore garantie, à l'époque de cette mise en vigueur, par les dispositions de la convention de 1853, seront également appelés à bénéficier des avantages de la nouvelle convention pendant la vie de l'auteur et cinquante ans après son décès, ou, si l'auteur est déjà décédé, pendant tout le temps qui resterait à courir pour compléter la période de cinquante ans après son décès.

Le bénéfice des dispositions insérées au paragraphe précédent, pour les ouvrages publiés sous le régime de la convention de 1853, profitera exclusivement aux auteurs de ces ouvrages ou à leurs héritiers et non pas aux cessionnaires dont la cession serait antérieure à la mise en vigueur de la présente convention[1].

Art. 10. — La présente convention est conclue pour une durée de six ans, à partir du jour où elle aura été mise en vigueur, et continuera ses effets jusqu'à ce qu'elle ait été dénoncée par l'une ou l'autre des hautes parties contractantes, et pendant une année encore après sa dénonciation.

Les hautes parties contractantes se réservent la faculté d'ap-

1. L'article 9 ci-dessus doit être complété par les déclarations 1 et 2 du protocole de clôture ci-après.

porter, d'un commun accord, à la présente convention, toute amélioration ou modification dont l'expérience aurait démontré l'opportunité.

ART. 11. — La présente convention sera ratifiée, et les ratifications en seront échangées à Paris, le plus tôt que faire se pourra [1].

PROTOCOLE DE CLOTURE

Au moment de procéder à la signature de la convention pour la garantie réciproque de la propriété des œuvres d'esprit et d'art, entre la France et l'Espagne, les plénipotentiaires soussignés, jugeant nécessaire de préciser les avantages accordés par le troisième alinéa de l'article 9 aux auteurs d'ouvrages publiés sous le régime de la convention antérieure du 15 novembre 1853, tout en réservant les droits qui pourraient être précédemment acquis par des tiers sur ces mêmes ouvrages, sont convenus de ce qui suit :

1° Le bénéfice des dispositions de la convention conclue en date de ce jour est acquis aux ouvrages qui, publiés depuis moins de trois mois au moment de sa mise en vigueur, seraient encore dans le délai légal pour le dépôt et l'enregistrement prescrits par l'article 7 de la convention de 1853, et ce, sans que les auteurs soient astreints à l'accomplissement de ces formalités ;

2° En ce qui concerne le droit de traduction des ouvrages dont la propriété sera, au moment de la mise en vigueur de la présente convention, garantie encore par la convention de 1853, la durée de ce droit, que cette dernière convention limitait à cinq années, sera prorogée de la même manière que pour les ouvrages en langue originale et comme il est dit au troisième alinéa de l'article 9, dans le cas où le délai de cinq années ne serait pas encore expiré au moment de la mise en vi-

1. Les ratifications ont été échangées à Paris le 21 juillet 1880.

gueur de la nouvelle convention, ou bien si, ce délai étant expiré, il n'a paru, depuis, aucune traduction non autorisée.

Dans le cas où une traduction non autorisée aurait paru depuis l'expiration dudit délai de cinq années et avant la mise en vigueur de la nouvelle convention, la publication des éditions successives de cette traduction ne constituera pas une contrefaçon ; mais il ne pourra être publié d'autres traductions sans le consentement de l'auteur ou de ses ayants droit, pendant la durée fixée pour la jouissance de la propriété en langue originale.

Le présent protocole de clôture, qui sera ratifié en même temps que la convention conclue en date de ce jour, sera considéré comme faisant partie intégrante de cette convention et aura mêmes force, valeur et durée.

Les soussignés ont, en même temps, déclaré, pour éviter toute fausse interprétation, qu'au nombre des œuvres énumérées au deuxième alinéa de l'article 1er de la convention, sont comprises les œuvres d'architecture[1].

Les deux gouvernements sont convenus que ladite convention entrerait en vigueur le 23 juillet 1880, date de l'expiration de la convention du 15 novembre 1853.

1. La convention ci-dessus est la plus large et la plus libérale qui ait été conclue avec la France avant 1890. Elle a servi de modèle aux conventions postérieures que nous publions ci-après.

Convention du 31 octobre 1881

ENTRE

LA FRANCE ET LA BELGIQUE.

ART. 1er. — Les auteurs de livres, brochures ou autres écrits, d'ouvrages dramatiques, de compositions musicales, d'œuvres de dessin ou d'illustrations, de peinture, de sculpture, de gravure, de lithographie, de photographie et de toutes autres productions analogues du domaine littéraire ou artistique, jouiront dans chacun des deux Etats, réciproquement, des avantages qui y sont ou y seront attribués par la loi à la propriété des ouvrages de littérature ou d'art, et ils auront la même protection et le même recours légal contre toute atteinte portée à leurs droits, que si cette atteinte avait été commise à l'égard d'auteurs d'ouvrages publiés pour la première fois dans le pays même [1].

Toutefois, ces avantages ne leur sont réciproquement assurés que pendant l'existence de leurs droits dans le pays où la publication originale a été faite, et la durée de leur jouissance dans l'autre pays ne pourra excéder celle fixée par la loi pour les auteurs nationaux.

La propriété des œuvres musicales s'étend aux morceaux dits *arrangements*, composés sur des motifs extraits de ces mêmes œuvres. Les contestations qui s'élèveraient sur l'application de cette clause demeureront réservées à l'appréciation des tribunaux respectifs.

Tout privilège et avantage, qui serait accordé ultérieurement par l'un des deux pays à un autre pays, en matière de propriété d'œuvre de littérature ou d'art, dont la définition a été

---

1. La convention ci-dessus a servi de modèle à la convention intervenue le 23 février 1882, entre la France et la Suisse. (Voir plus loin, p. 316.) Le texte des conventions belge et suisse est à peu près identique.

donnée dans le présent article, sera acquis de plein droit aux citoyens de l'autre pays [1].

Art. 2. — La publication en Belgique des *chrestomathies* composées de fragments ou d'extraits d'auteurs français est autorisée, pourvu que ces recueils soient spécialement destinés à l'enseignement.

Art. 3. — Pour assurer à tous les ouvrages d'esprit ou d'art la protection stipulée à l'article 1er de la convention et pour que les auteurs ou éditeurs de ces ouvrages soient admis, en conséquence, devant les tribunaux des deux pays, à exercer des poursuites contre les contrefaçons, il suffira que lesdits auteurs ou éditeurs justifient de leurs droits de propriété en établissant, par un certificat émanant de l'autorité publique compétente en chaque pays, que l'ouvrage en question est une œuvre originale qui, dans le pays où elle a été publiée, jouit de la protection légale contre la contrefaçon ou la reproduction illicite.

Pour les ouvrages publiés en France, ce certificat sera délivré par le bureau de la librairie au ministère de l'intérieur et légalisé par la légation de Belgique à Paris ; pour les ouvrages publiés en Belgique, il sera délivré par le ministère de l'intérieur à Bruxelles et légalisé par la légation de France.

Art. 4. — Les stipulations de l'article 1er s'appliqueront également à la représentation ou exécution des œuvres dramatiques ou musicales publiées ou représentées pour la première fois dans l'un des deux pays après le 12 mai 1854.

Le droit des auteurs dramatiques ou compositeurs sera perçu d'après les bases qui seront arrêtées entre les parties intéressées.

Art. 5. — Sont expressément assimilées aux ouvrages originaux les *traductions* faites dans l'un des deux Etats d'ouvrages nationaux ou étrangers. Ces traductions jouiront, à ce titre, de

---

1. Voir plus haut p. 336 note 1, nos observations sur la clause de la nation la plus favorisée. — On remarquera que les effets de la clause ci-dessus se produisent *de plein droit*. Cette expression, qui se rencontre également dans les traités de la France avec la Suisse et l'Allemagne, ne figure pas dans ceux contractés avec l'Espagne et l'Italie ; il doit y être suppléé.

la protection stipulée par l'article 1er, en ce qui concerne leur reproduction non autorisée dans l'autre Etat.

Il est bien entendu, toutefois, que l'objet du présent article est simplement de protéger le traducteur, par rapport à la version qu'il a donnée de l'ouvrage original, et non pas de conférer le droit exclusif de traduction au premier traducteur d'un ouvrage quelconque écrit en langue morte ou vivante, si ce n'est dans le cas et les limites prévus par l'article ci-après.

Art. 6. — L'auteur de tout ouvrage publié dans l'un des deux pays jouira seul du droit de traduction pendant dix années, à partir du jour de la publication de l'ouvrage original, sous les conditions suivantes :

1° Il faudra que l'auteur ait indiqué, en tête de son ouvrage, l'intention de se réserver le droit de traduction ;

2° Ladite traduction autorisée devra paraître en totalité dans le délai de trois ans, à compter de la date de la publication de l'ouvrage original ;

3° Pour les ouvrages publiés par livraisons, il suffira que la déclaration par laquelle l'auteur se réserve le droit de traduction soit faite dans la première livraison. Toutefois, en ce qui concerne le terme de dix ans assigné par cet article pour l'exercice du droit privilégié de traduction, chaque livraison sera considérée comme un ouvrage séparé ;

4° Relativement à la publication et à la représentation en traduction des ouvrages dramatiques, l'auteur qui voudra se réserver le droit exclusif dont il s'agit au présent article devra faire paraître ou représenter sa traduction dans les trois ans qui suivront la publication de l'ouvrage original.

Dans le cas où la législation de la Belgique sur le droit de traduction viendrait à être modifiée pendant la durée de la présente convention, les avantages nouveaux, qui seraient consacrés en faveur des auteurs belges, seraient, de plein droit, étendus aux auteurs français [1].

---

1. Voir plus haut p. 92, l'article 12 de la loi belge du 22 mars 1886. — Les auteurs français doivent, pour faire respecter leurs droits en Belgique, ne plus invoquer aujourd'hui que la loi du 22 mars 1886. Le traité du 31 octobre 1881 n'a plus d'intérêt que pour les auteurs belges qui voudraient faire respecter leurs droits en France. Notre opinion s'appuie sur cette double règle, à savoir :

En même temps, les auteurs belges jouiraient en France des avantages plus grands qui pourraient résulter de la législation générale en faveur des nationaux.

Ces droits respectifs seront d'ailleurs soumis aux conditions prévues par le paragraphe 2 de l'article 1er.

ART. 7. — Les mandataires légaux ou ayants cause des auteurs, traducteurs, compositeurs, dessinateurs, peintres, sculpteurs, graveurs, lithographes, photographes, etc., jouiront des mêmes droits que ceux que la présente convention accorde aux auteurs, traducteurs, compositeurs, dessinateurs, peintres, sculpteurs, graveurs, lithographes ou photographes eux-mêmes.

ART. 8. — Nonobstant les stipulations des articles 1er et 5 de la présente convention, les articles extraits de journaux ou recueils périodiques publiés dans l'un des deux pays pourront être reproduits dans les journaux ou recueils périodiques ou traduits dans les journaux ou recueils périodiques de l'autre pays pourvu qu'on y indique la source à laquelle on les aura puisés.

Toutefois, cette permission ne s'étendra pas à la reproduction, dans l'un des deux pays, des articles de journaux ou recueils périodiques publiés dans l'autre, lorsque les auteurs auront formellement déclaré, dans le journal ou le recueil même où ils les auront fait paraître, qu'ils en interdisent la reproduction.

En aucun cas, cette interdiction ne pourra atteindre les articles de discussion politique.

ART. 9. — L'introduction, l'exportation, la circulation, la vente et l'exposition, dans chacun des deux Etats, d'ouvrages ou objets de reproduction non autorisée, définis par les articles 1er, 4, 5 et 6, sont prohibées, soit que les reproductions non autorisées proviennent de l'un des deux pays, soit qu'elles proviennent d'un pays étranger quelconque.

ART. 10. — En cas de contravention aux dispositions des articles précédents, la saisie des objets de contrefaçon sera opé-

---

1° une convention internationale postérieure à une loi interne fait échec aux solutions qu'elle édicte ; — 2° les dispositions plus favorables contenues dans une loi interne postérieure à une convention, remplacent celles que contenaient celle-ci.

rée, et les tribunaux appliqueront les pénalités déterminées par les législations respectives, de la même manière que si l'infraction avait été commise au préjudice d'un ouvrage ou d'une production d'origine nationale.

Les caractères constituant la contrefaçon seront déterminés par les tribunaux de l'un et de l'autre pays, d'après la législation en vigueur dans chacun des deux Etats.

ART. 11. — Les livres d'importation licite et les autres productions mentionnées dans la présente convention, venant de Belgique, continueront à être admis en France, tant à l'entrée qu'au transit direct ou par entrepôt, par tous les bureaux qui leur sont actuellement ouverts ou qui pourraient l'être par la suite.

Si les intéressés le désirent, les livres déclarés à l'entrée seront expédiés directement en France, au ministère de l'intérieur, et en Belgique, à l'entrepôt de Bruxelles, pour y subir les vérifications nécessaires qui auront lieu, au plus tard, dans le délai de quinze jours.

ART. 12. — Les dispositions de la présente convention ne pourront porter préjudice, en quoi que ce soit, au droit qui appartiendrait à chacune des deux hautes parties contractantes de permettre, de surveiller ou d'interdire, par des mesures de législation ou de police intérieure, la circulation, la représentation ou l'exposition de tout ouvrage ou production à l'égard desquels l'autorité compétente aurait à exercer ce droit.

Chacune des hautes parties contractantes conserve d'ailleurs le droit de prohiber l'importation dans ses propres Etats des livres qui, d'après ses lois intérieures ou des stipulations souscrites avec d'autres puissances, sont ou seraient déclarés être de contrefaçon.

ART. 13. — Le gouvernement français et le gouvernement belge prendront les mesures nécessaires pour interdire l'entrée, sur leurs territoires respectifs, des ouvrages que des éditeurs français ou belges auraient acquis le droit de réimprimer avec la réserve que ces réimpressions ne seraient autorisées que pour la vente en France ou en Belgique et sur des marchés tiers.

Les ouvrages auxquels cette disposition est applicable devront porter sur leur titre et couverture les mots : « Edition interdite en *Belgique* (en *France*) et autorisée pour la *France* (la *Belgique*) et l'étranger. »

ART. 14. — Les Français en Belgique et, réciproquement, les Belges en France jouiront de la même protection que les nationaux pour tout ce qui concerne la propriété des marques de fabrique ou de commerce, ainsi que des dessins ou modèles industriels et de fabrique de toute espèce.

Le droit exclusif d'exploiter un dessin ou modèle industriel ou de fabrique ne peut avoir, au profit des Belges en France et, réciproquement, au profit des Français en Belgique, une durée plus longue que celle fixée par la loi du pays à l'égard des nationaux.

Si le dessin ou modèle industriel ou de fabrique appartient au domaine public dans le pays d'origine, il ne peut être l'objet d'une jouissance exclusive dans l'autre pays.

Les dispositions des deux paragraphes qui précèdent sont applicables aux marques de fabrique ou de commerce.

Les droits des Français en Belgique, et réciproquement les droits des Belges en France, ne sont pas subordonnés à l'obligation d'y exploiter les modèles ou dessins industriels ou de fabrique.

ART. 15. — Les nationaux de l'un des deux pays qui voudront s'assurer, dans l'autre, la propriété d'une marque, d'un modèle ou d'un dessin, devront remplir les formalités prescrites à cet effet par la législation respective des deux Etats.

Les marques de fabrique auxquelles s'appliquent les articles 14 et 15 de la présente convention sont celles qui, dans les deux pays, sont légitimement acquises aux industriels ou négociants qui en usent, c'est-à-dire que le caractère d'une marque de fabrique française doit être apprécié d'après la loi française, de même que celui d'une marque belge doit être jugé d'après la loi belge.

ART. 16. — La présente convention entrera en vigueur en même temps que le traité de commerce et la convention de navigation conclus entre les hautes parties contractantes, et elle produira ses effets jusqu'au 1er février 1892.

Dans le cas où aucune des deux hautes parties contractantes n'aurait notifié, une année avant l'expiration de ce terme, son intention d'en faire cesser les effets, la convention continuera à être obligatoire encore une année, et ainsi de suite, d'année en année, à partir du jour où l'une des parties l'aura dénoncée.

Art. 17. — La présente convention sera ratifiée et les ratifications en seront échangées à Paris avant le 1er février 1882 et simultanément avec celles du traité de commerce et de la convention de navigation conclus sous la date de ce jour entre les deux hautes parties contractantes[1].

Convention du 23 février 1882

ENTRE

LA FRANCE ET LA SUISSE

DISPOSITIONS APPLICABLES EN FRANCE.

Art. 1er. — Les auteurs de livres, brochures, ouvrages dramatiques ou autres écrits, de compositions musicales ou d'arrangements de musique, d'œuvres de dessin ou d'illustration, de peinture, de sculpture, de gravure, de lithographie, de photographie et de toutes autres productions analogues du domaine littéraire ou artistique, publiés pour la première fois en

---

1. Les ratifications ont été échangées à Paris le 12 mai 1882.

Une déclaration interprétative du 4 janvier 1882, annexée à la convention ci-dessus, s'exprime en ces termes :

« Les soussignés, à ce dûment autorisés, déclarent que les auteurs et les ayants droit des auteurs de l'un des deux pays auront, dans tous les cas, la faculté d'invoquer, dans l'autre pays, le bénéfice du traitement de la nation la plus favorisée en ce qui concerne le droit de traduction de leurs ouvrages et le droit de représentation en traduction des ouvrages dramatiques.

« La présente déclaration aura la même force, valeur et durée que la convention du 31 octobre 1881, à laquelle elle sert de complément. »

Suisse, jouiront en France des avantages qui y sont ou y seront attribués par la loi à la propriété des ouvrages de littérature ou d'art, et ils auront la même protection et le même recours légal contre toute atteinte portée à leurs droits que si cette atteinte avait été commise à l'égard d'auteurs d'ouvrages publiés pour la première fois sur le territoire de la République.

Toutefois, ces avantages ne seront assurés aux auteurs desdits ouvrages que pendant l'existence de leurs droits dans leur pays, et la durée de leur jouissance en France ne pourra excéder celle fixée à leur profit en Suisse[1].

La propriété des œuvres musicales s'étend aux morceaux dits *arrangements*, composés sur des motifs extraits de ces mêmes œuvres.

Tout privilège ou avantage qui est ou sera accordé par la France à un autre pays, en matière de propriété d'œuvres de littérature et d'art dont la définition a été donnée dans le présent article, sera acquis de plein droit aux citoyens suisses[2].

Art. 2. — Il est permis de publier en France des extraits ou des morceaux entiers d'ouvrages ayant paru pour la première fois en Suisse, pourvu que ces publications soient spécialement appropriées à l'enseignement.

Art. 3. — La jouissance du bénéfice de l'article 1er est subordonnée à l'acquisition légale de la propriété des ouvrages littéraires et artistiques en Suisse.

Pour les livres, brochures ou autres écrits, ouvrages dramatiques, illustrations, cartes, estampes, gravures, lithographies, photographies, œuvres musicales ou autres productions analogues d'esprit ou d'art publiées ou éditées pour la première fois en Suisse, l'exercice du droit de propriété en France sera, en outre, subordonné à l'accomplissement préalable, dans ce der-

1. Le texte de la convention ci-dessus est, à quelques mots près, celui de la convention franco-belge du 31 octobre 1881, publiée plus haut, p. 341.

2. Voir plus haut p. 336 note 1, nos observations sur la clause de la nation la plus favorisée. — On remarquera toutefois que, des cinq conventions particulières conclues avec la France, celle avec la Suisse est la seule dont la clause de la nation la plus favorisée soit aussi étendue, puisqu'elle comprend non seulement les améliorations à venir, mais encore les améliorations présentes. « Tout privilège ou avantage qui *est* ou sera accordé.... »

nier pays, de la formalité de l'enregistrement, effectué à Paris, au ministère de l'intérieur. L'enregistrement se fera sur la déclaration écrite des intéressés ou de leurs mandataires, laquelle pourra être adressée, soit au susdit ministère, soit à la chancellerie de l'ambassade de la République française à Berne.

La déclaration devra être faite dans les trois mois qui suivront la publication de l'ouvrage en Suisse.

A l'égard des ouvrages qui paraissent par livraisons, le délai de trois mois ne commencera à courir qu'à dater de la publication de la dernière livraison.

La formalité de l'enregistrement sur des registres spéciaux tenus à cet effet ne donnera ouverture à la perception d'aucune taxe.

Les intéressés recevront un certificat authentique de l'enregistrement ; ce certificat sera délivré gratis, sauf, s'il y a lieu, les frais de timbre.

Le certificat portera la date précise à laquelle la déclaration aura eu lieu ; il fera foi dans toute l'étendue du territoire de la République, et constatera le droit exclusif de propriété et de reproduction aussi longtemps que quelque autre personne n'aura pas fait admettre son droit en justice.

Art. 4. — Les stipulations de l'article 1er s'appliqueront également à la représentation ou exécution, soit en langue originale, soit en traduction, des œuvres dramatiques ou musicales publiées, exécutées ou représentées pour la première fois en Suisse.

Art. 5. — Sont expressément assimilées aux ouvrages originaux les *traductions* faites d'ouvrages nationaux ou étrangers. Ces traductions jouiront, à ce titre, de la protection stipulée par l'article 1er, en ce qui concerne leur reproduction non autorisée en France. Il est bien entendu toutefois que l'objet du présent article est simplement de protéger le traducteur par rapport à la version qu'il a donnée de l'ouvrage original, et non pas de conférer le droit exclusif de traduction au premier traducteur d'un ouvrage quelconque, écrit en langue morte ou vivante, hormis le cas et les limites prévus par l'article ci-après.

Art. 6. — L'auteur de tout ouvrage publié en Suisse jouira seul, pendant dix années, du privilège de protection contre la publication, dans l'autre pays, de toute traduction du même ouvrage non autorisée par lui. Ce terme courra du jour où la déclaration d'enregistrement aura été effectuée conformément à l'article 3, et ce, sous les conditions suivantes :

1° L'ouvrage original sera enregistré en France sur la déclaration faite dans un délai de trois mois, à partir du jour de la première publication en Suisse, conformément aux dispositions de l'article 3 ;

2° L'auteur devra indiquer, en tête de son ouvrage, l'intention de se réserver le droit de traduction ;

3° Il faudra que ladite traduction autoritée ait paru en totalité dans le délai de trois ans, à compter de la date de la déclaration de l'original effectuée ainsi qu'il vient d'être prescrit :

4° La traduction devra être publiée dans l'un des deux pays et être, en outre, enregistrée conformément aux dispositions de l'article 3.

Pour les ouvrages publiés par livraisons, il suffira que la déclaration de l'auteur, portant qu'il entend se réserver le droit de reproduction, soit exprimée dans la première livraison.

Relativement à la publication et à la représentation en traduction des ouvrages dramatiques, l'auteur qui voudra se réserver le droit exclusif dont il s'agit à l'article 4 et au présent article devra faire paraître ou représenter la traduction dans les trois ans qui suivront la publication ou la représentation de l'ouvrage original.

Les auteurs suisses jouiront en France, relativement au droit de traduction, des avantages qui sont ou seraient consacrés en faveur des nationaux.

Les hautes parties contractantes conviennent, en outre, que les auteurs suisses ou leurs ayants droits auront, dans tous les cas, la faculté d'invoquer le bénéfice du traitement de la nation la plus favorisée, en ce qui concerne le droit de traduction de leurs ouvrages et le droit de représentation en traduction des ouvrages dramatiques.

Les droits conférés par le présent article sont subordonnés aux conditions imposées à l'auteur d'un ouvrage original par les articles 1er et 3 de la présente convention.

Art. 7. — Lorsqu'un auteur français d'une œuvre spécifiée

dans l'article 1er aura cédé son droit de publication ou de reproduction à un éditeur suisse, sous la réserve que les exemplaires ou éditions de cette œuvre ainsi publiés ou reproduits ne pourront être vendus en France, ces exemplaires ou éditions seront considérés et traités dans ce pays, s'ils y sont introduits, comme reproduction illicite.

Les ouvrages auxquels cette disposition est applicable devront porter, sur leurs titres et couverture, les mots : « Edition interdite en France (en Suisse) et autorisée pour la Suisse (la France) et l'étranger. »

Art. 8. — Les mandataires légaux ou ayants cause des auteurs, traducteurs, compositeurs, dessinateurs, peintres, sculpteurs, graveurs, lithographes, photographes, etc., jouiront, à tous égards des mêmes droits que ceux que la présente convention accorde aux auteurs, traducteurs, compositeurs, dessinateurs, peintres, sculpteurs, graveurs, lithographes et photographes eux-mêmes.

Art. 9. — Nonobstant les stipulations des articles 1er et 5 de la présente convention, les articles extraits des journaux ou recueils publiés en Suisse pourront être reproduits ou traduits dans les journaux ou recueils périodiques de France, pourvu qu'on y indique la source à laquelle on les aura puisés.

Toutefois cette faculté ne s'étendra pas à la reproduction des articles de journaux ou de recueils périodiques publiés en Suisse, lorsque les auteurs auront formellement déclaré, dans le journal ou recueil même où ils les auront fait paraître. qu'ils en interdisent la reproduction. En aucun cas, cette interdiction ne pourra atteindre les articles de discussion politique.

Art. 10. — L'introduction, l'exportation, la vente, la circulation et l'exposition en France d'ouvrages ou objets de reproduction non autorisée, définis par les articles 1er, 4, 5 et 6, sont prohibées, sauf ce qui est dit à l'article 11, soit que lesdites reproductions non autorisées proviennent de Suisse, soit qu'elles proviennent d'un pays étranger quelconque.

Art. 11. — Le Gouvernement français prendra, par voie de règlement d'administration publique, les mesures nécessaires pour prévenir toute difficulté à raison de la possession et de la vente par les éditeurs, imprimeurs ou libraires français, de réimpressions d'ouvrages constituant la propriété de citoyens suisses et non tombés dans le domaine public, publiés ou imprimés par eux antérieurement à la mise en vigueur de la présente convention.

Art. 12. — Les livres d'importation licite venant de Suisse seront admis en France, tant à l'entrée qu'au transit direct ou par entrepôt, par tous les bureaux qui leur sont actuellement ouverts ou qui pourraient l'être par la suite.

Si les intéressés le désirent, les livres déclarés à l'entrée seront expédiés directement à Paris au ministère de l'intérieur, pour y subir les vérifications prescrites, qui auront lieu, au plus tard, dans le délai de quinze jours.

Art. 13. — Les dispositions de la présente convention ne pourront porter préjudice, en quoi que ce soit, au droit qui appartient au gouvernement français de permettre, de surveiller ou d'interdire, par des mesures législatives ou de police intérieure, la circulation, la représentation ou l'exposition de tout ouvrage ou production à l'égard desquels l'autorité compétente aurait à exercer ce droit.

La présente convention ne portera aucune atteinte au droit du gouvernement français de prohiber l'importation dans ses propres Etats des livres qui, d'après les lois intérieures ou des stipulations souscrites avec d'autres puissances, sont ou seraient déclarés être des contrefaçons.

Art. 14. — La fabrication et la vente des instruments servant à reproduire mécaniquement des airs de musique qui sont du domaine privé ne sera pas considérée, en France, comme constituant le fait de contrefaçon musicale.

Art. 15. — En cas de contravention aux dispositions des articles précédents, la saisie des objets de contravention sera opérée, et les tribunaux appliqueront les peines déterminées par la loi, de la même manière que si l'infraction avait été commise au préjudice d'un ouvrage ou d'une production française.

Les caractères constituant la contrefaçon seront déterminés, par les tribunaux français, d'après la législation en vigueur sur le territoire de la République.

1. Se reporter sur ce point, plus haut, p. 321 à la note 1.

DISPOSITIONS APPLICABLES EN SUISSE.

Art. 16. — Les dispositions des articles 1er, 2, 3, 5, 6, 7, 8, 9, 11, 13, 14 et 15 précédents recevront également, à titre de réciprocité, leur application en Suisse, pour la protection de la propriété, dûment acquise en France, des ouvrages d'esprit ou d'art, sous réserve toutefois des dispositions de l'article 18 ci-après.

Art. 17. — Les tribunaux compétents en Suisse soit pour les réparations civiles, soit pour la répression des délits, appliqueront, sur tout le territoire de la Confédération, au profit des propriétaires ou de leurs ayants droit en France, d'ouvrages littéraires et artistiques, les dispositions de l'article 16 qui précède et des articles 18 à 34 qui suivent.

Il est entendu, sous réserve toutefois des garanties stipulées à l'article 34, que ces dispositions pourront être remplacées par celles de la législation que les autorités fédérales suisses viendraient à consacrer, en matière de propriété littéraire et artistique, sur la base de l'assimilation des étrangers aux nationaux[1].

Art. 18. — Par dérogation aux dispositions des articles 3 et 6 ci-dessus, il suffira, pour assurer en Suisse à tous les ouvrages d'esprit ou d'art, ainsi qu'aux traductions autorisées, la protection stipulée à l'article 1er, et pour que les auteurs ou éditeurs de ces ouvrages soient admis devant les tribunaux suisses à exercer des poursuites contre le contrefacteur, que lesdits auteurs ou éditeurs justifient de leurs droits de propriété en France, en établissant, par un certificat délivré par le bureau de la librairie au ministère de l'intérieur et légalisé par la légation de Suisse à Paris, que l'ouvrage en question jouit en France de la protection légale contre la contrefaçon ou la reproduction illicite.

Art. 19. — Les auteurs de livres, brochures, ouvrages dramatiques ou autres écrits, des compositions musicales ou d'arrangements de musique, d'œuvres de dessin ou d'illustration,

1. Se reporter plus haut, p. 311 et suivantes au texte de la loi fédérale du 23 avril 1883.

de peinture, de sculpture, de gravure, de lithographie, de photographie et de toute autre production analogue du domaine littéraire ou artistique publiés pour la première fois en France, jouiront, en Suisse, pour la protection de leurs droits de propriété, des garanties stipulées dans les articles suivants.

Art. 20. — Les auteurs d'œuvres dramatiques ou musicales publiées ou exécutées pour la première fois en France jouiront en Suisse, par rapport à la représentation ou à l'exécution de leurs œuvres, soit en langue originale, soit en traduction, de la même protection que les lois accordent ou accorderont par la suite en France aux auteurs ou compositeurs suisses, pour la représentation ou l'exécution de leurs œuvres.

Le droit des auteurs dramatiques ou compositeurs sera perçu d'après les bases qui seront arrêtées entre les parties intéressées.

Art. 21. — Le droit de propriété acquis en Suisse, conformément aux dispositions des articles précédents, pour les œuvres littéraires ou artistiques mentionnées dans l'article 19, durera pour l'auteur, toute sa vie, et, s'il meurt avant l'expiration de la trentième année à dater de la première publication, ce droit continuera à subsister, pour le reste de ce terme, en faveur de ses successeurs. Si la publication n'a pas eu lieu du vivant de l'auteur, ses héritiers ou ayants droit auront le privilège exclusif de publier l'ouvrage pendant six ans, à dater de la mort de l'auteur. S'ils en font usage, la protection durera trente ans, à partir de cette mort. Toutefois, la durée du droit de propriété par rapport aux traductions est réduite à dix années, conformément aux stipulations de l'article 6.

Art. 22. — Toute édition d'une œuvre littéraire ou artistique mentionnée dans l'article 19, imprimée ou gravée au mépris des dispositions de la présente convention, sera punie comme contrefaçon.

Art. 24. — Tout contrefacteur sera puni d'une amende de 100 fr. au moins et de 2,000 fr. au plus ; et le débitant, d'une amende de 25 fr. au moins et de 500 fr. au plus, et ils seront condamnés, en outre, à payer au propriétaire des dommages-intérêts pour réparation du préjudice à lui causé.

La confiscation de l'édition contrefaite sera prononcée tant contre le contrefacteur que contre l'introducteur et le débitant. Dans tous les cas, les tribunaux pourront, sur la demande de la partie civile, ordonner qu'il lui soit fait remise, en déduction des dommages-intérêts à elle allouée, des objets contrefaits.

Art. 25. — Dans les cas prévus par les articles précédents, le produit des confiscations sera remis au propriétaire pour l'indemniser d'autant du préjudice qu'il aura souffert ; le surplus de son indemnité sera réglé par les voies ordinaires.

Art. 26. — Le propriétaire d'une œuvre littéraire ou artistique pourra faire procéder, en vertu d'nne ordonnance de l'autorité compétente, à la désignation ou description détaillée, avec ou sans saisie, des produits qu'il prétendra contrefaits à son préjudice, en contravention aux dispositions de la présente convention.

L'ordonnance sera rendue sur simple requête et sur la présentation du procès-verbal constatant le dépôt de l'œuvre littéraire ou artistique. Elle contiendra, s'il y a lieu, la nomination d'un expert.

Lorsque la saisie sera requise, le juge pourra exiger du requérant un cautionnement, qu'il sera tenu de consigner avant de faire procéder à la saisie.

Il sera laissé copie au détenteur des objets décrits ou saisis, de l'ordonnance et de l'acte constatant le dépôt du cautionnement, le cas échéant, le tout à peine de nullité et de dommages-intérêts.

Art. 27. — A défaut par le requérant de s'être pourvu dans le délai de quinzaine, la description ou saisie sera nulle de plein droit, sans préjudice des dommages-intérêts qui pourraient être réclamés s'il y a lieu.

Art. 28. — La poursuite devant les tribunaux suisses pour les délits définis dans cette convention n'aura lieu que sur la demande de la partie lésée ou de ses ayants droit.

Art. 29. — Les actions relatives à la contrefaçon des œuvres littéraires ou artistiques seront portées, en Suisse, devant le tribunal du district dans lequel la contrefaçon ou la vente illicite aura eu lieu.

Les actions civiles seront jugées comme matières sommaires.

Art. 30. — Les peines établies par la présente convention ne peuvent être cumulées. La peine la plus forte sera seule prononcée pour tous les faits antérieurs au premier acte de poursuite.

ART. 31. — Le tribunal pourra ordonner l'affichage du jugement dans les lieux qu'il déterminera, et son insertion intégrale ou par extraits dans les journaux qu'il désignera, le tout aux frais du condamné.

ART. 32. — Les peines portées aux articles ci-dessus pourront être élevées au double, en cas de récidive. Il y a récidive lorsqu'il a été prononcé contre le prévenu, dans les cinq années antérieures, une condamnation pour un délit de même nature.

ART. 33. — Les tribunaux pourront, s'il existe des circonstances atténuantes, réduire les peines prononcées contre les coupables au-dessous du minimum prescrit, et même substituer l'amende à l'emprisonnement, sans qu'en aucun cas elles puissent être au-dessous des peines de simple police.

AR. 34. — La présente convention entrera en vigueur le 16 mai 1882 et restera exécutoire jusqu'au 1er février 1892. Dans le cas où aucune des hautes parties contractantes n'aurait notifié, une année avant l'expiration de ce terme, son intention d'en faire cesser les effets, la convention continuera à être obligatoire encore une année à partir du jour où l'une des parties l'aura dénoncée.

Toutefois, chacune des hautes parties contractantes se réserve le droit de dénoncer la présente convention avant le 1er février 1892 si, dans le territoire de l'une ou de l'autre partie, la législation venait à être modifiée de manière à faire désirer une révision; cette dénonciation produira ses effets douze mois seulement après la date de sa notification.

Convention du 19 avril 1883

ENTRE

LA FRANCE ET L'ALLEMAGNE

ART. 1er. — Les auteurs d'œuvres littéraires ou artistiques, que ces œuvres soient publiées ou non, jouiront, dans chacun des deux pays réciproquement, des avantages qui y sont ou y seront accordés par la loi pour la protection des ouvrages de littérature ou d'art, et ils y auront la même protection et le même recours légal contre toute atteinte portée à leurs droits, que si cette atteinte avait été commise à l'égard d'autres nationaux[1].

Toutefois, ces avantages ne leur seront réciproquement assurés que pendant l'existence de leurs droits dans leur pays d'origine, et la durée de leur jouissance dans l'autre ne pourra excéder celle fixée par la loi pour les auteurs nationaux.

L'expression « œuvres littéraires ou artistiques » comprend les livres, brochures ou autres écrits ; les œuvres dramatiques, les compositions musicales, les œuvres dramatico-musicales ; les œuvres de dessin, de peinture, de sculpture, de gravure, les lithographies, les illustrations, les cartes géographiques ; les plans, croquis et œuvres plastiques relatifs à la géographie, à la topographie, à l'architecture ou aux sciences naturelles et, en général, toute production quelconque du domaine littéraire, scientifique ou artistique.

ART. 2. — Les stipulations de l'article 1er s'appliqueront également aux éditeurs d'œuvres publiées dans l'un des deux pays dont l'auteur appartiendrait à une nationalité tierce[2].

---

1. M. Ch. Lyon-Caen a publié une importante étude sur le traité franco-allemand, dans la *Revue de droit international*, 1884, p. 410. Il convient d'y recourir pour l'interprétation et l'application de ce traité.

2. On retrouve dans cette disposition la préoccupation constante du législa-

ART. 3. — Les mandataires légaux ou ayants cause des auteurs, éditeurs, traducteurs, compositeurs, dessinateurs, peintres, sculpteurs, graveurs, architectes, lithographes, etc., jouiront réciproquement, et à tous les égards, des droits que la présente convention accorde aux auteurs, éditeurs, traducteurs, compositeurs, dessinateurs, peintres, sculpteurs, graveurs, architectes et lithographes eux-mêmes.

ART. 4. — Sera réciproquement licite la publication, dans l'un des deux pays, d'extraits ou de morceaux entiers d'un ouvrage ayant paru pour la première fois dans l'autre, pourvu que cette publication soit spécialement appropriée et adaptée pour l'enseignement ou qu'elle ait un caractère scientifique.

Sera également licite la publication réciproque de *chrestomathies* composées de fragments d'ouvrages de divers auteurs, ainsi que l'insertion dans une chrestomathie ou dans un ouvrage original publié dans l'un des deux pays, d'un écrit entier de peu d'étendue publié dans l'autre.

Il est entendu qu'il devra toujours être fait mention du nom de l'auteur ou de la source à laquelle seront empruntés les extraits, morceaux, fragments ou écrits dont il s'agit dans les deux paragraphes précédents.

Les dispositions du présent article ne sont pas applicables aux compositions musicales insérées dans les recueils destinés à des écoles de musique, une insertion de cette nature sans le consentement du compositeur étant considérée comme une reproduction illicite.

ART. 5. — Les articles extraits de journaux ou recueils périodiques publiés dans l'un des deux pays pourront être reproduits, en original ou en traduction, dans l'autre pays. Mais cette faculté ne s'étendra pas à la reproduction, en original ou en traduction, des romans feuilletons ou des articles de science ou d'art.

Il en sera de même pour les autres articles de quelque étendue, extraits de journaux ou de recueils périodiques, lorsque

---

teur allemand de protéger avant tout l'*éditeur* bien plus encore que l'auteur, et cela dans le but de favoriser l'industrie nationale. — Rapprocher l'article 61 de la loi allemande du 11 juin 1870 (plus haut, p. 50).

Voir aussi plus haut p. 7, l'article 3 de la convention de Berne et la note.

les auteurs ou éditeurs auront expressément déclaré, dans le journal ou le recueil même, où ils les auront fait paraître, qu'ils en interdisent la reproduction.

En aucun cas, l'interdiction stipulée au paragraphe précédent ne s'appliquera aux articles de discussion politique.

ART. 6. — Le droit de protection des œuvres musicales entraîne l'interdiction des morceaux dits arrangements de musique, composés sans le consentement de l'auteur, sur des motifs extraits de ses œuvres.

Les contestations qui s'élèveraient sur l'application de cette clause demeureront réservées à l'appréciation des tribunaux respectifs, conformément à la législation de chacun des deux pays.

ART. 7. — Pour assurer à tous les ouvrages de littérature ou d'art la protection stipulée à l'article 1er et pour que les auteurs desdits ouvrages soient, jusqu'à preuve contraire, considérés comme tels et admis en conséquence devant les tribunaux des deux pays à exercer des poursuites contre les contrefaçons, il suffira que leur nom soit indiqué sur le titre de l'ouvrage, au bas de la dédicace ou de la préface, ou à la fin de l'ouvrage[1].

---

1. Pour assurer l'exécution des articles 1, 3 et 7 de la convention ci-dessus, un décret du 8 novembre 1883 contient les dispositions suivantes :

ART. 1er. — Immédiatement après la mise en vigueur de la convention du 19 avril 1883, il sera procédé, par les soins du ministre de l'intérieur, chez tous les libraires, éditeurs et imprimeurs, à l'inventaire de toutes les réimpressions, reproductions ou traductions d'ouvrages allemands non tombés dans le domaine public, lesquelles ont été publiées ou étaient en cours de publication en France, le 6 novembre 1883.

ART. 2. — Dans un délai de trois mois, à dater du jour de la publication du présent règlement, il sera apposé gratuitement par les délégués du ministre de l'intérieur, un timbre uniforme sur tous les ouvrages inventoriés chez tous les libraires détaillants. Quant aux éditeurs, un compte leur sera ouvert au ministère de l'intérieur pour chaque ouvrage de propriété allemande reproduit par eux, avec ou sans autorisation, et qui existe dans leurs magasins. L'apposition du timbre pour chacune de ces reproductions aura lieu, sur la demande desdits éditeurs, au fur et à mesure de leurs besoins, jusqu'à concurrence du nombre d'exemplaires porté à leur compte dans l'inventaire général mentionné à l'article 1er du présent règlement.

Pour les œuvres anonymes ou pseudonymes, l'éditeur dont le nom est indiqué sur l'ouvrage est fondé à sauvegarder les

---

ART. 3. — Seront poursuivis conformément aux lois :

1° Les éditeurs qui, après l'expiration du délai mentionné à l'article 2 pour l'apposition du timbre, auront mis en vente ou expédié des réimpressions, reproductions ou traductions non autorisées de livres allemands si elles ne sont pas revêtues du timbre ;

2° Les détaillants trouvés détenteurs, à partir de la même époque, de réimpressions, reproductions ou traductions non autorisées et dépourvues du timbre.

Il en sera de même pour ceux qui auront contrefait, falsifié ou fait usage frauduleux du timbre prévu audit article 2.

ART. 4. — Les clichés, bois et planches gravées de toute sorte, ainsi que les pierres lithographiques existant en magasins, chez les éditeurs ou imprimeurs français, constituant une reproduction non autorisée de modèles allemands, seront également inventoriés et revêtus du timbre par les soins du département de l'intérieur, ils ne pourront être utilisés que pendant quatre ans, à dater de la mise en vigueur de la convention.

ART. 5. — Les estampes, gravures ou lithographies, qu'elles soient isolées, qu'elles fassent partie de collections ou qu'elles appartiennent à des corps d'ouvrages, qui seront produites ou tirées à l'aide de clichés, bois ou planches gravées ou pierres lithographiques spécifiées dans l'article précédent, ne pourront être mis en vente qu'après avoir été revêtues du timbre spécial.

Les tirages d'épreuves nécessaires pour compléter les volumes imprimés ne donneront lieu à aucune indemnité au profit du propriétaire de l'édition originale.

ART. 6. — L'importation d'Allemagne en France des ouvrages français réimprimés, reproduits ou traduits sans autorisation, qui auront été soumis à la formalité du timbre, ne pourra être effectuée qu'avec le consentement des auteurs et éditeurs français intéressés, ou lorsque l'ouvrage original sera tombé dans le domaine public.

ART. 7. — Les livres en langue française d'importation licite, venant d'Allemagne, seront admis en France par les douanes de : Ajaccio, Avricourt, Bastia, Bayonne, Belfort, Bellegarde, Bordeaux, Boulogne, Calais, Cerbère, Dieppe, Dunkerque, Givet, Granville, Le Hâvre, Hendaye, Lille, Longwy, Marseille, Modane, Nantes, Nice, Pagny-sur-Moselle, Pontarlier, Rouen, Saint-Malo, Saint-Nazaire, Valenciennes, Villers, Vintimille.

Les livres en toute autre langue que la langue française pourront être importés par les mêmes bureaux.

Les livres étrangers déclarés à l'entrée pourront aussi être expédiés sur le ministère de l'intérieur pour y subir les vérifications d'usage.

droits appartenant à l'auteur. Il est, sans autres preuves, réputé ayant droit de l'auteur anonyme ou pseudonyme.

Art. 8. — Les stipulations de l'article 1er s'appliqueront également à l'exécution publique des œuvres musicales, ainsi qu'à la représentation publique des œuvres dramatiques ou dramatico-musicales.

Art. 9. — Sont expressément assimilées aux ouvrages originaux les traductions faites, dans l'un des deux pays, d'ouvrages nationaux ou étrangers.

Ces traductions jouiront, à ce titre, de la protection stipulée à l'article 1er, en ce qui concerne leur reproduction non autorisée dans l'autre pays.

Il est bien entendu, toutefois, que l'objet du présent article est simplement de protéger le traducteur par rapport à la version qu'il a donnée de l'ouvrage original, et non pas de conférer le droit exclusif de traduction au premier traducteur d'un ouvrage quelconque, écrit en langue morte ou vivante, hormis le cas et les limites prévus par l'article ci-après.

Art. 10. — Les auteurs de chacun des deux pays jouiront, dans l'autre pays, du droit exclusif de traduction sur leurs ouvrages pendant dix années après la publication de la traduction de leur ouvrage autorisée par eux.

La traduction devra être publiée dans l'un des deux pays.

Pour jouir du bénéfice de cette disposition, ladite traduction autorisée devra paraître en totalité dans le délai de trois années à compter de la publication de l'ouvrage original.

Pour les ouvrages publiés par livraisons, le terme de trois années stipulé au paragraphe précédent ne commencera à courir qu'à dater de la publication de la dernière livraison de la traduction.

Il est entendu que, pour les œuvres composées de plusieurs volumes publiés par intervalles, ainsi que pour les bulletins ou cahiers publiés par des sociétes littéraires ou savantes ou par des particuliers, chaque volume, bulletin ou cahier sera, en ce qui concerne les termes de dix années et de trois années, considéré comme un ouvrage séparé.

Les auteurs d'œuvres dramatiques ou dramatico-musicales seront, pendant la durée de leur droit exclusif de traduction, réciproquement protégés contre la représentation publique non autorisée de la traduction de leurs ouvrages.

ART. 11. — Lorsque l'auteur d'une œuvre dramatique ou dramatico-musicale aura cédé son droit de publication à un éditeur pour le territoire de l'un des deux pays, à l'exclusion de l'autre, les exemplaires ou éditions de cette œuvre ainsi publiés ne pourront être vendus dans ce dernier pays, et l'introduction de ces exemplaires ou éditions y sera considérée et traitée comme mise en circulation d'une contrefaçon.

Les ouvrages auxquels s'applique cette disposition, devront porter, sur leur titre et couverture, les mots : « Edition interdite en Allemagne (en France). »

Toutefois ces ouvrages seront librement admis dans les deux pays pour le transit à destination d'un pays tiers.

Les dispositions du présent article ne seront pas applicables à des ouvrages autres que les œuvres musicales ou dramatico-musicales.

ART. 12. — L'introduction, l'exportation, la circulation, la vente et l'exposition, dans chacun des deux pays, d'ouvrages contrefaits ou d'ouvrages de reproduction non autorisée, sont prohibés, soit que lesdites contrefaçons ou reproductions non autorisées proviennent de l'un des deux pays, soit qu'elles proviennent d'un pays tiers quelconque.

ART. 13. — Toute contravention aux dispositions de la présente convention entraînera les saisies, confiscations, condamnations aux peines correctionnelles et aux dommages-intérêts déterminés par les législations respectives, de la même manière que si l'infraction avait été commise au préjudice d'un ouvrage ou d'une production d'origine nationale.

Les caractères constituant la contrefaçon ou la reproduction illicite seront déterminés par les tribunaux respectifs, d'après la législation en vigueur dans chacun des deux pays.

ART. 14. — Les dispositions de la présente convention ne pourront porter préjudice, en quoi que ce soit, au droit qui appartient à chacune des deux hautes parties contractantes de permettre, de surveiller ou d'interdire par des mesures de législation ou de police intérieure, la circulation, la représentation ou l'exposition de tout ouvrage ou reproduction à l'égard desquels l'autorité compétente aurait à exercer ce droit.

La présente convention ne porte également aucune atteinte au droit de l'une et de l'autre des deux hautes parties contractantes de prohiber l'importation sur son propre territoire des livres qui, d'après ses lois intérieures ou des stipulations souscrites avec d'autres puissances, sont ou seraient déclarés être des contrefaçons.

Art. 15. — Les dispositions contenues dans la présente convention seront applicables aux œuvres antérieures à sa mise en vigueur, sous les réserves et conditions énoncées au protocole qui s'y trouve annexé.

Art. 16. — Les hautes parties contractantes conviennent que tout avantage ou privilège plus étendu qui serait ultérieurement accordé par l'une d'elles à une tierce puissance, en ce qui concerne les dispositions de la présente convention, sera, sous condition de réciprocité, acquis de plein droit aux auteurs de l'autre pays ou à leurs ayants cause [1].

Elles se réservent, d'ailleurs, la faculté d'apporter, d'un commun accord, à la présente convention, toute amélioration ou modification dont l'expérience aurait démontré l'opportunité.

Art. 17. — La présente convention est destinée à remplacer les conventions littéraires qui ont été antérieurement conclues entre la France et les divers Etats allemands.

Elle restera en vigueur pendant six années à partir du jour où elle aura été mise à exécution et continuera ses effets jusqu'à ce qu'elle ait été dénoncée par l'une ou l'autre des hautes parties contractantes et pendant une année encore après sa dénonciation.

Art. 18. — La présente convention sera ratifiée, et les ratifications en seront échangées à Berlin, le plus tôt possible [2].

Elle sera exécutoire dans les deux pays trois mois après l'échange des ratifications.

---

1. Voir plus haut p. 336 note 1, nos observations sur la clause de la nation la plus favorisée.

2. Les ratifications ont été échangées à Berlin, le 6 août 1883.

PROTOCOLE.

Les plénipotentiaires soussignés, ayant jugé nécessaire de préciser et de réglementer les droits accordés, par l'article 15 de la convention littéraire conclue en date de ce jour entre la France et l'Allemagne, aux auteurs d'ouvrages antérieurs à la mise en vigueur de cette convention, sont convenus de ce qui suit :

1° Le bénéfice des dispositions de la convention conclue en date de ce jour est acquis aux œuvres littéraires et artistiques antérieures à la mise en vigueur de la convention, qui ne jouiraient pas de la protection légale contre la réimpression, la reproduction, l'exécution ou la représentation publique non autorisée ou la traduction illicite, ou qui auraient perdu cette protection par suite du non accomplissement des formalités exigées.

L'impression des exemplaires en cours de fabrication licite au moment de la mise en vigueur de la présente convention pourra être achevée ; ces exemplaires, ainsi que ceux qui seraient déjà licitement imprimés à ce même moment, pourront, nonobstant les dispositions de la convention, être mis en circulation et en vente, sous la condition que, dans un délai de trois mois, un timbre spécial sera apposé, par les soins des gouvernements respectifs, sur les exemplaires commencés ou achevés lors de la mise en vigueur.

De même lés appareils, tels que clichés, bois et planches gravés de toute sorte, ainsi que les pierres lithographiques existant lors de la mise en vigueur de la présente convention, pourront être utilisés pendant un délai de quatre ans à dater de cette mise en vigueur, après avoir été revêtus d'un timbre spécial.

Il sera dressé, par les soins des gouvernements respectifs, un inventaire des exemplaires d'ouvrages et des appareils autorisés aux termes du présent article.

2° Quant aux œuvres dramatiques ou dramatico-musicales publiées dans l'un des deux pays et représentées publiquement, en original ou en traductiou, dans l'autre pays antérieurement à la mise en vigueur de la présente convention, elles ne jouiront de la protection légale contre la représentation illicite, qu'autant qu'elles auraient été protégées aux termes des conventions précédemment conclues par la France avec les divers Etats allemands.

3° Le bénéfice des dispositions de la présente convention est également acquis aux ouvrages qui, publiés depuis moins de trois mois au moment de sa mise en vigueur, seraient encore dans le délai légal pour l'enregistrement prescrit par quelques-unes des conventions précédemment conclues entre la France et les divers Etats allemands, et ce, sans que les auteurs soient astreints à l'accomplissement de cette formalité.

4° Pour le droit de traduction, ainsi que pour la représentation publique en traduction des ouvrages dont la protection sera, au moment de la mise en vigueur de la présente convention, garantie encore par les conventions antérieures, la durée de ce droit, que ces dernières conventions limitaient à cinq années, sera prorogée à dix années dans le cas où le délai de cinq années ne sera pas encore expiré au moment de la mise en vigueur de la présente convention, ou bien si, ce délai étant expiré, aucune traduction n'a paru depuis lors, ou aucune représentation n'a eu lieu.

Les auteurs jouiront également, pour le droit de traduction de leurs ouvrages ou pour la représentation publique en traduction des œuvres dramatiques ou dramatico-musicales, des avantages accordés par la présente convention en ce qui concerne les délais stipulés par les conventions antérieures, pour le commencement ou l'achèvement des traductions, sous les réserves fixées au paragraphe précédent.

Le présent protocole, qui sera considéré comme faisant partie intégrante de la convention en date de ce jour et ratifié avec elle, aura même force, valeur et durée que cette convention.

PROTOCOLE DE CLOTURE.

Au moment de procéder à la signature de la convention pour la garantie réciproque de la protection des œuvres de littérature ou d'art, conclue, à la date de ce jour, entre la France et l'Allemagne, les plénipotentiaires soussignés ont énoncé les déclarations et réserves suivantes :

1° Aux termes de la législation de l'empire allemand, la durée de la protection légale contre la contrefaçon ou la reproduction illicite étant, pour les ouvrages anonymes ou pseudonymes, limitée en Allemagne, à trente années, à partir de la publication, à moins que lesdits ouvrages ne soient, dans les trente ans, enregistrés sous le vrai nom de l'auteur, il est entendu que les auteurs d'œuvres anonymes ou pseudonymes publiées dans l'un des deux pays, ou leurs ayants cause légalement autorisés, auront la faculté de s'assurer dans l'autre pays, le bénéfice de la durée normale du droit de protection, en faisant, dans le délai de trente ans ci-dessus mentionné, enregistrer ou déposer leurs œuvres sous leur véritable nom dans le pays d'origine, suivant les lois ou règlements en vigueur dans ce pays.

2° Les livres d'importation licite, venant de l'un des deux pays, continueront à être admis dans l'autre, tant à l'entrée qu'au transit direct ou par entrepôt, par tous les bureaux qui leur sont actuellement ouverts ou qui pourraient l'être par la suite.

3° La législation de l'empire allemand ne permettant pas de comprendre les œuvres photographiques au nombre des ouvrages auxquels s'applique ladite convention, les deux gouvernements se réservent de s'entendre ultérieurement sur les dispositions spéciales à prendre d'un commun accord, à l'effet d'assurer réciproquement dans les deux pays la protection desdites œuvres photographiques.

Convention du 9 juillet 1884

ENTRE

LA FRANCE ET L'ITALIE.

Art. 1er. — Les auteurs d'œuvres littéraires, scientifiques ou artistiques, que ces œuvres soient publiées ou non, jouiront, dans chacun des deux pays réciproquement, des avantages qui y sont ou y seront accordés par la loi pour la protection des ouvrages de littérature, de science ou d'art, et ils y auront la même protection et le même recours légal contre toute atteinte portée à leurs droits que si cette atteinte avait été commise à l'égard d'auteurs nationaux.

Toutefois, ces avantages ne leur seront réciproquement assurés que pendant l'existence de leurs droits dans leur pays d'origine, et la durée de leur jouissance dans l'autre pays ne pourra excéder celle fixée par la loi pour les auteurs nationaux.

L'expression : « œuvres littéraires, scientifiques ou artistiques, » comprend les livres, brochures ou autres écrits ; les œuvres dramatiques ou dramatico-musicales, les compositions musicales, les œuvres chorégraphiques, les œuvres de dessin, de peinture, de sculpture, de gravure, les lithographies, les illustrations, les photographies, les cartes géographiques, plans, croquis et œuvres plastiques, concernant la géographie, la topographie, l'architecture, les sciences naturelles ; et, en général, toute production quelconque du domaine littéraire, scientifique ou artistique.

Art. 2. — Sont absolument prohibées dans chacun des deux Etats contractants, l'impression, la publication, la circulation, la vente, l'exposition, l'importation ou l'exportation d'ouvrages littéraires, scientifiques ou artistiques contrefaits ou d'objets de reproduction non autorisée, soit que lesdites contrefaçons ou reproductions non autorisées proviennent de l'un des deux pays contractants, soit qu'elles proviennent d'un pays tiers quelconque.

La même prohibition s'applique également à toute représentation ou exécution publique et non autorisée des œuvres dramatiques, musicales, dramatico-musicales ou chorégraphiques des auteurs et compositeurs de l'autre pays, que cette représentation ou exécution soit totale ou partielle, et qu'elle soit effectuée d'une manière quelconque, même avec des additions, des retranchements ou des variantes.

La représentation ou l'exécution publique en Italie d'une œuvre dramatique, musicale, dramatico-musicale ou chorégraphique française sera, en outre, interdite d'office par l'autorité locale lorsque l'auteur ou compositeur aura adressé soit au ministère de l'agriculture, de l'industrie et du commerce d'Italie, soit à l'autorité diplomatique ou consulaire italienne en France, la déclaration qu'il entend faire défendre la représentation ou l'exécution de son œuvre à quiconque ne fournirait pas la preuve écrite et légalisée de son autorisation. La réception de cette déclaration donnera ouverture à la perception, au profit du Trésor italien, d'une taxe de dix francs par œuvre déclarée, pourvu que la publication de cette œuvre soit postérieure à la mise en vigueur de la présente convention. Si ladite taxe venait à être réduite ou supprimée, vis-à-vis des auteurs italiens, les auteurs français en seraient, de plein droit, exonérés dans la même proportion.

Il est d'ailleurs bien entendu que l'accomplissement de la formalité dont il est fait mention au paragraphe précédent est purement facultatif, et que son omission ne préjudicierait en rien aux droits résultant, pour l'auteur français, de la présente convention, notamment des articles 1er et 9.

Art. 3. — Les stipulations des articles 1er et 2 de la présente convention s'appliqueront également aux éditeurs d'œuvres publiées dans l'un des deux pays et dont l'auteur appartiendrait à une nationalité tierce.

Art. 4. — Les mandataires légaux ou ayants cause des auteurs, éditeurs, traducteurs, compositeurs, dessinateurs, peintres, sculpteurs, graveurs, architectes, lithographes, photographes, etc., jouiront réciproquement, et à tous égards, des mêmes droits que ceux que la présente convention accorde aux auteurs, éditeurs, traducteurs, compositeurs, dessinateurs, peintres, sculpteurs, graveurs, architectes, lithographes, photographes, etc., eux-mêmes.

Art. 5. — Les articles extraits de journaux ou recueils périodiques publiés dans l'un des deux pays, pourront être reproduits, en original ou en traduction, dans l'autre pays.

Mais cette faculté ne s'étendra pas à la reproduction, en original ou en traduction, des romans feuilletons ou des articles de science ou d'art.

Il en sera de même pour les autres articles de quelque étendue, extraits de journaux ou de recueils périodiques, lorsque les auteurs ou éditeurs auront expressément déclaré, dans le journal ou le recueil même où ils les auront fait paraître, qu'ils en interdisent la reproduction.

En aucun cas, l'interdiction stipulée au paragraphe précédent ne s'appliquera aux articles de discussion politique.

Sont interdites les appropriations indirectes non autorisées, telles que adaptations, imitations dite de bonne foi, transcriptions ou arrangements d'œuvres musicales, dramatico-musicales ou chorégraphiques, et généralement tout emprunt quelconque aux œuvres littéraires, dramatiques, scientifiques ou artistiques, fait sans le consentement de l'auteur.

Art. 6. — Pour assurer à tous les ouvrages de littérature, de science ou d'art la protection stipulée par la présente convention, et que les auteurs desdits ouvrages soient, jusqu'à preuve contraire, considérés comme tels et admis en conséquence devant les tribunaux des deux pays à exercer des poursuites contre les contrefaçons, il suffira que leur nom soit indiqué sur le titre de l'ouvrage, au bas de la dédicace ou de la préface, ou à la fin de l'ouvrage.

Pour les œuvres anonymes ou pseudonymes, l'éditeur dont le nom est indiqué sur les ouvrages est fondé à sauvegarder les droits appartenant à l'auteur. Il est, sans autre preuve, réputé ayant droit de l'auteur anonyme ou pseudonyme.

Art. 7. — Sont expressément assimilées aux ouvrages originaux les traductions faites, dans l'un des deux pays, d'ouvrages nationaux ou étrangers.

Ces traductions jouiront, à ce titre, de la protection stipulée aux articles précédents, en ce qui concerne leur reproduction non autorisée dans l'autre pays.

Il est bien entendu, toutefois, que l'objet du présent article est simplement de protéger le traducteur par rapport à la version qu'il a donnée de l'ouvrage original, et non pas de conférer le droit exclusif de traduction au premier traducteur d'un ouvrage quelconque, écrit en langue morte ou vivante, hormis le cas prévu par l'article ci-après.

Art. 8. — Les auteurs de chacun des deux pays jouiront, dans l'autre pays, du droit exclusif de faire ou de permettre la traduction de leur ouvrage pendant dix années, après la publication de la traduction de leur ouvrage autorisée par eux.

Pour jouir du bénéfice de cette disposition, ladite traduction autorisée devra paraître en totalité dans le délai de trois années à compter de la publication de l'ouvrage original.

Pour les ouvrages publiés par livraisons, le terme de trois années stipulé au paragraphe précédent ne commencera à courir qu'à dater de la publication de la dernière livraison de l'ouvrage original.

Dans le cas où la traduction d'un ouvrage paraîtrait par livraisons, le terme de dix années stipulé au paragraphe 1er ne commencera également à courir qu'à dater de la publication de la dernière livraison de la traduction.

Il est entendu que, pour les œuvres composées de plusieurs volumes publiés par intervalles, ainsi que pour les bulletins ou cahiers publiés par des sociétés littéraires ou savantes ou par des particuliers, chaque volume, bulletin ou cahier sera, en ce qui concerne les termes de dix années et de trois années, considéré comme un ouvrage séparé.

Les auteurs d'œuvres dramatiques ou dramatico-musicales seront, pendant la durée de leur droit exclusif de traduction, réciproquement protégés contre la représentation publique non autorisée de la traduction de leurs ouvrages.

Art. 9. — Toute contravention aux dispositions de la présente convention entraînera les saisies, confiscations, condamnations aux peines correctionnelles et aux dommages-intérêts déterminés par les législations respectives, de la même manière que si l'infraction avait été commise au préjudice d'un ouvrage ou d'une production d'origine nationale.

Les caractères constituant la contrefaçon, la reproduction ou l'exécution illicite seront déterminés par les tribunaux respectifs d'après la législation en vigueur dans chacun des deux pays.

Art. 10. — Il est entendu que, si l'une des hautes parties contractantes accordait à un Etat quelconque, pour la garantie de la propriété intellectuelle, d'autres avantages que ceux qui sont stipulés dans la présente convention, ces avantages seraient également concédés, dans les mêmes conditions, à l'autre partie contractante.

Art. 11. — Pour faciliter l'exécution de la présente convention, les deux hautes parties contractantes s'engagent à se communiquer réciproquement les lois, décrets ou règlements que chacune d'elles aurait promulgués ou pourrait promulguer à l'avenir, en ce qui concerne la garantie ou l'exercice des droits de la propriété intellectuelle. Elles s'engagent à se communiquer également les listes imprimées des déclarations faites par les auteurs, à l'effet de sauvegarder leurs droits devant les autorités compétentes respectives.

Art. 12. — Les dispositions de la présente convention ne pourront en quoi que ce soit, porter préjudice au droit que chacune des deux hautes parties contractantes se réserve expressément de permettre, de surveiller ou d'interdire, par des mesures législatives ou administratives, la circulation, la représentation ou l'exécution de tout ouvrage ou objet à l'égard duquel l'un ou l'autre Etat jugera convenable d'exercer ce droit.

Chacune des deux hautes parties contractantes conserve, d'ailleurs, le droit de prohiber l'importation, dans ses propres Etats, des œuvres qui, d'après ses lois intérieures ou des stipulations souscrites avec d'autres puissances, sont ou seraient déclarées contrefaçons.

Art. 13. — Les dispositions de la présente convention seront applicables aux œuvres antérieures à sa mise en vigueur, sous les réserves et conditions énoncées au protocole qui s'y trouve annexé.

Art. 14. — La présente convention restera en vigueur pendant dix années à partir du jour où elle aura été mise à exécution, et continuera ses effets jusqu'à ce qu'elle ait été dénoncée par l'une ou par l'autre des hautes parties contractantes, et pendant une année encore après sa dénonciation.

ART. 15. — La présente convention sera ratifiée, et les ratifications en seront échangées à Paris, le plus tôt possible[1].

Elle sera exécutoire, dans les deux pays, trois mois après l'échange des ratifications.

PROTOCOLE.

Les plénipotentiaires soussignés, ayant jugé nécessaire de préciser et réglementer les droits accordés par l'article 13 de la convention littéraire et artistique conclue, en date de ce jour, entre la France et l'Italie, aux auteurs d'ouvrages antérieurs à la mise en vigueur de cette convention, sont convenus de ce qui suit :

1° Le bénéfice des dispositions de la convention conclue en date de ce jour est acquis aux œuvres littéraires, scientifiques et artistiques antérieures à la mise en vigueur de cette convention, qui ne jouiraient pas de la protection légale contre la réimpression, la reproduction ou la représentation publique non autorisée ou la traduction illicite, ou qui auraient perdu cette protection par suite du non accomplissement des formalités exigées.

L'impression des exemplaires en cours de fabrication licite au moment de la mise en vigueur de la convention conclue en date de ce jour pourra être achevée ; ces exemplaires ainsi que ceux qui seraient déjà licitement imprimés à ce même moment, pourront, nonobstant les dispositions de la convention, être mis en circulation et en vente, sous la condition que, dans un délai de trois mois, un timbre spécial sera apposé, par les soins des gouvernements respectifs, sur les exemplaires commencés ou achevés lors de la mise en vigueur.

De même, les appareils, tels que clichés, bois et planches gravés de toute sorte, ainsi que les pierres lithographiques existant lors de la mise en vigueur de la convention, pourront être utilisées pendant un délai de quatre ans, à dater de cette mise en vigueur, après avoir été revêtus d'un timbre spécial.

Il sera dressé, par les soins des gouvernements respectifs,

1. Les ratifications ont eu lieu à Paris, le 21 janvier 1885.

un inventaire des exemplaires d'ouvrages et des appareils autorisés aux termes du présent article.

2° Les œuvres dramatiques ou dramatico-musicales publiées dans l'un des deux pays et représentées publiquement, en original ou en traduction, dans l'autre pays, antérieurement à la mise en vigueur de la convention conclue en date de ce jour, jouiront également de la protection légale contre la représentation illicite.

3° La représentation ou l'exécution publique, en Italie, de ces œuvres dramatiques ou dramatico-musicales, ainsi que des œuvres musicales ou chorégraphiques françaises, sera interdite d'office par l'autorité locale, pourvu que l'auteur ou compositeur ou ses ayants droit aient adressé, soit au ministère de l'agriculture, de l'industrie et du commerce d'Italie, soit à l'autorité diplomatique ou consulaire italienne en France, la déclaration qu'ils entendent faire défendre la représentation ou l'exécution desdites œuvres à quiconque ne fournirait pas la preuve écrite et légalisée de leur autorisation. Toutes les œuvres appartenant à un même auteur ou éditeur pourront être comprises dans une seule déclaration, dont la réception donnera ouverture à la perception, au profit du Trésor italien, d'une taxe de trente francs, quel que soit le nombre des œuvres comprises dans la déclaration. Il est bien entendu que l'accomplissement de cette formalité est purement facultatif, et que son omission ne préjudicierait en rien aux droits résultant pour les auteurs français du présent protocole.

4° Pour le droit de traduction, ainsi que pour la représentation publique en traduction des œuvres antérieures à la mise en vigueur de la convention conclue en date de ce jour, les auteurs jouiront des avantages résultant de l'article 8 de cette convention, en ce qui concerne l'extension des délais stipulés par la convention du 29 juin 1862 pour la publication des traductions, pourvu toutefois que lesdits délais ne soient pas expirés au moment de la mise en vigueur de la convention conclue en date de ce jour, ou que, ce délai étant expiré, aucune traduction n'ait paru ou aucune représentation n'ait eu lieu depuis lors.

Le présent protocole, qui sera considéré comme faisant partie intégrante de la convention en date de ce jour, et ratifié avec elle, aura même force, valeur et durée que cette convention.

Convention du 26 juin 1880

ENTRE

LA BELGIQUE ET L'ESPAGNE

ART. 1er. — A partir de la date à laquelle la présente convention entrera en vigueur conformément aux dispositions de l'article 9, les Belges, auteurs d'œuvres scientifiques, littéraires ou artistiques ou leurs ayants droit qui assurent dans les formes prescrites par la loi, leur droit de propriété ou de reproduction en Belgique, l'assureront par là-même en Espagne sans nouvelles formalités et y jouiront, sous le rapport des limites et de la durée de la propriété desdites œuvres, des droits que leur accorde la législation belge.

Réciproquement, les Espagnols jouiront en Belgique des droits que la législation de ce pays, en matière de propriété littéraire et artistique, assure aux nationaux. L'exercice de ce droit ne sera subordonné à aucune formalité.

Sous la dénomination d'œuvres scientifiques, littéraires et artistiques employée au commencement de cet article, on comprendra la publication de livres, d'ouvrages dramatiques, de compositions musicales, de dessins, de peinture, de sculpture, de gravure, de lithographie, de photographie, de cartes, plans, dessins scientifiques et de toute autre production scientifique, littéraire ou artistique qui pourrait être faite par tout système quelconque d'impression ou de reproduction connu ou qui serait inventé à l'avenir.

Les mandataires légaux ou ayants droit des auteurs, traducteurs, compositeurs, peintres, sculpteurs, graveurs, lithographes et photographes jouiront absolument des mêmes droits que ceux accordés par la présente convention aux auteurs mêmes, traducteurs, compositeurs, peintres, sculpteurs, graveurs, lithographes et photographes.

Les hautes parties contractantes conviennent, au surplus, que la preuve de la propriété pour toute œuvre d'esprit ou d'art résultant toujours de plein droit, pour les ouvrages publiés en Belgique, d'un certificat délivré au ministère de l'Intérieur à Bruxelles et, pour les ouvrages publiés en Espagne, d'un certificat délivré par le ministère de Fomento à Madrid.

Art. 2. — Demeurent interdites dans chacun des deux pays l'impression, la vente, l'importation et l'exportation d'œuvres dans l'idiome ou dialecte de l'autre, sans l'autorisation du propriétaire de l'œuvre originale.

La même interdiction s'applique à la représentation d'œuvres dramatiques et à l'exécution en public de compositions musicales.

Art. 3. — Les auteurs de toute œuvre publiée dans l'un des deux pays, conserveront le droit de traduction aussi longtemps qu'ils jouiront du droit de propriété des originaux dans le même pays, conformément à ses lois.

Les traducteurs d'œuvres anciennes ou modernes, si elles sont du domaine public, auront le droit de propriété et de protection sur leurs traductions ; ils ne pourront cependant s'opposer à ce que le même ouvrage soit traduit par d'autres.

Ne pourront non plus réclamer la protection, les traducteurs d'ouvrages appartenant à des auteurs qui jouissent du droit de propriété en vertu de la loi, s'ils n'ont pas obtenu l'autorisation du propriétaire de l'ouvrage original.

Art. 4. — Les articles scientifiques littéraires et critiques, les chroniques et romans et, en général, les articles qui ne traitent pas de discussions politiques publiés dans des journaux ou revues dans l'un des deux Etats contractants ne pourront être reproduits ou traduits dans les journaux ou revues de l'autre pays sans l'autorisation de l'auteur ou de son ayant droit.

Art. 5. — En cas de contravention les tribunaux ordinaires seront chargés, dans chaque pays, d'appliquer la peine établie par les lois respectives de la même manière que si cette contravention avait été commise au préjudice d'une œuvre ou production d'origine nationale.

Art. 6. — Il est entendu que si, l'une des deux hautes parties contractantes concède de plus grands avantages à une tierce puissance, l'autre jouira aussi des mêmes avantages aux mêmes conditions.

Art. 7. — Dans le but de faciliter l'exécution de la présente convention, les deux hautes parties contractantes s'engagent à se communiquer mutuellement les lois et règlements qu'elles pourront établir par la suite dans leurs territoires respectifs par rapport au droit de propriété intellectuelle sur les œuvres et productions protégées par les stipulations de la première convention.

Art. 8. — Les stipulations de la présente convention ne pourront, en aucune façon, affecter le droit, que chacune des deux parties contractantes se réserve expressément de surveiller ou prohiber, par des mesures législative ou de police intérieure, la vente, circulation, représentation ou exposition de toute œuvre ou production au sujet de laquelle un des deux pays jugera utile d'exercer ce droit.

Art. 9. — La présente convention sera mise à exécution le plus tôt possible, après l'échange des ratifications[1].

Dans chaque pays, le gouvernement donnera un avis préalable de la date où elle commencera à être en vigueur et les dispositions de la convention seront seulement applicables aux œuvres ou articles publiés à partir de cette date.

Cette convention restera en vigueur pendant l'espace de six années, à compter du jour où elle sera rendue applicable, et si, douze mois avant l'expiration du susdit terme de six années, aucune des deux parties ne manifeste l'intention d'en faire cesser les effets, elle continuera à être en vigueur pendant une année en plus, et ainsi de suite d'année en année jusqu'à un an après qu'une des deux parties aura donné avis de son expiration.

Les hautes parties contractantes se réservent cependant la faculté d'introduire de commun accord dans la présente convention toute modification qu'elles ne considèreront pas comme incompatible avec son esprit et ses principes et dont l'expérience aura démontré l'utilité.

En foi de quoi les plénipotentiaires respectifs ont signé la présente convention en double original en français et en espagnol, et y ont apposé leur cachet.

---

1 Les ratifications ont été échangées à Bruxelles, le 17 mars 1881.

Convention du 28 janvier 1880

ENTRE

L'ITALIE ET L'ESPAGNE.

ART. 1er. — A commencer de l'époque où, conformément aux dispositions de l'article 7, la présente convention sera mise en vigueur, les auteurs, les éditeurs et les traducteurs d'ouvrages scientifiques, littéraires et artistiques, ou leur ayant cause, qui auront assuré par les formalités prescrites par la loi leur droit de propriété ou de reproduction dans un des deux pays contractants, jouiront dans l'autre pays des droits accordés aux auteurs, aux éditeurs, aux traducteurs des mêmes ouvrages, ou leur ayant cause, par la loi locale, sans qu'il soit nécessaire de remplir les formalités prescrites par la même loi.

Ces droits, qui ne devront avoir une durée plus longue que celle accordée aux auteurs, aux éditeurs, aux traducteurs, ou à leur ayant cause, nationaux, ne pourront cependant, dans tous les cas, excéder la durée établie par la loi du pays d'origine.

L'expression : *ouvrages scientifiques, littéraires et artistiques*, qu'on a employée au commencement de cet article, comprend la publication de livres, d'opéras dramatiques, de compositions musicales, de dessins, de peintures, de sculptures, de gravures, de lithographies et de photographies, les cartes, les plans, les dessins scientifiques et toute autre production scientifique, littéraire ou artistique que l'on puisse publier par les divers systèmes d'imprimerie et par tous les moyens de reproduction connus à présent et qu'on pourra inventer à l'avenir.

Les représentants ou les ayants cause des auteurs, des traducteurs, des compositeurs, des peintres, des sculpteurs, des graveurs et des photographes jouiront des mêmes droits accordés par la présente convention aux auteurs, aux traducteurs, aux compositeurs, aux peintres, aux sculpteurs, aux graveurs et aux photographes.

Art. 2. — Si l'auteur, l'éditeur ou le traducteur d'un de ouvrages spécifiés à l'article 1er avait cédé son droit de publication ou de reproduction à un éditeur d'un des deux pays ou d'un pays étranger, sous la condition que les exemplaires de ces éditions ne puissent être vendus dans l'autre pays, ces exemplaires ou éditions seront considérés et traités comme des contrefaçons.

Cette disposition n'est pas applicable aux exemplaires ou éditions transitant dans le territoire à destination d'un autre pays.

Art. 3. — En cas de contravention, on appliquera dans chaque pays les règles de compétence et de procédure, ainsi que les peines déterminées par les lois respectives, comme si la contravention avait été faite au préjudice d'un ouvrage ou d'une production d'origine nationale.

Les caractères constitutifs de la contrefaçon, ainsi que d'une contravention quelconque, seront établis par les tribunaux de chaque pays en conformité des lois locales.

Lorsque dans l'un des pays on devra fournir judiciairement la preuve que l'auteur, l'éditeur ou le traducteur a assuré son propre droit moyennant les formalités prescrites par la loi italienne, il faudra présenter un certificat de la préfecture où la déclaration a été faite et où l'ouvrage a été déposé, légalisé par les ministères d'Agriculture, Industrie et Commerce, et des Affaires Etrangères à Rome et du ministre d'Italie à Madrid, et pour ce qui est des formalités prescrites par la loi espagnole, il suffira d'un certificat du ministère du *Fomento*, légalisé par le ministère des Affaires Etrangères à Madrid et par le ministre d'Espagne à Rome.

Art. 4. — Il est bien entendu que si une des hautes parties contractantes venait à stipuler avec une autre puissance une convention sur la propriété intellectuelle et lui accorder de plus grands avantages, l'autre jouirait des mêmes avantages dans les mêmes conditions.

Art. 5. — Afin de faciliter l'exécution de la présente convention, les deux hautes parties contractantes s'obligent à se remettre réciproquement, tous les trimestres, un catalogue des ouvrages pour lesquels les auteurs, les éditeurs et les traducteurs ont assuré, moyennant les formalités prescrites par la loi, leurs propres droits dans le pays respectif, et à se communiquer régulièrement les lois et les règlements qui seront dorénavant publiés dans leur pays respectif, relativement au droit de propriété intellectuelle sur les ouvrages et les productions compris dans la présente convention.

Art. 6. — Les stipulations de la présente convention ne pourront porter préjudice au droit que chacune des deux parties contractantes se réserve expressément de surveiller ou d'interdire par des mesures législatives de police interne, la vente, la circulation, la représentation ou l'exposition de tout ouvrage ou production sur lesquels un des deux pays croira convenable d'exercer ce droit.

Art. 7. — La présente convention sera mise en vigueur dans le plus court délai possible après l'échange des ratifications [1].

Le gouvernement de chacun des deux pays fera connaître d'avance le jour fixé pour la mise en vigueur de cette convention, et on n'en pourra absolument appliquer les dispositions qu'aux ouvrages et articles publiés après l'époque fixée.

La présente convention sera obligatoire pendant six ans à partir du jour de sa mise en vigueur. Si aucune des parties contractantes n'aura notifié à l'autre, un an avant la fin de ladite période, son intention d'en faire cesser les effets, la présente convention restera obligatoire pendant une autre année, et ainsi de suite d'année en année jusqu'à douze mois après qu'une des deux parties l'aura dénoncée.

Les hautes parties contractantes se réservent toutefois la faculté d'introduire, de commun accord, dans la présente, convention, les modifications que l'expérience pourrait démontrer convenables et compatibles avec l'esprit et les principes de la même.

Art. 8. — La présente convention sera ratifiée, et l'échange des ratifications aura lieu à Rome, dans le terme de quarante jours à partir du jour de la signature, ou avant s'il sera possible.

En foi de quoi, les plénipotentiaires l'ont signée par double original et y ont apposé le sceau de leurs armes.

---

1. Les ratifications ont été échangées à Rome le 24 juillet 1880.

Arrangement du 25 février 1884

ENTRE

LA FRANCE ET LA SUÈDE.

ART. 1er. — Pour assurer aux écrits et aux œuvres d'art de citoyens français en Suède et de sujets suédois en France la protection stipulée à l'article additionnel au traité de commerce conclu entre la France et les royaumes-unis de Suède et de Norwège, le 30 décembre 1881, et pour que les auteurs, éditeurs et artistes soient admis, en conséquence, devant les tribunaux des deux pays, à exercer des poursuites contre les contrefaçons, il suffira que lesdits auteurs, éditeurs ou artistes justifient de leur droit de propriété en établissant, par un certificat émanant de l'autorité publique compétente en chaque pays, que l'écrit ou l'œuvre d'art en question est une œuvre originale qui, dans le pays où elle a été publiée, jouit de la protection légale contre la contrefaçon ou la reproduction illicite.

Pour les écrits et les œuvres d'art de citoyens français, ce certificat sera délivré par le bureau de la librairie au ministère de l'intérieur, et légalisé par la légation de Suède et Norwège à Paris ; pour les écrits et les œuvres d'art de sujets suédois, le certificat sera délivré par le préfet du département de la justice et légalisé par la légation de France à Stockolm.

ART. 2. — Le présent arrangement sera ratifié, et les ratifications en seront échangées à Stockolm, dans le délai de six mois, ou plus tôt si faire se peut [1].

1. Les ratifications ont été échangées le 17 juillet 1884.

TABLE DES MATIÈRES

Convention de Berne.

AUTRICHE.

BELGIQUE.

DANEMARCK.

ESPAGNE.

FRANCE.

GRANDE-BRETAGNE.

ITALIE.

NORVÈGE.

PAYS-BAS.

PORTUGAL.

RUSSIE.

SUÈDE.

SUISSE.

FIN.

Saint-Amand. — Imprimerie de DESTENAY.

www.ingramcontent.com/pod-product-compliance
Ingram Content Group UK Ltd.
Pitfield, Milton Keynes, MK11 3LW, UK
UKHW020259230726
13925UKWH00001B/132

9 782013 497879